U0919978

【北京社科名家文库】

寻找大国学术风范

BEIJING SHEKE MINGJIA WENKU

杨义自选集

杨义◎著

图书在版编目(CIP)数据

寻找大国学术风范：杨义自选集/杨义著．—北京：首都师范大学出版社，2015.7

(北京社科名家文库)

ISBN 978-7-5656-2446-9

Ⅰ．①寻…　Ⅱ．①杨…　Ⅲ．①社会科学—文集　Ⅳ．①C53

中国版本图书馆CIP数据核字(2015)第159690号

北京社科名家文库

XUNZHAO DAGUO XUESHU FENGFAN

寻找大国学术风范

杨义自选集

杨　义　著

项目统筹：杨林玉　　责任编辑：佟　旭

责任设计：王征发　　责任印制：何景贤

责任校对：李佳艺

首都师范大学出版社出版发行

地　址　北京西三环北路105号

邮　编　100048

电　话　68418523(总编室)　68982468(发行部)

网　址　www.cnupn.com.cn

印　刷　**三河市博文印刷有限公司**

全国新华书店发行

版　次　2015年8月第1版

印　次　2015年8月第1次印刷

开　本　710mm×1 000mm　1/16

印　张　35.25　　插　页　2

字　数　406千

定　价　82.00元

《北京社科名家文库》编委会

出版说明

1978年，中国改革开放的元年。自那一年开始，中国已经走过了波澜壮阔的30年。这是伟大的30年，是改变中国的30年，是震惊世界的30年，也是哲学社会科学蓬勃发展的30年。

在哲学社会科学这30年的辉煌成就里，浸透着为新中国哲学社会科学奠基的老一辈专家呕心沥血的求索，也镌刻着寻着他们足迹的后来者追求真理的步伐。“学之大者，国之重器”。我们有责任将这些“大者”潜心研究的成果，重新编辑出版以飨读者。为此，北京市社会科学界联合会和首都师范大学出版社将这一套《北京社科名家文库》奉献给读者。她以自选集的体例形式，每年推出一批，争取在几年内达到百种以上。《北京社科名家文库》将系统展示当代哲学社会科学名家学者30年来的学思精华，展示他们的学术探索历程和风采。同时，为使这套《北京社科名家文库》更加丰富，编委会决定在首都师范大学出版社已出版的《当代著名学者自选集》中挑选符合体例的图书，编辑成《北京社科名家文库·纪念辑》，这将更完整地反映北京学人在学术风范和学术使命上的历史延续。

我们相信，《北京社科名家文库》将能够成为具有文化传承价值的经典性大型出版工程，成为集中展示首都哲学社会科学重要成果的一个窗口。由于我们水平所限，定有不足之处，希望读者和同仁给予批评指正。

编　委　会

2009年11月

杨 义 先 生

目录

北京社科
名家文库

学术自述

一、学术人生四阶段

我走过了几十年如一日的读书人生。生命自然是丰富多彩的，但读书却使丰富多彩变得深厚、多乐趣而有内涵。说起读书，难得的是葆有一份永远的好奇心，因好奇而追问，因追问而深思。天地之大，自己所知有限，好奇心驱使你进入无际无涯的知识世界，学而后知不足，总也停不下自己的脚步。早年读书全凭好奇，并不知道何者是学术，但正是好奇成了开卷阅读的第一通道。记得小学时候，从父亲在县城废纸铺买回来包草药的旧书中，搜罗出绣像本《三国演义》残卷，书虽破破烂烂，读起来却津津有味，不禁惊诧于一千多年前，竟然出现过群雄并起、国分为三，也有神机妙算，也有肝胆相照的如此一个遥远的世界，与自己身边挥汗种田、海滩捉蟹、树荫谈笑的乡村世界之不同，岂是不读书就想象得出来？我也想象不到六十年后，竟然在南中国海滨，窗外左边是车流如织的跨海长桥，右边是隐藏在树丛中的灰色墓群，我翻阅着孔孟老庄，追问着诸子是谁，为何将书写成这个样子？总想穿过长桥和坟墓，请那些长髯拂拂的诸子老先生到我的案前，敞开心胸，促膝交谈，进行超越古今的真实性认证和智慧性对话。

一个多月前，我在哈佛大学讲演过“先秦诸子还原”，记录稿的一部分取题为《借问庄子您是谁》。讲演之前，和一位教授交谈学术经历。略作回顾，我发觉自己的学术人生经历了四个艰难而有趣的阶段：

第一阶段，开始进入学术领域的年轻时期，以充沛的精力研究中国现代文学，可以铺天盖地地阅读，可以思维敏捷地记下由片段到系统的思考，竟然以初生牛犊不怕虎的劲头，打破当时“集体著史”的流行模式，独立写出多卷本现代小说史。

第二阶段，在壮年时期转移到中国古典文学领域，感到尚有足够的精力先是研究古代小说，再来研究古代诗歌，从而超越古典与现代的学科分割，打破了“隔行如隔山”的治学模式，实行古今贯通。

第三阶段，在盛年时期，借助于兼任中国社会科学院文学研究所、少数民族文学研究所所长的时机，贯通汉语文学与少数民族文化文学，激发盛年时期宏大的文化视野和学术魄力，打破“汉胡分家”的学科分割状况，以大文学观启动重绘中国文学地图的设想。

第四阶段，在渐入晚年时期加盟澳门大学，调动长期积累的学养储备和学术能力，超越文史哲的学科界限，进入先秦诸子学的领域。通过文学注重生命的渠道，对诸子典籍进行深度的生命分析；又通过史学推重文献的渠道，以史解经，以礼解经，以地域民俗、家族制度解释诸子，启动史源学、编年学、人文地理学方法对诸子生命基因进行论证；还将书面文献与出土材料相互参证，对诸子的脉络渊源进行哲学思辨，对学术个体和学派群体的过程性做出清理和会通。这个阶段还在继续中。

这就是年轻关注现代新潮，中年关注古老传统，盛年纵观民族文化共同体的整体性，晚年直指中国文化奠基性原创的本源，从而使学术领域的转移与不同年龄的智慧形态、契合无间、和弦共鸣。年龄成就了学术，学术充实了年龄。

二、会通与专精

这些只能说是事后的回顾，不等于事先的预设。在学术取得一步步进展的并不轻松的过程中，自己只顾及一步一步地摸索前行，事先并没有什么年龄与学术领域相契合的自觉。三十多年前，本人有幸成为中国社会科学院在“文革”以后建立初期招收的第一届研究生，那时连研究生院的校址都没有，在相隔很远的一家大学、一家中学各租用了两层楼，算是以“借窝下蛋”的方式，孵化出第一窝研究生，还自我解嘲为“黄埔一期”。但那时对于读书的机会格外珍惜，也是难以忘怀的。由于中国现代文学在历次政治运动，尤其是“文化大革命”中是受冲击最大的学科，也是改革开放后最先开始拨乱反正的学科。因而当时带着一腔青春热血进入这个学科，得天独厚地汲取着时代思考的智慧。

说来也惭愧，本人在入学前谈不上有什么科班训练，在受友人鼓动报考研究生之前，连一本稍为系统的《中国现代文学史》教材也找不到来看。只是长期以来养成读书习惯，文史哲经，古今中外，广为涉猎，因此在自己的知识构成中，学科边界是模糊的。求学期间，只好开足马力阅读专业书籍。唐弢、王士菁先生指点我两个方法，一是立足原版书刊，二是读尽相关材料方下笔。书读得多了，木头疙瘩也会开窍，进而以悟性驰骋于材料的孔窍之上，进行寻根问底的钻研。我用这些方法清理了鲁迅的全部原始材料及清末民初与小说相关的报刊材料，写成《鲁迅小说综论》学位论文。

进入文学研究所之后，面对着郑振铎、何其芳、钱锺书等前辈搜集来的图书典藏，不潜心博览深思，实在令人感到有点伤天害理。于是又以导师指点的方法，对许多原始刊物和一二百个现代小说家的全部作品，进行了几乎是卷地毯式的阅读。有位长辈学者问我：现代文学的许多书不值得一看，你为什么裁开了所有的“毛边书”，悉数阅读？我回答：这么大的中国，有这么多的学者，总要有一两个人把它们都读了，其他人不做全部阅读，才有依托，才能安心高谈理论。材料的清理往往是我进入一个专业领域的第一步，然后我就运用审美学和文化学的思路，从作家论上升到流派论、地域作家群体论，最终结构出现代文学的总体格局，写成三卷一百五十万字的《中国现代小说史》。这是我“十年磨一剑”的著作。由于已经阅读过大量原始书刊，经目许多原始装帧插图，当一位日本教授来文学所作高级进修的时候，我就提议合作撰写了《20 世纪中国文学图志》，将原始的装帧插图当作与文字同样重要的第一手材料，换一种眼光打量文学史，率先开拓了以图证史、以史带图、图文互动的文学史写作形式，在多少已经模式化的文学史写作中注入更多的个性和趣味。20 世纪 80 年代的青春岁月，就这样消磨在现代文学的原版书刊上了。

从农村走出来的人，“多见树叶，少见书页”，谈不上有多少“家学”和“童子功”。只不过我父亲断断续续地读过两年私塾，小时候听他古声古调地吟哦《千家诗》《唐诗三百首》，课余也读过几页《古文观止》和《论语》《孟子》，其余就是读过几本《三国演义》《西游记》、《说唐》之类的古典通俗小说了。自小这种无书找书读的自由读书方式，并无“三代传一经”的根柢，也无代代认一理的拘牵。我在完成《中国现代小说史》之后，设想为现代小说溯源而研究古代小说，从而按照学术的内在逻辑，不受学科外在框架的约束，启动了打通古今的行程，大概与自小形成的自由读书方式不无关系。同时，我对古典并不陌生，在那个“停课闹革命”和“读书无用”的岁月，我依然不减读书的兴趣，读过一些古典小说和普希金之类，既通读过《资本论》《鲁迅全集》，也通读过《史记》《资治通鉴》，还读过古希腊、罗马和德国古典哲学，以及文艺复兴思想和艺术。这种阅读是很难以学科归类的，但在日后进入任何人文社会科学的具体学科领域，也非毫无反应。这种知识构成和阅读趣味，为我学科转移提供了内在的文化心理机制。

在学科转移中，我经常思考的一个命题，是会通与专精，或通才与专家的关系。每一次学科转移，我都将新的学科领域当作专门之学，下苦功认真处理。还是从阅读原始典籍，最大可能地读尽相关材料入手，将类型归纳、脉络疏通、学理阐释，建立在牢固的文献基础上。我经常提醒自己，记住唐弢先生对我“治学讲究‘硬功夫’”的嘉许，不在这个基本点上有所闪失。进入古典小说领域之后，我一再鞭策和激励自己，在新的领域中“别人用七分功夫，自己就用十分功夫；别人用十分功夫，自己就用二十分功夫”。最初写出的文章，恭请古典文学领域造诣精深的专家帮助推敲，由此明白古典领域处理材料的规范。在撰写《中国古典小说史论》的过程中，我连续六年在《中国社会科学》上发表了七篇论文，在《文学评论》《文学遗产》也发表文章，由中国人民大学报刊资料中心转载的篇幅逾三十万言，相当于全书的七成。因此东北地区的一位古典文学博士生导师感叹：“古典小说研究领域出现了一位高手，可能是一位老手。”韩国和新加坡都有教授说：“中国有两个杨义，一个研究现代文学，一个研究古典文学。”后来在一起开会，才知道，所谓两人，实际是一个人。这些现象逐渐传到我的耳中，也鼓舞了我打通古今的那么一点信心。

既然已经读过三千种以上的古今叙事作品，就产生了写一部《中国叙事学》来清理自己纷繁复杂的阅读心得的设想。于是我到英国牛津大学当了半年客座研究员，阅读了一批西方叙事学的书。我展开了自己的阅读经验与西方叙事理论之间的对质，渐渐发现西方理论启发性虽大，但不能覆盖中国叙事智慧的某些精髓部分。于是我开始更新自己的理论立场，以中国几千年来的叙事经验和智慧作为理论原创的立足点，进而将自己的研究方法概括为四句话：返回中国典籍的原点，参照西方现代理论，贯通古今文史，融合以创造新的学理。简而言之，就是“还原——参照——贯通——融创”八个字。书出来后，大陆、台湾的叙事学界和研究院教学都非常重视此书，甚至以“里程碑”之类的溢美之词加以形容。我想尝试一下，这种理论方式是否能够与西方学界形成深度对话。于是在若干年中，我除了在国内一些重点高校讲演“中国叙事学的文化阐释与方法论问题”之外，在英国剑桥、牛津，美国耶鲁、哈佛、斯坦福大学，法国东方语言学院也作过同样论题的讲演。颇有几位教授称这种讲演为“经典讲演”，“就应请这样的学者来讲，是真学问”，“中国会认识你的学问的”，或说我离开之后，他们的学者还在网络上讨论我提出的命题三四个月。诸如此类的意见陆续传来，使我感到立足中国资源的学术原创，具有丰厚的潜力。

我有一种想法，对于中国审美思维的研究，倘若不研究诗，就很难触摸和体察到它的精髓。因而在叙事学研究告一个段落之后，我开始了诗学研究，先后撰写了《楚辞诗学》和《李杜诗学》。前者探讨了有别于《诗经》诗学方式的楚人诗学体制，不是从一般的鉴赏或考据的角度，而是突出诗学的角度，对《离骚》《九歌》《天问》《九章》的想象方式和结构方式作了深入的解读。比如根据先秦书籍行文体制，解释被称为“宇宙间一种奇文”的《天问》，对于开篇“曰字一呼，大有开辟愚蒙之意”的语句：“曰：遂古之初，谁传道之？上下未形，何由考之?”解释为此“曰”的主语连接着诗题，实际上是“天问曰”，屈原开创了千古一绝的借天问人的诗学体式。在天的面前，人间时空何足道哉，因而出现了天随意拈来诸多时空中的事件发问，造成时空错乱。

又据东汉王逸的《天问解题》，谓屈原流放，“见楚有先王之庙及公卿祠堂，图画天地山川神灵，琦玮谲诡，及古贤圣怪物行事”①；王逸之子王延寿又特地考察西汉遗址而作《鲁灵光殿赋》，重现西汉前期楚风壁画的风貌，谓“上纪开辟，遂古之初。五龙比翼，人皇九头。伏羲鳞身，女娲蛇躯。鸿荒朴略，厥状睢盱。焕炳可观，黄帝、唐、虞。轩冕以庸，衣裳有殊。下及三后，淫妃乱主。忠臣孝子，烈士贞女。贤愚成败，靡不载叙”②，可以证明，屈原式的时空错乱不同于意识流从近代心理学的角度进入时空错乱，而是从楚风壁画的角度进入的。也就是说，屈原在两千多年前就在人类诗歌史上开拓了借天问人的诗学角度，及时空错乱的诗学方式，从而在诗学原创的专利权上肯定了屈原的地位。《楚辞诗学》考察了《招魂》和《大招》的作者，还从时代风貌的变迁上分析了屈原、宋玉的区别，以及《文选》所录的五篇宋玉赋的著作权和创作心理动机。

说来多少有点遗憾吧，这部《楚辞诗学》是作为人民出版社十册《杨义文存》的最后一册问世的，除了高校一位知名的教授朋友在《文学遗产》上发表一篇评论之外，并没有更多的机会让读书界对之进行专门的了解。记得在一个座谈会休息的时候，我同北京大学的楚辞专

---

① ［汉］王逸：《楚辞章句》卷三，四库全书本，一页。

② ［汉］王延寿：《鲁灵光殿赋》，见［梁］萧统编，［唐］李善注：《文选》卷十四《赋·宫殿》，515～516页，上海，上海古籍出版社，1986标点本。

家金开成先生聊起楚辞，金先生惊讶地说："这些结论都是您发现的？现在已经成为楚辞界的共识了。"我也只好感叹：可惜我的鼻梁不够高，在楚辞界头发不够白，不然就会有人承认这些结论来自某某人了。金先生也会意地笑了一笑。尊重学术原创，在中国当今学术界应该成为众所输诚的文化心态。

三、文学地图与诸子还原

在1998年出任文学研究所、少数民族文学研究所所长的开头一两年，我在撰写《李杜诗学》之余，关注少数民族文学和文化也积累了一些材料和认识。2001年我继提出"大文学观"之后，就在北京香山召开的"文化视野与中国文学研究"国际研讨会上提出："我有一个梦想，就是希望画出一幅比较完整的中华民族的文化或文学的地图。这个文化地图是对汉族文学、少数民族文学以及它们的相互关系，进行系统的、深入的研究基础上精心绘制的。这样的地图可以相当直观地、赏心悦目地展示中华民族文学的整体性、多样性和博大精深的形态，展示中华民族文学的性格、要素、源流和它的生命过程。"自此，我写成了《走向大文学观》《重绘中国文学地图》《重绘中国文学地图通释》等书，对中国文学地图的命题进行探讨和阐释，并在英国剑桥大学的一次讲演中，专门讲述"文学地图与文学地理学、民族学问题"。

我更为看重的是将这个梦想建立在全面占有原始资料之上，因此我当少数民族研究所所长的第一件事，就是倡导和推动"中国少数民族文学资料库"列入中国社会科学院的重大项目。由于兼任"全国格萨(斯)尔领导小组"组长，在一次专家会议上提出"格萨尔史诗属于江河源文明"的命题，引证史诗材料，论述江河源文明是高山文明，具有雪域高原的原始性、崇高感和神秘感，崇拜高山圣湖，赞颂刀弓宝马，高扬尚武精神诸多特征；而且它处于东亚文明、中亚文明、南亚文明的结合部，藏族、蒙古族文明的结合部，融合着多种文明的复杂因素。“江河源文明”这个术语自此被广泛接受，运用甚广。

对于自己应该有一个准确的定位。我一再表白，自己并非少数民族文学研究的专家，只不过是从中华民族共同体的宏观视野中，考察汉族和少数民族的文学及其相互关系，有可能讲出一些就具体问题谈具体问题所未能讲出的话。因而我考察了游牧文明与农耕文明相互碰撞，带动黄河文明与长江文明之间的“太极推移”。中国常见的南北朝局面，在民族碰撞融合中产生了深刻的“南北朝效应”。而在“太极推移”中，巴蜀和三吴是黑白的两个“太极眼”。从中国两千年“分久必合，合久必分”的历史过程来考察，北方政权“谁得巴蜀，谁得一统”，因为此时的北方政权已经跨越了长江天堑，打破了“太极推移”的平衡，而造成不可阻遏的一统天下的趋势。三吴地区则在多次的衣冠南渡、家族迁徙中，发展成为全国的经济文化中心，乃粮仓、智库、工商发源地所在，唯有获得三吴，才能提高中国文明的文化含量。

在绘制中国文学地图的方法论上，我主张在时空维度方面，在以往注意时间维度的基础上，进一步强化空间维度；在空间维度所蕴含的发展动力方面，在以往注意中原的辐射力、凝聚力上，进一步强化“边缘的活力”；在纵深的意义维度方面，在注重文献的开发搜集的基础上，进一步强化深层意义的原创性发现。尤其是“边缘活力”命题的提出，触及了中华民族文化共同体的形成，不仅是汉族影响了周边的少数民族，而且周边的少数民族也影响了汉族的文化哲学原理，在少数民族文学研究界得到热情的反应。

经过五六年的史料清理、田野调查和理论组构，终于撰写了《中国古典文学图志——宋、辽、金、西夏、回鹘、吐蕃、大理国、元代卷》。从副题就可知，此书将10到14世纪的少数民族文学作为中国文学有机组成的重要一翼，写进完整的文学史中，与汉族文学比翼齐飞了。在材料搜集过程中，我展开了治学五途径，即做学问不仅要重视眼学、耳学，而且也要调动手学、脚学、心学，形成多渠道综合的治学方式。比如，我到青海、西藏、新疆、内蒙古等地开会时，总是附带着进行田野调查，因而加深了这样的判断：中国史诗如果考虑到少数民族地区，乃是史诗的大国、强国。公元前那一千年人类最伟大的史诗，是荷马史诗；公元后第一个千年，人类最伟大的史诗是印度史诗；公元后第二个千年，人类最伟大的史诗实至名归地应是以《格萨尔》《江格尔》《玛纳斯》为代表的中国史诗。这些判断，在《中国古典文学图志》中有着更丰富翔实的体现。

2009年，我告别了当了十一年的两个所所长的位置，次年应澳门大学的聘请，出任讲座教授。我是广东人，又回到气候、食品、语言环境都如我童年的地方。在当所长的后期，实际上我已经进入先秦诸子学的领域，发表了几篇诸子还原的长篇论文。澳门大学给我提供了一个潜心学术的极佳环境，第二年就在中华书局同时出版了《老子还原》《庄子还原》《墨子还原》《韩非子还原》四书。进入诸子领域，实际上是进入中国思想文化大规模原创的“创世纪”时期。研究诸子就是研究中国思想文化的根本，研究两千多年深刻地左右着中国文化选择、传承及其命运的文化基因。兹事体大，当代中国学人都应检讨一下自己的文化姿态，切不可随波逐流或顽冥不化。任何一个现代大国对其文化根子，都应该进行深度的富有生命力的还原，还原出其发生学的真实过程，还原出其本有的生命活力以及进入现代依然可以激活的生命活力，绝不可使自己的文化之根长期遭遇“碎片化”和“空心化”的处置。

在研究文明起源之时，面对湖南道县玉蟾岩出土的陶片、辽宁牛河梁遗址出土的红山文化泥塑女神头像、西安半坡出土的“人面鱼纹”彩陶盆、山西陶寺出土的彩陶器皿、四川三星堆出土的青铜器，甚至美洲玛雅文化的陶罐、古埃及断裂成几段的白色玉石雕像，考古者都不甘心或满足于任由这些碎片零散地堆放在库房里，而是对这些碎片视若珍宝，尽量按照其形状、纹饰、断口、弧度，设法与同类器物进行比照，从而呕心沥血地运用专门知识对其做出科学的修复还原，在裂缝、断口处填上黏合剂、填补材料，有时填补黏合的材料甚至超过原有的碎片。如果没有古器物修复专家这种端庄、严谨、高明的修复还原劳动，人类早期文明行踪就很难令人震撼地以相对完整的实物形态呈现在今人的面前，许多大博物馆可能因之黯然失色。同样道理也适合于先秦诸子的还原研究，历史材料的分散辑录和严重残缺，需要当今学人抱着对原始材料的高度尊重和珍惜，全面系统地搜集文献材料和出土材料，将它们作为人的生命痕迹进行高智能分析，洞察其发生、传播、结集成书的方式，考虑到有若考古地层学所出现的文化地层叠压的现象，辨析真虚、考索原委、还原现场、捕获生命信息。在此基础上提升我们的思想力，完善我们的方法论，进而破解隐藏其中的一系列千古之谜。

前面提到的先秦诸子还原四书，就是集合经史、诸子、汉人辑录之群书，参证出土简帛文献，清理两千年学术史相关材料，对《老子》《庄子》《墨子》《韩非子》四书进行深度的生命分析和全息研究。并且调动和综合了历史编年学、人文地理学、史源学、考古及简帛学、家族姓氏制度、礼仪制度、先秦书籍制度等各得其宜的学术方法，发挥智性、悟性、辨析理性，疏通多种多样的文献碎片的内在理路，触摸诸子的生命脉络，重现事件发生的历史现场，从而对解而未决或熟视无睹的38个千古之谜，进行认真的诊断和破解。比如看到《老子》中存在着女性生殖崇拜，就须从老子故里陈楚之地的氏族存在形态和民俗信仰状况中寻找其发生学的缘由。对于孔子到洛阳向老子问礼的年份，就必须全面考虑到孔子学习古礼的心理过程，随行的南宫敬叔的年龄、身份、财富的状况，是哪位鲁君只能资助他们一车二马一竖子的经济可能性，还应该顾及那年洛阳的社会治乱状况，尤其是孔子陪同老子参加出殡仪式而遇上日食的天文状况，将这些方面的所有材料都全部搜集齐了，再对历来在这个问题上的种种说法进行发问和辩证。再比如老子应关令尹喜之请，“乃著书上下篇，言道德之意五千余言而去”，难道中国第一本精深玄妙之私家著作，是出关的一二日的急就章吗？不然，又有哪些材料可以从编年学上，证明此前老子已在洛阳思考写作十年八年，因而《老子》书的故乡是洛阳呢？又有什么文献材料可以证明，郭店楚墓竹简《老子》甲、乙、丙三种，是经过二百年的列国传播，最终由齐国稷下流到楚太子属官手中？长沙马王堆帛书《老子》甲、乙种，是如何折射着西汉前期主流意识形态的变迁，使得《老子》从一般的子书变成黄老之学的主要经籍？这些谜团的揭开，对于走近老子，揭开《老子》书的文化基因，激活蕴含其中的生命活力和智慧活性，有着关键性的价值。

《论语》还原，是中华民族文化还原的重大命题。《论语》为何取名《论语》，而不遵循其他诸子书如《老子》《墨子》《孟子》《荀子》的惯例，取名为《孔子》，其中蕴藏着何种奥秘？《论语》是如何编纂成的？《汉书·艺文志》认为“夫子既卒”，门人相与辑而论纂，编成《论语》①。

① 《汉书》，卷三十《艺文志第十》，1717页，北京，中华书局，1962标点本。

陆德明《经典释文》认为“夫子既终”，微言已绝，弟子恐离居以后各生异见，而圣言永灭，故编成《论语》①。这都暗示着众弟子为孔子庐墓守心孝的三年(二十五月)中就开始编《论语》，这才能使用“既卒”、“既终”一类的词语，十年八年，甚至更长时间后，还能叫作“既卒”、“既终”吗？孔子是殷人，如何使用“以礼解经”的方法，按照殷人丧礼的规范，揭示《论语》在孔子既卒到曾子卒后不久，经历了三次重大编纂，奠定了此书原始的模样？《论语》中除孔子外，“有子”、“曾子”被称为“子”，而《先进篇》四科十哲的重要名单没有曾子、有子；颜回、子路先孔子一二年死，又无私家弟子，为何他们的材料最多、最鲜活；《论语》二十篇，有六位弟子(公冶长、冉雍、颜渊、子路、原宪、子张)上篇题，这些隐含着深刻的价值选择的现象，如何通过《论语》的编纂过程加以破解？《论语》的孔子言论由于体例的限制，多未交代时间和场合，那么有哪些条文可以根据战国秦汉文献和文本生命分析，确定其讲话的编年和定位？《论语》之外的“孔子曰”的材料是《论语》的一二十倍，这些记述是如何发生、如何传布，对于绘制完整的孔子文化地图具有何等价值？与孔府档案庋藏关系密切的《孔丛子》《孔子家语》，材料来源何处，学术特征如何，如何判断其中材料的原始性和文化地层叠压？汉代《论语》三家如何形成，某些版本与七十子后学存在瓜葛，河北定州汉墓出土的竹书《论语》残卷，与《论语》三家及《论衡》提及的《河间论语》有无关系，是否有可能对之进行地域和学派的定位？

诸子还原四书九十二万言，以及已经完成初稿的《论语还原》七十余万言，只是发现论题和解决谜团的开始。我每完成一部书稿，都只

① [唐]陆德明：《经典释文》卷一，四部丛刊本，一五页。

有一种“千里之行，始于足下”的感觉。以上所列举的那些问题，也只是我接触的问题的一小部分。作为一个治学阶段之诸子还原，进程还没有过半，接下来还有很长的路要走，说是“任重道远”也不为过。但是不管存在着多少困难，我还会一如既往地顽强走下去。我总觉得，中华民族文化自觉的一个关键，在于从实质意义上振奋和提高对自身文化根子的原创性解释能力。从而使我们对中国思想文化的解释既符合历史实际，又具有说服力、生命力、学理魅力，可以逐渐成为中国学术的共识；也可以在愈益丰富的层面和范围上，与当代世界进行平等的深度对话，为全人类的思想智慧库藏增添属于中国原创的珍宝。这个目标是如此宏大，足够我们一代复一代的学人投入全部的心血精力、聪明才智。

2013年6月2日

第一辑　先秦诸子学

先秦诸子还原的思想力与方法论*

一、支点与杠杆

在我的体会中，要把学术做得精深，思想方法的更新非常关键。一是思想，在一个现代大国需要文化振兴的时候，以何种思想觉悟来面对自身的文化根子。二是方法，思想翻新必然带来方法翻新，只有以恰当的方法和原创的方法组合，才能点醒材料的生命，进行富有生气的古今对话。这是我从事学术研究几十年的甘苦之谈。

我出生在农村，大学遭遇“文革”，当研究生之前在工厂。虽然不断地读过一些书，文史哲经，拿来就读，毫无头绪。懂得读书要有途径，以创造性的思想烛照于一行行躺在纸面的文字之生命，是在当研究生之后。我是中国社会科学院的第一届研究生，跟唐弢先生、王士菁先生研究鲁迅，就思考新时期应该如何研究鲁迅，置于中国文化史、小说史上的鲁迅应如何解读。毕业后留在文学所，就钻研

* 原载于《汉语言文学研究》2013 年第 2 期。

中国现代小说史，钻研了十年。“一人著史”打破了当时“集体著史”的格局，思考着应如何搜集材料、梳理脉络，直至建构现代文学史的整体性框架。十年后将学术视野转移到研究古典文学，又打破了以往学科分割、隔行如隔山的学术体制。古典文学浩如烟海，从何进入？驾轻就熟，就选择从小说入手。因为我在现代小说史研究中获得了一些经验，学界并不怀疑我会分析小说，而且要为现代小说探源。那时候我六年间在《中国社会科学》上发表七篇论文，《文学评论》《文学遗产》也有两三篇，就是为了锤炼进入新领域的能力。学术研究是一种能力，具备能力后，就可以进入不同的学科领域。按照内在逻辑，现代小说、古代小说都下过一番功夫之后，我撰写了一部《中国叙事学》。再由叙事文学领域，进入诗学领域，一步一步地逼近中国文化的核心，写了一部《楚辞诗学》、一部《李杜诗学》。这两部书写完，我接受委任，当了中国社会科学院文学研究所、少数民族文学研究所两个所的所长十一年。

当所长不能尸位素餐，在学术上要下功夫改写中国文学史上少数民族文学缺席的局面，在中华民族共同体文学史地图重绘上有一番综合性的作为。于是除了对中国文学进行古今贯通之外，我花了不少精力读少数民族文学、文化方面的材料。学者出身，缺乏讲套话的本事，就日积月累、逐渐深入，向少数民族文学专家请教。人家讨论藏族的《格萨尔王传》，我也要思考这部伟大的史诗属于“江河源文明”。人家讨论《蒙古秘史》，我就把它开宗明义所说的“当初元朝的人祖，是天生一个苍色的狼，与一个白色的鹿相配了”①，生了蒙古族的始祖；与《国语·周语上》《史记·周本纪》及《匈奴列传》《汉书·匈奴传》

① 《元朝秘史》(外四种)，2页，上海，上海古籍出版社，2008标点本。

《后汉书·西羌传》所记载的周穆王征犬戎，“得四白狼四白鹿以归。自是荒服者不至”[①]相比照；又参证以《北史·突厥传》《周书·突厥传》《隋书·北狄列传》所记载的突厥阿史那氏遗孤与牝狼交合，生十男，为突厥十部姓，其牙门建狼头纛，示不忘本的族源传说；还联想到古突厥史诗《乌古斯传》所记载的出征誓词：“我是你们的可汗，你们拿起盾和弓箭随我征战；让祖标称谓我们的福兆，让苍狼作为我们的战斗口号；让我们的铁矛像森林一样，让野马奔驰在我们的猎场。让河水在我们的土地上奔流，让太阳作旗帜，蓝天作庐帐。”[②]从而思考着民族文学所蕴含的神圣信仰、生活习俗、审美形态、史诗类型及其与汉族文学的多维度的关系，包括提出“边缘活力”这类文化通则。

本人进入诸子学研究领域，并非在要弄“空手道”，而是携带着如此复杂的学术文化行李，拥有在诸多文史领域付出艰辛探索的跨学科经验、知识积累、方法论尝试和研究能力的锤炼。先秦诸子学对于我而言，是一个多年展读、反复琢磨，充满诱惑力的智慧对话之命题。在我从所长的位置退下来之前，就已经摩拳擦掌想尝试一下了。在我看来，要研究到中国文化、中华文明的根本，就要走进先秦诸子。诸子学已是很高深的学问了。你一个从现代文学开始而转战多个领域的学人，到底如何进入？进入后如何确定自己的位置，存在着进行开拓性研究的可能吗？兹事体大，众多严峻的问题都在拷问自己。

在这里，学养是根基，方法是杠杆。大概是古希腊阿基米德说的话吧：如果给我一个支点，我可以撬起整个地球。我辈岂敢如此放

---

① 徐元诰撰，王树民、沈长云点校：《国语集解》，9页，北京，中华书局，2002标点本。

② 耿世民译：《乌古斯可汗的传说》，19页，乌鲁木齐，新疆人民出版社，1980。

言，但也知道，要撬动一块大石头，关键在于一要找到支点，二要找到杠杆。这里探讨先秦诸子还原的方法论问题，实际要解决的先是一个思想力，即支点的问题；再是一个方法论，即杠杆的问题。在我看来，学术区分学科，有助于对一些研究对象的细部做出精密的考察，但知识是相互贯通的，贯通才能窥见其活泼的生命和深在的价值。首先要培养一种学术会通的能力，有了这种能力，就能超越学科的局限。只要你认真钻进去，材料都读了，就可以从中发现问题，追问根本。从中华民族文化全景出发而进入到诸子学，与就诸子某家谈某家，所能发现的问题很不一样，就可能发现一些前人没有注意的，甚至为旧思想旧方法遮蔽了的问题。人们常说，搞先秦文学，要往前走一小步都很难。如果走老路，只能如此。但我进去后，从浩瀚的原始材料中把握追问原本的关键点，实施还原文化生命的多维方法，在许多熟视无睹之处生疑，在 2011 年出版的先秦诸子还原四本书，包括《老子还原》《庄子还原》《墨子还原》《韩非子还原》，就提出和着手解决了 38 个千古未解之谜。

为什么叫作“还原研究”呢？当然，原封不动的完全还原是不可能做到的，不要说两千年前的人和事，就是昨天发生的事件要百分之一百地恢复原样，也是不可能的。历史就像出土文物碎片，斯人已逝，连他们的脚印都被历史烟尘所掩埋。问题在于这些碎片，这些有限的文献记载、传世典籍，都是古人生命的痕迹。它们如何发生？如何成为经典？诸子是谁？为何把书写成这个样子？只要精心考辨、联结、贯通，并非无踪迹可寻。考古出土的陶瓷碎片，可以根据它们出土的地层，它们呈现的形状，它们的纹饰、线条、弧度、断口，正反考量、细心比对、精密组接，甚至找来别处出土的同代同类器物作为参照，从而慧心独运，补充一些填料，是可以缀合组拼成古陶罐的本来模样的。中外大博物馆里的许多震撼人心的古陶器多是这样复原的，如果没有这番碎片缀合和还原，就只能看到库房里凌乱堆放着许多碎片，无法走近历史、还原古人的生命和天才。先秦诸子时代是中国思想文化大规模的原创时代，是中华民族文化精神扎下深深的根子，组构出中国人文精神之基因的时代。但是诸子既没有刻意写自传，史籍对这些政治身份算不得显贵的人物之生平身世的记载又多有残缺，以致诸子书是怎样发生的，字里行间存在着怎样的生命秘密，都迷茫难解。要求身份属于中下层的诸子在先秦典籍有许多记载，无疑是一种奢望。这就使得对诸子书的生命分析，成为今日中国解读自己的文化之根的重大而艰难的课题。我们对诸子文化充满敬重感，可以说“高山仰止，虽不能至，心敬仰之”，但是对诸子的敬重极其重要的是对他们生命的尊重和理解。

所谓“思想力”，就是指思想在创新、淬炼、熔铸中激发出来的一种力量。既然研究诸子的真正价值，在于探讨中国文化的根本，探讨我们精神结构的根本，探讨中国思想创造、思维方式和文化基因的安身立命之处，那么研究者需要具备思想创新、淬炼、熔铸的能力，也就理所当然。唯有这种思想力，可以还原古人的生命形态，激活今人与古人的生命感知、智慧互通、涵养共享，推进我们民族血脉的传承和未来命运的开拓。对于这么一个诸子文化原创的时代，绝不容许一味地使它“碎片化”或者“空心化”，那样会造成一个民族的文化贫血症。西方文化为什么能够形成强势文化？一个非常重要的理由，就是他们从文艺复兴、启蒙运动以来，对来源于古希腊和古希伯来的文化根本进行了系统的、非常有生命力的解释，并且使之成为西方世界的共识，形成了一种文化自信和文化共享。虽然如今颇有些人在唱着解构的调子，但那是形成深厚的现代性结构与共识以后的“解构”，其解构只能是原有结构的第二维度，在"颠覆"中存在着强大的"非颠覆"。西方人可以从神话传说《荷马史诗》，从宗教经典《圣经》里，发现历史的真实存在，凭着有限章节将自身的历史前推两千年。而中国人为自己的文化根子，提供这种"撼山易，撼文化根基难"的现代性解释和文化共识了吗？中国远古文献极为丰富，有哲人说，明代中叶以前，即西方文艺复兴以前，中国的书面文献几乎等于世界文献的总和。但是文献记载多了、流布时间长了，相互之间存在着不少矛盾、扞格、龃龉的地方，这是需要学者对之进行发生学、史源学、传播学的考辨的。但是总不能简单地从这些矛盾、扞格、龃龉之处，将大量的历史文献贬斥为伪书，使深厚的历史之根悬在空中不接地气。这是弱国心态的体现，长期不思变更，就可能形成"文化自虐"症候。对于中华民族怎样发生，这几千年来又是怎么样走过来的，我们的古人做了许多尽心尽责的记述，其记述的坚实性、可信性在世界上是第一流的。在生命关怀、情景展现、道德表达、历史编年、地方记录等方面，都留下了丰厚的文献遗产。不要以为古人的记述存在这样那样的缺陷，这样那样的纰缪，就大惊小怪地挑剔他们整天都在制造伪书，那是过去不同学派在相互指责时留下的口实。这些口实层层叠加，几乎使每一部重要典籍都难辞作伪之咎。其实更有实际价值的，不是拿着"作伪"的帽子到处套，而是以考据学、史源学、文献学、知识发生学之类的方法，审慎地考究这些缺陷和纰缪的来由和原委，并且以还原的方法，揭示它们的本来面目和真实过程。

克服文化自卑自虐，恢复对文献资源丰厚性、坚实性的自信的最好方法，是走出一条研究的新路子。陈陈相因，无法开拓新境界所产生的内心焦虑，最容易引发吹毛求疵的偏执症。这就需要我们鼓起原创的勇气，改变在诸子文化重读中缺乏现代解释能力的状况，于此迈出创造大国学术气象根本性的一步。毫无疑问，我们应该尊重前人的建树，但还有必要强调一点，前人建树是我们继续前进的起点，不是我们放弃创新、自我矮化的理由。正是出于学术辩证创新的想法，我回答《中华读书报》记者采访时，提出了“清学三弊”的问题。① 对于清学，林琴南认为，清代学术之盛，超越今古，义理、考据，合而为一，而精博过之。实于汉学、宋学以外，别创清学一派。② 王国维则认为：清朝三百年间，学术三变：清初之学大，乾嘉之学精，道咸以降之学新。③ 林琴南以静止的眼光看清学，只能“高山仰止”；王国维以变化的眼光看清学，就能看出其长短，从而做出超越性的创造。清人有很多建树，比如把版本、校勘、考据做得非常精到，使后人做学问能有可靠的根基。

但是对于前代学术思维方式只知重复，对前代学术成果只知顶礼膜拜，是会损折今代学术奋力创新的翅膀的。一只手的五个手指都有三长两短，有清三百年的学术岂能没有三长两短？看不到前代学术的短处，是很难开创新的一代之学术。那么清学有哪“三弊”呢？第一，清人不敢讲民族问题。因为清朝是满洲人当家，民族问题、华夷之辨，是清人忌讳，是清学的禁区。讲华夷之辨，很容易引起文字狱。吕留良严华夷之辨，结果死了还要剖棺戮尸。纪晓岚《阅微草堂笔记》卷十《如是我闻》说：“吕留良焚骨时，开其棺，貌如生。刃之，尚有微血。盖鬼神留使伏诛也。”④第二，看不起民间问题。觉得民间材料

---

① 计亚男、柳霞：《清学“三弊”——杨义访谈录》，载《中华读书报》2009 年 8 月 3 日。

② 《清史稿》卷四八六《林纾传》，13447 页，北京，中华书局，1977 标点本。

③ 王国维：《沈乙庵先生七十寿序》，见《观堂集林(外二种)》第二十三卷，574 页，石家庄，河北教育出版社，2003。

④ [清]纪昀：《阅微草堂笔记》，见《笔记小说大观》，313 页，扬州，江苏广陵古籍刻印社，1983 标点本。

不雅驯，不可取信。而中华民族文化的发生发展，如果缺乏民族、民间的材料和思维角度，就不可能完整地描绘许多文化脉络的形成、变化、壮大、衰替的过程。尽管清人手中的许多材料都是坚实的片段，但在很大程度上缺乏相互间的生命联系，完整的生命过程的复原还存在着巨大的空间。第三，清人没有看到通过科学考古所发现的地下材料，尤其是近半个多世纪以来出土的简帛文献。1925 年王国维在《最近二三十年中中国新发见之学问》的讲演中说："古来新学问之起，大都由于新发现。有孔子壁中书出，而后有汉以来古文家之学；有赵宋古器出，而后有宋以来古器物、古文字之学。惟晋时汲冢竹简出土后，即继以永嘉之乱，故其结果不甚著。然同时杜元凯之注《左传》，稍后郭璞注《山海经》，已用其说；……然则中国纸上之学问赖于地下之学问者，固不自今日始矣。"①他认为："自汉以来，中国学问上最大之发现有三：一为孔子壁中书；二为汲冢书；三则今之殷虚甲骨文字，敦煌塞上及西域各处之汉晋木简，敦煌千佛洞之六朝及唐人写本书卷，内阁大库之元明以来书籍档册。此四者之一已足当孔壁、汲冢所出，而各地零星发见之金石书籍，于学术有大关系者，尚不与焉。"②第三项材料是民国学者用以考证历史的优势所在。

后王国维时代，尤其是近半个多世纪出土的大量简帛文献，为当今学者的考证历史打开了巨大的视境。但是，简帛文献展示给今人的学术维度，不限于考史，它更为潜在的价值，是启示今人去考察东周秦汉书籍制度，考察先秦诸子发生学及其生命方式，让今人更真切地

① 姚淦铭、王燕编：《王国维文集》(第四卷)，33 页，北京，中国文史出版社，1997。

② 同上。

审视中国文化是怎么发生、怎样走过来的。

民国学术当然也有很多建树，引进了西方眼光来重新审视中国文化，对知识进行重组而创立新学科，做出了许多开创性的贡献。但民国学术也存在一些值得反省的问题，他们在研究中存在两个误区，今人应该通过反省，走出误区。一个误区是混同战国秦汉简帛传抄的书籍制度和宋元以后刊本书籍制度。继承清学的学术前辈往往对宋元以后版本学、目录学、文献学，有深厚的造诣。但是用这种造诣强套战国秦汉抄本，认为上古书籍也是一版定终身，前代抄本掺入个别后代观念或语句，就是“伪书”，后出的书不是另有简帛所据而是必然抄袭早出的书。这就忽视了抄本时代由于简帛成本贵重，往往数简成组、单篇别行，中间还插入若干口传过程；传抄中原本的残损程度、抄手水平、整理者的添加，都会使新本出现异文。一本《论语》一万六千字，抄在竹简上是很大的一捆，不可能每个弟子、再传弟子都抄一本，昂贵的成本负担影响了书籍流布的形态。口传也就必不可免，一两代、三五代、十代八代的口传和转抄相交叉，同样一个人名地名，可能发生误认；同样一个发音，可能记作不同字形。所以清人发明了以音求义、异文证音的原则。实际上这是由于口传介入抄录的结果。至于形近而讹的考证原则，则是传抄过程中，简帛损坏，字迹模糊或残缺，揣测着依形补字，略有差池就留下讹误。不少先秦书发生年代，或被判为“伪书”，多是不明战国秦汉书籍制度的实情和原委，而按照宋元以后刊本制度的定式做出判断的结果。其实，那不是真伪的问题，而是哪个地区、哪个群体在传播的不同阶段对古简牍进行辑录和整理的问题，这里的“真”存在着相对性和过程性。比如《老子》书，被一批博学的前辈判定为出现在《庄子》之后，荆州郭店楚简出土之后，人们发现并非《老子》晚出，而是后人在转录整理时做了汇编和某些改动，这就难以避免有《庄子》后的术语和思潮片段的渗入。对于诸子文本的分析，应该既将之作为古代智者的生命痕迹来对待，又对其文本形成的过程采取类乎考古学的文化地层叠加的辨析方法。这是大量战国汉初简帛出土，挑战曾经风行一时的伪书考辨成果，从而给我们提供的文化启示。

第二个误区，是混淆了口头传统和书面文献的传统，或者以文献传统贬抑口头传统。先秦诸子创立他们学说的时候，面对的是两个传统：一个是非常有限的书面传抄的传统，也就是王官传统。儒家在这方面下了很大的功夫，所谓“六经”就是当时的书面传统。第二个是浩如烟海的口头传统，比如说黄帝、尧舜的传说。疑古学派有人说，孔夫子以后才有尧舜，到战国中期以后才有黄帝。实际上这些材料来自口头传统，在各个氏族、部族、部落联盟都有巫师谋士、歌手对天地开辟、人类起源、本族祖源和迁徙，在祭祀、节庆、丧葬等场合歌舞吟唱，口耳相传了几千年，形成了一个比早期文字记载更为古老和丰富的传统。这是没有进入文字的传统，它是口耳相传的。司马迁后来写《史记》之前，二十壮游，走遍了全国各地，行程两万余里，听到地方父老都在讲黄帝、讲尧舜，即太史公所谓“余尝西至空桐，北过涿鹿，东渐于海，南浮江淮矣，至长老皆各往往称黄帝、尧、舜之处，风教固殊焉。……《书》缺有间矣，其轶乃时时见于他说。非好学深思，心知其意，固难为浅见寡闻道也。余并论次，择其言尤雅者，故著为本纪书首”①，这就是与《尚书》的文献传统不同而并行的口头传统。这些口耳相传的口头传说，可能有某些历史的原本的底子，然后经过一代复一代的口耳相传把它放大了、丰富了，在几千年的流传过程中融合了日积月累的集体智慧。这些故事、传说带有史和诗结合的品格，包括黄帝故事、尧舜故事，都带上民族记忆的原型性。司马迁

① 《史记》卷一《五帝本纪第一》，46 页，北京，中华书局，1959 标点本。

对这类材料的采录，体现了他对民族原型记忆的高度珍重，这种观念比两千年后的疑古思潮更富于人类关怀。历史家徐中舒对出土的齐威王为其父王祭墓的《陈侯因（敦）》铭文释读为：“唯正六月癸未，陈侯因曰：皇考孝武桓公恭哉，大墓克成。其惟因扬皇考，绍统高祖黄帝，侎嗣桓文，朝问诸侯，答扬（厥）德。诸侯寅荐吉金，用作孝武桓公祭器，□台□台尝，保有齐邦，（世）万子孙，永为典尚。”①从这种以黄帝为取代姜齐的战国田氏齐国的祖源追忆，可以追踪黄老之学盛于齐国临淄稷下的文化契机。

诸子的发生及其思想创造，《汉书·艺文志》接过刘歆的说法，认为来自“王官之学”，即所谓“出于王官”。所谓儒家者流，盖出于司徒之官；道家者流，盖出于史官；阴阳家者流，盖出于羲和之官之类。对王官之学的格外推重，与刘向、刘歆、班固在汉帝国大一统的形势下，强调中央意识形态的重要性和统制性，存在着密切的关系。实际上，先秦诸子最大的贡献，在于把民间口头传统和民俗信仰形态引入书面的公共知识领域，由此进行大规模的思想原创建构，从而打破了原来的王官之学的一统天下，使“道术将为天下裂”②。这是《庄子》中的话，《庄子》又说：“古之所谓道术者，果乌乎在？曰：无乎不在。”③又有一种说法：“所谓道，恶乎在？”庄子曰：“无所不在”，“在蝼蚁”，“在稊稗”，“在瓦甓”，“在屎溺”④。这就为固有的王官传统崩裂中，大量的民间传统进入学术领域，提供了哲学的合理性说明。诸子

① 徐中舒：《陈侯四器考释》，见《中央研究院历史语言研究所集刊》（第三本），486页，1933。

② ［清］郭庆藩撰，王孝鱼点校：《庄子集释》，1069页，北京，中华书局，1961标点本。

③ 同上书，1065页。

④ 同上书，750页。

在大量引进了民间传统的过程中，新材料、新发见推动他们的思想原创。所以诸子虽然对王官之学有所借鉴，但是从本质意义上说，它是“反王官之学”，把王官之学变成向士人转移、向民间开放的诸子之学。

因此，研究诸子必须更新方法论。方法是研究对象召唤出来的，它从不同的方位、以不同的腔调呼唤，就要求我们因其所宜，更新我们的方法配备。连孙悟空都知道针对不同的打斗对象，将他的金箍棒一化为千，千化为一，大可化为擎天柱，小可化为绣花针，难道我们的学者还不如孙悟空？对于诸子研究，知识发生学、历史编年学、人文地理学、家族姓氏制度、礼仪制度，以及史源学，应该看得与简帛学、文献学、考据学一样重要。在综合多种学科的知识和研究维度中，应该自觉地强化三种意识：一是学术原创上的问题意识。学术生于问题，撬瓶子要找到缝隙才能撬开。二是文本生成的过程意识。把先秦诸子的文献看成是有其原始发生，又有其文化地层叠压的过程。三是对文本进行生命分析的意识。因为文本是人写的，有生命的表达，有生命的遗痕。尊重诸子，首先要尊重他们作为生命的存在。老子是谁，庄子是谁？他们为什么把书写成这个样子？由此进入《老子》书、《庄子》书，抱着对生命的敏感，解读字里行间的生命痕迹，破解生命密码。

二、两个河南人：老子与庄子

我们就从今天讲课的河南讲起吧，河南处在唐以前中国文化的中心地带。所谓“河洛之邑，天下之中”，有文化中原之称。“老子者，楚苦县厉乡曲仁里人也”①，老子故里在今河南省鹿邑县。在先秦诸子书中，唯有《老子》书有母性的生殖崇拜，这类材料可以找出七八

① 《史记》卷六十三《老子韩非列传第三》，2139页，北京，中华书局，1959标点本。

条。最显著的是《老子》第六章："谷神不死，是谓玄牝。玄牝之门，是谓天地根。"①什么是"谷神"？《淮南子·墬形训》《大戴礼记·易本命》《孔子家语·执辔篇》都说："高者为生，下者为死，丘陵为牡，溪谷为牝。"②也就是说，谷神是原始崇拜的溪谷之神。"谷"字与"欲"字相通，又是欲望之神。山谷是低洼的，因此是"牝"，"牝"去掉牛字旁，原是指女性的生殖器。这种凹陷的、充满欲望的、与女性生殖器相联系的那个门，竟然是天地之根所在。《列子·天瑞篇》却记载："《黄帝书》曰：谷神不死，是谓玄牝。玄牝之门，是谓天地之根。绵绵若存，用之不勤。"③与《老子》第六章相同。这大概沿用了黄老之学的说法，把黄帝和老子等同对待了。《二程遗书》记载二先生程颐的话说："庄生形容道体之语，尽有好处。老氏'谷神不死'一章最佳。"④道教是将老子这段话引向养生术。章太炎《诸子学略说》却不甚了然，章氏认为："道家老子，本是史官，知成败祸福之事悉在人谋，故能排斥鬼神，为儒家之先导。《老子》'谷神不死，是谓玄牝'等语，未知何指，道士依傍其说，推为教祖，实于老子无与。"⑤

《老子》与《易经》虽然都追问着道的本体，但其追问的途径不同。《易经》是乾坤文化，《老子》是坤乾文化，坤在乾的前面，是很古老的

---

① ［魏］王弼撰，楼宇烈校释：《老子道德经注校释》，16页，北京，中华书局，2008点校本。

② 王国轩，王秀梅译注：《孔子家语》卷六，312～313页，北京，中华书局，2011标点本。

③ 杨伯峻撰：《列子集释》，3～4页，北京，中华书局，1979标点本。

④ ［宋］程颢、程颐撰，潘富恩导读：《二程遗书》，116页，上海，上海古籍出版社，2000标点本。

⑤ 洪治纲主编：《章太炎经典文存》，95页，上海，上海大学出版社，2003标点本。

文化形态。这一点，可能同意的人比较多。比如说历史学家吕思勉、哲学家冯友兰还有外国的一些汉学家，都讲《老子》有女性生殖崇拜的思想。但是这种思想来自何方，是怎样发生的？这就必须追问老子是谁。疑古的人们往往论证老子在孔子、甚至庄子之后，实际上是误解了太史公的意思。只要抱着一颗平常心来读《史记·老子列传》，这篇列传紧跟着《伯夷列传》《管晏列传》，按照《史记》以时为序的义例，老子应在孔子之前。《史记》写的重要人物有一百多人，但写籍贯故里完整地交代县、乡、里的，只有三个人：本纪中是汉高祖刘邦，世家中是孔子，列传中是老子。其他的如庄子只讲“蒙人也”，连国名、县名都没有。司马迁如此描述他在写《史记》之前的二十壮游：“二十而南游江、淮，上会稽，探禹穴，窥九疑，浮于沅、湘；北涉汶、泗，讲业齐、鲁之都，观孔子之遗风，乡射邹、峄；厄困鄱、薛、彭城，过梁、楚以归。”①其中“讲业齐、鲁之都，观孔子之遗风”，说明他到过孔子家乡；“厄困鄱、薛、彭城”，说明他到过刘邦家乡；“过梁、楚以归”，他从沛县经过大梁（开封），还经过“楚”回长安。这个“楚”，只能是楚国北部的“陈楚”，也就是老子的家乡“楚苦县厉乡曲仁里”。这样讲的根据在于先秦文献中，像老子这样官阶不高的“守藏室之史”，晚年又隐居不知所终，官方文献是不会记载的，不可能留下他的家乡的完整信息，只有司马迁到过他的家乡，才将之写入正史。比如吴楚柏举之战，吴国以少胜多，在十余日就攻占一流大国楚国的首都，但《左传》只把功劳记在吴王阖闾、阖闾之弟夫概、重臣伍子胥的头上，而作为客卿的孙武连名字都没有。孔子当中都宰，《左传》不

① 《史记》卷一百三十《太史公自序第七十》，3293 页，北京，中华书局，1959 标点本。

记；到当鲁司寇、在夹谷之会上为相才浓墨重彩地写上一笔。可见官方史料是有官方价值标准的，官方不记的人与事并不等于不存在。司马迁写《老子列传》的时候，可作为依据的官方材料，恐难寻觅。后人常常责备《史记》记老子、孙武、屈原的材料不够翔实，其实如果没有太史公的实地调查，及对简书杂记的发掘，以独具的慧眼为他们作传，恐怕作为旷世经典的《老子》《孙子兵法》《离骚》，就会成为“无头案”。后人不仅不应挑剔太史公，反而应该把太史公视为《老子》《孙子兵法》《离骚》的不可代替的功臣。

《史记·老子列传》不仅完整地交代老子故里是“楚苦县厉乡曲仁里”，而且交代他“姓李氏，名耳，字聃，周守藏室之史也”①。唐人司马贞作《史记索隐》引三国葛玄曰：“李氏女所生，因母姓也。”又云：“生而指李树，因以为姓。”②葛玄是葛洪的叔祖父，三国时道教重要人物，因而后人将这种索隐看作是神学家言，并不放在心中。但这里透露了一个重要的信息，老子出生，没有其父的音讯，连姓氏也得自母亲一族。因母得姓，这就是母系社会的姓氏制度。老子好像生来就是老子，多么博学的人也考证不出他的父亲，因而可能出生在母系氏族。信奉社会发展史的人会问：春秋战国时代，不是到了奴隶社会向封建社会过渡的时代了，怎么还有母系氏族呢？应该看到，中国社会发展不平衡，春秋列国的社会结构并非整齐划一。《荀子》谓周公立七十一国，姬姓独居五十三人。《史记·汉兴以来诸侯王年表序》：“武王、成、康所封数百，而同姓五十五，地上不过百里，下三十里，以

---

① 《史记》卷六十三《老子韩非列传第三》，2139页，北京，中华书局，1959标点本。

② 同上书，2140页。

辅卫王室。”①《汉书·诸侯王表序》：“昔周监于二代，三圣制法，立爵五等，封国八百，同姓五十有余。”②周初分封，有同姓国、异姓国，所谓国就是一个城。周公礼制在部分重要封国的都城中可能还称得上行之有效，城市近郊波及的层次深于远郊，至于边境地带可能还维持着原始状态。诸子书中所说的齐桓公并国三十(或并国三十五)，启地三千里；楚庄王并国二十六，开地三千里；秦穆公并国十二(或并国三十)，辟地千里，遂霸西戎，都是对一些弱小部落的兼并。这类弱小部落难免有些还处在“知母而不知父”的原始状态，因而招致《仪礼·丧服》痛斥其“禽兽知母而不知父”③。老子出生在楚、陈交界之地，很可能存在母系氏族。《老子》第六十一章：“大国者下流，天下之交，天下之牝。牝常以静胜牡，以静为下。故大国以下小国，则取小国。小国以下大国，则取大国。”如此谈论牝牡和大国、小国关系，隐含着老子出生于母系小部落的某种信息。

尤可注意的是，《老子》书里讲母是唯一的。“天下有始，以为天下母。既得其母，以知其子。既知其子，复守其母，没身不殆。”④河上公解释：道为天下物母也。《韩非子·解老》说：“母者，道也。”⑤这个“天下母”是唯一的，“天得一以清，地得一以宁，神得一以灵，谷

① 《史记》卷十七《汉兴以来诸侯王年表第五》，801页，北京，中华书局，1959标点本。

② 《汉书》卷十四《诸侯王表第二》，391页，北京，中华书局，1962标点本。

③ 杨天宇：《仪礼译注》，308页，上海，上海古籍出版社，2004。

④ [魏]王弼撰，楼宇烈校释：《老子道德经注校释》，139页，北京，中华书局，2008。

⑤ [清]王先慎撰，钟哲点校：《韩非子集释》，140页，北京，中华书局，1998标点本。

得一以盈，万物得一以生”[①]。而《老子》讲父，是“众父”，《老子》二十一章说：“孔得之容，唯道是从。道之为物，惟恍惟惚。惚兮恍兮，其中有象；恍兮惚兮，其中有物。窈兮冥兮，其中有精；其精甚真，其中有信。自今及古，其名不去，以阅众甫。吾何以知众甫之状哉？以此。”[②]而流行本中的“众甫”，在长沙马王堆玉帛书《老子》甲、乙本中都是“众父”，父亲的父。《老子》在无意中讲父是“众父”，讲母是唯一的，这就不能排除他出生的氏族很可能存在着“一母众父”的婚姻形态。

其次，老子家乡苦县，本属于陈国，楚国灭陈后，设置苦县，所谓“陈楚”。《汉书·地理志》说：“陈国，今淮阳之地。陈本太昊之虚，周武王封舜后妫满于陈，是为胡公，妻以元女大姬。妇人尊贵，好祭祀，用史巫，故其俗巫鬼。”[③]由于陈国没有杰出的政治家进行移风易俗的治理，周公礼制在周公大姐的国度相对薄弱，“妇人尊贵”夹杂着巫鬼风俗，也就衍化成女性生殖崇拜。古陈国在今河南东南角跟安徽亳州交界的淮阳，属于“太皞之虚”，那里有太皞墓，女性生殖崇拜风气到现在还很浓郁。太皞就是伏羲，是信仰伏羲、女娲的地方。这里遗留的几种民俗值得注意，一是每年三四月份表演“履迹舞”。汉代王符《潜夫论》说：“大人迹出雷泽，华胥履之，生伏羲。”[④]《山海经·海

① ［魏］王弼撰，楼宇烈校释：《老子道德经注校释》，106页，北京，中华书局，2008。

② 同上书，52～53页。

③ 《汉书》卷二十八下《地理志第八下》，1653页，北京，中华书局，1962标点本。

④ ［汉］王符著，［清］汪继培笺，彭铎校正：《潜夫论笺校正》，384页，北京，中华书局，1985。

内东经》郭璞注引《河图》曰：“大迹在雷泽，华胥履之而生伏羲。”①伏羲的母亲华胥氏踩了大人的脚印，生下伏羲，是“知母而不知父”的。履迹舞，是母系社会的遗风。二是摸子洞。太皞陵的下面有个洞，当地居民求子，就将手伸进去模仿性交动作，属于一种生殖崇拜的仪式。三是有一种叫“泥泥狗”的陶制品。据说是给伏羲看墓的狗，长着一个脑袋、两个脑袋……直到九个脑袋，每个狗的胸前都绘有色彩斑斓的女人阴部的图案，这已经成为当地的文化产业了。我说《老子》书有女性生殖崇拜，有些淮阳出来的学者都说：“我相信，我相信。”这就是以文学地理学、民俗学和姓氏制度的方法，揭示《老子》书中坤乾文化、女性生殖崇拜的得以生成的文化基因。

方法论这根杠杆，确实能够撬开诸子文本的许多缝隙，破解一系列千年不解之惑。比如另一位河南人庄子，他是谁，为何把《庄子》书写成这个样子？实际上两千多年雾里观花，没搞清楚。《史记·老子韩非列传》说：“庄子者，蒙人也，名周。周尝为蒙漆园吏，与梁惠王、齐宣王同时。其学无所不窥，然其要本归于老子之言。故其著书十余万言，大抵率寓言也。”②由于司马迁作《史记》时，庄子地位不显，那时还是黄老的天下，到了魏晋才是老庄的天下，因此就把庄子作为附传，放在《老子韩非列传》中，并没有下力气把庄子讲清楚。漆园吏，有人根据出土简帛，说是“啬夫”。《后汉书·郑玄传》记载郑玄

---

① ［清］郝懿行撰：《山海经笺疏》卷十三，二页，成都，巴蜀书社，1985影印还读楼本。

② 《史记》卷六十三《老子韩非列传第三》，2143页，北京，中华书局，1959标点本。

年轻时也当过这个职务，“少为乡啬夫，得休归，常诣学官，不乐为吏”①，似乎是庄子的同行。《汉书·百官公卿表》说：“大率十里一亭，亭有长。十亭一乡，乡有三老、有秩、啬夫、游徼。三老掌教化。啬夫职听讼，收赋税。游徼徼循禁贼盗。……皆秦制也。”②啬夫是乡里听诉讼、收赋税的小吏。蒙地漆园，是乡下种漆树、制造漆器的小手工作坊，这里的啬夫小吏，就是手工作坊的记账先生。他的生活很拮据，穷困到了要向监河侯借一升一斗的米来过日子。要不然就是涸泽之鱼，需要救急，不能等到引来东海水救济，已经揭不开锅了。庄子衣衫褴褛，靠编草鞋卖来补贴生计，是个穷得叮当响的小吏，按现在的级别恐怕连个股长都不够。

于是一个古老的生命存在，在这里出现三条裂痕，需要我们去缀合：第一，知识来源问题。庄子的知识是哪儿来的？写一部《庄子》可是要于学无所不窥，什么学问都懂，才能写出这么一部博学而高妙的书。但是先秦时期的学制，典籍皆官府藏而世守之，民间无有也，有所谓“学在官府，人世其官，故官世其业”的制度。当时实行的是贵族教育，只有贵族才能够接受教育。孔子的伟大就在于把贵族教育变成平民教育，把官学变成私学。但是孔子并没有在蒙地办学校，也没招庄子这么一个弟子。庄子的知识从何而来？第二，庄子是卑微的小吏，有什么资格跟那些王侯将相高谈阔论？而且衣冠不整，说话非常傲气，底气十足，人家门房没挡你，讲了得罪人的话没有把你驱逐出去，拘留起来，乖乖听就是了。不要说一个小吏，现在一个大学系主

① 《后汉书》卷三十五《张曹郑列传第二十五》，1207页，北京，中华书局，1965标点本。

② 《汉书》卷十九上《百官公卿表第七上》，742页，北京，中华书局，1962标点本。

任教授，不要说去找国王，就是找个市长对对话，恐怕门房也会挡驾。难道战国时代就比现代民主？第三，《史记》和《庄子》书中都记载楚王派两个大夫去请庄子当大官，庄子回绝了，说我不愿意到你那里去当祭祀用的牺牲的牛，宁可在河沟里面当拖着尾巴的乌龟。这是什么话？如果省委书记请一介书生去当宣传部长，他说我不去当牺牲的牛，你会感觉此人不可理喻，但一读《庄子》书，却失去这份感觉。有人说庄子说的是“寓言”，是在瞎编。寓言而涉及自己的身世是有底线的，没有底线那就是骗子。有这么一个事作为底线，添油加醋渲染一番也无妨，但没有这个事而到处张扬，就是招摇撞骗了。所以身世寓言要有底线，这是一个原则，抛弃这个原则，简直就把庄子看成“信口开河，羌无故实”的骗子了。

对于这三个涉及知识来源、行为资质、仕隐出处的根本性问题，两千年来还缺乏寻根问底的深入探究。庄子何其人，何以如此写《庄子》？这都有待于我们以先秦家族姓氏制度、历史编年考证、人文地理考证、文本生命分析等方法，考察庄子家世遭际和生命历程，进而以《庄子》书中的生命基因加以印证。宋人郑樵《通志·氏族略》记述：“以谥为氏。周人以讳事神，谥法所由立。生有爵，死有谥，贵者之事也，氏乃贵称，故谥亦可以为氏。庄氏出于楚庄王，僖氏出于鲁僖公。康氏者，卫康叔之后也。宣氏者，鲁宣伯之后也。文氏、武氏、哀氏、缪氏之类，皆氏于谥者也。”①又说：“庄氏：芈姓。楚庄王之后，以谥为氏。楚有大儒曰庄周，六国时常为蒙漆园吏，著书号《庄

① ［宋］郑樵撰，王树民点校：《通志二十略》，6～7页，北京，中华书局，1995。

子》。齐有庄贾。周有庄辛。”①先秦时期，美好的谥号有文、武、明、睿、康、景、庄、宣、懿，谥号庄，意味着“威而不猛”，“胜敌志强”。因此谥号为“庄”的东周君主颇有其人，除了东周庄王之外，还有秦庄公、齐庄公、卫庄公、郑庄公、曹庄公、宋庄公、燕庄公、鲁庄公、陈庄公、许庄公、蔡庄侯、楚庄王、郳庄公、秦庄襄王，而且齐、卫均有二庄公。在公元前 9 世纪到公元前 3 世纪的六百年间，起码有十七位君主以“庄”为谥号。如果以谥号为氏，庄氏出自哪位君主？肯定地说，出自楚庄王。这是特指，不是泛指，没有任何一条材料证明出自以此为谥号的其他君主。

郑樵是一个对隋唐五代以前的书无所不读的非常博学的人，他推崇司马迁、刘知几的“会通”之学，于经史、礼乐、天文、地理、草木虫鱼、文字音韵方面都有相当深的造诣。自称所著的《通志》二百卷总汇隋唐五代以前的文献，“集天下书为一书”。而《氏族略》是《通志·二十略》中最好的部分。但他毕竟是南宋人，踞离庄子已经一千余年，还需审查他的说法可靠不可靠。这就需要我们重新回到《史记》，在庄子本传中虽然没有记载庄子是楚庄王的后裔，但在《西南夷列传》里面讲了楚国的一个将军，叫庄蹻。庄蹻是楚威王派去守卫西部巫郡和黔中郡的少数民族地区的。他带着军队到了云南滇池一带，被秦军阻断回不来了，就在那里开拓了古滇国，变成古滇王。《史记》原文是：“楚威王时，使将军庄蹻将兵循江上，略巴、(蜀)黔中以西。庄蹻者，故楚庄王苗裔也。”②可见太史公也认为，庄氏也出自楚庄王，因而是

① ［宋］郑樵撰，王树民点校：《通志二十略》，161 页，北京，中华书局，1995。

② 《史记》卷一百一十六《西南夷列传第五十六》，2993 页，北京，中华书局，1959 标点本。

毋庸置疑的。楚庄王作为春秋五霸之一，是楚国最杰出的政治家，有“三年不鸣，一鸣惊人，三年不飞，一飞冲天”的记载。这位楚王把楚国势力扩张到黄河流域，扩张到洛水，观兵周郊，问鼎中原，使鲁、宋、郑、陈等中原诸侯国都依附楚国。他的直系子孙就是楚王，旁系子孙到孙子一辈，就可以用他的谥号当姓氏了。

但是，庄子(约公元前369—前286年)离楚庄王(公元前613—前591年在位)已经二百余年，距离起码七八代，属于疏远的贵族后裔了。那么庄氏家族为什么出现在河南商丘北的宋国蒙地呢？要考证这个问题，只能从楚威王派二大夫聘请庄子入手。楚威王在位时间是公元前339—前329年。《史记》庄子本传记载：“楚威王闻庄周贤，使使厚币迎之，许以为相。庄周笑谓楚使者曰：‘千金，重利；卿相，尊位也。子独不见郊祭之牺牛乎？养食之数岁，衣以文绣，以入大庙。当是之时，虽欲为孤豚，岂可得乎？子亟去，无污我。我宁游戏污渎之中自快，无为有国者所羁，终身不仕，以快吾志焉。’”①唐代张守节《史记正义》说：此事发生在“威王当周显王三十年”②(公元前339年)，楚威王初继位，庄子三十岁左右。

要考证庄氏家族的迁徙，须由此往前推五十年，看楚国发生了什么事件，足以造成这个家族逃亡离楚。“新鬼大，旧鬼小”，应在五十年内才有新立楚王纠正过去的冤案的举动，超过百年，除了历史学家，就不为当政者作为政策来实施了。往前推不到五十年，楚悼王二十年(公元前382年)，以吴起为令尹，实行改革。《史记·吴起列传》

① 《史记》卷六十三《老子韩非列传第三》，2145页，北京，中华书局，1959标点本。

② 同上。

记载："楚悼王素闻（吴）起贤，至则相楚。明法审令，捐不急之官，废公族疏远者，以抚养战斗之士。要在强兵，破驰说之言纵横者。于是南平百越；北并陈蔡，却三晋；西伐秦。诸侯患楚之强。故楚之贵戚尽欲害吴起。及悼王死，宗室大臣作乱而攻吴起，吴起走之王尸而伏之。击起之徒因射刺吴起，并中悼王。悼王既葬，太子立，乃使令尹尽诛射吴起而并中王尸者。坐射起而夷宗死者七十余家。"①吴起变法"废公族疏远者"，多少代算是疏远呢？《韩非子·和氏篇》说："使封君之子孙三世而收爵禄"②，因而已是七八代以上的庄氏家族，也在这个范围。难怪这些老贵族痛恨吴起，当楚悼王一死，就追杀吴起，大闹灵堂，射死吴起也射中楚悼王尸体。按照楚国的法律，"丽兵于王尸者，尽加重罪，逮三族"，射中国王的尸体是要灭族的。所以楚肃王继位后灭了七十个家族。庄氏家族受牵连，被迫逃亡。

庄氏家族是通过墨家巨子的渠道逃到宋国的。墨家讲兼爱、非攻，在宋国与楚国的交界处设立根据地。《吕氏春秋·离俗览·上德》记载："墨者钜子孟胜，善荆之阳城君。阳城君令守于国，毁璜以为符，约曰：'符合听之。'荆王薨，群臣攻吴起，兵于丧所，阳城君与焉，荆罪之。阳城君走，荆收其国。孟胜曰：'受人之国，与之有符，今不见符，而力不能禁，不能死，不可。'其弟子徐弱谏孟胜曰：'死而有益阳城君，死之可矣。无益也，而绝墨者于世，不可。'孟胜曰：'不然。吾于阳城君也，非师则友也，非友则臣也。不死，自今以来，求严师必不于墨者矣，求贤友必不于墨者矣，求良臣必不于墨者矣。

① 《史记》卷六十五《孙子吴起列传第五》，2168页，北京，中华书局，1959标点本。

② ［清］王先慎撰，钟哲点校：《韩非子集释》，96页，北京，中华书局，1998标点本。

死之，所以行墨者之义，而继其业者也。我将属钜子于宋之田襄子。田襄子，贤者也，何患墨者之绝世也！'……因使二人传钜子于田襄子。孟胜死，弟子死之者百八十。"①楚悼王时阳城君的封邑阳城，在今安徽省界首市境(一说在今河南商水县西南)，秦末揭竿而起的陈涉也是阳城人。庄氏可能是通过这个与吴起之变有关的墨家巨子的渠道逃到宋国的。庄氏属于楚国追捕的钦犯，必须逃到宋国首都北面的蒙地，才不会被楚国搜捕。这次逃亡，发生在庄子出生前十几年，流亡到宋国蒙地之后，才生下庄子。

《庄子》书记载，庄子与惠施在濠梁观鱼，濠水流经春秋楚邑钟离，在今安徽凤阳县东北，该地有庄、惠遨游之处，石绝水为梁。庄子钓于濮水，楚威王使二大夫聘庄子于此地。《水经注》说：濮水"俗谓父水"，杨守敬注："父水因城父得名。"②地在今安徽亳州市东南七十里城父集。这些地方与阳城相距不远，处于楚国东北部与宋国接壤地带，似乎庄子对其家族死里逃生的路线别有几分感情。庄子不在城市，而在荒野以钓鱼的方式接见楚王使臣，也是别具一格的。

从吴起之变，庄氏家族逃亡，到楚威王继位已是四十三年。四十三年间，楚国王位从肃王、宣王，传到威王，隔了两代国王，为四十多年前的冤案"落实政策"的时机已经成熟。庄子本是宋国蒙地小小的漆园吏，楚威王怎么还"闻庄子贤"呢？因为"坐射起而夷宗死者七十余家"的亲戚朋友盘根错节，许多人包括庄蹻这位出自庄氏别支的将军，都不停地为四十年前家破人亡的亲友呼冤叫屈，建议聘请这些家

① 许维遹撰，梁运华整理：《吕氏春秋集释》，521～522页，北京，中华书局，2009。

② [北魏]郦道元著，陈桥驿校证：《水经注校证》卷二十二《溍水》，549页，北京，中华书局，2007。

族的优秀子弟回来任职。楚威王由此“闻庄子贤”，要为这个蒙冤家族“落实政策”，才会出现楚威王派二大夫延聘庄子之事。也才会有庄子宁愿当泥地乌龟，也不愿当祭祀时作为牺牲的牛的说法，因为冤案平反，也存在着反弹的暗流，并非毫无杀身之祸。由于出身流亡贵族之家，可以接受教育，博览典籍；由于上等大国还准备聘请流亡贵族子弟任要职，使之有资格在王侯将相面前无所顾忌，高谈阔论。笼罩在庄子身上的三个千古谜团也就豁然开朗了。

考辨庄子家世，不是仅仅为了给庄子履历表上填写家庭成分，更本质的意义在于通解《庄子》书中的国族文化基因，破解其中的生命密码。而且反过来，书中国族基因、生命密码的破解，也为庄子家世的考证提供文化精神上的内证。朱熹说：“庄子自是楚人，想见声闻不相接。大抵楚地便多有此样差异底人物学问。”①朱熹没有对庄氏家族进行深入考证，但他对先秦各学派的特质和表现方式是了如指掌的，凭直觉就感到庄子是楚国人，他的思想是楚人的思想。智慧的直觉，往往比那些纠缠不清的“博学”，更能直抵事物的原本。

不妨对《庄子》书中的国族文化基因，试做剖析。庄子有个朋友叫惠施，二人经常辩论，棋逢敌手，争论不妨碍感情，二人要好得像伯牙、钟子期一样，如《淮南子·修务训》所云：“钟子期死而伯牙绝弦破琴，知世莫赏也；惠施死而庄子寝说言，见世莫可为语者也。”惠施于梁惠王后元元年（公元前 334 年），促成梁惠王与齐威王在徐州会盟，相互承认称王，因此当了梁国的相二十五年。有人说庄子要谋惠施的相位，惠施就在大梁搜查了庄子三天三夜。庄子就对惠施讲了一

① ［宋］黎靖德编，王星贤点校：《朱子语类》，2989 页，北京，中华书局，1986 标点本。

个关于凤凰鸟、猫头鹰和死老鼠的故事："南方有鸟，其名曰鹓雏，子知之乎？夫鹓雏，发于南海而飞于北海，非梧桐不止，非练实不食，非醴泉不饮。于是鸱得腐鼠，鹓雏过之，仰而视之曰'吓！'今子欲以子之梁国而'吓'我邪？"①楚人崇凤，庄子在故事中以凤凰鸟（鹓雏）自拟，这与楚庄王"三年不鸣，一鸣惊人"，以鸟自拟，如出一辙。如唐人王颜《京兆府献三足乌赋》云："怜楚人之迷凤，陋越裳之献翟。"②不仅如此也，而且说这只凤凰乃是"南方有鸟"，"发于南海而飞于北海"，跟庄子的家族迁移轨迹是一样的。庄子讽喻惠施，我是南方来的凤凰鸟，南方那边请我回去我都不答应，我难道会谋取你抓到的那只死老鼠？好友之间心照不宣，一点就透，因为惠施当上梁相，比起楚威王延聘庄子，只是晚了五年。

《庄子》书中有一个关于浑沌的寓言，见于《庄子·应帝王篇》："南海之帝为儵，北海之帝为忽，中央之帝为浑沌。儵与忽时相与遇于浑沌之地，浑沌待之甚善。儵与忽谋报浑沌之德，曰：'人皆有七窍以视听食息，此独无有，尝试凿之。'日凿一窍，七日而浑沌死。"③浑沌是楚人的信仰。因为楚国在三苗之地，三苗之祖是浑沌、穷奇、饕餮。中原视之为恶魔，楚人将浑沌看作与祖源相联系的信仰。南海之帝、北海之帝叫作儵与忽，儵忽一词，在先秦文献中只见于《楚辞》。也就是说，庄子在用楚国方言，讲述着一种与楚人信仰相联系

① ［清］郭庆藩撰，王孝鱼点校：《庄子集释》，605页，北京，中华书局，1961标点本。

② ［清］董诰等编，孙映逵等点校：《全唐文》，3270页，太原，山西教育出版社，2002标点本。

③ ［清］郭庆藩撰，王孝鱼点校：《庄子集释》，309页，北京，中华书局，1961标点本。

的哲学寓言。关于信仰的寓言，是连着生命之根的。

《庄子》书写了十几个楚国故事，楚人既悟道，又神奇。这是庄子祖辈、父辈告诉他的那个“失落了的故乡”的故事，月是故乡明，庄子对于“流人之思”体验极深。晋朝司马彪注解说：“流人，有罪见流徙者也”①，这种流亡者“去国数日，见其所知而喜；去国旬月，见所尝见于国中者喜；及期年也，见似人者而喜矣；不亦去人滋久，思人滋深乎？……闻人足音跫然而喜矣，又况乎昆弟亲戚之謦欬其侧者乎！”②庄子借流人之思，表达自己流亡家族的乡愁。他写了“郢匠挥斤”，楚国郢都的一个工匠挥起一把大斧子，能够把别人鼻梁上像苍蝇翅膀那么薄的白土砍掉。挥斧子的人厉害，受斧子的人也很了得。又写了汉阴抱瓮老人，老人从隧道到井里提水来浇灌菜园子。子贡问他不是有桔槔么，怎么不用呢？他回答说：有机械就有机事，有机事就有机心，不能用机械破坏自然的浑沌状态，孔子说这是浑沌氏之术，属于楚人的浑沌信仰。后世将之与回归自然相联系，如骆宾王所说：“实欲投竿垂饵，晦名迹于渭滨；抱瓮灌园，绝机心于汉渚。”③还有一个故事是“痀偻承蜩”，驼背老人在树林里捉蝉，他说在竹竿子顶上放两个石头丸子不掉下来，再去粘蝉，十只能粘到五六只；如果放三个石头丸子不掉下来，十只能粘到八九只；如果竿子上放五个石头丸子不掉下来，粘蝉就像捡花生那样随手拈来了。孔子赞叹：老人给人的启示是“用志不分，乃凝于神”，精诚是通向道的途径。唐人作

① ［清］郭庆藩撰，王孝鱼点校：《庄子集释》，823页，北京，中华书局，1961标点本。

② 同上书，822页。

③ ［清］董诰等编，孙映逵等点校：《全唐文》，1195页，太原，山西教育出版社，2002标点本。

《佝偻丈人承蜩赋 》，赞许“巧乎道者，承蜩之叟”①。权德舆作《道举策问》，谓“安时处顺，泊然悬解，至人之心也。……痀偻之承蜩，匠石之运斤，梓庆之削鐻(《庄子·达生篇》所说的乐器)，用志不分，移于教化，则万物之相刃相靡者，悠然而顺，暗然而和”②。清人讲武术杂技的出神入化，有所谓“痀瘘丈人承蜩弄丸，公孙大娘舞剑器浑脱，浏漓顿挫，发扬蹈厉”③。这些故事分别发生在楚国首都、汉阴、边境林中，并不固定在一个地方，是否与庄氏家族由首都下放到汉阴，又由边境逃往宋国的迁徙轨迹有关，这已是无从考证的问题了。

《庄子》书中的宋国故事也有十几个，所提到的宋人都很笨拙，甚至很卑劣。这说明庄氏家族逃亡到宋国蒙地，并没有融入当地社会。宋国夹在齐国、晋国、楚国这些大国中间，随时面临着失地亡国的危机，检索《左传》可知，宋国大权总是掌握在自己公族手中，不愿接纳客卿，担心大权旁落。所以游动于列国之间的战国诸子，对宋人都很反感。《孟子》寓言“揠苗助长”，《韩非子》寓言“守株待兔”，讲的都是宋人。庄子出生于流亡的客族，并没有为宋国真正接纳，如此才华出众的士人竟然当了地方作坊的记账先生，而没有在朝廷文案中谋到一官半职，如此生活只能说是一种“悲哀的潇洒”。因此庄子经常嘲讽宋人，加上与宋人惠施经常辩论，这类故事就更为尖刻。宋人是商人的后代，商人总有一点经商的智慧吧，然而不，“宋人资章甫而适诸越，

① [清]董诰等编，孙映逵等点校：《全唐文》，2722页，太原，山西教育出版社，2002标点本。

② [清]董诰等编：《全唐文》，第962卷，9989页，北京，中华书局，1983标点本。

③ 张次溪编纂：《清代燕都梨园史料(正续编)》，352页，北京，中国戏剧出版社，1988。

越人断发文身，无所用之”①。宋人拿着商朝老祖宗的“章甫”帽到越国去卖，但越人是断发文身的，根本不戴帽子。做买卖也不顾客户的需求，只能赔掉老本。又如“宋人有善为不龟手之药者”，但是只能“世世以洴澼絖为事”。“洴澼絖”就是漂洗棉絮，大概是用了宋国的象声词方言，有点向辩论对手惠施调侃的意味。有客人想用百金购买他们的偏方，他们就聚族商量：“我们世世代代都在洴澼絖，一年的收入也不过数金。如今卖个方子，就可以拿到百金，不如成交了吧。”但那个客人拿着方子，游说吴王。越国来侵略，吴王就任命他当将军，冬天与越人水战而手不龟裂，大败越人，裂地而封他当大官。庄子评议说：能够一样制造不龟手的药，有人靠它封官，有人不免于“洴澼絖”，是他们使用的方式存在着差异的缘故。纪晓岚《阅微草堂笔记》也批评道：“术无大小，亦惟人所用，如不龟手之药，可以洴澼絖，亦可以大败越师耳。”②

还有宋人曹商的故事，就是舔人家痔疮的故事，是“吮痈舐痔”，不择手段地谄媚拍马的成语的来源。宋王派曹商出使秦国，去的时候只带了几辆车，因得到秦王的欢心，赠以一百辆车。回到宋国，就找庄子来显摆一番：“夫处穷闾厄巷，困窘织屦，槁项黄馘者，商之所短也；一悟万乘之主而从车百乘者，商之所长也。”③庄子反唇相讥：“秦王有病召医，破痈溃痤者得车一乘，舐痔者得车五乘，所治愈下，

① ［清］郭庆藩撰，王孝鱼点校：《庄子集释》，31页，北京，中华书局，1961标点本。

② ［清］纪昀：《阅微草堂笔记》，398页，扬州，江苏广陵古籍刻印社，1983标点本。

③ ［清］郭庆藩撰，王孝鱼点校：《庄子集释》，1049页，北京，中华书局，1961标点本。

得车愈多。子岂治其痔邪，何得车之多也？子行矣！”①这个故事出自《庄子》杂篇《列御寇篇》，可能是庄子门人追记的，但是庄子对门人讲了这么一个令人不堪的故事，可见曹商这番显摆对庄子心理伤害之大，实在是刻骨铭心。

庄氏家族流亡到宋国蒙地，宋国没有接纳他们，但是蒙地这块水草丰茂的湿地，接纳了庄子。现在到庄子在商丘北的故里考察，还可以发现池塘、湖泊遍布，草木虫鱼繁多的湿地风光。《左传》庄公十二年(公元前 682 年)秋，“宋万(与公争博)弑闵公于蒙泽”②。杜预注：“宋地。梁国有蒙县。”③《水经注》卷二十三说：“汳水又东径蒙县故城北，俗谓之小蒙城也。《西征记》：城在汳水南十五六里，即庄周之本邑也，为蒙之漆国吏，郭景纯所谓‘漆园有傲吏’者也。悼惠施之没，杜门于此邑矣”④，获水“东南流径于蒙泽”。

湿地中的草木虫鱼，充满着《庄子》书，在先秦诸子书中留下了别样的风光。庄子生于流亡的客户，小时候缺乏结伴同游的小哥们，因而是“独与天地精神往来”，在孤独中与湿地精灵出入于藐姑射山一类神异之境：“藐姑射之山，有神人居焉，肌肤若冰雪，(绰)淖约若处子。不食五谷，吸风饮露，乘云气，御飞龙，而游乎四海之外。”⑤回到现实中，他可能到市场上看人家耍猴，分派橡栗，时而“朝三而暮

① [清]郭庆藩撰，王孝鱼点校：《庄子集释》，1050 页，北京，中华书局，1961 标点本。

② 李学勤主编，《十三经注疏》整理委员会整理：《春秋左传正义》，247 页，北京，北京大学出版社，1999 标点本。

③ 同上。

④ [北魏]郦道元撰：《水经注》，397 页，成都，巴蜀书社，1985 标点本。

⑤ [清]郭庆藩撰，王孝鱼点校：《庄子集释》，28 页，北京，中华书局，1961 标点本。

四”，时而“朝四而暮三”，逗着猴子寻开心。又去看人家宰猪，燎掉猪毛，连藏在猪的腋下的虱子都燎死了。又看过庖丁解牛，小孩子看到大人宰牛，两刀下去，“哗”一下子就把一个庞然大物五体分尸，煞是惊奇。大人看宰牛，不会有这种好奇心、震撼感，庖丁解牛包含着庄子的童年记忆。庄子还写了蜗牛角上的战争：“有国于蜗之左角者曰触氏，有国于蜗之右角者曰蛮氏，时相与争地而战，伏尸数万，逐北旬有五日而后反。”①蜗牛角上有两个国家在打仗，这将战国争城掠地的战争，嘲讽得极其到家，有如苏东坡《满庭芳》词云：“蜗角虚名，蝇头微利，算来着甚干忙。”②白居易《禽虫十二章》云：“蟭螟杀敌蚊巢上，蛮触交争蜗角中。应是诸天观下界，一微尘内斗英雄。”③然而，蜗牛有两个角，恐怕连主张“多识于鸟兽草木之名”的孔夫子都不一定知道，那时的博物学还欠发达。要蹲到地上看很久，都不一定看得到蜗牛伸出两只角来。两个角的摆动，活像两个国家在那里打了十五天的仗，死了几万人，这都是小孩子的想象，把战国的战乱都写到小孩对蜗牛的观察和想象之中。

晋人崔豹《古今注》卷中《鱼虫第五》透露了《庄子》一则佚文：“蜣螂，能以土包粪，推转而成丸，圆正无邪角。庄周曰‘蛣蜣之智，在于转丸’。一曰蛣蜣，一曰转丸，一曰弄丸。蜗牛，陵螺也，形如蛖蝓。”④唐人苏鹗《苏氏演义》卷下则说：“《古今注》有‘庄周曰：蛣蜣之

① ［清］郭庆藩撰，王孝鱼点校：《庄子集释》，891～892页，北京，中华书局，1961标点本。

② ［宋］苏轼撰，傅成、穆俦标点：《苏轼全集》，619页，上海，上海古籍出版社，2000标点本。

③ ［唐］白居易著，朱金城笺校：《白居易集笺校》，2585页，上海，上海古籍出版社，1988标点本。

④ ［晋］崔豹：《古今注》，15页，北京，中华书局，1985标点本。

智，在于转丸’三句。”①明代李时珍《本草纲目·虫部》又云：“弘景曰：庄子云：蛣蜣之智，在于转丸。喜入粪土中取屎丸而推却之，故俗名推丸。”②《尔雅·释虫》云：“蛣蜣，蜣螂。”③郭璞注曰：“黑甲虫，啖粪者也。”④这也是庄子关注到的一种甲虫，俗名“屎壳郎”，对应着庄子所说的“道在屎溺”。王国维《屈子文学之精神》说：“南人想象力之伟大丰富，胜于北人远甚。彼等巧于比类，而善于滑稽，故言大则有若北溟之鱼，语小则有若蜗角之国；语久则大椿、冥灵，语短则蟪蛄、朝菌；至于‘襄城之野，七圣皆迷’；‘汾水之阳，四子独往’，此种想像，决不能于北方文学中发见之。故庄、列书中之某部分，即谓之散文诗，无不可也。夫儿童想像力之活泼，此人人公认之事实也。……此南方文学中之诗歌的特质所以优于北方文学者也。”⑤

先秦诸子写梦，写得最好的是庄子。老子是庄子的前辈，但《道德经》五千言连一个“梦”字也没有。跟庄子同辈的孟子虽然姓孟，但是《孟子》三万四千言，也无一个“梦”字。《论语》写了一个梦字，《述而篇》说：“子曰：甚矣，吾衰也！久矣，吾不复梦见周公。”⑥这是政治梦，如朱熹《朱子语类》卷三十四所说：“‘梦周公’，‘忘肉味’，‘祭

---

① ［唐］苏鹗撰，吴企明点校：《苏氏演义（外三种）》，44页，北京，中华书局，2012标点本。

② ［明］李时珍著，王庆国主校：《本草纲目》，1242页，北京，中国中医药出版社，2013标点本。

③ 李学勤主编，《十三经注疏》整理委员会整理：《尔雅注疏》，283页，北京，北京大学出版社，1999标点本。

④ 同上。

⑤ 佛雏编：《王国维学术文化随笔》，223页，北京，中国青年出版社，1996。

⑥ 李学勤主编，《十三经注疏》整理委员会整理：《论语注疏》，85页，北京，北京大学出版社，1999标点本。

神如神在'，见得圣人真一处。理会一事，便全体在这一事。"①《笑林广记》对"梦周公"开了一个玩笑，说是："一师昼寝，而不容学生磕睡。学生诘之，师谬言曰：'我乃梦周公也。'明昼，其徒亦效之，师以戒方击醒曰：'汝何得如此？'徒曰：'亦往见周公耳！'师曰：'周公何语？'答曰：'周公说，昨日并不曾见尊师。'"②

《庄子》书中十一次写梦，他借梦思考生命。《庄子·大宗师》云："庸讵知吾所谓吾之乎？且汝梦为鸟而厉乎天，梦为鱼而没于渊。不识今之言者，其觉者乎？其梦者乎？"③他反观"吾之所谓吾"，思考着生命的边界、梦与觉的边界。写得尤为精彩的是《齐物论》："昔者庄周梦为胡蝶，栩栩然胡蝶也，自喻适志与！不知周也。俄然觉，则蘧蘧然周也。不知周之梦为胡蝶与？胡蝶之梦为周与？周与胡蝶，则必有分矣。此之谓物化。"④这个梦是如此驰名，李商隐诗云："庄生晓梦迷蝴蝶"，以致"梦蝶翁"成了庄子的代名词，如祝枝山《读庄子逍遥游》诗云："颇疑梦蝶翁，与世太相避。曳尾泥中龟，岂希留骨贵。"⑤蝴蝶、乌龟、屎壳郎、蜗牛、猴子，还有凫、鹤、鷦鷯、鼹鼠、螳螂等等，《庄子》书简直成了诗化和哲学化的博物志。随着庄氏家族的流

① ［宋］黎靖德编，王星贤点校：《朱子语类》，862页，北京，中华书局，1986标点本。

② ［清］游戏主人辑，蒋筱波编译：《笑林广记》，19页，西安，三秦出版社，2008标点本。

③ ［清］郭庆藩撰，王孝鱼点校：《庄子集释》，275页，北京，中华书局，1961标点本。

④ 同上书，112页。

⑤ ［明］张丑撰，徐德明校点：《清河书画舫》，601页，上海，上海古籍出版社，2011标点本。

亡，庄子在宋国，“以天下为沉浊，不可与庄语”①，却在宋国蒙地的湿地环境中，借草木虫鱼接通地气，“独与天地精神往来”，找到了自己哲学、生命与诗的丰沛源泉。

三、先秦诸子的开幕式与闭幕式

在还原先秦诸子的生命过程中，有微观还原、中观还原，还有宏观还原，先秦诸子的开幕式与闭幕式的现场还原，就属于宏观还原。老子与孔子的见面，是春秋晚期两位思想巨人为诸子百家争鸣拉开帷幕。但历史记载却矛盾重重。《史记·老子列传》云：“孔子适周，将问礼于老子。老子曰：‘子所言者，其人与骨皆已朽矣，独其言在耳。且君子得其时则驾，不得其时则蓬累而行。吾闻之，良贾深藏若虚，君子盛德容貌若愚。去子之骄气与多欲，态色与淫志，是皆无益于子之身。吾所以告子，若是而已。’孔子去，谓弟子曰：‘鸟，吾知其能飞；鱼，吾知其能游；兽，吾知其能走。走者可以为罔，游者可以为纶，飞者可以为矰。至于龙，吾不能知其乘风云而上天。吾今日见老子，其犹龙邪！’”②《史记》记老子一生功业，唯有二事：一是传礼于孔子，二是著书上下篇，“言道德之意五千余言”。

《史记·孔子世家》也记孔、老会面，如果此事为子虚乌有，太史公是不会如此处理材料的，而且《仲尼弟子列传》也将老子列为“孔子之所严事”的第一人。《孔子世家》记事繁多，但对此也不惜笔墨：“鲁南宫敬叔言鲁君曰：‘请与孔子适周。’鲁君与之一乘车，两马，一竖

---

① ［清］郭庆藩撰，王孝鱼点校：《庄子集释》，1098页，北京，中华书局，1961标点本。

② 《史记》卷六十三《老子韩非列传第三》，2140页，北京，中华书局，1959标点本。

子俱，适周问礼，盖见老子云。辞去，而老子送之曰：'吾闻富贵者送人以财，仁人者送人以言。吾不能富贵，窃仁人之号，送子以言，曰：聪明深察而近于死者，好议人者也；博辩广大危其身者，发人之恶者也。为人子者毋以有己，为人臣者毋以有己。'孔子自周反于鲁，弟子稍益进焉。"①

孔子曾经到洛阳向老子问礼，如今洛阳还保存有"孔子问礼处"——一处古老的建筑。战国秦汉的典籍，甚至包括汉代祠堂坟墓的石画像，俱有记载，没有怀疑和否定。《礼记·曾子问》四次出现孔子曰"吾闻诸老聃"，《大戴礼记》有一次，《孔子家语》则专门设立《观周篇》。但是后来儒家做大了，就感到有一个道家或道教的祖师爷当自家祖师爷的老师，难免有点不舒服。太史公除了预感到后人会将老聃、老莱子、周太史儋搞混，特做说明之外，也开始感觉到"世之学老子者则绌儒学，儒学亦绌老子。'道不同不相为谋'，岂谓是邪？"②

然而，《史记·孔子世家》也留下一个编年学上的缺陷，这就使孔、老会见的年份成了千古之谜。《孔子世家》将这段记述置于孔子适周问礼于老子之前："孔子年十七，鲁大夫孟釐子病且死，诫其嗣懿子曰：'孔丘，圣人之后，灭于宋。其祖弗父何始有宋而嗣让厉公。及正考父佐戴、武、宣公，三命兹益恭，故鼎铭云：一命而偻，再命而伛，三命而俯，循墙而走，亦莫敢余侮。饘于是，粥于是，以糊余口。其恭如是。吾闻圣人之后，虽不当世，必有达者。今孔丘年少好礼，其达者欤？吾即没，若必师之。'及釐子卒，懿子与鲁人南宫敬叔

① 《史记》卷七十四《孔子世家第十七》，1909页，北京，中华书局，1959标点本。

② 同上书，卷六十三《老子韩非列传第三》，2143页。

往学礼焉。”①

其实孟僖子死，孟懿子、南宫敬叔向孔子学礼，不是在孔子十七岁，而是三十四岁。《春秋经》昭公二十四年(公元前 518 年)记载：“二十有四年春，王三月，丙戌(杨伯峻认为，丙戌是二月二十日)，仲孙貜卒。”②仲孙貜就是孟僖子，此年孔子三十四岁。那么，《史记》为何出现这种误记？从史源学上考察，它来自《左传》一段缺乏清晰交待的记载。《左传》昭公七年(公元前 535 年)，孔子十七岁，楚灵王章华之台落成，邀请诸侯来庆贺。鲁昭公三月如楚，九月归国，《左传》同年记载：“九月，公至自楚。孟僖子病不能相礼，乃讲学之，苟能礼者从之。及其将死也，召其大夫曰：‘礼，人之干也。无礼，无以立。吾闻将有达者，曰孔丘，圣人之后也。而灭于宋。其祖弗父何，以有宋而授厉公。及正考父，佐戴、武、宣，三命兹益共。故其鼎铭云：一命而偻，再命而伛，三命而俯。循墙而走，亦莫余敢侮。饘于是，鬻于是，以糊余口。其共也如是。臧孙纥有言曰：圣人有明德者，若不当世，其后必有达人。今其将在孔丘乎！我若获没，必属说与何忌于夫子，使事之，而学礼焉，以定其位。’故孟懿子与南宫敬叔师事仲尼。仲尼曰：‘能补过者，君子也。《诗》曰：君子是则是效。孟僖子可则效已矣。’”③

孟僖子“病不能相礼”的“病”，是担忧的意思，不同于《史记》“病且死”的“病”。但是《左传》将十七年后“及其将死也”，也紧接着放在

---

① 《史记》卷七十四《孔子世家第十七》，1907～1908 页，北京，中华书局，1959 标点本。

② 李学勤主编，《十三经注疏》整理委员会整理：《春秋左传正义》，1440 页，北京，北京大学出版社，1999 标点本。

③ 同上书，1251～1253 页。

昭公七年记述了，这就造成未及仔细辨析的《孔子世家》的年份误置。其实孟懿子、南宫敬叔少孔子二十一岁，在鲁昭公七年孔子十七岁时尚未出生。四年后，《左传》昭公十一年（公元前 531 年）记载得很清楚："泉丘人有女，梦以其帷幕孟氏之庙，遂奔僖子，其僚从之。盟于清丘之社，曰：'有子，无相弃也。'僖子使助薳氏之簉。反自祲祥，宿于薳氏，生懿子及南宫敬叔于泉丘人。"①《孔子世家》虽然对此未及考证，但也隐隐约约感到年份有点恍惚，于是在孔子适周问礼之前，插入这么一段年份错综莫定的话："孔子贫且贱。及长，尝为季氏史，料量平；尝为司职吏而畜蕃息。由是为司空。已而去鲁，斥乎齐，逐乎宋、卫，困于陈蔡之间，于是反鲁。孔子长九尺有六寸，人皆谓之'长人'而异之。鲁复善待，由是反鲁。"②这段话属于资料集锦，涵盖了孔子六十八岁以前的大半生，再接上南宫敬叔以孔子适周事请示鲁君，多少也可以含糊过去。但是又说了一段勾勒列国形势的话之后，接着写"鲁昭公之二十年，而孔子盖三十岁矣"③，令人感觉到孔子适周似乎是十七岁到三十岁之间的事。其实鲁昭公二十年，孟僖子未死，九岁的孟懿子、南宫敬叔未向孔子学礼，也无从为孔子适周而向鲁君请示了。

《史记·孔子世家》取材《左传》造成的孔子适周年份的糊涂账，被东汉晚期边韶《老子铭》坐实为大错。铭文交待，汉桓帝"延熹八年（公元 165 年）八月甲子，皇上……梦见老子，尊而祀之。于时陈相边韶，

① 李学勤主编，《十三经注疏》整理委员会整理：《春秋左传正义》，1285～1286 页，北京，北京大学出版社，1999 标点本。

② 《史记》卷七十四《孔子世家第十七》，1909 页，北京，中华书局，1959 标点本。

③ 同上书，1910 页。

典国之礼”①，作《老子铭》。《后汉书·桓帝纪》如此解释“尊而祀之”，延熹“八年春正月，遣中常侍左悺之苦县，祠老子”②。《老子铭》如此做了年份判定：“孔子以周灵王二十年生，到景王十年(公元前535年)，年十有七，学礼于老聃。计其年纪，聃时已二百余岁。”③《水经注》的作者郦道元考察老子故里，在卷二十三记述“汉桓帝遣中官管霸祠老子，命陈相边韶撰碑”，卷十七又沿袭《老子铭》的说法：“至周景王十年，孔子年十七，遂适周见老聃。”④有些前辈学者非常崇拜汉魏碑铭和权威地理书的记载，不从史源学上考察孔子十七岁适周见老聃的根据，就一味硬挺此说。从史源学考察，《史记·孔子世家》在孔子适周年份上是糊涂账，边韶《老子铭》将错就错，铸成大错，都是不可从的。

由于这些说法不足以服人，孔子适周年份愈说愈离谱，莫衷一是。清人阎若璩《尚书古文疏证》卷八企图进行正本清源：“有以孔子适周之年来问者，曰：‘《孔子世家》载适周问礼在昭公之二十年，而孔子年三十。《庄子》孔子年五十一南见老聃，是为定公九年。《水经注》孔子年十七适周，是为昭公七年。《索隐》谓僖子卒，南宫敬叔始事孔子，实敬叔言于鲁君而得适周，则又为昭公二十四年。是四说者，宜何从?’余曰：‘其昭公二十四年乎!’案曾子问孔子曰：‘昔者，吾从老聃助葬于巷党，及堩，日有食之。’惟昭公二十四年夏五

① [清]严可均辑，许振生审订：《全后汉文》，634页，北京，商务印书馆，1999标点本。

② 《后汉书》卷七《孝桓帝纪第七》，313页，北京，中华书局，1965标点本。

③ [清]严可均辑，许振生审订：《全后汉文》，633页，北京，商务印书馆，1999标点本。

④ [北魏]郦道元撰：《水经注》，318页，成都，巴蜀书社，1985标点本。

月乙未朔日有食之……见《春秋》，此即孔子从老聃问礼时也。他若昭七年虽曾日食入食限，而敬叔尚未曾从孔子游，何由适周?”①阎若璩注意到南宫敬叔随同孔子适周，也注意到孔子从老聃助葬时，遭遇日食，从而排除了孔子十七岁、五十一岁适周的说法。但是他没有思考，鲁昭公二十四年二月孟僖子卒，南宫敬叔才十三岁，孔子是否会派如此少年去沟通鲁君?《春秋经》记载鲁昭公二十四年三月，孟僖子卒之后，接着记载“夏五月乙未朔，日有食之”，相隔只有两个月。《礼记·杂记》说：“士三月而葬，是月也卒哭。大夫三月而葬，五月而卒哭。”②且不说“三年之丧”，就连孟僖子三月而葬，也尚未入土卒哭，南宫敬叔又岂能千里迢迢随孔子适周?而且发生于鲁昭公二十二年(公元前520年)至二十六年(公元前516年)的周室王子朝之乱战火方炽，宣称“危邦不入，乱邦不居”的孔子，岂会此时驱车赴难?

经过编年学上严密的排除与聚焦，可以确定孔子适周问礼于老子，是在鲁昭公三十一年(公元前511年)，孔子四十一岁，南宫敬叔二十岁。此时孔子尚未为大夫，既有时间适周，却又不便面见鲁君，就派孟孙氏之后南宫敬叔见鲁君，获得公派资格的便利到东周首都访学。二十岁的南宫敬叔也适合承当此任。王子朝之乱已经平息五年，道路比较安宁，适合远途出行。而且据《春秋经》昭公三十一年记载：

---

① [清]阎若璩撰，黄怀信、吕翊欣校点：《尚书古文疏证》，638～639页，上海，上海古籍出版社，2010标点本。

② 李学勤主编，《十三经注疏》整理委员会整理：《礼记正义》，1217页，北京，北京大学出版社，1999标点本。

“十有二月辛亥朔，日有食之。”①这就是杨伯峻注解的公元前511年11月14日之日食。孔子从老聃助葬，是可以遭遇日食的。更能确证的是，以现代天文学重现两千多年前的这次日食的天象，日食发生在上午9点56分前后。据《仪礼·既夕礼》记载，周代入葬礼和虞礼在同日举行，虞礼(虞，丧祭也)始于午后(凡丧祭，虞而有尸)，故葬礼应在上午。葬礼从天明开始，经过陈鼎祭祀、宾入拜礼、奠礼，即将棺椁抬出，安置于柩车上。读策之后，即可以上道。因而灵柩在大道上的时间，应在上午九点多钟。老子与孔子助葬于巷党，就在这个时辰遭遇日食。这是符合周人的葬礼制度的，其他年份的日食则与此相左。以礼证经，乃是一种有效的方法。

有前辈学者说：此时“鲁国无君”，南宫敬叔何从沟通鲁君？因此孔子适周的年头应该提前到鲁国有君的时候。诚然，据《左传》记载，鲁昭公二十五年(公元前517年)，季氏和郈氏斗鸡，季氏给鸡头戴上金冠，郈氏给鸡爪配上金爪。结果郈氏的鸡把季氏的鸡打败了。两家结怨。鲁昭公想灭掉季氏，就借助郈氏势力把季氏包围起来。季平子请求下野，鲁昭公不许，形成对峙。此时孟孙氏、叔孙氏听从家臣“无季氏，也就无三桓”的分析，出兵救季孙，三桓联手把鲁昭公打败。鲁昭公就跑到了齐国边境的郓城，又流亡到晋国边境的乾侯，流亡了七八年，死在乾侯。因此，说这七八年间“鲁国无君”，是可以的。

问题在于季氏把鲁昭公驱逐出境，孔子如何看待这场政变？查《论语》及其他典籍孔子之言，孔子一再称昭公知礼，批评季氏无礼，

① 李学勤主编，《十三经注疏》整理委员会整理：《春秋左传正义》，1519页，北京，北京大学出版社，1999标点本。

他是站在鲁昭公一边的。还有一条更直接的材料，《左传》鲁定公元年(公元前509年)记载：“秋，七月，癸巳，葬昭公于墓道南。孔子之为司寇也，沟而合诸墓。”①《孔子家语·相鲁篇》还补充了一段话：“先时，季氏葬昭公于墓道之南，孔子沟而合诸墓焉。谓季桓子曰：‘贬君以彰己罪，非礼也。今合之，所以掩夫子之不臣。’”②季氏将从乾侯归葬的昭公葬在远离鲁先君的墓地，似乎想将之贬出国君行列；孔子为司寇后，开沟将远离的昭公墓圈进来，并且批评季氏“贬君以彰己罪，非礼也”，自己这样做，是为了掩盖他的“不臣”行为。可见，尽管鲁昭公遭遇驱逐，孔子还是认可这位国君的。

进一步考察，孔子派南宫敬叔沟通鲁昭公的这一年，鲁国政局发生微妙的变化。《左传》昭公三十一年(公元前511年)记载，晋侯想派出军队把鲁昭公从乾侯护送回国，并让季氏到乾侯迎驾，“季孙练冠、麻衣、跣行，伏而对曰：‘事君，臣之所不得也，敢逃刑命？君若以臣为有罪，请囚于费，以待君之察也，亦唯君。若以先臣之故，不绝季氏，而赐之死。若弗杀弗亡，君之惠也，死且不朽。若得从君而归，则固臣之愿也，敢有异心？’”③虽然由于鲁昭公的从者胁迫要除去季氏，未能归国，但在短暂时间中，鲁昭公是颇赚得几分国君的体面的，孔子于此时派南宫敬叔见鲁君，是合时宜的。但是，由于鲁昭公还在流亡中，拿不出更多的车马资助孔子，于是只好做一个象征性

① 李学勤主编，《十三经注疏》整理委员会整理：《春秋左传正义》，1535页，北京，北京大学出版社，1999标点本。

② 王国轩、王秀梅译注：《孔子家语》卷一《相鲁第一》，6页，北京，中华书局，2011标点本。

③ 李学勤主编，《十三经注疏》整理委员会整理：《春秋左传正义》，1519～1520页，北京，北京大学出版社，1999标点本。

举动："鲁君与之一乘车，两马，一竖子俱，适周问礼，盖见老子云。"①要是真正的国君拿这样微薄的礼物相赠，未免太寒碜了。然而不料次年十二月，鲁昭公"薨于乾侯"。这位鲁君至死也没有名正言顺地归国成为真正的国君，因此孔子弟子记述向鲁昭公请准适周问礼之事，只能使用"春秋笔法"，不明言见鲁昭公或是鲁定公，而模糊化为"鲁君"。懂得儒家"春秋笔法"的人，是不难理解如此措辞之苦心的。

既然已经排除鲁昭公三十一年以前存在孔子适周问礼年份的可能性，那么是否可以将适周年份下推到鲁定公时期呢？不能，肯定不能。应该看到，孟僖子卒于鲁昭公二十四年二月，鲁昭公于次年九月被逐，南宫敬叔孝期未满，未及在鲁昭公时期继承为大夫；直到鲁定公继位初年后，南宫敬叔才补为大夫，此后富有得连国君都嫉妒他。《孔子家语·曲礼子贡问》记载："南宫敬叔以富得罪于定公，奔卫。卫侯请复之，载其宝以朝。夫子闻之，曰：'若是其货也，丧，不如速贫之愈。'……敬叔闻之，骤如孔子，而后循礼施散焉。"②南宫敬叔当了大夫后，车马成群。《孔子家语·致思篇》记："孔子曰：'季孙之赐我粟千钟也，而交益亲；自南宫敬叔之乘我车，而道加行。故道虽贵，必有时而后重，有势而后行。微夫二子之贶财，则丘之道殆将废矣。'"③可以说，"自南宫敬叔之乘我车，而道加行"，对于孔子而言，可以同"自吾得由（子路），恶言不闻于耳"相并列。由于收了子路当弟子，孔子就听不到别人恶言相骂了，因为子路会揍骂人者。这就是

① 《史记》卷四十七《孔子世家第十七》，1909页，北京，中华书局，1959标点本。

② 王国轩、王秀梅译注：《孔子家语》卷十《曲礼子贡问第四十二》，495～496页，北京，中华书局，2011标点本。

③ 同上书，卷二《致思第八》，78页。

说，南宫敬叔在鲁定公初年当上大夫后，车马众多，如果鲁君只是赠予“一乘车，两马，一竖子”，他就没有必要接受了。

综上所述，我们已经从史源学、历史编年学、天文学、周代礼制等丰富的方法维度上，破解孔子适周问礼于老子之谜。而且我们还可以从孔子访学经历，从二十七岁见郯子学黄帝、炎帝、共工、太皞、少皞之职官礼制；到三十余岁，之齐学舜帝《韶》乐；之杞考察夏礼，得“夏时”；之宋考察殷礼，得“坤乾”这么一个生命维度上，顺理成章地考定孔子于鲁昭公三十一年(公元前511年)四十一岁时，适周问礼于老子。这是以卷地毯式的材料梳理，辅以多维度的精密编年定位而得出的结果。这就是先秦诸子开幕式的准确年份了。诸子百家自此登上了大规模进行思想原创的历史舞台。因此应该说，鲁昭公三十一年，即公元前511年，是中国思想文化史上的大年。

我们再看先秦诸子的闭幕式，也就是战国末年韩非、李斯师事荀子的历史性的一幕。可惜《史记》的记载，只能说是一些历史碎片。如何贯通各种材料，运用多维方法，进行生命解读，从而缀合碎片，还原历史现场，是一个艰难的命题，也是价值重大的命题。《史记·韩非列传》云：“韩非者，韩之诸公子也。喜刑名法术之学，而其归本于黄老。……与李斯俱事荀卿，斯自以为不如非。”①《李斯列传》又云：“李斯者，楚上蔡人也。年少时，为郡小吏。……乃从荀卿学帝王之术。学已成，度楚王不足事，而六国皆弱，无可为建功者，欲西入秦。辞于荀卿。”②那么，他们多大年纪，在哪个地方，以什么方式，当了多少年的师生呢？两千年来没有答案，堪称又一个千古之谜。这个谜不揭破，那些责备儒学巨匠荀子为何教出两个著名的法家大擘弟

① 《史记》卷六十三《老子韩非列传第三》，2146页，北京，中华书局，1959标点本。

② 同上书，卷八十七《李斯列传第二十七》，2539页。

子，也只能是泛泛而谈。

材料的发现和解读，需要我们的慧眼和慧心。其实，只要将相关的文献材料当成乃是人所写而留下的生命痕迹来对待，破解千古之谜的材料就会呈现在你的面前。《战国策·楚策四》中有荀子写给春申君的一封信："孙(荀)子为书谢(春申君)曰：'疠人怜王，此不恭之语也。虽然，不可不审察也。此为劫弑死亡之主言也。夫人主年少而矜材，无法术以知奸，则大臣主断国私以禁诛于己也，故弑贤长而立幼弱，废正适而立不义。《春秋》戒之曰：楚王子围聘于郑，未出竟，闻王病，反问疾，遂以冠缨绞王，杀之，因自立也。齐崔杼之妻美，庄公通之。崔杼帅其君党而攻。庄公请与分国，崔杼不许；欲自刃于庙，崔杼不许。庄公走出，逾于外墙，射中其股，遂杀之，而立其弟景公。近代所见：李兑用赵，饿主父于沙丘，百日而杀之。淖齿用齐，擢闵王之筋，县于其庙梁，宿夕而死。夫疠虽痈肿胞疾，上比前世，未至绞缨射股。下比近代，未至擢筋而饿死也。夫劫弑死亡之主也，心之忧劳，形之困苦，必甚于疠矣。由此观之，疠虽怜王可也。'因为赋曰：'宝珍隋珠，不知佩兮。祎布与丝，不知异兮。闾姝子奢，莫知媒兮。嫫母求之，又甚喜之兮。以瞽为明，以聋为聪，以是为非，以吉为凶。呜呼上天。曷惟其同。'《诗》曰：'上天甚神，无自瘵也。'"①

这里引谚语"疠人怜王"，作为整个答谢书的主题。"疠"通"癞"，指恶疮、恶疾。《春秋公羊传》昭公二十年"恶疾也"，何休注："恶疾，

① ［西汉］刘向集录：《战国策》卷十七《楚四》，567页，上海，上海古籍出版社，1988标点本。

谓瘖、聋、盲、疠、秃、跛、伛，不逮人伦之属也。”[①]疠疾，也指瘟疫，如《墨子·兼爱下》：“今岁有疠疫，万民多有勤苦冻馁，转死沟壑中者，既已众矣。”[②]而得如此恶疾的人，还要可怜君王比他更难受，更危险。这是一个治帝王之术，或以王者师自居的儒者之命题。

然而这篇文稿也作为章节，见于《韩非子·奸劫弑臣篇》。这是一种很有趣，也带点戏剧性的现象，非常能够挑战我们的脑袋。是否一看到两个文本，就急于判断它们一真一伪呢？世界上事物存在的形态就这么单调刻板，甚至有点枯燥乏味吗？我认为，这里起码存在着三种可能：一是如同某些前人所言之一真一伪，乃韩非所作，《战国策》误安在荀子头上；二是考虑到韩非曾经师事荀子，因而将老师的信函抄录参考；三是更为隐蔽的，老师让弟子起草，自己修改后寄出，而弟子也将草稿存底，就如后来文人捉刀的惯例，这种惯例就从韩非开始。由于是弟子起草的，荀子也就没有收入自己的文集。

哪种可能性更大呢？不能空口白说，最好是将两个文本进行校雠对读。校雠对读的结果，第三种可能性最大。理由有五：

第一，《韩非子》文本一些法家色彩极浓的话，如“人主无法术以御其臣，虽长年而美材，大臣犹将得势，擅事主断，而各为其私急。而恐父兄豪杰之士，借人主之力以禁诛于己也，故弑贤长而立幼弱，废正的而立不义”[③]，法、术、势这些韩非式的概念都出现了。《战国策》文本缩写为“夫人主年少而矜材，无法术以知奸，则大臣主断国私

① 李学勤主编，《十三经注疏》整理委员会整理：《春秋公羊传注疏》，512页，北京，北京大学出版社，1999标点本。

② ［战国］墨翟：《墨子》，44页，长沙，商务印书馆，1939，丛书集成本。

③ ［清］王先慎撰，钟哲点校：《韩非子集解》，106～107页，北京，中华书局，1998标点本。

以禁诛于己也，故弑贤长而立幼弱，废正适而立不义”①。文字变得简洁，法家色彩有所淡化。

第二，《韩非子》文本中“劫杀死亡之主”、“劫杀死亡之君”，其“劫杀”都被改为“劫弑”。尤其是“齐崔杼其妻美，而庄公通之，数如崔氏之室。及公往，崔子之徒贾举率崔子之徒而攻公。公入室，请与之分国，崔子不许。公请自刃于庙，崔子又不听。公乃走，逾于北墙。贾举射公，中其股，公坠，崔子之徒以戈斫公而死之，而立其弟景公”②，这段话五次称弑君之臣为“崔子”，都被改称直称其名“崔杼”，无疑是一位深知“春秋笔法”的老儒做出的修改。

第三，文本采用的一些历史事件为荀子所熟知，如李兑在赵国掌权，围困沙丘百日，饿死主父(赵武灵王)，乃作为赵人的荀子青年时代所经历的政治事件。至于“淖齿用齐，擢闵王之筋，县于其庙梁，宿夕而死”③，这是荀子到稷下前几年发生的事情，他应是很早就知道此事。先秦文献中，《战国策·秦策三》记载范雎对秦昭王说：“淖齿管齐之权，缩闵王之筋，县之庙梁，宿昔而死。李兑用赵，减食主父，百日而饿死。”④范雎后来取代穰侯为秦相，封为应侯。《荀子·强国篇》则记述荀子曾经西游秦游说应侯，批评秦国政治“驳而霸”而无儒。因而二人都把李兑、淖齿并列，并非偶然。当然《韩非子·外

① [西汉]刘向集录：《战国策》卷十七《楚四》，567页，上海，上海古籍出版社，1988标点本。

② [清]王先慎撰，钟哲点校：《韩非子集解》，107页，北京，中华书局，1998标点本。

③ [西汉]刘向集录：《战国策》卷十七《楚四》，567页，上海，上海古籍出版社，1988标点本。

④ 同上书，卷五《秦三》，193～194页。

储说右下》也载："败在淖齿之用齐戮闵王，李兑用赵饿主父也。"①《韩非子·难一》也将"湣王一用淖齿而身死乎东庙，主父一用李兑，减食而死"②相并列。但是从时间先后上说，应是荀子影响韩非，或者是荀子授意韩非起草这封书信后，才使韩非产生这种并列性思维也是有可能的。

第四，《韩非子》文本没有"赋曰"、"《诗》曰"，赋是荀子创造的文体，引《诗》为证，是儒者常用的修辞方法。两个文本的这种差异，说明《韩非子》文本属于初稿，而《战国策》文本是荀子修改增补的定稿。

第五，因此，对《战国策》文本，鲍氏注曰："疠虽恶疾，犹愈于劫弑，故反怜王"③，以这么一种思想作为整篇信函的主题，乃是儒者以王者师的姿态对朝政的针砭。这种针砭是绝对君权主义的法家所不愿为，也不能为的。主题的确定，应是出自荀子这个大儒老师。

以上五个方面从双文本校雠内证上，证得荀子谢春申君书，是荀子授意韩非起草，然后由荀子修改后寄出，而韩非将草稿留底存证。因此《战国策》与《韩非子》两个文本都是真的，只不过是过程中的真，不同层面上的真。

除了内证之外，还应搜集外证。《韩诗外传》卷四云："客有说春申君者，曰：'汤以七十里，文王百里，皆兼天下，一海内。今夫孙子者，天下之贤人也。君借之百里之势，臣窃以为不便于君，若何？'春申君曰：'善。'于是使人谢孙子。孙子去而之赵，赵以为上卿。客

---

① ［清］王先慎撰，钟哲点校：《韩非子集解》，332页，北京，中华书局，1998标点本。

② 同上书，359页。

③ ［西汉］刘向集录：《战国策》卷十七《楚四》，567页，上海，上海古籍出版社，1988标点本。

又说春申君曰：‘昔伊尹去夏之殷，殷王而夏亡。管仲去鲁而入齐，鲁弱而齐强。由是观之，夫贤者之所在，其君未尝不善，其国未尝不安也。今孙子天下之贤人，何谓辞而去？’春申君又云：‘善。’于是使请孙子。孙子为书谢之曰：‘鄙语曰：疠怜王。此不恭之语也。虽然，不可不审也。此为劫杀死亡之主言者也。……因为赋曰：‘璇玉瑶珠不知佩，杂布与锦不知异。闾娵子都莫之媒，嫫母力父是之喜。以盲为明，以聋为聪。以是为非，以吉为凶。呜呼上天，曷维其同！’《诗》曰：‘上帝甚慆，无自瘵焉。’”[①]按：《汉书·儒林传》云：“韩婴，燕人也。孝文时为博士，景帝时至常山太傅。婴推诗人之意，而作内、外《传》数万言，其语颇与齐、鲁间殊，然归一也。”[②]由此可知，《韩诗外传》辑录荀子致谢春申君书，在刘向整理《战国策》一百多年前，因而他另有所据，证明荀子对这份答谢书拥有著作权。但文中说荀子“去而之赵，赵以为上卿”，却未免高估了赵国对荀子的待遇，不足信。

那么，荀子为何作了一篇立论如此怪异的答谢书呢？这有必要梳理荀子当兰陵令的波折。刘向《孙卿书录》对此记载略多：“孙卿，赵人，名况。方齐宣王、威王之时，聚天下贤士于稷下，尊宠之，若邹衍、田骈、淳于髡之属甚众，号曰列大夫，皆世所称，咸作书刺世。是时孙卿有秀才，年五十，始来游学，诸子之事，皆以为非先王之法也。孙卿善为《诗》《礼》《易》《春秋》，至齐襄王时，孙卿最为老师，齐向修列大夫之缺，而孙卿三为祭酒焉。齐人或谗孙卿，乃适楚，楚相

① ［汉］韩婴撰，许维遹校释：《韩诗外传集释》，154～157页，北京，中华书局，1980标点本。

② 《汉书》卷八十八《儒林传第五十八》，3613页，北京，中华书局，1962标点本。

春申君以为兰陵令。人或谓春申君曰：'汤以七十里，文王以百里，孙卿贤者也，今与之百里地，楚其危乎！'春申君谢之。孙卿去之赵，后客或谓春申君曰：'伊尹去夏入殷，殷王而夏亡；管仲去鲁入齐，鲁弱而齐强。故贤者所在，君尊国安。今孙卿天下贤人，所去之国，其不安乎！'春申君使人聘孙卿。孙卿遗春申君书，刺楚国，因为歌赋以遗春申君，春申君恨，复固谢孙卿。孙卿乃行，复为兰陵令。春申君死而孙卿废，因家兰陵。李斯尝为弟子，已而相秦，及韩非号韩子，又浮丘伯，皆受业为名儒。"[①]这里说，"孙卿遗春申君书，刺楚国，因为歌赋以遗春申君"，乃是刘向将"疠怜王"信函系于荀子的理由。《史记·春申君列传》载："春申君相楚八年(公元前 255 年)，为楚北伐灭鲁，以荀卿为兰陵令。"[②]这是荀子第一次入楚。而答谢书发生在荀子第二次入楚，即春申君十年(公元前 253 年)。"疠怜王"议题蕴含着荀子的切身体验，他两次入楚，春申君对他的邀请、冷落，偌大的兰陵县令的任命、取消，更不需说楚国的征伐、会盟，都任随一人的好恶，无须任何行政程序。可见楚国政治已经严重畸形，国君如同虚设，而春申君"虽名相国，实楚王也"的威风已是路人皆知。诚令荀子不得不感慨如此君主，喜喜忧忧，安安危危，简直不如身染疠疾者。

上述考证如果成立，那么荀子由赵赴楚，经过韩国首都新郑，即已接纳被边缘化多年的韩之诸公子韩非为弟子，时在春申君十年(公元前 253 年)。应该也是在荀子这次入楚途中，收纳楚之上蔡小吏李

---

① ［清］严可均辑：《全汉文》，383 页，北京，商务印书馆，1999 标点本。

② 《史记》卷七十八《春申君列传第十八》，2395 页，北京，中华书局，1959 标点本。

斯为弟子。《史记·楚世家》记载："(楚顷襄王)二十一年(公元前278年)，秦将白起遂拔我郢，烧先王墓夷陵。楚襄王兵散，遂不复战，东北保于陈城。……(考烈王)二十二年(公元前241年)，与诸侯共伐秦，不利而去。楚东徙都寿春，命曰郢。"①由此可知，荀子这次入楚，是到陈郢见春申君。荀子、韩非、李斯问学聚首之地在陈，即今河南淮阳，此处离韩之首都新郑、楚上蔡都不算远，水陆交通也方便。荀子大约生于赵武灵王八年(约公元前318年)，此时六十六岁，已是天下第一大儒。韩非子大约生于韩襄王末年(约公元前296年)，此时四十四岁，法家思想已经成熟。李斯大约生于楚顷襄王十九年(约公元前280年)，此时二十八岁，正是学习的好年头。

四十余岁的韩非，法家思想已经成熟。他向荀子学帝王术，学的是智慧，而非完整的思想体系。古者十五而学，三十而娶，四十而仕。韩非既是韩国一位被边缘化的公子，必须在首都寻找进入权力中心的机会，不可能经常在荀子身边。因而从《韩非子》中可以发现韩非对荀子和春申君的身世，并不熟悉。《难三》云："燕子哙贤子之而非孙卿，故身死为僇。"②据《史记·六国年表》，燕王哙五年(公元前316年)让国于子之。而据《史记》荀子本传，"春申君死(公元前238年)而荀卿废，因家兰陵。"③两个事件相距七十八年，如果荀子游说燕王哙时二十五岁，至此已是一百零三岁，竟然还能"推儒、墨、道德之行

① 《史记》卷四十《楚世家第十》，1735～1736页，北京，中华书局，1959标点本。

② [清]王先慎撰，钟哲点校：《韩非子集释》，375页，北京，中华书局，1998标点本。

③ 《史记》卷七十四《孟子荀卿列传第十四》，2348页，北京，中华书局，1959标点本。

事兴坏，序列著数万言”，实在不可思议。又《奸劫弑臣》云：“楚庄王之弟春申君有爱妾”①，这是违背历史常识的，楚庄王与春申君相距二三百年，后者又非王族，何从兄弟相称？

与韩非有所不同，李斯向荀子请教更多、更深入。《荀子·议兵篇》记载：“李斯问孙卿子曰：‘秦四世有胜，兵强海内，威行诸侯，非以仁义为之也，以便从事而已。’孙卿子曰：‘非女所知也。女所谓便者，不便之便也；吾所谓仁义者，大便之便也。彼仁义者，所以修政者也。政修，则民亲其上，乐其君，而轻为之死。故曰：凡在于军，将率，末事也。秦四世有胜，諰諰然常恐天下之一合而轧已也，此所谓末世之兵，未有本统也。故汤之放桀也，非其逐之鸣条之时也；武王之诛纣也，非以甲子之朝而后胜之也，皆前行素修也，所谓仁义之兵也。今女不求之于本，而索之于末，此世之所以乱也。’”②荀子点拨李斯的，虽然感知秦国已具备兼并列国的强势，但依然倾于霸道而欠缺儒术，不足以立下长治久安之基。《史记·李斯列传》又载：李斯“乃从荀卿学帝王之术。学已成，度楚王不足事，而六国皆弱，无可为建功者，欲西入秦。辞于荀卿曰：‘斯闻得时无怠，今万乘方争时，游者主事。今秦王欲吞天下，称帝而治，此布衣驰骛之时而游说者之秋也。处卑贱之位而计不为者，此禽鹿视肉，人面而能强行者耳。故诟莫大于卑贱，而悲莫甚于穷困。久处卑贱之位，困苦之地，非世而恶利，自讬于无为，此非士之情也。故斯将西说秦王矣。’

---

① [清]王先慎撰，钟哲点校：《韩非子集释》，103 页，北京，中华书局，1998 标点本。

② [战国]荀况撰，蒋南华、罗书勤、杨寒清注译：《荀子全译》，311 页，贵阳，贵州人民出版社，1995。

至秦，会庄襄王卒，李斯乃求为秦相文信侯吕不韦舍人。”①从李斯在荀子处学成欲入秦的对话中，可以看出，李斯并没有觉得秦国欠缺儒术是多么需要急切解决的问题，与其说他是遵循荀子路线想问题，不如说他按照当“仓中鼠”而非“厕中鼠”实用机会主义的思路处理问题。

李斯入秦是在秦庄襄王卒年(公元前 247 年)，也就是说韩非、李斯师事荀子的时间，为公元前 253 年—前 247 年的七年之间。这是先秦诸子闭幕式的七年。这七年间，秦国势力急剧扩张，如《史记·秦本纪》记载：“庄襄王元年，大赦罪人，修先王功臣，施德厚骨肉而布惠于民。东周君与诸侯谋秦，秦使相国吕不韦诛之，尽入其国。秦不绝其祀，以阳人地赐周君，奉其祭祀。使蒙骜伐韩，韩献成皋、巩。秦界至大梁，初置三川郡。二年，使蒙骜攻赵，定太原。三年，蒙骜攻魏高都、汲，拔之。攻赵榆次、新城、狼孟，取三十七城。“四月日食。”(四年)王龁攻上党。初置太原郡。魏将无忌率五国兵击秦，秦却于河外。蒙骜败，解而去。五月丙午，庄襄王卒，子政立，是为秦始皇帝。”②从韩非、李斯师从荀卿学帝王之术来看，此时的儒、法、黄老之学所探讨的问题，已经高度关切秦国的崛起和六国的危机，从而寻找学术与政治相结合的途径。

在李斯告辞荀子入秦，并且逐渐进入秦国政治决策层后十余年，又在秦国与其师兄韩非相遇。此时秦王政平定嫪毐、吕不韦事件，刀光剑影，惊魂初定，痛定思痛，觉得韩非文章痛快淋漓，深得其心。《史记·老子韩非列传》记载：“人或传其书至秦。秦王见《孤愤》《五

① 《史记》卷八十七《李斯列传第二十七》，2539～2540 页，北京，中华书局，1959 标点本。

② 同上书，卷五《秦本纪第五》，219～220 页。

蠹》之书，曰：‘嗟乎，寡人得见此人与之游，死不恨矣！’李斯曰：‘此韩非之所著书也。’秦因急攻韩。韩王始不用非，及急，乃遣非使秦。秦王悦之，未信用。李斯、姚贾害之，毁之曰：‘韩非，韩之诸公子也。今王欲并诸侯，非终为韩不为秦，此人之情也。今王不用，久留而归之，此自遗患也，不如以过法诛之。’秦王以为然，下吏治非。李斯使人遗非药，使自杀。韩非欲自陈，不得见。秦王后悔之，使人赦之，非已死矣。”①韩非使秦的时间，《史记·韩世家》记在韩王安五年(公元前234年)，此是出使入秦的年份；《秦始皇本纪》则记在秦王政十四年(公元前233年)，此是韩非下云阳狱而被害的年份。此时离他们结束师事荀子的公元前247年，已经十三年。

韩非《五蠹》之篇，主张“明主之国，无书简之文，以法为教。无先王之语，以吏为师”②，被秦人用为政治纲领。李斯虽然不但未拯救反而加速韩非的杀身之祸，却出色地运用韩非思想设计大秦帝国的政治体制。李斯成为秦始皇之相后，在制度上强化中央集权，反对分封制，坚持郡县制，分天下以为三十六郡，拆除郡县城墙，销毁民间的兵器；在意识形态上，反对学古非今，游学惑乱黔首，私学而非法教，别黑白而定一尊。他建议“史官非秦记皆烧之。非博士官所职，天下敢有藏《诗》《书》、百家语者，悉诣守、尉杂烧之。有敢偶语《诗》《书》者弃市。以古非今者族。吏见知不举者与同罪……所不去者，医

① 《史记》卷六十三《老子韩非列传第三》，2155页，北京，中华书局，1959标点本。

② ［清］王先慎撰，钟哲点校：《韩非子集释》，452页，北京，中华书局，1998标点本。

药、卜筮、种树之书”①。对于诸生犯禁者四百六十余人，皆坑之咸阳，这就是使先秦诸子百家争鸣哑然失声的“焚书坑儒”。又为加强中央集权，刻碑歌颂秦德，筑长城，起阿房宫，统一车轨、文字、度量衡制度。从李斯、韩非师从荀子，至此才三十余年，而先秦诸子持续三百年的思想大原创，终于在集权主义政治压力下沉重地落下了帷幕。他们以三十年关闭了三百年的思想舞台的帷幕。

我们在思想力、方法论的支点和杠杆的作用下，考察了老子、庄子的思想发生学，考察了孔子适周问礼于老子的“思想双环”之间的组对，考察了荀子、韩非、李斯三者之间学术政治化的“思想铁三角”的铸造。《老子》四十二章云：“道生一，一生二，二生三，三生万物。万物负阴而抱阳，冲气以为和。”②这里以数理方式揭示万物化生的内在过程。反过来，“万物含三，三归二，二归一”，生命归本的过程如果所含是“铁三角”，就会走向封闭。由此可以感悟到，先秦诸子研究，应该加强生命意识和过程意识。首先要追问生命，文本是人写的，你是谁，为何这样写，又为何写成这样？对经典文本的生命分析，是一个关键。如果不进行生命分析，我们似乎讲究实证的学者简直不如破案的警察。看到现场上一只鞋印，学者拿着别人设计好刻度的尺子仔细丈量，记下鞋印的大小、方位，记录在案，也就了事。不少所谓“科班训练”，令人遗憾地将人训练得减损人文情怀，缺乏生命感觉，因而将材料处理成死的，也许是硬邦邦的，然而也是冷冰冰的。发表一篇文章，就是为了评上教授，无意于培养人文情怀，淡漠

① 《史记》卷六《秦始皇本纪第六》，255页，北京，中华书局，1959标点本。

② ［魏］王弼注，楼宇烈校释：《老子道德经注校释》，117页，北京，中华书局，2008。

了进行深层的生命对话和精神接触。而破案警察发现鞋印，不会就此而止，他如实地将鞋印看作作案者的生命痕迹，从中可以分析出作案者的年龄、身高、胖瘦、走路姿态，甚至从其方位上分析出其入室作案的方式和动机。这种鞋印学运用得当，往往能够为案件的勘破开辟通道，按通道追踪每每给人八九不离十的惊喜。我们从《老子》书、《庄子》书中解读其生命基因，从“疠怜王”答谢书中解读出生命遗留，也会获得同样的破解千古之谜的惊喜。至于过程意识，也是不可缺的。生命就是过程，无过程就无生命。要破解孔、老见面问学的年份，就要追踪孔子探寻郯子、舜乐、夏时、殷礼的文化溯源脚印，追踪老子思想轨迹，追踪孔子及季氏、孔子及弟子、孔子及鲁君相互关系的蛛丝马迹，甚至追踪与之相关的天文学现象、周室安危情况。因此，过程追踪是一个庞大系统，要用多维方法构筑起精密的历史编年定位系统。中国作为一个现代大国，要对自身的文化根子进行发生学的生命还原，激活古老的生命，形成源远流长的古今对话和智慧转借，从而开展新世纪根基深厚而又富有生命力的思想学术原创。一个文明古国，没有对古老文明的激活，就很难维持现代文明的鲜活生机和持续性创新的生命。运用强大的现代性思想力和方法论，还原先秦诸子的生命存在，是对一个现代大国文化自觉、责任心和学术能力的考验。我们这一代学术，到时候了，应该毅然面对这项关系到中国基因和人类思想原创完整性的考验。

《老子》还原*

这是中国思想学术史上的黎明时分。晨光将泛，老子著书，谁能说不是春秋末年的一个奇迹呢？既是奇迹，就有许多按常理难以参透的奇迹奥秘，不然它就不叫奇迹了。

因此历代以来，尤其是近百年来，关于老子身世、老子及《老子》书之关系的探讨，众说纷纭，迷雾深锁，破解称难。这位智者岂曾存心开创什么学派？他主张“知者不言，言者不知”，只不过居周久之，沉思多年，又受人恳请、敦促，在勉力留下的一批竹简中闪烁出奇异的智慧魅力，竟成了开启诸子百家发展之新天地的百代学术之祖。岂料他本人功成不居，从此不知所终，留下一大堆谜，考验着后代学者百般猜测和破解的能力。他这种惊鸿一瞥的姿态，实在有点“生而不有”，“功遂身退”的道者风貌。

奇迹刺激着好奇心，又作弄着好奇心。有时你追踪着奇迹，奇迹却离你越远，事后一看，你追踪的原来是幻影，这就是给人无穷趣味的奇迹效应。因此，老子是一个永远

---

* 原载于《文学评论》2011 年第 1 期。

也研究不尽的老子。老子恍兮忽兮的人生方式和学术方式，确实当得起孔子以“犹龙”来形容他，或如他对道体所描绘的那样：“迎之不见其首，随之不见其后。”①老子举重若轻地以其书开学派，看起来似乎偶然。他无意于凭束修收生徒，但他并未能门庭清静，天下熙熙，不少人似乎都有意无意地做了他的生徒。他的思想在人类思想中，如月光泻地，万里生辉，实在具有巨大的原型性质。也正因为他这份恍惚，这份看似偶然，这份智慧魅力，使得后世纷纷然把他的思想引向不同的方向，或者无为而治国，或者超然而遁世，或者虚静以随心，或者幻想以求仙，甚至或者在取与张歙之间以奇用兵。政书乎？心经乎？兵法乎？他的智慧何止博大，简直深不可测。又因为这份恍惚，这份看似偶然，这份智慧魅力，他的姓名、家世、著作权，都被后世或者神化，或者随意攀附，或者书与人分离，把著作年代一再后推，议论纷纷，公案丛生。老子兮老子，从何而来，于何所止？

一、史官身份与宇宙本体论的突破

老子及其学派的产生，其实并非偶然，甚至也不见得有多么恍惚。如果要追究这份恍惚的话，在相当程度上乃是学人受思潮的震荡，勇于进取，以敢于打破成说为尚，又难免有时头晕眼花，产生错认和幻觉。在此情况下，把一个人看成三个影子，又有什么稀罕？其实只要回到春秋末世的历史环境和老子本人的生命过程，就会看到，恰恰是在这个历史关键点，恰恰是在老子这个关键人物的手中，道家的开创，打开了诸子纷起的潮流，形成了中国历史上思想原创高度发

① ［魏］王弼注：《老子注》，8页，北京，中华书局，1954影印本。以下《老子》引文均据此版本，并以简帛本校订，不再出注。

达，深刻地影响了两千年中国思想方向和方式的、因而属于全民族的“基本时代”。这个时代给我们民族的思想学术，立下了“基本”。老子讲“归根”，孔门讲“务本”，在文化资源上说，就是要开发这个“文化思想原创的基本时代”中那些可以重新焕发活力的智慧。

在这个思想原创即将开始的“基本时代”，历史选择了老子，实在是天造地设，得其人哉。老子既是“周守藏室之史”，以国家图书馆的规模，他的渊博就远非《庄子》所说的“惠施多方，其书五车”所能比拟。他还是远近闻名的礼仪内行，引得远在鲁国的孔子也来向他问礼。史与礼，乃是上古知识的总汇。老子在双重知识总汇上的丰厚学识，使他能够以史的眼光透视古今之变化，以礼的序列分析社会之吉凶，从而在扬弃旧史观和突破旧礼制中，建立一种具有高度的本体超越性和宏观的历史审视力的思想体系。《汉书·艺文志》说：“道家者流，盖出于史官，历记成败存亡祸福古今之道。然后知秉要执本，清虚以自守，卑弱以自持，此君人南面之术也。”①诸子九流出于王官的说法，对号入座，牵强附会，并不符合先秦时期大多数诸子的实际。五四新文化运动中，《汉书·艺文志》承袭刘歆《七略》的这种论断，受到胡适的严厉抨击。② 实际上，不能说诸子与王官之学毫无关系，但诸子多来自社会中间层的士，他们对王官之学的汲取虽有侧重，却不会偏于一隅。而且更带有本质意义的是，他们不囿于王官之学，而把眼光投向现实社会，投向民间口头传统，投向原始的民风民俗。在他们创立学说的时候，他们更注重对上述知识的转化和创造，因此王官

---

① 《汉书》卷三十《艺文志第十》，1732页，北京，中华书局，1962标点本。

② 胡适：《诸子不出于王官论》，见《古史辨》第四册，1～8页，北京，朴社，1933。

之学反而成了他们整理、批判和扬弃的对象了。从这种意义上说，诸子学属于“反王官之学”，也就印证了《老子》四十章所云：“反者道之动。”唯有动，才显示诸子的生命。

然而，老子于此是一个非例外的例外。老子实实在在是周王朝的一个史官，官阶也许不算高，却在中央图书馆任职。他与诸子的多数人不一样，是从王官中分化出来的思想者。周朝的史官不限于记史事、掌典籍，同时也司祭礼、观天象、卜吉凶、论兴亡，其中的出色者往往是学者兼智者。这在《左传》《国语》《礼记》中，都有不少记载。比如《左传》昭公十二年，记述楚国左史倚相“能读《三坟》《五典》《八索》《九丘》”①。《国语·楚语下》又记载，这位“左史倚相，能道训典，以叙百物，以朝夕献善败于寡君，使寡君不忘先王之业；又能上下说于鬼神，顺道其欲恶，使神无有怨痛于楚国。”②这位史官既通典籍，又通鬼神，关心君王统治之术，及其对国家兴衰的影响。这类知识储备和思维方式，如果遭遇老子那样的思想能力和文化态度，不难想象，是会迸发出在批判中超越的智慧之光的。

那么这智慧之光可能投射何方？《国语·周语下》记单襄公应对鲁侯的提问时说：“吾非瞽史，焉知天道？”③可见史官关心“天道”，具有揣测天道的敏感，也被公认为具有把握天道的特殊能力。《左传》庄公三十二年，“有神降于莘”。鬼神事，请教谁呢？周惠王找内史过询问缘故。这位内史回答说：“国之将兴，明神降之，监其德也；将亡，神又降之，观其恶也。故有得神以兴，亦有以亡，虞、夏、商、周皆

① 杨伯峻编注：《春秋左传注》，1340 页，北京，中华书局，1990 标点本。

② 《国语》，580 页，上海，上海古籍出版社，1988 标点本。

③ 同上书，90 页。

有之。”虢国却极其痴迷此神，虢公派太祝、宗人，以及史嚚去祭神，祈求神灵赐土田。史嚚评议说：“虢其亡乎！国将兴，听于民；将亡，听于神。”①这些史官具有以灾祥解释国家兴亡的权威性，而且其中一些高明者，已在玄幻的天道中开始注入了某种民本的意识，潜伏着思想突破的可能性。

《老子》书的开宗明义，虽然从“道可道，非常道；名可名，非常名”这种“玄之又玄”处入手，思考道与名、有与无这类形而上的问题，那是为了给他的全部学说建立一个本体论的制高点，但是作为一个王朝的史官，他最初的思想出发点，是对现实政治的昏乱衰变与天道人道的关系，进行深刻的省思。他看到了“大道废”，“六亲（周朝封建诸国，多有亲缘关系）不和”，“国家昏乱”这类现实，以及用仁义、孝慈、忠臣来挽救的失效（十八章）。因而动用史官“知天道”的职业思维习惯，追问天道何在，以历史的公正性原则质问人间规则的迷误：“天之道，其犹张弓与？高者抑之，下者举之；有余者损之，不足者补之。天之道，损有余而补不足；人之道，则不然，损不足以奉有余。”（七十七章）他站在在下者的立场，质疑维护在上者利益的社会规则，透露了某种平民主义的倾向。

难能可贵的是，他的政治学理中已经排除了鬼神的干预，明确宣布：“以道莅天下，其鬼不神；非其鬼不神，其神不伤人；非其神不伤人，圣人亦不伤人。夫两不相伤，故德交归焉。”（六十章）这就在上古时代宗、祝、巫、史并称中，把史对天道的观念剥离出来，独立出来。由此在天道中注入的民本思想，就与得道者的浑朴之心联系起

① 杨伯峻编注：《春秋左传注》，251～252页，北京，中华书局，1990标点本。

来，即所谓“圣人常无心，以百姓心为心”；“圣人在天下，歙歙焉，为天下浑其心，百姓皆注其耳目，圣人皆孩之”(四十九章)。他主张政治从“圣人”做起，圣人无论在上位者，还是有上德者，都要“常无心”，不要以自我为中心，收敛自我的欲念，就可能把百姓的欲念释放出来，随之以从善、诚信相互对待，使天下人都像孩童赤子一样返璞归真。若能这样，圣人的心就与百姓的心相通无碍了。

《老子》的原本，是主张无为政治，无为是《老子》关键词中的关键词。这对于消解当时的强权政治、霸术、专制体制和极端干涉，包含着批判作用和精神疏导作用。他提供了一个天道标准，让人们评判历史和现实。什么是治理天下的正道？老子认为：“道常无为而无不为。侯王若能守之，万物将自化。化而欲作，吾将镇之以无名之朴。无名之朴，夫亦将不欲。不欲以静，天下将自正。”(三十七章)老子还搬出“圣人”，说是如此我闻圣人言：“我无为，而民自化；我好静，而民自正，我无事，而民自富；我无欲，而民自朴。”(五十七章)他强调一个“自”字，讲究自然而然，讲究风俗上的“民化”、政治上的“民正”、经济上的“民富”、人性上的“民朴”的自主性，给予更多的自己掌握自己命运的自由度。民本思想到了这个份上，实在是两千多年前的空谷足音。《史记·太史公自序》采用此章的文字，以“李耳无为自化，清静自正”概括作《老子列传》的宗旨①，是值得深思的。

对于老子无为自化的政治原理构成极其严峻的挑战的，是当时愈演愈烈的部族、列国之间的战争。老子非战，因为他看到了战争对社会的破坏性：“师之所处，荆棘生焉。大军过后，必有凶年。”(三十

① 《史记》卷一百三十《太史公自序第七十》，3314页，北京，中华书局，1959标点本。

章)由此，他把战争的发生，看成是天下无道的标志："天下有道，却走马以粪。天下无道，戎马生于郊。"(四十六章)面对着当时频繁发生的战争，他对之做了这样的判断："夫兵者，不祥之器，物或恶之，故有道者不处。"并且再一次强调："兵者不祥之器，非君子之器，不得已而用之。"(三十一章)《老子》对战争性质、战争与道及器之关系的这种否定性看法，表明《老子》书绝非兵书，虽然其论兵的一些章节相当高明，其辩证法思想对于兵家也很有启发性。

在春秋诸子的三位先驱者老子、孔子、孙武子之中，老子、孔子是非兵的，老子看到兵与道的对立，孔子看到兵与礼的对立。孔子说："俎豆之事，则尝闻之矣；军旅之事，未之学也。"①孙武是军事专家，以知兵驰名，他把兵之为物，看成是"国之大事，死生之地，存亡之道，不可不察"，他从兵事中看到了"道"的首要性。② 应该看到，孙武之道和老子之道，是两条"道"，老子不同于孙武以兵论兵，他是以史论兵的，因此他这里的道是史官常说的天道。甚可注意的是，在上述三十章讲到大军所到，破坏田园而生荆棘、有凶年的前面，老子还讲了这么一句话："以道佐人主者，不以兵强天下。其事好还(一报还一报)。"试问："以道佐人主者"是谁？就是那些在王之左右的史官同行，天下多是这类史官在以"道"鼓励人主以兵强天下的时候，道之为道也就变味了。因此，《老子》开宗明义说的"道可道，非常道"，除了思量道的本体性之外，是否也包含着对同行史官满口言道，却使道变了味的行为的鄙弃呢？老子追求"道"返回它的本然的生

---

① [魏]何晏注，[宋]邢昺疏：《论语注疏》卷十五《卫灵公第十五》，见《十三经注疏》，2516页，北京，中华书局，1980影印本。

② 中国人民解放军军事科学院战争理论研究部《孙子》注释小组注：《孙子兵法新注》，1页，北京，中华书局，2005标点本。

命，返回它应有的崇高，他也就以道家的鼻祖而名世了。

二、孔子问礼与礼的失落

既然已经明白了老子的史官身份与他探求天道的关系，接下来的问题就是他精通礼制与他的思想创造又有何种渊源？这个问题还需从长期以来聚讼纷纭的孔子向老子问礼的公案说起。《史记》除了《仲尼弟子列传》记述“孔子之所严事”的师长，首列“于周则老子”之外，在《老子列传》和《孔子世家》中，两次比较详细地记载孔子向老子问礼之事。如果此事属于子虚乌有，一个严肃的历史家是不会如此处理材料的，要知道他是在呕心沥血地做他的名山事业。一列传一世家中，采取的是《史记》常用的“互见法”。《老子列传》写道：

> 孔子适周，将问礼于老子。老子曰：“子所言者，其人与骨皆已朽矣，独其言在耳。且君子得其时则驾，不得其时则蓬累而行。吾闻之，良贾深藏若虚，君子盛德容貌若愚。去子之骄气与多欲，态色与淫志，是皆无益于子之身，吾所以告子，若是而已。”孔子去，谓弟子曰：“鸟，吾知其能飞；鱼，吾知其能游；兽，吾知其能走。走者可以为网，游者可以为纶，飞者可以为缯。至于龙，吾不知其乘风云而上天。吾今日见老子，其犹龙邪！”

这当是初见老子的情形，孔子正当想大有作为的壮年，还未及晚年的温润雍容，包括老子对他信而好古的调侃，都足见老子察人之深。老子的言谈，已露出著书时的思想萌芽，可见道德五千言的成书，乃冰冻三尺，非一日之寒，是多年思考的结果。与此有所分工的，是《孔子世家》写孔子见老子的成行和告辞：

> 鲁南宫敬叔言鲁君曰："请与孔子适周。"鲁君与之一乘车，两马，一竖子俱。适周问礼，盖见老子云。辞去，而老子送之曰："吾闻富贵者送人以财，仁人者送人以言。吾不能富贵，窃仁人之号，送子以言，曰：'聪明深察而近于死者，好议人者也。博辩广大危其身者，发人之恶者也。为人子者毋以有己，为人臣者毋以有己。'"孔子自周反于鲁，弟子稍益进焉。①

老子临别赠言讲的是道，而不是礼，可见其思想趋向。其实，大概在孔子问礼于老子二三十年前，《左传》昭公二年(公元前540年)，晋国正卿韩宣子聘鲁，"观书于大史氏，见《易》《象》与《鲁春秋》，曰：'周礼尽在鲁矣，吾乃今知周公之德与周之所以王也。'"②由于周公在建国辅政上功勋卓著，其后裔的鲁国享有天子礼乐的特权，如《礼记·明堂位》所述："凡四代(即虞、夏、商、周)之服、器、官，鲁兼用之。是故鲁，王礼也，天下传之久矣。"③那么，孔子何以还要适周问礼呢？如果不是偏执地把《孔子家语》看作"伪书"，那么其卷三记述南宫敬叔在向鲁侯请示陪同孔子适周之前，孔子曾对他有所交代："吾闻老聃博古知今，通礼乐之原，明道德之归，则吾师也。今将往

---

① 《史记》卷四十七《孔子世家第十七》，1909页，北京，中华书局，1959标点本。

② 杨伯峻编注：《春秋左传注》，1226～1227页，北京，中华书局，1990标点本。

③ ［汉］郑玄注，［唐］孔颖达疏：《礼记正义》卷三十一《明堂位第十四》，见《十三经注疏》，1492页，北京，中华书局，1980影印本。

矣。”南宫敬叔向鲁侯转达孔子意思时，也说：“今孔子将适周观先王之遗制，考礼乐之所极，斯大业也。”①老子在礼仪礼制和博识明道上声名远播，向如此一个智者问礼，岂不是人生乐事？孔子之好学，是千古闻名的，不要把孔子的胸襟看小了。

老子在礼制上的博学，只要读一读《礼记·曾子问》就不难明白。孔子在这里三次转述“吾闻诸老聃曰”，涉及天子国君丧礼程序和方式，鲁公伯禽对待三年之丧的态度，周公、史佚处置下殇的先例，孔子都是以恭敬态度引述的。尤其是孔子还回忆“昔者吾从老聃助葬于巷党，及堩，日有食之”，老聃指教他如何在日食时处理灵柩的行止进退，讲完故事后，孔子还加了一句“吾闻老聃云”②，觉得这是令他开了眼界了。在汉以前的文献中，道家、儒家、史家，甚至碑刻画像，无不承认孔子曾经适周问礼于老聃。对此，人们似乎没有太多的忌讳和怀疑。

《史记》是肯定孔子问礼于老聃的真实性的，并且把两大思想家的会面看成是中国文化史上的旷古佳话。但它留下一条软肋：没有交代清楚“问礼”的准确时间。《孔子世家》不仅误将“问礼”佳话放在“鲁昭公之二十年，而孔子盖三十矣”的前面，而且在概述《左传》昭公七年(公元前535年，孔子17岁)的一段话时，又出了错。《左传》说：该年“九月，(鲁)公至自楚。孟僖子病不能相礼，乃讲学之，苟能礼者从之。及其将死也，召其大夫，曰：‘礼，人之干也。无礼，无以立。吾闻将有达者曰孔丘，圣人之后也。……我若获没，必属说(即南宫

① 王国轩、王秀梅译注：《孔子家语》卷三《观周第十一》，128～129页，北京，中华书局，2011。

② [汉]郑玄注，[唐]孔颖达疏：《礼记正义》卷十九《曾子问》，见《十三经注疏》，1400～1401页，北京，中华书局，1980影印本。

敬叔，名阅，阅、说音同相通）与何忌（即孟懿子，二人皆孟僖子之子）于夫子，使事之，而学礼焉，以定其位。’故孟懿子与南宫敬叔师事仲尼。”①这段话有缺陷，孟僖子的死是在鲁昭公二十四年，即十七年之后，却在这里不做交代，就急急忙忙地记述他的临终遗言。《史记·孔子世家》的概述问题就更大：“孔子年十七，鲁大夫孟釐（僖）子病且死，诫其嗣懿子曰：‘孔丘，圣人之后……’及釐子卒，懿子与鲁人南宫敬叔往学礼焉。”这就把孟僖子的死和他的两个儿子从孔子学礼，都搅在孔子十七岁的时候，其实此时南宫敬叔还没有出生呢。

从《左传》到《史记》这些失考致误之处，被后世沿袭、并且放大了。东汉桓帝延熹八年派宦官管霸祠老子，命陈相边韶（边韶于桓帝时出为临颍侯相）撰写《老子铭》，谓“孔子以周灵王廿□生，到景王十年，年十有七，学礼于老聃。计其年纪，聃时以二百余岁”。② 这是把老子当成道教的主神来立说的，但已认定了“孔子年十七”的说法。这个错误又为北魏郦道元《水经注》卷十七所重复：“至周景王十年，孔子年十七，遂适周见老子。”近人未从史源学上，考索此说法致误的来龙去脉，就以为发现了唐以前碑刻和地理名著的宝贵材料，力主“孔子年十七问礼于老子”③。

更早的材料是《庄子》书，十六处记老子，与孔子见面对谈就有六处。庄子及其后学是知道老子长于孔子，并且曾经授礼孔子的。但庄子的兴趣不在于探究历史真实，而在于借助老子、孔子作“重言”，发

① 杨伯峻编注：《春秋左传注》，1294～1296页，北京，中华书局，1990标点本。

② 严可均辑：《全上古三代秦汉三国六朝文》，813页，北京，中华书局，1958标点本。

③ 高亨：《关于老子的几个问题》，载《社会科学战线》，1979(1)，37页。

挥自己天马行空的见解。《天运篇》称："孔子行年五十有一而不闻道，乃南之沛，见老聃。"老子故里近于沛，庄子是知道的，但他忽视了孔子五十一岁，"(鲁)定公以孔子为中都宰(地在今山东汶上县西)，一年，四方皆则之。由中都宰为司空，由司空为大司寇"。他碰上了在政治上未曾有过的大可作为的时机，政事繁忙，是不可能离职远行的。而且他说的也不是孔子到洛阳见老子。也就是说，孔子适周问礼的时间依然是一个谜。

破解孔子适周时间之谜，必须满足三个条件：一是孔子有时间；二是南宫敬叔能够随行；三是据《礼记·曾子问》，这一年发生日食。清人阎若璩《尚书古文疏证》卷八说："《(史记)索隐》谓，(孟)僖子卒，南宫敬叔始事孔子。孔子实敬叔言于鲁君而得适周，则又为昭公二十四年。……余曰：其昭公二十四年乎！案《曾子问》，孔子曰：昔者吾从老聃助葬于巷党，及堩，日有食之。唯昭公二十四年夏五月乙未朔，日有食之。见《春秋》。此即孔子从老聃问礼时也。"①阎氏似乎顾及三个条件，其实不然。南宫敬叔是孟僖子在昭公十一年得泉丘女子之后生的，此时最多不过十三岁，而且二月丧父，丧服未除，不可能受孔子之托请示鲁君而随行。喜欢跟阎若璩叫板的同代学者毛奇龄已经看出这个纰漏，他在《经问》卷十二中认为："(孟)僖子之死，与使其子学礼，在二十四年，亦何曾谓二十四适周问礼？而阎氏又不善读书，不惟误读《史记》，并误读《史记》注。……孟僖以二十四年二月死，距五月日食才得三月……大夫三月而葬。当此卒哭祔庙之际，出庐中门尚未有日，乃以一车两马从其师适周问礼！此不特误读诸书，并误读《礼记》《春秋》而以为定论，吾不许也。况《春秋》日食凡三十

① [清]阎若璩：《尚书古文疏证》卷八，四库全书本，四十七页。

六，而昭公之年凡七日食，不必二十四年也。”①毛奇龄此论实际上已经走到了解决孔子适周问礼之年份的门槛，可惜他没有向前多走一步，后代学人对之也不经意，使一个早就应该解决的历史公案后来变成了一团乱麻。

经过仔细比对，能够完全满足前述三个条件的孔子适周问礼于老子的年份，是鲁昭公三十一年(公元前 511 年)，这一年孔子四十一岁，南宫敬叔二十岁，到了可以接受孔子委托请示鲁君的年龄。而且此年洛阳政局平稳，不像阎若璩所考年份，王子朝之乱尚未平息。该年“十有二月辛亥朔，日有食之。”②鲁昭公流亡在外，只好不做明言而称“鲁君”。六年前，季氏与郈氏因斗鸡交恶，鲁昭公想趁机除掉季氏，却被三桓赶出鲁国，托庇于齐、晋，而居于边陲的郓、乾侯。孔子也因避鲁乱而适齐，当了高昭子的家臣。正在漂泊无定之际，孔子托南宫敬叔去请示流亡中的鲁昭公，“鲁君与之一乘车，两马，一竖子俱，适周问礼”。孔子名人，南宫敬叔是孟孙氏之后裔，后来成了很好摆谱的鲁大夫，鲁君如果不是在长期流亡中，是不会吝啬到只赐予如此寒碜的车马和侍从的。鲁君穷得还要仰仗齐、晋的周济，实在爱莫能助。老子临别赠言，告诫孔子莫议论人，“为人臣者毋以有己”，似乎有点针对孔子曾在他的面前发过牢骚。因此，考定孔子在鲁昭公三十一年(公元前 511 年)适周问礼于老子，我们就知道孔子是在艰难中坚持钻研礼的，我们似乎走近了这两位大思想家。

也许有人会问：《礼记·曾子问》中孔子所述老聃的言行，“其思

---

① [清]毛奇龄：《经问》卷十二，四库全书本，十七页。

② 杨伯峻编注：《春秋左传注》，1510 页，北京，中华书局，1990 标点本。

想颇近于儒家，殊非诡言异论，如后世儒家之所非难者，且与《道德经》五千言大异其趣。汪中《老子考异》云：‘夫助葬而遇日食，然且以见星为嫌，止柩以听变，其谨于礼也如是。至其书则曰：“礼者忠信之薄，而乱之首也。”下殇之葬，引周公、史佚，其尊信前贤也如是。而其书则曰：“圣人不死，大盗不止。”彼此乖违甚矣。’以一人之思想，而矛盾若是，天下宁有是理？”①这一问，实在问得不靠谱，天下至深刻的道理正在其中。因为这是孔子及其后学追忆的老子的话，蕴含着儒门的选择和理解。不信请看《史记》记述的老子对前来问礼的孔子所说的话，那里蕴含着太史公对史料的选择和处理，就与《礼记·曾子问》所忆述者大相径庭。这是其一。其次，一个人的思想结构非常复杂，在社会巨变中思想发展又呈现为复杂的曲线，只有平庸的思想才不会“矛盾若是”。

设身处地而言，当时社会已开始了礼崩乐坏的趋势，连孔子也感慨“天下有道，则礼乐征伐自天子出；天下无道，则礼乐征伐自诸侯出”②，感慨的侧重点在“天下无道”。在此情形下，老子由于对礼的理解极深，他对礼的失效也感受极切，尤其对于以礼来装点太平、甚至粉饰恶行感到痛心疾首。如果说《道经》的首章，以道建立他的本体论的制高点，从而囊括全书五千言；那么《德经》首章（通行本三十八章）就是以德来审视仁、义、礼，尤其是礼等逐次下降的范畴。这两个首章，都应该看作老子开始他的思想原创的始发的通道。《德经》的首章说：

---

① 张寿林：《老子〈道德经〉出于儒后考》，见《古史辨》第四册，322页，上海，上海古籍出版社，1981。

② ［魏］何晏注，［宋］邢昺疏：《论语注疏》卷十四《季氏第十六》，见《十三经注疏》，2521页，北京，中华书局，1980影印本。

上德不德，是以有德；下德不失德，是以无德。上德无为而无以为；下德无为而有以为。上仁为之而无以为，上义为之而有以为。上礼为之而莫之应，则攘臂而扔之。故失道而后德，失德而后仁，失仁而后义，失义而后礼。夫礼者，忠信之薄，而乱之首。

在这种逐次推演的表述中，强调的是德，贬抑的是礼，而它始终贯穿着的一条线索，是先隐后显的道。道扮演着光而不耀、身后而先的角色。这就形成了老子特有的“道—德—仁—义—礼”的五阶梯价值组合的非伦理之伦理模式。为什么老子对他曾经精通的礼如此恼火呢？因为他在追求道与德的精神方向的时候，深感礼是对这个精神方向的严重干扰。老子认为：“道生之，德畜之，物形之，势成之。是以万物莫不遵道而贵德。道之尊，德之贵，夫莫之命而常自然。故道生之，德畜之，长之育之，亭之毒之，养之覆之。生而不有，为而不恃，长而不宰，是为玄德。”(五十一章)对于这个思想，蔡元培说过：“罗素佩服老子‘为而不有’一语。他的学说，重在减少占有的冲动，扩展创造的冲动。”①礼的特点是为而占有，讲究尊卑长幼等级的合理性和稳定性，从而把人的自然本性装进一个冠冕堂皇的人造套套里，成为统治者装饰自己、钳制人性的法宝。这是完全违背老子“道法自然”和道生德畜、“生而不有，为而不恃，长而不宰”的核心思想的。不是别的，而是思想的变迁，使老子痛斥“礼者，忠信之薄，而乱之

① 蔡元培：《爱丁堡中国学生会及学术研究会演说词》，见《蔡元培美学文选》，147页，北京，北京大学出版社，1983。

首”。史官的道在老子手中超越，礼官的礼在老子手中失落，老子感受到思想创造的“基本时代”即将到来，在反省自己史礼兼备的知识体系之时，走到了思想创造的最前沿。

孔子问礼于老子，既然是先秦文献中言之凿凿的历史事件，为何后来变得疑窦丛生，难成定谳呢？一方面是由于史料混乱，错杂抵牾，给近世的疑古留下充足的话柄，遂成一个老大难的公案；二是孔学做大了，变成历代王朝的意识形态，形成粗壮绵长的道统。中晚唐两宋以后就不再愿意把已是道家、道教之祖师的老聃，置于至圣先师之师的行列了。对此，太史公在开始独尊儒术之世，已有预感，他在作完老子传之后说：“世之学老子者则绌儒学，儒学亦绌老子。‘道不同不相为谋’，岂谓是邪?”疑古先生是非传统的，但他们非传统之时，有时也会不经意地走进传统所做成的局中，这就是历史常开的玩笑。

三、老子的民族与地缘文化基因

在考量了老子的知识结构和创造契机之后，我们有必要从发生学的角度，专门考察一下千百年来迷雾重重的老子身世。《史记·老子列传》所载，当然是历史上影响最大的意见，理应成为身世考察的出发点。但是它的权威性在近世疑古思潮中，受到严峻的冲击和挑战。先看太史公如何说：“老子者，楚苦县厉乡曲仁里人也。姓李氏，名耳，字聃，周守藏室之史也。”①苦县厉乡（又称赖乡）并非大都通衢，原属陈国，《礼记·曾子问》疏引《史记》作“老聃，陈国苦县赖乡曲仁里（缺人字）也”②。陈国曾三度被楚国所灭，公元前598年，《左传》宣公十一年，

---

① 《史记》卷六十三《老子韩非列传第三》，2139页，北京，中华书局，1959标点本。

② ［汉］郑玄注，［唐］孔颖达疏：《礼记正义》卷十八《曾子问第七》，见《十三经注疏》，1393页，北京，中华书局，1980影印本。

楚庄王因夏征舒杀陈灵公，率诸侯灭陈建县，后听大夫劝告，复封陈君。这大概在老子出生前。公元前 534 年，《左传》昭公八年，楚公子弃疾率师灭陈，设县，后弃疾杀楚灵王，自立为楚平王，为取好诸侯，复立陈惠公。公元前 478 年，《左传》哀公十七年，楚惠王灭陈，建为陈县。陈国这两次灭亡，已在老子成年或谢世之后。陈亡之后，苦县归楚，但无论陈、楚，赖乡都属边鄙之地。不容忽视的是，这片陈、楚边鄙之地，蕴藏着老子氏族的与地缘的文化基因。

虽然岁月苍茫，但走进苦县厉（赖）乡，依然可寻觅到老子的气息。《水经注》卷二十三记述：

> 涡水又东经苦县西南，分为二水枝流，东北注入赖城入谷，谓死涡水也。涡水又东南屈经苦县故城南。《郡国志》曰：春秋之相也。……涡水东北屈至赖乡西，谷水注之。谷水首受涣水于襄邑县东，……犹有陈楚之俗焉。……谷水又东经苦县故城中，水泛则四周隍堑，耗则孤津独逝。谷水又东经赖乡城南，其城实中，东北隅有台偏高。俗以是台在谷水北，其城又谓之谷阳台，非也。谷水自此东入涡水。涡水又北经老子庙东，庙前有二碑在南门外。汉桓帝遣中官管霸祠老子，命陈相边韶撰文。……老君庙东院中，有九井焉。又北，涡水之侧，又有李母庙，庙在老子庙北。庙前有李母冢。冢东有碑，是永兴元年，谯令长沙王阜所立碑，云：老子生于曲涡间。涡水又曲东经相县故城南，其城卑小实中。边韶《老子碑文》云：老子，楚相县人也。相县虚荒，今属苦，故城犹存，在赖乡之东。涡水处其阳，疑即此城也。……（涡水东经谯县）又东注淮……①

① ［北魏］郦道元著，陈桥驿校证：《水经注校证》卷二十三《获水》，552～553 页，北京，中华书局，2007 标点本。

这种地方文物的描述，不经过细密的实地调查是写不出的，在千余年的地理变迁、文物废颓、人为破坏之后读之，当应感谢郦道元难能可贵地为后世留下若干历史痕迹。所谓若干历史痕迹中极可值得注意者，一是赖乡城、甚至相县城，都是“其城实中”，或者“卑小实中”，并没有高衙大衢，充其量是一个防御性的大堡垒，这些城乡的边鄙状可见。二是涡水、谷水在苦县、赖乡穿行盘绕，流水的季节性强，而且流经一些山谷，谷水大概因此得名。三是赖乡城以北有老子庙，再北是李母庙，都临涡水，老子庙东院还有九眼井，水是神圣的。而且老子庙只有李母庙伴随，不见李父的踪影，这是令人怪异的。地方风物透露的这三条，潜在地暗示着老子的身世，潜在地影响着老子的思想方式。

我们应该如实地承认老子是不知有父的，多么渊博的学者也无法考证出老子之父。他好像是天生的“老子”，而非“儿子”。但他是知有母的，李母庙就在老子庙的北面。我怀疑，老子出生在一个母系部落，才会如此。唐司马贞《史记索隐》在解释老子“姓李氏”时说：“按：葛玄曰‘李氏所生，因母姓也’。又云‘生而指李树，因以为姓’。”①以往把这些话当成神仙家言，认为不足信。但神仙家就要编造自己无父吗？葛玄不是明明被葛洪称为“余从祖仙公”，② 而且有“洪传玄业”之说，又何必编造呢？而且刘安成仙，还要鸡犬升天，全家都飞升到天上。因此老子有母而不知有父，在神仙家编造和隐瞒上是找不出必然

① 《史记》卷六十三《老子韩非列传第三》，2140页，北京，中华书局，1959标点本。

② ［东晋］葛洪：《抱朴子》内篇《金丹卷》，见《诸子集成》（八），12页，北京，中华书局，2006影印本。

的理由的。

了解这一点，才可能解释何以在先秦诸子中，唯有《老子》带有母性生殖崇拜的意味。最为明显的，是《老子》六章："谷神不死，是谓玄牝。玄牝之门，是谓天地根。"牝的原始字形是"匕"，作女性生殖器形状，正如牡字去掉"牛"旁，乃男性生殖器形状一样。玄牝之门，即玄深神秘的女性生殖器之门，竟然是天地之根，这不是母性生殖崇拜，又作何解释？六十一章："大邦者下流，天下之交，天下之牝（马王堆汉墓帛书甲本作'天下之牝，天下之交也'）。牝常以静胜牡，以静为下。"这些话都语义双关，从神圣的生殖崇拜，转化出或发挥着致虚守静、以柔克刚的思想。吕思勉说："《老子》书辞义甚古；又全书之义，女权皆优于男权，俱足证其时代之早。"①当是有感于此。

那么，为何又称"谷神"呢？从上述《水经注》引文可知，大概与赖乡颇有山谷，谷水出焉有关。那里的初民，也许有谷神信仰。三十九章以"道生一"的"一"字言道："昔之得一者：天得一以清，地得一以宁，神得一以灵，谷得一以盈，万物得一以生，侯王得一以为天下正。"请注意这一系列得一者的顺序：天，地，神，谷，万物，侯王。这是一系列非常神圣的名字，其中惟"谷"字特别，超出常人的想象，说明"谷神"信仰的神圣性。《老子》书也用了不少"谷"字、"谿"字来论道，比如六十六章："江海之所以能为百谷王者，以其善下之，故能为百谷王。是以圣人欲上民，必以言下之；欲先民，必以身后之。是以圣人处上而民不重，处前而民不害。是以天下乐推而不厌。以其不争，故天下莫能与之争。"从"百谷王"的虚怀若谷、海纳百川，讲到不争而莫能与之争，老子把原始信仰转化为无为思想的辩证法思维，理

① 吕思勉：《先秦学术概论》，24页，上海，世界书局，1933。

论穿透能力是非常强的。一般而言无水为谷，有水为谿，在季节性山间小溪中，谷和谿是同一物在不同季节的各异形态。二十八章说："知其雄，守其雌，为天下谿。为天下谿，常德不离，复归于婴儿。……知其荣，守其辱，为天下谷。为天下谷，常德乃足，复归于朴。"天下谿和天下谷相当，又与百谷王相对应。知雄守雌，以雌为雄，处下不争，归朴复婴，所追求的都是"常德"而不是一日长短。从母性生殖崇拜到谷神信仰，老子所发掘的历史文化资源，在诸子中最称古老和原始，由此他触及宇宙的根本和人生的根本，在宏大的宁静中寻找着此世界生生不息的母体。

人们也许会问：春秋晚期中国已进入相当高度的文明进程，难道还存在母系部落吗？上古中国是一个多元共构的并非都是同步发展的文化共同体，恰恰相反，非均质、非同步是其突出的特点。周室及其分封诸国的中心地区，经济文化比较发达。而远离城邦的边鄙之地，则存在着明显的原始性，中央政权和邦国的力量相当虚薄，依然活跃着许多氏族、部落和部落联盟。在这些边远地区，就很可能存在着母系氏族，或母系氏族的遗风。甚至20世纪的中国西南部还有母系遗风，那么二三千年前的属于陈楚边远之地的苦县赖乡，又怎么能排除有母系氏族或它的遗存形态，生存在山谷溪流之间的可能呢？值得注意的是，《老子》二十一章，在讲了"道之为物，惟恍惟忽。……窈兮冥兮，其中有精，其精甚真，其中有信"之后，特别讲到"自今及古，其名不去，以阅众甫。吾何以知众甫之状哉？以此"。众甫二字，马王堆帛书甲、乙本均作"众父"，这种用语是否带点群婚制的信息呢？老子是否也因而知有母，而不知有父呢？

再说，苦县赖乡所在的陈国，乃是周武王灭商后，封虞舜之裔妫满（即胡公）于古陈部落故地。妫满夫人，是文王元女大姬，因无子而祈祷得子，就相信巫鬼和巫风歌舞。古陈之地的风俗可能因此浸染上流阶层，陈国又缺乏像样的政治家，不知对原始习俗调控疏导，避害趋利，反而将无度的淫欲与失控的陋俗相混杂，荒废政事，酿成甚至如灵公、夏姬那样弑君危国的荒唐事。但这也可从另一个方面折射出陈地古俗，尚缺乏周公礼制的整理。在这种政治疲软的地方，母系氏族或其遗风得以延续，也是可以想象的。老子不仅汲取和转化了陈地的某些古民俗，将之做了哲理化的升华；而且他的述学方式，也借用了陈国的典章文物。比如《老子》十一章："三十辐，共一毂，当其无，有车之用。埏埴以为器，当其无，有器之用。凿户牖以为室，当其无，有室之用。故有之以为利，无之以为用。"陈字的金文，左如旌旗，右为高轮车，轮上的辐条和轴套是很明显的。陈胡公妫满的父亲，据《左传》襄公二十五年记载，乃是周的陶正，因而和泥制陶之事，堪称陈人的看家本领。老子以车轮和陶艺为例子，谈论有与无的关系，尤其"无"的价值和作用。如此原创的思想，在他随手拈来的事例中，透露了陈人的潜意识。

陈地的地理风物对老子影响至深者，一是谷，二是水。他自小就在流经赖乡的谷水、涡水上，天真无邪地嬉戏，因而对水性、水德体验极深。《庄子·天下篇》称老聃之学"其动若水，其静若镜，其应若响"①，是咀嚼到了老学中的水味道的。《老子》八章说："上善若水。水善利万物而不争，处众人之所恶，故几于道。……夫唯不争，故无尤。"这就是老子体验到的水之德。不妨设想，涡水、谷水滋润着童年老子所在的氏族部落的田地林木，流水何尝有侵占田地林木的收获的

---

① ［清］王先谦：《庄子集解》，见《诸子集成》（三），221页，北京，中华书局，2006影印本。

欲念，它只留下波纹的笑，留下两岸的绿，就向低处毫无留恋地奔流而去了。这就是流水，“善利万物而不争”的流水，老子只能望着它蜿蜒的身影而遥致敬意了。还有水之性，《老子》七十八章说：“天下莫柔弱于水，而攻坚强者莫之能胜，以其无以易之。弱之胜强，柔之克刚，……正言若反。”柔弱胜刚强，是老子最有标志性的发现之一，而最初启发他的就是水，最好的喻体也是水。这个发现既可鼓舞弱者敢于坚持的勇气，又可告诫逞强收敛其锋芒，还可涵养强大者游刃有余的处事谋略，成为各阶层的人们以“天下之至柔，驰骋天下之至坚”的思想源。高深莫测哉，老子智慧，他的发现对中国人心理的渗透和模塑，谁也不应低估。老子从水性中发现了“柔弱胜刚强”，从水德中发现“善利万物而不争”，这和孔子叹逝川，可以并列为对水之哲学的三项杰出的发现。涡水、谷水虽小，它们滋生的哲学却功成而不居地震撼着中国人的心灵。

陈国既封舜帝之裔，那么关于舜帝的文献和舜帝的政绩，也不可能不作为祖宗的荣耀，以各种形式（包括口头形式）流传。甚至儒家也用了这种文献的或口传的材料，如《论语·卫灵公篇》记载孔子说：“无为而治者，其舜也与？夫何为哉？恭己正南面而已矣。”马王堆帛书《易·缪和篇》第九章也引孔子的话：“聪明睿智守以愚，博闻强识守以浅，尊禄贵官守以卑。若此，故能君人，非舜其孰能当之！”①远在鲁国（也曾周游过陈）的孔子都如此评述舜帝，那么曾为陈人的老子不可能对传说中的舜帝的此类政声，毫无所闻。《老子》二章：“圣人处无为之事，行不言之教。”五十七章：“故圣人云：我无为，而民自化；我好静，而民自正；我无事，而民自富；我无欲，而民自朴。”六

① 邓球柏：《帛书周易校释（增订本）》，509页，长沙，湖南出版社，1996。

十三章："为无为，事无事，味无味。……是以圣人终不为大，故能成其大。"六十四章："是以圣人无为故无败，无执故无失。……是以圣人欲无欲，不贵难得之货；学不学，复众人之所遇，以辅万物之自然而不敢为。"八十一章："圣人之道，为而不争。"这里的圣人，是不是陈国传说中的政治圣人舜帝呢？无从考信，也不必考信。即便有舜帝的影子，老子也把它抽象化、普遍化了。他对孔子说过："子所言者，其人与骨皆已朽矣，独其言在耳。"他不是迷恋朽骨，而是通过抽象的哲学思维把政治上的无为思想，升华到宇宙的本体论和发生论。因此《老子》三十七章说："道常无为而无不为。"四章又说："道冲，而用之不盈。渊兮，似万物之宗。……吾不知谁之子，象帝之先。"这种冲虚渊深的道，是排除一切"帝"或造物主的存在的，或如冯友兰所说："老子认为，从道分出万物，并不是由于'道'的有目的、有意识的作为；道是无目的、无意识的。他称这样的程序为'无为'，他说：'道常无为而无不为。'(《老子》三十七章）就其生万物说，'道'是'无不为'；就其无目的、无意识说，'道'是'无为'。"①老子由此把宇宙本体论和发生论，推向了当时人类难以企及的大智慧的空间。

尽管陈国在现实政治上少见作为，但它社会结构和文化层面的多元，为老子的思想创造提供了独特多样的潜在因素，或氏族的与文化的基因。但是，老子要走出陈国的原始的闭塞，走入周朝的文化高端，然后才有可能使其氏族文化基因遇上新的触媒，才有可能实现超越的创造，创造的超越。这是天才能否大成的规律所在。但老子是如

① 冯友兰：《中国哲学史新编》，第 263 页，北京，人民出版社，1962 年第 1 版，1964 年第 2 版。1984 年之修订版无此语。

何走出这一步的？材料几近空白，但若有可能，还应寻找这几近空白的意义。

四、破解老子身世与谱系之谜

关于老子的姓氏，虽然《史记·老子列传》说，老子“姓李氏，名耳，字聃”，但是汉晋以后，人们就称他为“老氏”了。比如张衡《东京赋》：“思仲尼之克己，履老氏之常足。”晋人何劭作《王弼传》，称王弼“好老氏，通辩能言”。那么，老氏是否为老子的氏族身份呢？宋郑樵《通志·氏族略》列举“以名为氏”的时候说：“老氏—《风俗通》：颛帝子老童之后。《左传》：宋有老佐。《论语》：老彭即彭祖也。或云老氏，老聃、老莱子之后，并无闻焉。以其老也，故以老称之，遂为氏。”①《通志》的说法，是八面玲珑的。

既然我们已考证老子可能出生于母系氏族，他就不可能出自老氏。“老”乃是对年老博学的男子的尊称，老子也就是老先生的泛称，如《史记·贾生列传》：“是时贾生年二十余，最为少，每诏令议下，诸老先生不能言，贾生尽为之对。”老子大概以其年老博识多智，驰名于东周京城，莫有其匹者，就把本是泛称的老子变成他的专称了。这有点像孔子死时，鲁哀公在诔词中称孔子为天不肯留下来的“一老”，又如荀子年五十游学齐稷下，“三为祭酒”，“最为老师”那样。

那么，又为何叫他“老聃”呢？今日把老字，与某人名字中的一个字联称，以示尊重，是常见的事。这种联称方式，似乎渊源甚古。苏轼《题(苏)过所画枯木竹石》诗云：“老可能为竹写真，小坡今与竹传

① ［宋］郑樵：《通志》，第28卷，463页，北京，中华书局，1987影印本。

神。”这里的“老可”，就是把老字，与亲戚画家文同(字与可)的字联称，以表示亲切和尊敬。老字既是尊称，子字也是尊称，只是年纪有异。在先秦时代，也有以此尊称词与人物的字联称的。如冉雍，字仲弓，荀子就称他为“子弓”。《荀子·非相篇》：“文王长，周公短；仲尼长，子弓短。”《非十二子篇》：“上则法舜、禹之制，下则法仲尼、子弓之义。”从这种渊源甚古的联称法来看，尊称老子为“老聃”，是顺理成章的。

在老子身份确认上，最严重的问题发生在老聃、老莱子、太史儋三人的身份混淆上。《史记》就辨认不清了吗？只要不带偏见去细读，就会得出结论：没有。也许恰好相反，太史公担心后人弄混这三人，才把他们对比着叙述。应该肯定，太史公主要是为老聃即李耳作传的，这篇列传按时间排序，放在《管晏列传》与《司马穰苴列传》之间，时为春秋晚期。这是《史记》按其体例设计的坐标位置。老聃就是那位“著书上下篇，言道德之意五千余言”的周守藏室之史，写的就是至今传世的《老子》。老莱子也是楚人，也属于道家，容易与老聃弄混，但他“著书十五篇”，不是《老子》上下篇五千余言的作者。太史公用了“或曰”，就是“有人那么说”，因为老子本是泛称，说说也无妨，但不要张冠李戴，把他当成《老子》书的作者。至于根据老聃故里在苦县之赖乡，赖与莱音同，就把此老子等同于彼老莱子，这种考证的逻辑就未免太怪。如此考证，是可以把天下不少人混成一个人的。

至于“自孔子死之后百二十九年，而史记周太史儋见秦献公”之太史儋，实在有些凑巧，他也是周室的史官，他的名字“儋”与“聃”音同，因此不少人就认定他就是写《道德经》五千言的老聃了。尤其是有那么多权威学者考证《老子》成书于战国中晚期，甚至更晚，总之在《庄子》之后。可见权威者的导向作用何其强大，趋慕权威，积重难返。中国同音字不少，单字人名又太多，比如与“聃”同音的字，就有七八十个。如果凡是名字同音，不计其他证据，都把他们考证成一个人，那就无任何户籍制度可言。因此，考证也是需讲常识的，有时常识比起离开常识的博学，更近于真。问题的关键，是要认真分析一下太史儋对秦献公讲了些什么，看看他是何等角色。他说：“始秦与周合，合五百岁而离，离七十岁而霸王者出焉。”这完全是旧式史官，甚至还加点方术味的口吻，其弦外之音是附和秦的霸王术的。前面说过，老聃正是突破了旧式史官观象、占卜而论道的模式，才能解放自己的原创思维，进入属于宇宙本体论、发生论以及无为政治哲学的思考的。太史儋与老聃在理论境界上的差异，就像猿与人的差异那么大。因此，《史记》接着说：“或曰儋即老子，或曰非也，世莫知其然否。”这是讲“世人”的混乱认识，不是太史公本人的认识，他本人的认识在接下来的一句提醒：“老子，隐君子也。”就是说，太史儋其言其行，是离“隐君子”的人格类型很远的。老聃讲求“道隐无名”(四十一章)，《老子列传》的结语说：“李耳无为自化，清静自正。”请注意，这里讲的是“李耳”，全传的结穴处，落在李耳即老聃身上。结语中的话，从《老子》五十七章变通而来，呼应着《太史公自序》关于撰写《老子列传》用同样的话表述的宗旨。

还有一个把人搅糊涂的地方，是列传所列的老子家族的世系。列传说：“老子之子名宗，宗为魏将，封于段干。宗子注，注子宫，宫玄孙假，假仕于汉文帝。而假之子解，为胶西王卬太傅，因家于齐焉。”梁启超早就看出这个世系的漏洞，他指出：“我细读那篇传，前头一大段，固然是神话，但后头却有几句是人话；他说：‘老子之子名宗，宗为魏将(下略)。’这几句话就很发生出疑问。魏列为诸国，在孔子卒后六十七年，老子既是孔子先辈，他的世兄，还挨得到做魏将，已是奇事；再查孔子十代孙蘩为汉高祖将，封蓼侯，十三代孙安国，当汉景帝时；前辈的老子八代孙，和后辈的孔子的十三代孙同时，未免不合情理。”①解决这个问题的关键，也许不在于把老子后裔都说成善于养生而得长寿，也不在于把其中的“玄孙”解释成“远孙”，因为如何炳棣先生所说，公元前453年韩、赵、魏共灭智伯，三分晋国领土，公元前403年韩、赵、魏始列为诸侯。老子如果比孔子大二十岁，就在公元前570年以前出生，即便他晚到五十岁生子，其子到三家分晋已是七十岁，到魏列诸侯已是一百二十岁，怎么还能当魏将呢？“所以这个‘魏’字正卡住瓶颈”②。

看来问题的关键，还是在“老子之子名宗，宗为魏将”这句话。卡住的瓶颈，还需从瓶颈处入手。老子在孔子四十一岁问礼时，年过六旬，老迈出关隐居，不能没有子孙陪伴。老子返本复初，隐于道，隐于自然，隐于虚静的内心。怎么能设想他自己刚开始实施“道隐无名”，就让自己的儿子出为魏将呢？因此，可能是他的三代或四代孙，实在隐不住了，才出去当魏将。但是老子的影响在魏国渐大，甚至有人恨不得与老子同时。他这位名叫宗的三四代孙，为了借老子更多的光，也就夸口老子超级长寿，自己是老子的儿子，这是他从深山野岭里走出来当将军的难得的一份资本。老子不是讲“长生久视”吗？那么他的后人和门徒，就以他本人作为“长生久视”的标本。于是就有了《史记·老子列传》中这样一句几乎很难看作是一个严肃的历史家说的话：“盖老子百有六十余岁，或言二百余岁，以其修道而养寿也。”这

① 梁启超：《论〈老子〉书作于战国之末》，见《古史辨》第四册，306页，上海，上海古籍出版社，1981。

② 何炳棣：《司马谈、迁与老子年代》，见《重识老子与〈老子〉》，57页，北京，商务印书馆，2008。

句话的位置非常微妙，如果抽去关于老莱子和太史儋的一前一后的插叙，它恰好上承老子出关“莫知其所终”，下启“老子之子名宗，宗为魏将”，成了从“出关”到“为魏将”这一百余年时间空白的非解释的解释。那么，这句话既然不像严肃的历史家说的，又是谁说的？不需怀疑，是那位自称为老子之子的李宗煞费苦心的编造。老子后学也推波助澜，如《论衡·自然篇》说：“谓天自然无为者何？气也。恬淡无欲，无为无事者也，老聃得以寿矣。老聃禀之于天，使天无此气，老聃安所禀受此性？师无其说而弟子独言者，未之有也。”①战国以后，老子之学已滋生了一种导气养生的分支。寿命崇拜使这种虚报年龄，编织故事的现象，从古至今，屡屡出现。

不妨举个佐证，就是尉缭子公案。大梁人尉缭于秦王政十年(公元前 237 年)见秦王的时候，年纪大概相当于老子出关，已过六十岁。他建议秦王以重金离间山东六国，被留为秦国尉。但是战国晚期还有一本兵书《尉缭子》，记载尉缭子与梁惠王(公元前 369 年—前 319 年在位)谈论黄帝术。其卷一说：“梁惠王问尉缭子曰：‘黄帝刑德可以百胜，有之乎?’尉缭子对曰：‘刑以伐之，德以守之……’”哪怕尉缭子是二十岁与梁惠王对话，而且对话时间在梁惠王最后一年，那么他在秦王政十年，已经年逾一百。后世难以弥合这个矛盾，于是有人论证大梁的尉缭是两个人，有人论证《尉缭子》是伪书。但是，山东临沂汉墓出土的竹简，证明《尉缭子》是先秦时期的书。其实，尉缭子与梁惠王对话，是尉缭子给时人、包括秦王政设下的一个套子，却套住了两千年来的研究者。尉缭见秦王，年高智富，白发苍苍的他难免会夸

① ［汉］王充：《论衡》，见《诸子集成》(七)，177 页，北京，中华书局，2006 影印本。

大自己的年龄，以彰显自己鹤发童颜、道性高明的样子。这一手就像老子的后裔李宗那样，骗过了两千多年“尽信书”的学问人。其实，书本之为物，乃是人写的，字里行间有人的信仰、情感、欲望、智谋，不去记载的东西并非不存在，刻意记载的东西未必就真实。今人读书，在某种意义上说，也是与古人博弈，把古籍记述当作生命的痕迹，破解他们谁在写，写何为，从中发现深层的隐秘的文化基因。这才能把死材料化作活材料，还我们的文化以生机流动的生命。与古人将心比心、就情理论情理，魏将李宗自充老子之子的死结，就会如庖丁解牛，豁然而解。

五、追踪老子从原始赖乡到文化洛阳

遗憾的是，前代学者专注于辩论《老子》是否为老聃所作，而且持否定意见者居多，因此对老聃从原始的苦县赖乡如何进入周都洛阳的生命历程，几无探讨。从秦汉以前的材料看，这段历程的材料极少，且带点神龙见首不见尾的神秘成分。相对完整的一条材料，是《说苑》记述老子师从长枞：

> 常枞有疾，老子往问焉，曰：“先生疾甚矣，无遗教可以语诸弟子者乎?”常枞曰：“子虽不问，吾将语子。”常枞曰：“过故乡而下车，子知之乎?”老子曰：“过故乡而下车，非谓其不忘故耶?”常枞曰：“嘻！是已。”常枞曰：“过乔木而趋，子知之乎?”老子曰：“过乔木而趋，非谓其敬老耶?”常枞曰：“嘻！是已。”张其口而示老子曰：“吾舌存乎?”老子曰：“然!”“吾齿存乎?”老子曰：“亡!”常枞曰：“子知之乎?”老子曰：“夫舌之存也，岂非已其柔耶？齿之亡也，岂非以其刚耶?”常枞曰：“嘻！是已。天下之事

已尽矣，无以复语子哉！”①

从行文脉络来看，这则对话也许发生在老子离乡不久，或离乡不远。因为讨论的是过故乡下车和见故乡乔木这类论题。《诗经·小雅·小弁》说：“维桑维梓，必恭敬止。”桑梓后用来比喻故乡，父母种了故乡的桑树、梓树，要对之恭敬。顾炎武《日知录》卷三十二说：“按古人桑梓之说，不过敬老之意。《说苑》常枞谓老子曰：过乔木而趋，子知之乎？老子曰：过乔木而趋，非谓敬老耶？常枞曰：嘻！是已。此于诗为兴体，言桑梓犹当养敬，而况父母为人子之所瞻依。”②这种桑梓情结，当存在于老子离乡未久。那么，常枞是谁？历史并无对他的专门记载，大概属于流动民间的士人。

《汉书·艺文志》在“天文”类的这条著录值得注意：“《常从日月星气》二十一卷。”《汉志》说：“夫天文者，序二十八宿，步五星日月，以记吉凶之象，圣王所以参政也。《易》曰：‘观乎人文，以察时变。’然星事凶悍，非湛密者弗能由也。”③这种观天察象以窥天道，以预言人间吉凶祸福兴衰，在周朝，属于史官职责范围。宋王应麟《汉书艺文志考证》卷九认为，常从即常枞，“老子师之”，“《说苑》常枞有疾，老子往问焉”。应该看到，老子之所以能够从苦县赖乡一个原始氏族的成员成长为士，并且能够到洛阳当守藏室史官，是与向常枞学天文，

① ［汉］刘向撰，向宗鲁校正：《说苑校证》卷十，243～244页，北京，中华书局，1987标点本。

② ［清］顾炎武：《日知录集释》卷三十二，1157页，长沙，岳麓书社，1994标点本。

③ 《汉书》卷三十《艺文志第十》，1763页，北京，中华书局，1962标点本。

察吉凶，知祸福，有着深刻的关系。老子没有师从常枞这一步，是不会走向文明中心洛阳的。

然而，老子师从常枞一事，秦汉以后也变得头绪纷繁。此事在老子的弟子文子那里，还没有大变样，《文子》卷上说："老子曰：学于常枞，见舌而守柔。仰视屋树，退而因川，观影而知持后。故圣人虚无因循，常后而不先。譬若积薪，燎后者处上。"①在这里，师门传承的脉络是清楚的。但是到了《淮南子·缪称训》却改了口，说："老子学于商容，见舌而知守柔。"②商容或许由与常枞音近而可以转代？但这一转而代之，却出了大问题。谁都知道，《尚书·武成》记述，周武王灭纣，"一戎衣天下大定，反商政，政由旧，释箕子囚，封比干墓，式商容间"③。商容是商周之际的贤人，连武王经过其族居里门，都要俯在车前横木上表示敬意。如果因是《古文尚书》有所疑惑，那么《史记·殷本纪》说："商容贤者，百姓爱之，纣废之"；"武王遂斩纣头，县之白旗。杀妲己。释箕子之囚，封比干之墓，表商容之闾"。④ 周武王对其闾门予以旌表的这位商容，与老子之师常枞，相差五百年，当然不是一个人。

但是汉人高诱为《吕氏春秋·慎大览》"表商容之闾"作注说："商容，殷之贤人，老子师也，故表异其闾里。"⑤就把两个相距五百年的

---

① ［战国］文子著，李定生、徐慧君校释：《文子校释》，第6卷，223页，上海，上海古籍出版社，2004标点本。

② ［汉］刘安：《淮南子》卷十《缪称训》，见《诸子集成》(七)，164页，北京，中华书局，2006影印本。

③ ［清］阮元校刻：《尚书正义》卷十一《武成第五》，见《十三经注疏》，185页，北京，中华书局，1980影印本。

④ 《史记》卷三《殷本纪第三》，108页，北京，中华书局，1959标点本。

⑤ ［战国］吕不韦：《吕氏春秋》卷十五《慎大览第三》，见《诸子集成》(六)，161页，北京，中华书局，2006影印本。

人物扯在一起了。高诱再为《淮南子・缪称训》“老子学于商容”作注，为了弥合这五百年的时差，就只好编造：“商容，神人也。商容吐舌示老子，老子知舌柔齿刚。”再加上汉代神仙家(刘安也好神仙)的风气，一则老子师从常枞的史事，就变成了老子学于神人商容了。当然，不是殷之贤人，而活动于春秋战国时代名为商容者或许也有，如《管子・小匡篇》记述齐桓公、管仲使鲍叔为大谏等等，又使“曹宿孙处楚，商容处宋，季劳处鲁”。包括商容在内的几位，都是出驻诸国的使臣。但齐桓公(公元前685—前643年在位)离老子时代百年左右，那时就出为使臣的人不可能是老子之师。又，唐初虞世南《北堂书钞》卷一百一十引《尸子》：“商容观舞，墨子吹笙。”这可能与老子时代相接，但没有其他证据。因此商容与常枞为一人，是无法证明的，后人不应继续延续《淮南子》及其高诱注的错误。比如晋朝皇甫谧《高士传》，直接把《说苑》故事中的常枞改为商容，都是以讹传讹所致。

更应注意的，乃是常枞“示舌齿以言刚柔”这个哲学传奇。这个哲学传奇实在高妙，尽传一个高龄智者言道的神态，给人印象深刻。因此它就不可能一家独传。比如宋吴曾《能改斋漫录》卷十四引《子思子》：“老莱子告子思曰：‘不见夫齿乎，虽坚固足以相靡，舌柔顺终以不敝。’子思曰：‘吾不能为舌，故不能事君。’”①《说苑・敬慎篇》记述叔向为韩平子说“刚与柔孰坚”，他说：“臣年八十矣，齿再堕而舌存。老聃有言曰：‘天下之至柔，驰骋乎天下之至坚。’”②这两则故事都发生在老子问学于常枞之后，叔向的话明显受了常枞、老子的影

① ［宋］吴曾：《能改斋漫录》卷十四，421页，上海，上海古籍出版社，1979标点本。

② ［汉］刘向：《说苑校注》，245页，北京，中华书局，1987标点本。

响，谁又能肯定老莱子的话未受常枞、老子的启发呢？有意思的是，老莱子、叔向所言，多少有拾取常枞牙慧之嫌，而《老子》书所得乃是常枞论柔弱与刚强之精神，而非形迹，五千言绝不用舌与齿的比喻。这也许是聆取师训的时间久了，融会贯通了，不必用转述法了。

《老子》书青出于蓝，表现出更开阔的创造性，它把柔弱刚强之论与水联系起来，与生命的本源联系起来，与“道法自然”联系起来。他由此发现水之三德：柔弱胜刚强之德，处下而几于道之德，善利万物而不争之德。这种水之德的体认，是否对孔子所谓“君子见大水必观焉”有所启发呢？不得而知。且看孔子如何说：“夫水者，君子比德焉：遍与而无私，似德；所及者生，似仁；其流卑下句倨，皆循其理，似义；浅者流行，深者不测，似智；其赴百仞之谷不疑，似勇；绰约而微达，似察；受恶不让，似贞；包蒙不清以入，鲜洁以出，似善化；主量必平，似正；盈不求概，似度；其万折必东，似意；是以君子见大水观焉尔也。”①这里比了十一德，其中有三四德，可以同老子论水之德相参照。但是说句老实话，比德不是比得越多越好。也许是孔子后学看到老子论水之德，就想多讲几德超过他，结果导致孔子以水比德，显得多而刻板；老子论水之德，虽少反得飘逸，“后其身而身先”。由此可见，道家多才，儒门相对逊色。

老子进入文化中心洛阳之前，问学悟道，似乎名气逐渐大起来。《淮南子·修务训》说：“昔者南荣畴耻圣道之独亡于己，身淬霜露，敕蹻趹，跋涉山川，冒蒙荆棘，百舍重趼，不敢休息，南见老聃。受教一言，精神晓泠，纯闻条达，欣然十日不食，如飨太牢，是以明照

---

① ［汉］刘向：《说苑校注》，434～435页，北京，中华书局，1987标点本。

四海，名施后世，达略天地，察分秋毫，称誉叶语，至今不休。”①从求学者的艰难跋涉中，可以看出此时的老子虽已显现大智慧，但他还窒居交通不便的小国。这则故事在贾谊《新书》卷八中也有记载，人名有所改动：“昔者南荣跦丑圣道之忘乎已，故跋涉山川，坌冒荆棘，弥道千余，百舍重茧，而不敢久息。既遇老聃，噩若慈父，雁行避景，夔立蛇进，而后敢问。见教一高言，若饥十日而得大牢焉。是达若天地，行生后世。”这里也叙述得颇为夸张，而实质内容稀薄。

问题是要了解老子此时居于何地？从“南见老聃”一语看，老子还居留在陈、楚南方故国。如果他在洛阳，求学者不至于跋涉得如此辛苦；如果他已出关隐居渭水深山，就应该写为“西见老聃”了。进而究之，《淮南子》讲南荣畴南见老聃故事的目的，是为了说明“名可务立，功可强成，故君子积志委正，以趣明师，励节亢高，以绝世俗”。其中有一个理由，“夫瘠地之民多有心力者，劳也；沃地之民多不才者，饶也。由此观之，知人无务，不若愚而好学”。老聃和南荣畴成了瘠地之民拜访明师，励志成才的典型。他们所处之地，当然不是养尊处优，而是贫穷而思发奋的地方。

洛阳可以说是老子的第二故乡，文化故乡。当一个学者或智者，既拥有原始故乡的精神基因，使之萌发最初的原创冲动，又拥有文化故乡，给他提供开阔而丰厚的文化对话的空间，在质素异异同同的文化成分不断地碰撞、交融、深化中，思想的原创便有可能大成。老子说：“大器晚成。”实际上包含着他拥有原始故乡、又拥有文化故乡之后，对思想创造之道穿过恍兮忽兮的迷茫后的彻悟。他在洛阳的国家

① ［汉］刘安：《淮南子》卷十《缪称训》，见《诸子集成》(七)，340页，北京，中华书局，2006影印本。

图书馆中可以接触丰富的典籍，以及使用这些典籍的高级士人。作为史官，他必须熟悉各种礼制礼仪，并把这些礼制礼仪和自己氏族的原始礼制礼仪，以及陈国据说是舜帝流传下来的古礼制礼仪相互比较参验，从而不可避免地产生思想发酵和升华的过程。进入过程的思想是活的，有生命的。在洛阳文化中心，老子可以汲取许多高端的文化智慧，对此可以从孔子在洛阳的一次不期而遇中推导而知。

《说苑·敬慎篇》记载：

> 孔子之周，观于太庙。有金人焉，三缄其口，而铭其背曰："古之慎言人也。戒之哉！戒之哉！无多言，多言多败；无多事，多事多患。安乐必戒，无行所悔。勿谓何伤，其祸将长；勿谓何害，其祸将大；勿谓何残，其祸将然；勿谓莫闻，天妖伺人。荧荧不灭，炎炎奈何；涓涓不壅，将成江河；绵绵不绝，将成网罗；青青不伐，将寻斧柯。诚不能慎之，祸之根也；曰是何伤，祸之门也。强梁者不得其死，好胜者必遇其敌。盗怨主人，民害其贵。君子知天下之不可盖也，故后之、下之，使人慕之。执雌持下，莫能与之争者。人皆趋彼，我独守此；众人惑惑，我独不徙；内藏我知，不与人论技：我虽尊高，人莫我害。夫江河长百谷者，以其卑下也。天道无亲，常与善人。戒之哉！戒之哉！"孔子顾谓弟子曰："记之！此言虽鄙，而中事情。诗曰：'战战兢兢，如临深渊，如履薄冰。'行身如此，岂以口遇祸哉！"①

① ［汉］刘向：《说苑校注》，258～260页，北京，中华书局，1987标点本。《孔子家语》卷三《观周篇》也载此铭文，在第133页。

这里的《金人铭》的语言形式，可以上溯《大戴礼记》卷六《武王践祚篇》。武王践祚之后，斋戒三日，由吕尚开读丹书，告以帝颛顼之道，并为铭文于各种器物，以示警戒。比如，“席前左端之铭曰：安乐必敬，安不忘危。前右端之铭曰：无行可悔”。楹之铭文是：“毋曰胡残，其祸将然；毋曰胡害，其祸将大；毋曰胡伤，其祸将长。”①这些警言为《金人铭》所采纳，可见它毕竟是立在太庙前的官方之物。《太平御览》卷三百九十引《孙卿子》又曰：“《金人铭》曰：周太庙右阶之前有金人焉，三缄其口，而铭其背曰：‘我，古之慎言人也，戒之哉，无多言，无多事。多言多败，多事多害。’”注曰：“《皇览》云：出《太公金匮》，《家语》《说苑》又载。”排比这些材料可知，《金人铭》乃是周初的王朝遗训与东周时期的士人思想相混合的产物。究竟老子是否参与铭文的拟定，无从考证。如果他参与了，那么就可以推定，在孔子适周问礼于老子的时候，老子已经开始了他后来著述五千言的思考。也就是说，《老子》不能认为是老聃出关时一挥而就的急就章。

《金人铭》的思想，起码有三点与《老子》相通。一是“慎言”。《老子》二章强调“圣人处无为之事，行不言之教”；四十三章又叹息：“不言之教，无为之益，天下希及之”。其余如五章：“多言数穷，不如守中。”十七章：“悠兮其贵言。”二十七章：“善行无辙迹，善言无瑕谪。”五十六章：“知者不言，言者不知。”所有这些话都是从各个角度对“慎言”原则进行发挥的，包括政令、交往、处世、修身等角度，避免多言惹祸和撄扰人心。更进一步，就是把慎言与天道相联系，如七十三章所说：“天之道，不争而善胜，不言而善应。”二是“卑下”。《金人

① ［清］王聘珍撰，王文锦点校：《大戴礼记解诂》卷六，103～107页，北京，中华书局，1983标点本。

铭》称赞“夫江河长百谷者，以其卑下也”。《老子》六十六章也说：“江海之所以能为百谷王，以其善下之。”八章又说：“水善利万物而不争，处众人之所恶，故几于道。”三是“守雌”。如果说前面两条虽与老子思想有所契合，但用词尚属通常，那么“守雌”就是带有老子个人标志的用语了。如《老子》二十八章：“知其雄，守其雌，为天下谿。”而《金人铭》也说：“执雌持下，莫能与之争。”除了“雌”字含有母性崇拜之外，“莫能与之争”是《老子》二十二章、六十六章一字不差地重复使用过的短语。此外，铭文中“强梁者不得其死”，与《老子》四十二章中句子完全相同。这是怎么一回事呢？应该说，孔子适周问礼时期，以精于礼的史官而闻名遐迩的老子，是有资格和方便参与铭文的拟定的，但是，他参与了没有？我们只知道，由于与《老子》思想相契合，甚至用语相同或相近的一些文字的掺入，这篇铭文的前半截与王朝器物铭文相近，后半截则似乎在宣传与《老子》提倡的“不争之德”相似的思想了。这种怪异现象的存在，实在值得人们寻思，或者说老子参与了《金人铭》的写作或审议也并非不可能。

六、洛阳老子在《老子》书中留下的模糊面影

至此，我们有必要考察一下老子留居洛阳时期的精神状态和思想探索，检验一下唯一留下一些可以考信材料的《史记·老子列传》。列传在交代了老子为周守藏室之史，以及孔子适周问礼于老子之后，接着写道：“老子修道德，其学以自隐无名为务。居周久之，见周之衰，乃遂去。”这里透露了两个消息：一是老子居周，修道德久矣，研究道与德的思想已经有相当长的时间。二是老子告别洛阳，是因为在洛阳的时间长了，看透了东周的衰象及其不可挽回的趋势。这两点，一属内修，一属外观，老子思想的特点是内外相应，观修互动的。《老子》

四十七章："不出户，知天下；不窥牖，见天道。其出弥远，其知弥少。是以圣人不行而知，不见而明，不为而成。"这里讲的是内修，需致虚守静，精神专注，心祛芜杂，导致深度直觉突然闪现，直接逼近天道之精微。老子讲了为此前的典籍未尝经意的一种思维方式，这是他作为国家图书馆的史官坐拥群书，孤独自省所得，即我们后来称为"感悟"的思维方式。

但他的内省不是自闭，而是济以外观。五十四章说："修之于身，其德乃真；修之于家，其德乃余；修之于乡，其德乃长；修之于邦，其德乃丰；修之于天下，其德乃普。故以身观身，以家观家，以乡观乡，以邦观邦，以天下观天下。吾何以知天下然哉？以此。"老子认识世界的方式中，非常注意"观"的方式。《春秋穀梁传》说："常事曰视，非常曰观。"这就是说，观的意义与视相近，但比视更专注和深入。既然心净如镜，不妨用以观于外。老子开拓的"观"的通道，一是横向的，以身观身，以家观家，以自己观察和认识自己。二是纵向的，以身为起点和基本，层层外推，形成身—家—乡—邦—天下的认识论链条。这条认识论链条虽然与儒家修身、齐家、治国、平天下的思想链条有外在方向上相似之处，但其立足点不同。它不是培养身许邦国天下的英雄烈士，而是换了一条思路，提示邦国天下关注个人身家。

既然，《老子》书为老聃所作，那就不应该把它简单地看成玄妙的教条，其间当有老聃的生命痕迹存在。感受到"身—家—乡—邦—天下"的链条，在周室衰落中的紊乱和断裂，老聃大概会反思自己所探索的道与德的现实价值，他似乎感慨"绝学无忧"，学绝了，才能无所忧虑。《老子》二十章在全书中语言格调显得有些异常，它似乎是一曲幽光明灭的灵魂咏叹调，它用了《楚辞》的抒情方式，叹息："荒兮，其未央哉！"荒芜的旷野呵，苍茫无际。我们在老子这一百一十六字的精神独白中，仿佛看见老聃独对荒原的苍凉面影：

众人熙熙，如享太牢，如春登台。
我独泊兮，其未兆，如婴儿之未孩。
儽儽兮，若无所归。
众人皆有余，而我独若遗。
我愚人之心也哉！沌沌兮！
俗人昭昭，我独昏昏。
俗人察察，我独闷闷。
澹兮其若海，飂兮若无止。
众人皆有以，而我独顽且鄙。
我独异于人，而贵食母。

在这首第一人称的抒情短章中，七用“我”字，六用“独”字。《说文解字》释“独”字云：“羊为群，犬为独。”羊好群聚，犬好独斗，所以就分别用它们作为组字的偏旁了，看我们的古人造字多聪明。老子用了这么多的“独”字，是否有点丧家犬的心态？短章又用了三个“众人”，两个“俗人”，而自称“愚人”，以组词的方式揭示社会的不公和隔膜。老子非常幽默，善于调侃，往往使用“正言若反”的思想方法和修辞方法。用“昭昭”、“察察”形容俗人，是说俗人精明乖巧，甚至善于迎合钻营。自己却没有这份本事，也不屑于如此行事，只好“昏昏”、“闷闷”，难得糊涂，保持沉默。至于“众人”，并非指社会民众，而是指自己身边人多势众的同僚和上峰。他们熙熙攘攘，歌舞升平，“如春登台”一般春风得意，“如享太牢”一般脑满肠肥，物质享受和精神娱乐，即使老子提倡“圣人去甚，去奢，去泰”（二十九章），也难以阻止他们的荒唐和堕落。

老子是主张“见素抱朴，少私寡欲”的心理境界的，他对荒唐和堕落的针砭，转化为对物质财富无限掠取和占有的反思：“持而盈之，不如其已；揣而锐之，不可长保。金玉满堂，莫之能守；富贵而骄，自遗其咎。功遂身退，天之道也。”(九章)老子关于富贵功名、金玉财宝恍若过眼云烟的参悟，令人想起《红楼梦》第一回跛足道人的《好了歌》，以及甄士隐的《好了歌解》。后者说：“陋室空堂，当年笏满床，衰草枯杨，曾为歌舞场。蛛丝儿结满雕梁，绿纱今又糊在蓬窗上。说什么脂正浓，粉正香，如何两鬓又成霜？昨日黄土陇头送白骨，今宵红灯帐底卧鸳鸯。金满箱，银满箱，转眼乞丐人皆谤。正叹他人命不长，那知自己归来丧！训有方，保不定日后作强梁。择膏粱，谁承望流落在烟花巷！因嫌纱帽小，致使锁枷扛；昨怜破袄寒，今嫌紫蟒长：乱哄哄你方唱罢我登场，反认他乡是故乡。甚荒唐，到头来都是为他人作嫁衣裳！”[①]《好了歌》及其“解”沿袭了《老子》物极必反的体验，而虚无、感伤的情调更浓。老子强调的是“为而不恃，功成而不处”的无为思想。然而，对于人世这种瞬息繁华的体验，终于导致了《红楼梦》中贾宝玉光头赤脚、披着大红猩猩斗篷出家，老子是否也因这种体验而离洛阳出关呢？尽管他的身边没有“焚稿断痴情”的林妹妹。

老子在洛阳体道著述，多少也有曹雪芹著《红楼梦》而质疑“谁解其中味”的感慨，或是一个人登上思想和艺术的最高峰，每生“高处不胜寒”的精神惶惑？《老子》七十章颇多感慨：“吾言甚易知，甚易行。

① ［清］曹雪芹：《红楼梦》，11～12页，北京，人民文学出版社，1996标点本。

天下莫能知，莫能行。言有宗，事有君。夫唯无知，是以不我知。知我者希，则我者贵。是以圣人被褐怀玉。”即便虚静无为的学术思想，它也是期待知音的，但知音者稀少，因此再高明的智者，也只好感慨俗人但见他外表上的粗布衣装，而不能珍重他怀抱里的美玉了。所谓美玉，就是老子正在书写，或者已经积累渐多的道德之言的竹简。难能可贵的是，老子主张无为，却从不言放弃，不言放弃的无为才可能无不为。

接下来的七十一章说：“知不知，尚矣；不知知，病也。圣人不病，以其病病，夫唯病病，是以不病。”求知应该有一种真诚的坚持，坚持到能够透过已知而深入到未知。高明的在于能认知世间之不知，而连世间已知都不知，那就是可以诟病的了。老子这种弯来拐去的表述，创造了特殊的语言形式的神秘性，以神秘引诱深思。高明的智者看破了人类知识由不知到已知的心理障碍，他就能超越障碍达到真知。正是在认识论的心理障碍的疏通上，老子提出了病、不病、病病三个层面的问题，真是“满纸荒唐言，一把辛酸泪”，认识得深，就难免感叹“知我者希”了。同一句话，如果按照《淮南子·道应训》的说法：“老子曰：知而不知，尚矣；不知而知，病也。”①那就成了对自己的知与不知的态度问题，虽然与《论语·为政篇》孔子教诲子路的话“知之为知之，不知为不知，是知也”有所出入，但强调对自己知与不知的态度这种角度，是相似的。那么，《淮南子》算得是理解《老子》此言了吗？查马王堆《老子》甲、乙本和通行本，“知不知”、“不知知”的中间，都没有“而”字，对于这种添字求义的做法，老子能不感叹“知

① ［汉］刘安：《淮南子》卷十二《道应训》，见《诸子集成》(七)，204页，北京，中华书局，2006影印本。

我者希”吗？老子著述的时候似乎打定一个主意：留给后世反复阅读。

谁也不会否认，理想是思想的驱动力，放弃理想，无异于思想的自戕。老子言道，万般深沉；老子言理想，却带有几分天真。婴儿赤子的比喻，《老子》书可能是首创。其十章说：“载营魄抱一，能无离乎？专气致柔，能如婴儿乎？”连连发问，说明生命上婴儿状态的难得，呼唤着魂魄抱一而不离不杂，精气致柔而不枯不槁的生命萌动。二十八章把婴儿状态看作守护“常德”的生命收获：“知其雄，守其雌，……常德不离，复归于婴儿。”别有风趣的是，五十五章还把这种生命的萌动与婴儿赤子的生殖器的翘举相联系：“含德之厚，比于赤子……骨弱筋柔而握固。未知牝牡之合而朘作，精之至也。终日号而不嗄，和之至也。”朘，就是小孩的生殖器，未知男女媾合之事而勃起，是由于精气真旺。所谓“复归于婴儿”，就是复归生命的原始。

老子“小国寡民”的社会理想，实质上是要复归社会生命之原始，如八十章所描述：

> 小国寡民。使有什伯人之器而不用；使民重死而不远徙。虽有舟舆，无所乘之；虽有甲兵，无所陈之。使民复结绳而用之。甘其食，美其服，安其君，乐其俗。邻国相望，鸡犬之声相闻，民至老死，不相往来。

目睹周之衰，身在洛阳的老子反观自己的生命源头，苦县赖乡的氏族原始生存方式被他理想化、童话化了。这里所描述者涉及小国（原始氏族，或部族）的规模，器物和对待器物的态度，对待迁徙和战争的态度；重视风俗、君民安乐和衣食温饱，至于文字文化则宁可简朴原始；邻国（相邻氏族和部族）外交，尽量平淡相处，自然自足。这实际是以老子童年氏族生活记忆，辅以清虚无为的文化想象而成的“小国寡民”乌托邦，类乎陶渊明描绘的“桃花源”。元人刘因《桃源行》就是把桃花源和小国寡民相联系的：“六王扫地阿房起，桃源与秦分一水。小国寡民君所怜，赋役多惭负天子。”之所以将小国寡民与传说时代的上古时期氏族、部族的生存方式相联系，一是有鉴于老子的身世，二是有鉴于中国早期历史进程。

马端临《文献通考·封建考》说：“禹会涂山，执玉帛者万国。传夏商及周文、武之间，止千七百余国。盟津之会，虽曰八百诸侯，然未尝有以名字自见者，曾不如庸、蜀、羌、髳、微卢、彭、濮之犹以其号自见者，何也？异时周家所资以藩屏王室者，皆周所自封之诸侯。而古诸侯无所存者，如奚仲之后为薛，皋陶之后为六、蓼，仅见于春秋时，此所谓古诸侯也。然皆小国寡民，凛然不自保于强大之间，而终以见灭耳。”①此类所谓古诸侯，实际就是原始的氏族、部族和部族联盟。到了老子之世，列国兼并，战祸连绵，使大批氏族、部族和部族联盟纷纷覆灭，“至如灭国杀君，乱常干纪，春秋二百年间，略无宁岁”。苦县赖乡的古老氏族，在大国兼并，尤其楚国灭陈的战争中，恐怕已经变成刀俎间的鱼肉了。因而老子那个袖珍版的理想国，包含着童年记忆的挽歌，尽管这挽歌是绿色的。退回到现实，老子也以透彻的智慧讨论大国，以及大国与小国的关系问题。六十章有句名言：“治大国如烹小鲜。”大概他又记起小时候在涡水、谷水捞小鱼烹食了吧，他知道，烹调小鱼是不能胡乱翻身的，治理大国也不能瞎折腾，朝令夕改，而要清静无为。六十一章谈论大国、小国的关

① [元]马端临：《文献通考》卷二百六十《封建考一》，2059～2060页，北京，中华书局，1986影印本。

系："大邦者下流，天下之交，天下之牝。牝常以静胜牡，以静为下。故大邦以下小邦，则取小邦；小邦以下大邦，则取大邦。故或下以取，或下而取。大邦不过欲兼畜人，小邦不过欲入事人。夫两者各得所欲，大者宜为下。"针对当时国家关系上弱肉强食的原则，老子贯通柔弱胜刚强的思想，提出以下相取，各得其宜的原则。按照这种原则，他所主张的乃是大国容纳小国，国中含国，相对保留小国的特殊性，或者大国与小国缔盟，实行类乎联邦的政治体制。在政治学中往往有这样的情形，立意愈高，幻想的色彩愈浓。老子为心灵立则，在国家关系提供了全新的价值准则。

七、郭店楚墓竹简本与《老子》传播方式

老子对于道德五千言的著述，虽然采取功成不居的超然姿态，但是由于五千言中蕴含着人类的伟大思想发现，就出现了老子人隐而思想不隐的奇特现象。他的思想文章不断地被接受着，传播着，发挥着，甚至作为与个人生命不受阴阳阻隔的陪葬物埋入坟墓，骨朽而文不朽。唯有因此，后人对于飘然出关的老子，才能以地下出土之文物与传世文献相参照，考得老子是春秋晚期的智者，《老子》书是作于春秋晚期的中国最早的私家著作。继 1973 年湖南长沙马王堆汉墓出土帛书《老子》甲、乙本之后，1993 年湖北荆门郭店战国楚墓又出土竹简《老子》甲、乙、丙三种。只要我们进入这些文本的内在脉络，这些文本不仅包含着老子的思想，而且暗示着老子著作的传播过程和传播方式，它们从深刻的程度上推翻了种种"《老子》晚出说"。

首先，有必要考证郭店竹简本所提示的《老子》书传播的路线。为此，需弄清老子隐居和终老之地。由于《庄子·天运篇》有"孔子行年五十有一而不闻道，乃南之沛见老聃"的说法，论者或不深究，就以

为老子晚年退居家乡陈国相邻的沛地。这是不足凭信的。《天运》属于《庄子》外篇，上述言论乃是庄子后学奚落孔子到了“知天命”之年，尚不闻道，尚需请教老聃的学派间的意气之言。老子的家乡陈国此时已出现严重的乱象和危机，“乱邦不入，危邦不居”这个道理，老子应该懂得，不然，他怎么称得上智者？更何况老子有“贵身”思想，讲究“深根固柢，长生久视之道”(五十九章)。

从老子出关西去的方向来看，他隐居于秦较为可信，因为那时的秦国比较安定，而开始有点崛起的势头。《水经注》卷十七记“渭水”：“李耳西入，往经所由，故山原畎谷，往往播其名焉。”文献上失其踪迹，时或有民间传闻留其身影，不可以为文献失载的事情，就不存在。该书又记渭水流到槐里县，“水出南山就谷，北经大陵西，世谓之老子陵。昔李耳为周柱下史，以世衰入戎，于此有冢。事非经证，庄周著书云：老聃死，秦失吊之，三号而出。是非不死之言。”①而且老子后人李宗出为魏将，魏在战国初期小霸，由渭水流域赴魏，也较为方便。老子后人东去谋事，是否说明《老子》在秦并未得势，尚在民间流传？

其次，写作于周、秦之地的《老子》是如何传入楚国，是直接传入，还是经过诸多中介、走了曲折漫长的路才传入呢？自郭店墓简出土以来，学者并没有思考这个问题，似乎这也是一个不可解决的问题。其实，这也是一个带根本性的问题，还原研究的题内之义，就在于弥补历史材料的断裂，尽其可能地恢复曾经存在过的生命过程。只要了解郭店楚墓简本《老子》是连同一些儒家典籍的竹简，包括被归入

① ［北魏］郦道元著，陈桥驿校证：《水经注校证》卷十九《渭水下》，447页，北京，中华书局，2007标点本。

已佚的《子思子》的竹简于同一墓穴出土，这就不难设想这些典籍是从齐鲁之地传入楚国的。同一墓穴出土的漆耳杯，刻有“东宫之不(杯)”的字样，表明墓主人当是太子的属官。是哪位太子呢？按照郭店楚墓发掘者推断，该墓的年代在战国中期偏晚，下限不晚于公元前 300 年。那么这位太子只能是楚怀王(公元前 328—前 299 年在位)时期的太子横，即公元前 298 年登基的楚顷襄王(公元前 298—前 263 年在位)。

《战国策·楚策》记载：“楚襄王为太子之时，质于齐。”这是楚怀王二十九年(公元前 300 年)的事，陪同太子入质于齐的，是太子傅慎子。第二年，怀王入秦被拘，太子欲归国即位，齐王作梗，要他献上东部五百里地才放行。太子傅慎子主张献地，因而楚太子被放归，即位为顷襄王。随之，齐国派使者索取五百里地，如何应对？有大臣主张割地以不失信于诸侯；有大臣反对割地太多，不如坚守；有大臣出计，不可独守而求援于秦，人口一词，主意莫定。顷襄王问计于慎子，慎子主张三计并用：

> 王发上柱国子良车五十乘，而北献地五百里于齐。发子良之明日，遣昭常为大司马，令往守东地。遣昭常之明日，遣景鲤车五十乘，西索救于秦。

三计并用，楚献地次日，即发兵三十万守东土，又有秦兵五十万东进为应。楚国最终收到了“士卒不用，东地复全”的效果。① 这个慎

① [西汉]刘向集录：《战国策》卷十七《楚四》，531～534 页，上海，上海古籍出版社，1988 标点本。

子是谁？不宜将之等同于战国赵人慎到（公元前395—前315年），那是著有《慎子》四十二篇的重要法家，年岁甚至比孟子、庄子还早，到顷襄王为太子的时候已是垂老而将死。慎，是春秋楚邑（今安徽颍上县西北江口镇），《左传》哀公十六年，“吴人伐慎，白公败之”，即在此地。这位太子傅慎子很可能是土生土长的因慎邑地名而得氏的博学多能的人物，大可不必因为他的慎氏标志，就不加考证地等同于赵人慎到。仔细考察太子傅慎子因对齐国索地的谋略，当会感受到其中有盛行于齐国临淄稷下学宫的黄老之术，以及齐国孙氏家族的用兵之术的味道。既然太子傅喜欢齐学，其他太子属官摘抄由齐国传入的学术文献，包括《老子》简书，也就属于情理之中了。

《老子》文本属于山林写作，并非官方文字，它通过民间由秦国辗转传播到齐国，再通过士人阶层传入楚国，如此曲折漫长的传播过程，大概不用上五六代人、二百年左右的时间，是很难做到的。因此如果认定郭店楚简随葬的时间在公元前三百年左右，那么《老子》原书的写作时间非上推到公元前五百年左右。《老子》是中国思想史上成书于春秋晚期的最早的私家著述，由此也可以成为定谳。质之高明，是否可以如此推算？

接下来的问题，郭店楚墓出土的《老子》简本，是《老子》书的全文，还是摘录？这些竹简按长短、形制釐为三组，甲组最长，39枚，1090字，似乎抄录者将之当作较长的经典文献保存。乙组略短，18枚，389字，规格就不那么高了。丙组最短，14枚，270字，规格也就属于平平。从所有简文都不留天头地脚来看，可能当时用竹简制书，价值不菲，或者抄录者讲究节俭，手头不算阔绰。三组简的形制、长短之差异，说明不是抄于一时，反映了抄录者在一段时间里对《老子》的价值认识有所变化。由于中国最早的典册往往单篇别行，或者若干篇被抄录合编，比如秦王政最初读到的《韩非子》只是“见《孤愤》《五蠹》之书”。因此抄录者也择其所好，随手摘录。

三组《老子》简文，抄录较早的，也许是乙组和丙组，所见之简也许不多，却颇有投合自己口味的文句。乙组讲长生久视的养生法、无为而无不为的处世术，还讲绝学无忧、宠辱不惊、大方无隅、大器晚成、大巧若拙这类辩证思想，都可以给抄录者增加不少生存智慧。丙组讲成事遂功，百姓曰我自然；讲大道废，安有仁义；讲用兵战胜，以丧礼居之；直至讲为者败之，执者失之；圣人无为故无败，无执故无失。这对于抄录者认识和处置政事，都多了一双另样的眼睛。这种抄录行为，不一定是要教导太子，而只能说明太子府中似乎流行某种黄老学的气味。楚怀王时代与齐国的外交凉热无度，但齐学却始终是人们关注的一个焦点。尤其太子横即楚顷襄王入质于齐，不可能不对太子府的齐学风气造成刺激。因此在后来接触篇幅更长的大概是从齐国传入的《老子》抄本，也就被当成重要典籍予以庄重的抄录了。从三组简书均未录通行本的《道经》首章和《德经》首章来看，抄录者似乎对形而上的哲学思辨关注不够，他可能不属于思想家的行列。然而这三组简书只有甲组、丙组在相当于通行本六十四章下半章有所重复之外，其余各章均无重复，这也可以说明如此抄录的方式，大概是为了披览，而不是为了保存原书的全帙。根据上述原因，将郭店楚墓出土的《老子》简本三种判为摘录本，大概是不会太离谱的。

假如把《老子》简本三种，与先秦文献中《老子》被引用的情形相参照，简本为摘录本就更加清楚，而且一条《老子》传播的路线也浮现出来。《说苑》是刘向校雠中书存简，“以类相从，一一条别篇目，更以造新事十万言以上"而成。① 不能因为这些不是埋入土中的竹简，就过度怀疑其可信性。其《敬慎篇》记载：

> 韩平子问于叔向曰："刚与柔孰坚?"对曰："臣年八十矣，齿再堕而舌尚存。老聃有言曰：'天下之至柔，驰骋乎天下之至坚。'又曰：'人之生也柔弱，其死也刚强；万物草木之生也柔脆，其死也枯槁。因此观之，柔弱者生之徒也，刚强者死之徒也。'夫生者毁而必复，死者破而愈亡，吾是以知柔之坚于刚也。"②

叔向所引老聃之言，见于通行本《老子》四十三章、七十六章。叔向即春秋时晋卿羊舌肸，因封邑在杨(今山西洪洞县东南)，又称杨肸。他是晋国名臣，刘向《战国策书录叙》说："五伯之后，时君虽无德，人臣辅其君者，若郑之子产，晋之叔向，齐之晏婴，挟君辅政，以并立于中国，犹以义相支持，歌说以相感，聘觐以相交，期会以相一，盟誓以相救。天子之命，犹有所行。会享之国，犹有所耻。小国得有所依，百姓得有所息。"③这位叔向在晋悼公十二年(公元前 561 年)，因"习于春秋"，被推荐为太子彪之傅，年纪可能比老聃长一二十岁。他曾应聘于周，对诗书与周史官之言颇为熟悉。太子彪即位为晋平公(公元前 557—前 532 年在位)，叔向以太傅身份活跃于晋国与列国政治之中。他大概死于晋顷公十二年(鲁昭公二十八年，公元前 514 年)以前。因为这一年晋国杀祁盈及杨食我(叔向之子)，灭祁氏、

① [汉]刘向：《说苑校注》，1 页，北京，中华书局，1987 标点本。

② 同上书，245 页。

③ [西汉]刘向集录：《战国策》卷十七《楚四》，1195～1196 页，上海，上海古籍出版社，1988 标点本。

羊舌氏，分羊舌氏之田为三县，却不见叔向的消息。《左传》其后的记载也有大臣引用“叔向有言曰”，没有他活动的踪影。[①] 这说明了什么呢？说明叔向对韩平子说“臣年八十矣”那番话，是在鲁昭公二十八年(公元前514年)以前，这一年离前面考定孔子适周问礼的鲁昭公三十一年(公元前511年)，还有三年以上。

也就是说，如果《说苑》的记载可靠，那么老聃在洛阳当守藏室之史的时候，已有他的著述单篇别行，为熟悉周之史官言论的叔向所知。《老子》五千言的写作，由来已有时日，可能蕴含着“十年磨一剑”的苦功夫；而它单篇别行式的传播路线，首先是由周入晋。

属于先秦文献所引的《老子》文字，有一条是《太平御览》卷三百二十二收录的《墨子》佚文。引文说：“墨子曰：墨子为守，使公输盘服，而不肯以兵知。善持胜者以强为弱，故《老子》曰：道冲而用之，有弗盈也。”这段话也见于《淮南子·道应训》，差异只三个字，无“墨子曰”。[②] 问题在于究竟是《太平御览》把《淮南子》误作《墨子》，或是《淮南子》本来就套用《墨子》佚文？考之《太平御览》引书的惯例，这则文字的前一则是：“孙卿子曰：舜伐有苗，禹伐共工，汤伐有夏，文王伐崇，武王伐纣，远方慕义，兵不血刃。”这条材料出自《荀子·议兵篇》，而作了一些压缩。[③] 这则文字的后一则是：“邓析子曰：百战百胜，黄帝之师也。”这条材料出自《邓子·无厚篇》，而删去了前面的几

---

① 杨伯峻编注：《春秋左传注》，1491～1493页，北京，中华书局，1990标点本。

② [汉]刘安：《淮南子》卷十二《道应训》，见《诸子集成》(七)，192页，北京，中华书局，2006影印本。

③ [清]王先谦：《荀子集解》卷十，见《诸子集成》(二)，185～186页，北京，中华书局，2006影印本。

句话："虑不先定，不可以应卒；兵不闲习，不可以当敌。庙算千里，帷幄之奇。"然后接着说："百战百胜，黄帝之师也。"①从《太平御览》这连续三则引录的文字来看，它是并列收录了《荀子》《墨子》《邓子》的材料，因此可以断定上述"老子曰"出自《墨子》佚文，而《淮南子》用了《墨子》的文字，未予标明。有了这番考定，就可以说，《老子》书大约在公元前400年左右墨子的时代，已经东传到墨子所在的宋、鲁和楚国北境。此时离《老子》成书，已是一百年。

顺着这条东传的路线，另一份先秦文献记录的是齐宣王（公元前319—前301年在位）时期的情形。此时齐国稷下学宫已盛行黄老之道，"慎到，赵人。田骈、接子，齐人。环渊，楚人。皆学黄老道德之术，因发明序其指意"②。《淮南子·道应训》记载田骈以道术说齐王，称引"此老聃之所谓'无状之状，无物之象'者也"。③ 这里援引《老子》十四章中语，反映了稷下先生的学术承传。在浓郁的黄老学术空气中，《战国策·齐策》记述"齐宣王见颜斶，曰：'斶前！'斶亦曰：'王前！'"这么一幕。于是，就到底是颜斶走上前而"慕势"，还是宣王走上前而"趋士"，展开了一场朝堂辩论。颜斶大讲"士比王贵"：

> 斶闻古大禹之时，诸侯万国。……及汤之时，诸侯三千。当今之世，南面称寡者，乃二十四。由此观之，非得失之策与？……是故《易传》不云乎："居上位，未得其宝，以喜其名者，必

---

① ［周］邓析：《邓子》，四库全书本，四页。

② 《史记》卷七十四《孟子荀卿列传第十四》，2347页，北京，中华书局，1959标点本。

③ ［汉］刘安：《淮南子》卷十二《道应训》，见《诸子集成》（七），190页，北京，中华书局，2006影印本。

> 以骄奢为行。据慢骄奢，则凶从之。是故无其实而喜其名者削，无德而望其福者约，无功而受其禄者辱，祸必握。”故曰：“矜功不立，虚愿不致。”此皆幸乐其名，华而无其实德者也。……是以君王无羞亟问，不愧下学；是故成其道德而扬其名于后世者，尧、舜、禹、汤、周文王是也。故曰：“无形者，形之君也。无端者，事之本也。”夫上见其原，下通其流，至圣人明学，何不吉之有哉！老子曰：“虽贵，必以贱为本；虽高，必以下为基。是以侯王称孤寡不穀，是其贱之本与?”非夫孤寡者，人之困贱下位也，而侯王以自谓，岂非下人而尊贵士与？夫尧传舜，舜传禹，周成王任周公旦，而世世称曰明主，是以明乎士之贵也。①

之所以做了如此冗长的引述，是因为颜斶引用《老子》三十九章的文字，是与儒家的历史解释，还有《易传》的文字并列使用的。这种并用方式，表明在齐国《老子》文本已进入经籍行列。这场朝堂辩论的结果，齐宣王愿与颜斶游，“愿请受为弟子”。但颜斶辞富贵不受，赋归邑屋，“清静贞正以自娱”，使形神得以全。《战国策》说：“斶知足矣，归反朴，则终身不辱也。”用《老子》的术语评议他，多少是把他视为黄老道中人的。郭店楚简《老子》甲组用了类乎经典的长简，大概与它的输出国齐都临淄尊崇黄老的风气关系密切。

值得注意的是，叔向引用的《老子》四十三章、七十六章，墨子引用的四章，田骈引用的十四章，以及颜斶引用的三十九章，均未为郭店楚简《老子》甲、乙、丙三组抄录，这除了说明《老子》传播时既有单

① ［西汉］刘向集录：《战国策》卷十一《齐四》，407～414 页，上海，上海古籍出版社，1988 标点本。

篇别行、多篇合集，但往往并非完整无缺的全璧。而郭店楚墓主人抄录《老子》简书，起初多任个人性情，故用简较短；其后趋慕名著，尽量寻找较大的多篇合集，改用长简抄录，以示尊重。趋慕名著与随任性情的双重作用，促成郭店楚墓主人把三组《老子》简书先后抄录，一同陪葬，使我们得以推知，《老子》经过二百年的易手抄录的传播方式，竟然使得楚国太子属官至少看到了三种不同形制的《老子》简本。这种《老子》早期传播史的奇迹，以郭店楚简《老子》甲本的长简形制，呼应着齐都稷下的黄老之风，甚至还有三晋“申子(申不害)之学本于黄老而主刑名”，“(韩非)喜刑名法术之学，而其归本于黄老”①，都隐隐地透露了一个消息：《老子》已开始了它的初步经典化的进程。

八、马王堆帛书本与《老子》经典化过程

所谓经典化，指的是一部典籍的思想、智慧或艺术创造，在其传播接受的过程中，被知识界、甚至整个民族广泛视为文化权威，或学术、艺术高峰，并作为公共的文化遗产来景仰、取法和传承。《老子》的经典化，在西汉初期获得了显著的进展，这为考古新发现所证明。

长沙马王堆三号汉墓于 1973 年出土的全部帛书，总字数在十二万言以上。其中，《老子》甲种 5440 字，掩损 1369 字。卷后有古佚书四种，取名《五行》《九守》《明君》《德圣》，均抄录在 24 厘米宽的帛卷上。《老子》乙种 5467 字，掩损 702 字。卷前有古佚书四种，取题为《经法》《十六经》《称》《道原》，被学术界判为《黄帝四经》，均抄录在 48 厘米宽的帛卷上。简帛时代有以书籍长短来分辨经传、诸子、杂书的

① 《史记》卷六十三《老子韩非列传第三》，2146 页，北京，中华书局，1959 标点本。

规制，如《论衡·谢短篇》所云："二尺四寸，圣人文语，……汉事未载于经，名为尺籍短书，比于小道，其能知非儒者之贵也。"《书解篇》又有"诸子尺书"的说法。① 因此，帛书《老子》从甲本到乙本，帛卷宽度由24厘米增至48厘米，隐含着《老子》的文化价值认知，从一般的子书到进入官方意识形态之经籍的微妙信息。

对这些帛书的抄录时间和随葬入土时间进行考察，当可明辨其中奥妙。帛书关于"刑德"的古佚书，留有"今皇帝十一年""乙巳"的年号记载，此卷当抄录于汉高祖十一年(公元前196年乙巳)。三号墓出土物品中，有标明此墓下葬年代为汉文帝初元十二年(公元前168年)的木牍。据考证，马王堆二号墓主人为长沙国丞相轪侯利苍，一号墓主人为利苍夫人，三号墓主人则是他们在长沙国当将校的儿子，第二代轪侯利豨的兄弟。② 西汉初年这些人物和年代，对于我们认识《老子》帛书甲、乙本的抄录和那个时代的《老子》被经典化的过程，甚有裨益。

帛书《老子》甲本由于字体属于由篆字向隶字过渡，又不避刘邦之讳，一般认为抄录于楚汉之际到汉高祖时期，或者在汉高祖七年(公元前200年)长乐宫建成，儒学博士叔孙通安排群臣行朝仪，使刘邦感到"吾乃今日知皇帝之贵也"之前。《老子》乙本的抄录时间，由于避刘邦之讳，当在行朝仪，或刘邦死后的惠帝、吕后时期(公元前194—前180年)到帛书随葬入土的汉文帝初元十二年(公元前168年)。汉初这段时间，王朝意识形态的重大变化是曹参入相，带来了盛行于齐

① [汉]王充：《论衡》、《谢短篇》及《书解篇》，见《诸子集成》(七)，125、276页，北京，中华书局，2006影印本。

② 马雍：《轪侯和长沙国丞相——谈长沙马王堆一号汉墓主人身份和墓葬时代的有关问题》，载《文物》，1972(9)，14～21页。

地的黄老之术。《史记》如此交代黄老之术在齐地传承的脉络："（乐毅的后人）乐臣公学黄帝、老子，其本师号曰河上丈人，不知其所出。河上丈人教安期生，安期生教毛翕公，毛翕公教乐瑕公，乐瑕公教乐臣公，乐臣公教盖公。盖公教于齐高密、胶西，为曹相国师。"又说："（曹参）闻胶西有盖公，善治黄老言，使人厚币请之。既见盖公，盖公为言治道贵清静而民自定，推此类具言之。参于是避正堂，舍盖公焉。其治要用黄老术，故相齐九年，齐国安集，大称贤相。"①所谓相齐九年，是刘邦封其长子刘肥为齐王的公元前201年至公元前193年，这一年为汉惠帝二年，萧何死。

就在曹参接替萧何入朝为相的这一年，马王堆二号墓主利苍任长沙国丞相，封轪侯，因此他赴任的时候就可能带有黄老之书。齐国丞相曹参以黄老术治国而荣升，长沙国丞相自然也以此为师，这是不言自明的行为。但是利苍此行带去的《老子》（甲本）或与刑名阴阳、天文星占一类书所为"诸子尺书"混在一起，乃是他跟随刘邦戎马倥偬，生活始定所抄录，抄手平平，多有笔误，难免粗糙。到长沙国之后，曹相国的黄老风愈刮愈盛，以致汉文帝窦后对之入迷，后来"窦太后好黄帝、老子言，景帝及诸窦不得不读《老子》尊其术"②。在此风气之下，轪侯利氏父子可能到处搜集《老子》善本，挑选高手抄写，这大概就是轪侯府在有了一本《老子》之后，还费巨资抄录第二本即《老子》帛书乙本的缘由。不然，这个家族有何热忱另备一部更好的《老子》文本？

---

① 《史记》卷八十《乐毅列传第二十》、卷五十四《曹相国世家第二十四》，2436、2029页，北京，中华书局，1959标点本。

② 《汉书》卷九十七上《外戚传第六十七上》，3945页，北京，中华书局，1962标点本。

准此可知，帛书《老子》甲本是汉初黄老术尚未成为官方意识形态之前，《老子》尚未经典化时期的抄本。抄本的特色由此而生。由于未有官方意识的强势介入，其中可能保存有《老子》最初传本的若干信息。比如属于今日通行本十八章的这一条："故大道废，案（安）有仁义。知快（智慧）出，案（安）有大伪。六亲不和，案（安）有畜兹（孝慈）。邦家昏乱，案（安）有贞臣。"这里不仅邦字未有因避讳改为"国"字，而且每句都比通行本多了一个"案（安）"字。多出的这个字意义深刻，表明它没有使大道与仁义、六亲与孝慈相分离，认为前者的废弃与不和，才降而求其次，出现后者；而是认为大道中蕴含着仁义，六亲连带着孝慈。这也许可以看作老子著述留下的痕迹，那时的道，不排斥仁义孝慈，并不存在与后来成为儒家核心概念的这些伦理标准的对立。这些语言痕迹，与郭店《老子》丙组的邦是邦，每句都有"安"是契合的。又如通行本三十一章："夫佳兵者，不祥之器，物或恶之，故有道者不处。"清人王念孙早就怀疑那个难以解说的"佳"字，乃是"唯"字之讹。果然在帛书甲本相应的一章中，确实如此："夫兵者，不祥之器（也），物或恶之，故有欲者弗居。"虽然后面的"有欲者"疑有笔误，但通行本的"佳兵"之误，已被有力地推翻。此类例证，如果仔细比勘，当还可以找到一些，足以证明帛书甲本的可贵。

另一可贵之处，是它启示我们，上古书籍的流布、转抄、编订和定型，是与印刷术发明的宋以后的书籍制度存在着极大的差异的。它的特点是在流布、转抄、编订、定型的过程中，存在着可能有不同时代的学术文化思潮元素的介入，或是有意的增删、润色，或是无意的笔误、错乱，都使原书的字句、形态和风貌发生许多变化。一些博学的学人由于未尝重视这种差异和变化，他们可说是呕心沥血的考证，却在新出土文物文献的证误下，陷入令人遗憾的尴尬。马王堆帛书是穿越老子以后三百年的历史风烟的文化遗物，战国思潮的嬗变在此抄本中留下深刻的痕迹。比如帛书甲本有这么一章：“绝声（圣）弃知（智），民利百负（倍）。绝仁弃义，民复畜兹（孝慈）。绝巧弃利，盗贼无有。”这除了一些异体字和讹误字之外，与通行本十九章已无差别：“绝圣弃智，民利百倍。绝仁弃义，民复孝慈。绝巧弃利，盗贼无有。”

把圣智、仁义、孝慈等儒家核心观念作为排斥、弃绝的直接对象，显然带有战国中期儒道争鸣的印记。而且很可能是庄子后学转抄时的改动。《庄子》外篇《在宥篇》说：“绝圣弃智，而天下大治。”《天道篇》编造老聃对孔子说：“又何偈偈乎揭仁义？……夫子乱人之性也。”《天运篇》这类言论就更多，如老子对孔子说：“仁义，先王之蘧庐也，只可以一宿而不可久处”；“仁义憯然，乃愤吾心”；“夫六经，先王之陈迹也。岂其所以迹哉！今子之言，犹迹也。夫迹，履之所出，而迹岂履哉！”①这里把仁义比喻为先王简易的旅舍，鞋子的痕迹，是乱人性、愤吾心的东西，极尽嘲讽、弃绝之能事。因此前人考证“自古代学术思想之系统着眼，说明《老子》书当出《庄子》内篇七篇之后”②，自其中的某些改动和衍变而言，并非毫无道理。然而以偏概全，忽视先秦书籍传抄体制，终为博学所误。考察郭店简本《老子》甲组，编排在开头的简文转写为今文，就是：“绝智弃辩，民利百倍。绝巧弃利，覜测（盗贼）亡又（无有）。绝伪弃虑，民复季子（孝慈）。”其中并没有对儒家仁义的抨击，排斥儒家仁义乃是道家后学面对儒学的强势崛起，

---

① ［清］王先谦：《庄子集解》卷十一、十三、十四，见《诸子集成》（三），64、85～95页，北京，中华书局，2006影印本。

② 钱穆：《庄老通辨》，见《钱宾四先生全集》（七），30页，台北，联经出版事业股份有限公司，1998。

借《老子》文本转抄所作的回应。不能仅凭转抄时的某种改动，就断言《老子》出于《庄子》后，那是站不住脚的。

从上面引文就可知道，帛书甲本错讹屡见，抄写粗率。由这些粗率错讹之处，我们甚至怀疑，帛书主人以武功晋身，岂是读书种子？他不过是附庸黄老风气，人抄己亦随。因此抄手也就不去精心选择。准此情形，不能由于古抄本保留若干原始之真，就不顾及版本流布的途径和方式，一味地强调愈古老，愈是善本。善不善，首先应看它的由来所自，以及整理者的素养、能力和投入的精力。帛书《老子》甲本，粗率错讹之处俯拾皆是，若无他本参照，简直有点不堪卒读。它的价值，只能存在于以它的古老权威，与他本相参照。略举数例如下：

1. 相当于通行本二章，帛书甲本有这样的句子："高、下之相盈也，意、声之相和也，先、后之相随也。是以声人居无为之事。"意声为音声之误，声人为圣人之通假。查郭店简本甲组，意声已作"音圣(声)"，声人已作"圣人"，可见或是帛书所选原本不精，或是抄录出错。

2. 相当通行本九章，帛书甲本有"功述身芮"，实在不知所云，简甲组作"攻述身退"，似可猜测。到了帛书乙本和通行本之后，才厘定为"功遂身退"。

3. 相当于通行本十二章，帛书甲本说："五色使人目明，驰骋田腊使人(心发狂)。难得之货，使人行方。五味使人口爽，五音使人耳聋。"这里存在一些错字，古异体字，句子顺序也有倒错。"目明"应是"目盲"，"田腊"应是"田猎"，"行方"应是"行妨"。而"货"字、"爽"字原来都是怪异字。通行本讲完五色、五音、五味之后，再讲"驰骋田猎"、"难得之货"，这种句子顺序也比帛书甲本更符合中国人的语言习惯。

4. 相当通行本十三章，帛书甲本写道："龙辱若惊，贵大梡若身。苛胃龙辱若惊？……何胃贵大梡若身？"一连串的宠辱若惊都将"宠"作"龙"，大患作"大梡"，可能都不是一般的通假，因为郭店简本乙组的宠字，龙字下面加了一个"心"；大患则已用"患"字了。至于把"何谓"，或通假为"何胃"，或错讹为"苛胃"，则是抄手水平，令人不敢恭维了。

此类例子还不少，若无传世文献的参照，以及几种出土文本的互释，那就有许多疑难难以破解了。

然而到了帛书《老子》乙本，抄录质量发生了根本性的改观。这说明新抄本是在曹相国以黄老术治国，使《老子》成为资政经典之后，轪侯向朝廷索得善本，用高手精抄而成。因而可以说，帛书《老子》乙本是今日见到的最古老的《老子》善本。考察乙本的源流，它与由刘向在天禄阁校雠中书而成，并经王弼注而演变成的通行本，不是一个体系之物。而帛书《老子》乙本，与甲本则属于同一体系。这不仅由于两个帛本都是"德经"在前、"道经"在后，篇章排列，"德经"中相当于通行本之四十、四十一章倒置；八十、八十一章移植于六十七章之前；"道经"中二十四章移至二十二章之前，二书的步调完全一致；而且二书的行文用词，也有不少相同或相似之处。比如二者都以"呵"字代替"兮"字，"谷神"均作"浴神"，"百谷王"均作"百浴王"，这说明二书流传系统相近，或乙本抄录时以甲本校勘过。另外，相当于五章的"玄览"，二书均作"玄蓝"；二十章的俗人，均作"鬻人"；二十一章的"以阅众甫，吾何以知众甫之状哉"，均作"以顺众父，吾何以知众父之然？"只不过甲本的父字，多了人字旁。相当于二十四章的"企者不立"，二书均作"炊者不立"。尤有意思的是，通行本二十八章"为天下谿，常德不离”，帛书甲本作“为天下溪，恒德不鸡”，乙本把“不鸡”改正为“不离”了，却鬼使神差地在另一个地方重复鸡字：“为天下鸡，恒德不离。”它们为何老是念念不忘那只“鸡”？很可能是以甲本校勘乙本时留下的恍恍惚惚的差错。帛书乙本与甲本在流布渊源上相近，可找出的证据还多，兹不再赘述。

进而言之，帛书乙本虽然与甲本同源，但在原本的选择和抄手的选择上都明显地高于甲本。甲本的“圣人”皆作“声人”，乙本则废通假而回复原字，只是“圣”字的繁体少了下面的“王”字，那也许是更古老的字体。相当于通行本五十章，帛书甲本为“盖(闻善)执生者，陵行不(辟)矢虎”，乙本则将其两处“矢虎”都改正为“兕虎”，抄录者起码对《诗经·小雅·何草不黄》“匪兕匪虎，率彼旷野”是熟悉的。相当于通行本六十八章，帛书甲本的“不诤之德”，在乙本中改为“不争之德”；相当于七十一章，甲本的“知不知，尚矣；不知不知，病矣”，乙本改为“知不知，尚矣；不知知，病矣”，此类改动也许有原本的原因，却也说明乙本的抄录者对《老子》的理解更深一些。

由于乙本抄录者理解略深，对《老子》的关键词、重要思想就抄录得准确一些。相当于通行本八章，甲本是“上善治水，水善利万物而有静……夫唯不静，故无尤”；乙本把“上善治水”改为“上善如水”，把“有静”、“不静”均改为“不争”，这就贴合了老子思想的原义。相当于十六章，甲本作“至虚，极也；守情，表也”，乙本则是“致虚极也，守静督(笃)也”，尤其是“守情”变作“守静”，令人能够更直接地触及老子的真实思想。正是由于了解“守静”在老子思想中的价值，相当于二十六章处，甲本为“(重)为巠根，清为趮君，是以君子众日行，不离甾重”，而乙本则是“重为轻根，静为躁君，是以君子冬(终)日行，不远其甾重”。不要小看变“清”为“静”，这不仅静与躁才能相对应，而且如此才更贴合老子思想，至于“巠”变为“轻”，那是古字变为今字的缘故。当然帛书乙本也有讹误而甲本不误之处，但这种情形极少，衡量二者优劣，大概乙本优于甲本者在十分之八以上。

保持经典文本的准确性，是使经典能够恰当地发挥经典作用的基本前提。如果讹误过多，歧义生惑，经典的作用就容易走歪或中邪。上面已列举乙本胜于甲本的六项例证，此外在相当于通行本十二章上，帛书乙本以“五色使人目盲”取代甲本的“目明”，又以“去彼取此”取代了甲本中无法读懂的“去罢耳此”。相当于十九章上，乙本把甲本的“绝声去知，民利百负”换成“绝圣去知，民利百倍”；二十章又把甲本的“我禺人之心”换成“我愚人之心”；三十二章乙本的“天地相合”，也比甲本的“天地相谷”易为人解。尤其是相当于三十七章专门论道与无为之治的要害处，乙本说：“道恒无名，侯王若能守之，万物将自化。化而欲作，吾将阗(镇)之以无名之朴。阗(镇)之以无名之朴，夫将不辱。不辱以静，天地将自正。”这里“自化”的化字，已将甲本上作为、下作心的两个古僻之字，变换为常用字；两个“朴”字也迥异于甲本的两个“楃”字；静字也没有沿用甲本已误的“情”字。如果短短的这么一章就像甲本那样，出现那么多错字、怪字，侯王就算想守道，又何从守之？

因此从微观而言，行文的规范化、通用化或准确化，往往成为一个文本成为经典文本的必要条件和标志。从宏观的编辑学而言，帛书《老子》乙本(《德经》在前，《道经》在后)的前面，加上被认定为《黄帝四经》的《经法》《十六经》《称》《道原》四种战国黄帝学典籍，遂使这个版本的帛书以编辑的形式，成为西汉初期备受尊崇的黄老之学的经典。《汉书·艺文志》称道家者流，“此君人南面之术也”①，主要指的

① 《汉书》卷三十《艺文志第十》，1732页，北京，中华书局，1962标点本。

就是这种老子学加上黄帝学的安邦治国的意识形态，是西汉初期留下的一份精神遗产。所谓“君人”，可参看《老子》通行本七十章：“言有宗，事有君。”王弼注：“君，万物之主也。”有意思的是，帛书《老子》甲本中，误作“言有君，事有宗”，而乙本已经厘定为“言又(有)宗，事又(有)君”了。这种意义语言的规范化，终于使经典成为经典。

《论语》早期编纂过程及篇章政治学*

一、大书诞生和起名的原因

历史行为往往蕴含着文化启示录。一部真正伟大的书，可能反映着一个学派的形成史，反映着它的文化品格，反映着它的行为方式，反映着它派内有派的结构形态。对于古老中国最重要的儒学学术宗脉，《论语》就是这样一部书。儒学是以孔子为代表的一种集体智慧，一旦经过整理六艺，以及编成《论语》，儒学就脱离它的原始形态，有若猿进化成人，开始了有所依据的传道济世的学派历程。鉴于《论语》对传统中国的政治思想、伦理原则、心性修养和思维方式的影响之深刻，现代人有必要直指本源，考察它发生的原因、成书的方式和内在的脉络。不是给它的诞生蒙上神话式的迷雾，而是要给它的诞生注入文化的生命和智慧的辨识，通过透彻地理解《论语》，加深把握儒学，也加深理解我们的文明。

---

* 原载于《学术月刊》2013 年第 1、2 期。

《论语》作为中国文化经典中的核心经典，在我们对孔子及儒家学派进行还原研究中，具有由此出发、直指本源的原点意义。因而对其成书过程及篇章结构，有必要在参合众多文献、包括出土文献的基础上，用历史编年学、人文地理学、篇章政治学等角度，对文本隐藏的生命信息进行深度的考察。先秦诸子书，在宗师始创而后学编纂成书时，通常都以开创学派的思想家的姓氏名号进行命名，如“老子”、“墨子”，甚至儒家后起的大家，也因此冠名“孟子”、“荀子”，唯独《论语》没有采用孔子冠名，是一个突出的特例。

《论语》之名，很早就见于文献，起码可以提出《论语》成书于战国的“四证”。一证是《礼记・坊记》说：“子云：君子弛其亲之过而敬其美。《论语》曰：‘三年无改父之道，可谓孝矣。’高宗云：三年其惟不言，言乃讙。”①《论语》中这则“子曰”，在《学而篇》《里仁篇》中重出，行文全同。南朝梁代沈约说：《坊记》乃孔子之孙子思所作。② 此言若可信，则在战国初期就有《论语》之名了。二证是《史记・孔子世家》引《论语》资料四十五则，《仲尼弟子列传》所引也达四十则之多，从其首列“四科十哲”来看，司马迁是得见《论语》，而且采用的《古论语》，如《仲尼弟子列传》结尾：“太史公曰：学者多称七十子之徒，誉者或过其实，毁者或损其真，钧之未睹厥容貌，则论言弟子籍，出孔氏古文近是。余以弟子名姓文字悉取《论语》弟子问并次为篇，疑者阙焉。”③

---

① ［汉］郑玄注，［唐］孔颖达疏：《礼记正义》卷五十一《孔子闲居第二十九》，见《十三经注疏》，1620页，北京，中华书局，1980影印本。

② 《隋书》卷十三《音乐上》，引沈约语作《防记》，288页，北京，中华书局，1973标点本。

③ 《史记》卷六十七《仲尼弟子列传第七》，2226页，北京，中华书局，1959标点本。

既然司马迁得见战国古文《论语》，则《论语》于战国已经成书，当属无可怀疑。三证是汉人赵岐《孟子题辞》说："七十子之畴会集夫子所言以为《论语》。《论语》者，五经之錧鎋，六艺之喉衿也。……至孝惠乃除挟书之律，然公卿皆武力功臣，莫以为意。至孝文始使掌故晁错从伏生受《尚书》。《尚书》出于屋壁，《诗》始萌芽，天下众书往往颇出，犹广立于学官，为置博士。由是《论语》《孟子》《孝经》《尔雅》皆置博士。及后罢传记博士，以至于后汉，惟有五经博士。"①《论语》虽然尚未列为经，但在汉惠帝四年(公元前191年)，除挟书律以后，已有国家收藏，并在汉文帝时设置"传记博士"，这在孔壁发现《古论语》之前，因而无论是收集旧书，或是口耳相传的笔录，它成书于战国，也是可以相信的。四证是既然刘向、刘歆父子已目见三种《论语》传本，此书存在和流传必然已久，所谓古文《论语》，当是战国文字的传本。与刘歆交游论学的桓谭在《新论》中说："《古论语》二十一卷，与《齐》《鲁》文异六百四十余字。"②既然文字有所出入，而出入又有限度；既然个别传本篇章略多，而篇次又大体相同，那么他们只能源自战国时期的编定本，而在长期的口授、传抄中出现某些差异。这是周秦两汉书籍制度，与宋以后刻板印刷的书籍制度不同的缘故。对于多种文献的共同指向，在没有过硬的反证材料之时，后人应以平常心体验其间的生命存在，大可不必疑神疑鬼，使自身的文化根子"碎片化"、"空心化"。由此"四证"和更多的旁证，我们可以进一步考察，《论语》成书方式与先秦诸子他书存在着明显的区别，这是七十子之徒的一次非

---

① [汉]赵岐注，[宋]孙奭疏：《孟子正义》，见《十三经注疏》，2662～2663页，北京，中华书局，1980影印本。

② [汉]桓谭：《全后汉文》卷十四《新论·正经第九》，545页，北京，中华书局，1965标点本。

常郑重的集体行为。必然采取“子将奚先，必也正名”的编纂原则，在开始编纂时就有论定书名的意向。

“必也正名乎”，是儒学思维的基本原则，也是对儒学核心经典《论语》进行还原研究首先要运用的原则。读《论语》，第一道门槛就是要认识“何为《论语》”。还原研究，不能不从探究《论语》的命名方式开始。因此走近《论语》的第一步，就是要跨过这个门槛，直接走向《论语》在文献目录学上第一次如何被系统界定。跨入门槛的钥匙何在？就在于东汉班固《汉书·艺文志》所说：

> 《论语》者，孔子应答弟子、时人及弟子相与言而接闻于夫子之语也。当时弟子各有所记，夫子既卒，门人相与辑而论纂，故谓之《论语》。①

这段话言简意赅，似乎并不费解，无非前面一句讲书的内容，是“孔子应答弟子、时人及弟子相与言而接闻于夫子之语”；后面一句讲此书编纂的方式，包括“当时弟子各有所记”，尤其是“门人相与辑而论纂”。前一句解释“语”字，后一句交代“论”字，《论语》取名于此表述得条理清楚，似乎不须绕什么弯子了。而且点明“夫子既卒”而编纂论语，当在弟子庐墓守心孝时就启动《论语》的最初编纂，不然就不能使用“既卒”的说法。

然而，这只是问题的开头。对于《论语》命名方式和编纂方式，两千年来，学者们引用种种材料，做出种种论证和猜测，注疏愈多，绕

---

① 《汉书》卷三十《艺文志第十》，1717页，北京，中华书局，1962标点本。

的弯子愈大，甚至各持一见，莫衷一是。《汉书·艺文志》的表述，从史源学上说，是来自西汉刘向的《别录》、刘歆的《七略》。刘向《别录》中说："《鲁论语》二十篇，皆孔子弟子记诸善言也。太子太傅夏侯胜、前将军萧望之、丞相韦贤及子玄成等传之。《齐论语》二十二篇，其二十篇中章句颇多于《鲁论》，琅琊王卿及胶东庸生、昌邑中尉王吉，皆以教之，故有《鲁论》，有《齐论》。鲁恭王时，尝欲以孔子宅为宫，坏，得古文《论语》。《齐论》有《问玉》《知道》，多于《鲁论》二篇。《古论》亦无此二篇，分《尧曰》下章'子张问'以为一篇，有两《子张》，凡二十一篇，篇次与《鲁论》同。"①刘向是汉成帝河平三年(公元前26年)奉旨校书，"辨章文物，考镜源流"，对于书籍必须目验，才能说话的。他称《论语》"皆孔子弟子记诸善言也"，既有善不善的价值标准，就表明编纂之时，存在为夫子塑造崇高形象的价值取向。既然刘向已目见三种《论语》传本，必然此书存在和流传已久，所谓古文《论语》，当是战国文字的传本。参合出土简帛与汉代文献，不难发现，《论语》的得名与先秦其他诸子书存在着明显的差异。先秦颇有一些诸子著述先是以散简、简组、单篇的形式行世，按其始创者和学派划分，逐渐汇总组合成捆、成堆、成册，并在战国后期标出《老子》《墨子》一类书名，或到汉代经刘向、戴德、戴圣等人整理，标出书名，但其简帛多是战国、秦汉之际的旧物。《论语》则是编纂之时就论定题名，在儒门各派内部流传，未经刘向整理，所以他得见《论语》书名，在齐传播的称《齐论语》，在鲁传播的称《鲁论语》，孔壁出土的称《古论语》，他们只不过在《论语》书名上，加了古、鲁、齐以便区分。

---

① [魏]何晏注，[宋]邢昺疏：《论语注疏·序》，(其序篇首引"汉中垒校尉刘向言")见《十三经注疏》，2454～2455页，北京，中华书局，1980影印本。

问题在于中国文字存在着多义性，由此滋生某种脱离典籍形成和得名的实际，而旁生枝节的所谓"训诂"游戏，遮蔽了《论语》书名的本义和编纂过程。这种倾向，在东汉刘熙的《释名・释典艺》中开始露出端倪，他认为："《论语》，纪孔子与诸弟子所语之言也。……论，伦也，有伦理也。"①前一句解释"语"字，已经省略了是谁所记；后一句已经依据"论"、"伦"同音相通的语义学，脱离典籍编纂过程，而谈论文本的条理次序。这种训诂兴趣愈演愈烈，以至南朝梁代皇侃在《论语义疏叙》中如此描述："《论语通》曰：《论语》者，是孔子没后七十弟子之门徒，共所撰录也。……但先儒后学，解释不同，凡通此'论'字，大判有三途：第一，舍字制音，呼之为伦。一舍音依字，而号曰论。一云伦论二称，义无异也。第一舍字从音为伦说者，乃众的可见者，不出四家。一云，伦者次也，言此书事义相生，首末相次也。二云，伦者理也，言此书之中，蕴含万理也。三云，伦者纶也，言此书经纶今古也。四云，伦者轮也，言此书义旨周备，圆转无穷，如车之轮也。第二，舍音依字为论者，言此书出自门徒，必先详论，人人佥允，然后乃记，记必已论，故曰论也。第三，云伦、论无异者，盖是楚夏音殊，南北语异耳。南人呼伦事为论事，北士呼论事为伦事，音字虽不同，而义趣犹一也。侃案三途之说，皆有道理，但南北语异如何，似未详师说，不取，今亦舍之，而从音依字。"②所谓"从音依字"，就是将论、伦、纶、轮等同音字贯通起来，混同起来。

到了宋人邢昺作《论语注疏解经序》的时候，就进一步肯定了这种

① ［汉］刘熙：《释名》卷六，丛书集成本，一〇〇页。

② ［南朝梁］皇侃：《论语义疏叙》，见《全梁文》卷六十五，722～723页，北京，中华书局，1999标点本。

倾向："论者，纶也，轮也，理也，次也，撰也。以此书可以经纶世务，故曰纶也；圆转无穷，故曰轮也；蕴含万理，故曰理也；篇章有序，故曰次也；群贤集定，故曰撰也。郑玄《周礼》注云'答述曰语'，以此书所载皆仲尼应答弟子及时人之辞，故曰语。而在论下者，必经论撰，然后载之，以示非妄谬也。"这段话的前半，解释"论"，生出许多藤藤蔓蔓，似乎将语义阐释得更周全了，实际并没有明白地揭示本义。后半段话解释"语"字，随之又补充说："对文则直言曰言，答述曰语，散则言、语可通。故此论夫子之语而谓之善言也。"①中国古代学术讲究传承有序，又在逐代的意义增添中拓展新的视野，遵循的是"增添式传承"的学术模式。进行历史长时段的追踪和梳理，有助于厘清其传承在哪些方面忠实于原意，哪些方面增添了枝节，哪些方面另辟蹊径。对于由汉至宋一千年间《论语》解题的长时段追踪，结果发现，中国文字的多义性，以及汉语文句上常常省略主语、介词的语法特性，使历代博学而缺乏识断的儒者眼光四散，各有所解，时时迷失在《论语》的命名与编纂方式歧路多出的迷宫之中。

二、"内证高于外证"的原则

要走出这漫长的迷宫，还原《论语》书名原义和编纂的本来方式，就必须调整研究者的姿态和识力。研究的姿态须入乎其里，出乎其表；研究的识断，须由简趋繁，由繁入简而直指本源。将材料搜集罗列得极其丰繁，这只是研究的初阶，关键还在于不被烦琐芜杂、枝枝杈杈的材料挡住了眼光，而以一种具有文化穿透力的眼光，穿透繁

① ［魏］何晏注，［宋］邢昺疏：《论语注疏·序》，见《十三经注疏》，2454页，北京，中华书局，1980影印本。

芜，超越“鬼打墙”，直击事物的本真和本质。《老子》说：“少则得，多则惑。”[①]那么《论语》编纂、命名的本质和本真何在？这是我们应该凝聚眼光，集中心力，直击本原的核心问题。于此，我们必须强调“内证高于外证”的原则。内证是原始性的证据，现身说法的证据，比起旁人评头品足、说三道四的所谓“证据”更具有可靠性。内证存在于何处呢？存在于《论语》本身，那里蕴含着孔子及其弟子的思维习惯、行为习惯和用语习惯。唯有按照孔子及其弟子的思维、行为、用语习惯，以解释《论语》为何在书名中使用“论”字和“语”字，才能避免舍近求远之弊，发挥直击本原的学术效应。

在确立“内证高于外证”的原则之后，我们检阅整部《论语》，其中使用“语”字，有十三章十五字：

子语鲁大师乐，曰：“乐其可知也：始作，翕如也；从之，纯如也，皦如也，绎如也，以成。”(《八佾》篇)

子曰：“中人以上，可以语上也；中人以下，不可以语上也。”(《雍也》篇)

子不语怪，力，乱，神。(《述而》篇)

子曰：“语之而不惰者，其回也与？”(《子罕》篇)

子曰：“法语之言，能无从乎？改之为贵！巽与之言，能无说乎？绎之为贵！说而不绎，从而不改，吾末如之何也已矣！”(《子罕》篇)

食不语，寝不言。(《乡党》篇)

---

① ［汉］王弼：《老子》，见《诸子集成》(三)，12页，北京，中华书局，2006影印本。

言语：宰我、子贡。(《先进》篇)

颜渊问“仁”。子曰：“克己复礼，为仁。一日克己复礼，天下归仁焉。为仁由己，而由仁乎哉?”……颜渊曰：“回虽不敏，请事斯语矣!”(《颜渊》篇)

仲弓问“仁”。子曰：“出门如见大宾；使民如承大祭；己所不欲，勿施于人；在邦无怨，在家无怨。”仲弓曰：“雍虽不敏，请事斯语矣!”(《颜渊》篇)

叶公语孔子曰：“吾党有直躬者：其父攘羊而子证之。”孔子曰：“吾党之直者异于是：父为子隐，子为父隐，直在其中矣。”(《子路》篇)

孔子曰：“‘见善如不及，见不善而探汤’，吾见其人矣，吾闻其语矣!‘隐居以求其志，行义以达其道’，吾闻其语矣，未见其人也!”(《季氏》篇)

子曰：“由也，女闻六言六蔽矣乎?”对曰：“未也。”“居!吾语女：好‘仁’不好学，其蔽也‘愚’……”(《阳货》篇)

叔孙武叔语大夫于朝曰：“子贡贤于仲尼。”子服景伯以告子贡。子贡曰：“譬之宫墙……。”(《子张》篇)

“语”字的意义比较单纯，在这十五个“语”字中，只有《子罕》篇的“法语之言”、《先进》篇的“言语”，与其他文字组合成词，前者如宋人邢昺《论语注疏·子罕篇》疏所说：“谓人有过，以礼法正道之言告语之，当时口无不顺从之者。口虽服从，未足可贵，能必自改之，乃为贵耳。”后者如邢昺《论语注疏·先进篇》所说：“若用其言语辨说，以为行人，使适四方，则有宰我、子贡二人”。[①] 至于其余十三个“语”字，都是应答、对谈、言说的意思，与《汉书·艺文志》所谓“孔子应答弟子、时人及弟子相与言而接闻于夫子之语也”，并无何种区别。只不过最后一条“叔孙武叔语大夫于朝”，应是孔子身后的对话，不能再是“接闻于夫子之语”了。对于《汉书·艺文志》的这种解说，后世也没有多少异议，也就是说，内证证明《汉书·艺文志》的这些解说，是可信的。

进而深究，“语”本是非常古老的一种文体，多记谚语、嘉言，古人训诂多言“论难曰语”、“问难曰语”、“答难曰语”、“相答曰语”。《春秋穀梁传》僖公二年，晋国假道于虞灭虢，宫之奇谏曰：“语曰：唇亡则齿寒。其斯之谓与。”[②]这里引述的属于谚语。《礼记·文王世子》说：“语曰‘乐正司业，父师司成，一有元良，万国以贞’，世子之谓也。”[③]这里透露了某种礼乐制度。《荀子·哀公篇》记孔子对鲁哀公问：“语曰：‘桓公用其贼，文公用其盗。’故明主任计不信怒，暗主信怒不任计。”[④]这里总结了历史教训。《荀子·尧问篇》记述《语》曰：“缯丘之封人见楚相孙叔敖曰：‘吾闻之也：处官久者士妒之，禄厚者民怨之，位尊者君恨之。为相国有此三者而不得罪楚之士民，何也？’孙叔敖曰：‘吾三相楚而心愈卑，每益禄而施愈博，位滋尊而礼愈恭，

---

① ［魏］何晏注，［宋］邢昺疏：《论语注疏》卷九《子罕第九》、卷十一《先进第十一》，见《十三经注疏》，2491、2498页，北京，中华书局，1980影印本。

② ［唐］杨士勋撰，陆德明释文：《春秋穀梁传》卷七，见《十三经注疏》，2392页，北京，中华书局，1980影印本。

③ ［汉］郑玄注，［唐］孔颖达疏：《礼记正义》卷二十《文王世子第八》，见《十三经注疏》，1407页，北京，中华书局，1980影印本。

④ ［战国］荀卿：《荀子》，见《诸子集成》(二)，358页，北京，中华书局，2006影印本。

是以不得罪于楚之士民也。'"①这里的《语》记录了楚国政事，并且以精粹的语言对政事的因果进行评议。显然，楚国已经存在以《语》命名的记录国事善政的对答性语言的书，荀子晚年任楚兰陵令时得见此类书。

这就印证了《国语·楚语上》记申叔时论傅太子之道时所说："教之《春秋》，而为之耸善而抑恶焉，以戒劝其心。教之《世》，而为之昭明德而废幽昏焉，以休惧其动。教之《诗》，而为之导广显德，以耀明其志。教之《礼》，使知上下之则。教之《乐》，以疏其秽而镇其浮。教之《令》，使访物官。教之《语》，使明其德，而知先王之务用明德于民也。教之《故志》，使知废兴者而戒惧焉。教之《训典》，使知族类，行比义焉。"②在这段对话中，《语》已经与《春秋》《诗》《礼》《乐》等古老典籍，被推荐为太子学习的教科书了。孔门七十子及后学借用了这种"语"的文体，只不过那是经过"论"的一种新形态的"语"而已。

因而关键在"论"字，而问题也出在"论"字的解释上。关键点出了问题，问题就大了，因此必须返回内证。检阅《论语》，其中共有两次使用"论"字。一是《先进》篇说："论笃是与"，朱熹集注解释为"言论笃实"③，如果按照这个解释，就和"语"字的解释有所重叠。二是《宪问》篇记述孔子的话时使用的"论"字："为命：裨谌草创之，世叔讨论之，行人子羽修饰之，东里子产润色之。"④这里的"论"字，与"讨"字

① [战国]荀卿：《荀子》，见《诸子集成》(二)，362～363页，北京，中华书局，2006影印本。

② 《国语》，第17卷，528页，上海，上海古籍出版社，1988标点本。

③ [宋]朱熹：《论语集注》卷六《先进第十一》，见《四书章句集注》，128页，北京，中华书局，1983标点本。

④ 同上书，卷七《宪问第十四》，150页。

组合成词，很值得注意。

郑国的子产，是孔子推崇的一位先贤，他处理郑国政务的方式，可以参看《左传》襄公三十一年的这段话："子产从政也，择能而使之，冯简子能断大事，子太叔美秀而文，公孙挥能知四国之为，而辨于大夫之族姓，班位，贵贱，能否，而又善为辞令。裨谌能谋，谋于野则获，谋于邑则否。郑国将有诸侯之事，子产乃问四国之为于子羽，且使多为辞令，与裨谌乘以适野，使谋可否，而告冯简子使断之。事成，乃授子太叔行之，以应对宾客，是以鲜有败事。北宫文子所谓有礼也。"[①]《论语》没有叙述子产为政任用贤能的一般情形，而是专门推许在子产的统筹下，几位有才能的郑国大夫合作撰写外交盟会辞令的程序，分别对辞令进行草创、讨论、修饰、润色。这是孔子赞许的著述编纂的理想形态，是他特别推许的"论纂模式"。他的弟子在编纂《论语》的时候，怎么可能不遵从这种以"论"为中心的草创、讨论、修饰、润色的工作程序呢？"辑而论纂"的工作方式，乃是弟子遵从夫子遗训的编纂行为。它应是包含着三个程序：一是"辑"，搜集众弟子忆述材料；二是"论"，讨论搜集来的庞杂材料的价值，以资取舍。不可能设想，孔门弟子人数众多，回忆材料五花八门，记录水平参差不齐，不加讨论地汇编成书，会成乱草一堆。因此，"论"的程序，是成书的关键。所要讨论是搜集上来的回忆材料是否符合孔子的原意，是否有助于模塑圣贤的形象，是否能够有助于孔学道统的建立。三是"纂"，讨论取舍之后，成书之前，还要确定体例，论明宗旨，搭起框架，润色文字，然后才可能出现醇厚多味的著述。这是从内证材料窥

---

① 杨伯峻编注：《春秋左传注》，1191 页，北京，中华书局，1990 标点本。

见的《论语》编纂方式。

综合以上史源学的长时段追踪，尤其是返回内证的发掘就可明白，《论语》不直接用孔子来命名，而是专门挑出“论”、“语”二字来命名，是对其编纂内容和形式的简明描述，具有深刻的文化内涵。《论语》命名，意味着集合与孔子言论行为相关的弟子回忆和记录，然后讨论其价值上的轻重、正偏、是非、信否，而加以条理化的编纂，这就是《汉书·艺文志》所说的“辑而论纂”的全部真实的含义。其中最要紧的是讨论辨析这个环节，忽视这个环节，很难解释《论语》为何编纂成这个模样和体例。

应该看到，几近一万六千字规模的《论语》，在春秋战国之际开始出现的私家著作中，已是一个巨大的著述编纂工程。几乎同时而略早的《老子》《孙子兵法》，只是五六千字，《论语》的篇幅超过了与之形成鼎足三立的另两部书的总和。编纂如此一部大书，存在着它必然会编纂的历史契机和心理契机。孔子初丧，在孔门弟子中潜伏着思想上和行藏上分道扬镳的因素，而又可能是最后的大规模聚首的关键时刻，作为维系孔子与其弟子的精神纽带的《论语》编纂，就可能应运而生。其命名，很可能被孔门弟子视为庄重的典礼，绝非随意为之之举。陆德明《经典释文》是体察到这种历史契机和心理契机的，他认为：“夫子既终，微言已绝，弟子恐离居已后各生异见，而圣言永灭，故相与论撰，因时贤及古明王之语，合成一法，谓之《论语》。”[①]这里说“夫子既终”而编纂《论语》，与《汉书·艺文志》“夫子既卒”的说法，是契合的。孔子自称是“殷人”，弟子应以殷礼处理其丧事。庐墓守孝，即是殷礼。《史记·殷本纪》说：“帝太甲既立三年，不明，暴虐，不遵

① ［唐］陆德明《经典释文》卷一，四部丛刊本，一五页。

汤法，乱德，于是伊尹放之于桐宫三年。”①桐宫乃成汤陵墓之地，这是庐墓守孝之始。庐墓守孝，乃是孔门众弟子遵循殷礼而为。不难设想，大批弟子在孔子墓前筑庐守心孝三年，在这不是三月或三日的不算短的时间里，会形成集群居丧的心理现场。

众弟子办理丧礼，常言“吾闻诸夫子”，“尚行夫子之志”，痛感“泰山其颓，则吾将安仰？梁木其坏，则吾将安杖？哲人其萎，吾将安放？”②实际上是他们斋戒、祭祀的心理效应。也就是儒门所说的“祭如在”，如《礼记·玉藻》所云“凡祭，容貌颜色，如见所祭者”③，虔诚到了夫子的音容笑貌都出现在面前。出诸对夫子的怀念和尊崇，他们理所当然地会举行一些追思活动，推动众人回忆、记录夫子言行的共识之形成，回忆、记录渐丰，就可能产生编纂纪念集的动议。这是以礼解经，以殷礼解释孔子丧礼的发见。那种认为众弟子似一盘散沙，并无统一组织，只是随意记录一些回忆片段，以至在不知多少年后由一两个后学搜集编撰的说法，很难说对众弟子遵从礼制，视师如父，“生事之以礼，死葬之以礼、祭之以礼”，“三年无改于父之道，可谓孝矣”④的精神状态，具有“同情的理解”。他们发起编撰追思手册的时候，当然也不会忘记孔子倡导过的著名的“正名说”：“必也正名乎！……名不正，则言不顺；言不顺，则事不成；事不成，则礼乐

① 《史记》卷三《殷本纪第三》，99页，北京，中华书局，1959标点本。

② 王国轩、王秀梅译注：《孔子家语》卷九《终记解第四十》，449～454页，北京，中华书局，2011标点本。

③ [汉]郑玄注，[唐]孔颖达疏：《礼记正义》卷三十《玉藻》，见《十三经注疏》，1485页，北京，中华书局，1980影印本。

④ [宋]朱熹：《论语集注》卷一《学而第一》、卷二《里仁第四》，见《四书章句集注》，51、73页，北京，中华书局，1983标点本。

不兴”①。清代唐甄在《潜书·名称》中说：“名者，序长幼，辨贵贱，别嫌疑，礼之大者也。”兹事体大，按照孔门“公事不私议”②的要求，以及“事师无犯无隐”③的规矩，七十子之徒在守“心丧三年”期间，不排除在孔子灵堂或坟墓前启动某种命名仪式，告明撰修大书对夫子于义“无犯”，于事“无隐”。

考虑到当时祭祀如礼，追思踊跃，材料记录日见丰厚，七十子中一些有识之士就会发现，将出诸众手的大量回忆材料，变成对得起尸骨未寒的先师的万言以上的言行录，没有一个论辩裁汰、修改润色的程序，是难以保证质量、弘扬儒学之道的。起码有四个原因促使他们做如此想：

其一是材料过多。虽然所谓孔门“弟子三千、贤人七十”不可能聚合齐全，但是众多弟子回忆记录的材料定然不少，而且还有源源不绝汇来的趋势。由于当时出书材料（简帛）价值昂贵，字数必须有个限定，加以论衡辨析而取舍选择，也就势在必行。今存《论语》涉及有姓名的弟子，只有三十人，与论定取舍不无关系。

其二是书写过杂。弟子“各有所记”，素质不同，水平不齐，观点难免殊异，甚至抵牾，虽然可以有无互补，相得益彰，但也可能同事异记，传闻异词。因而必须采取当年夫子面对各种版本的所谓“古者《诗》三千余篇”，“去其重，取其可施于礼义”④者，删定为《诗三百》

---

① ［宋］朱熹：《论语集注》卷七《子路第十三》，见《四书章句集注》，142页，北京，中华书局，1983标点本。

② ［汉］郑玄注，［唐］孔颖达疏：《礼记正义》卷四《曲礼下第二》，见《十三经注疏》，1258页，北京，中华书局，1980影印本。

③ 同上书，1274页。

④ 《史记》卷四十七《孔子世家第十七》，1936页，北京，中华书局，1959标点本。

的方法，设定标准，严加取舍审改，才可以成为一部宗旨和文体统一的灿然可观的书。孔子整理六艺的传统，必须遵循沿用。不然，就可能是乱草一堆，难以避免吞下“言之无文，行而不远”的苦果。

其三是须统一标准。在众弟子可能“各生异见”的情形下，选择取舍必须拟议出一个众所认可、切实可行的共同标准，以便门人弟子回忆采录之时，不至于随意敷衍，五花八门。而且在材料渐丰的时候，又须根据具体问题，对原有的标准进行适当的调整和完善。有一个统一的标准很重要，唯此方能从各个角度进行聚光，既充分显示夫子的圣人智慧，又兼顾弟子的贤人形象。

其四是须遵循统一的体例。开始著述编纂时，应该有一个众所遵循的条例。比如，《论语》更像语录体、对话体，对于言谈背景少有交代，因而不像《尚书》《春秋》那样的历史记言记事体裁，就是受到了统一体例规整的缘故。当然体例也要有所变通，不能过分刻板。编纂接近完成时，又要将这些原有的条例及修改、增添的另一些条例加以整合，使每个篇章各有所宜，各得其所，在综合成为全书的总体例时，又能达到浑然一体、呼应互动、甚至有内在的一以贯之的意义脉络的高水准。

三、《论语》篇章政治学

把握住《论语》成书过程中“论”这个关键，把握住《论语》编纂过程中“语论互动”的工作方式，我们就可以进入《论语》篇章学的内在脉络了。应该说，《论语》编纂中的“语论互动”，是一种有效的工作方式，同时，这种工作方式也使由此形成的《论语》添加了许多附加的意义。

首先，《论语》既然不是孔子亲自著述，而是由七十子或再传弟子回忆、口授、记录、整理而成，根据记忆心理学的偏差与校正原理，这些记录整理出来的材料必然包含着七十子及再传弟子对夫子言行的理解，折射着记录者的文化取向、价值选择、知识结构、情感权衡。

其次，谁负有编辑的主要责任，谁在论衡辨析中拥有话语权，这很重要。不同的人处于这个位置，就可能产生不同的文本形态，包括入选的条目和入选后的排序，这是编辑学和篇章学反复证明了的实情，甚至屡试不爽。因而人们也就可以把《论语》的文本作为原始材料，透过其篇章结构的深层逻辑，追踪若隐若现的文本形态变化，窥见早期儒家既有共同认可的学理、道术主张，又开始出现派中有派的某些端倪。

其三，既然论衡取舍时不能排除七十子后学的主观因素，也不能排除儒学派中有派的选择偏向，那么，就不能对没有入选《论语》的其他大概有二三十万字的“子曰”材料，包括先秦诸子和经传的记录、汉代刘向编辑的《新序》《说苑》，以及魏晋王肃公布的《孔子家语》，一味地斥之为“伪书”。他们可能大多是真实的，不同层面、不同角度上的真实，包括在论纂中被《论语》录入和刊落的真实。编纂过的真实，并不等同于原本存在的全部真实，而是一种经过人为选择和提升了的真实。这种真实具有相对性。因此对于《论语》内、《论语》外的“子曰”材料，必须进行具体的分析，考知其流布递变之原委，剖悉其口授传抄之疑似，不能简单地判断此真彼伪，对其学术价值和真伪价值的认定，再也不应陷入沿袭两千年的“经传中心主义”的迷雾之中了。而应如章学诚《校雠通义》卷三所云：“著录之书，贵知原委，而又当善条其流别也。”①

① ［清］章学诚著，王重民通解：《校雠通义通解》，第3卷，92页，上海，上海古籍出版社，2009标点本。

今存《论语》二十篇，约五百章节，可以确切地知道来自那位弟子的回忆和记录的，只有三章。一是《宪问》篇的首章："宪问耻。子曰：'邦有道，谷；邦无道，谷，耻也。''克、伐、怨、欲不行焉，可以为仁矣？'子曰：'可以为难矣，仁则吾不知也。'"二是《子罕》第七章："牢曰：子云，'吾不试，故艺。'"这两章都是孔子的弟子原宪(字子思)、琴牢(字子开)自报家门，称名不称字，是其他门人弟子无法代替的。原宪称名而不称字，或许是由于他与孔子的孙子孔伋同字"子思"，改了容易混淆的缘故。此两章的内容涉及孔学的核心观念(仁、耻)，以及孔子自叹身世："我不见用于时，故多能技艺。"这两方面的内容涵盖了《论语》的诸多章节，透露出它们背后隐藏着应是共同认可的记录标准和选择标准。

第三条材料更值得寻味，《卫灵公》篇载："子张问行，子曰：'言忠信，行笃敬，虽蛮貊之邦，行矣。言不忠信，行不笃敬，虽州里，行乎哉？立则见其参于前也，在舆则见其倚于衡也，夫然后行。'子张书诸绅。"这里展示的也是儒家忠信笃敬的言论行为原则，既交代了"子张书于绅"的可信性，又没有直书子张之名颛孙师，当是编纂转录时加以修订的原因。而《论语》中大量转录的材料，没有标示原始材料的出处，以表示这些材料已经经过公议通过和修订。不过，就以上三章材料透露的消息，也足以认定《论语》素材的记录汇总，主要出自孔门七十子及其后学。而《论语》大多数章节尽管出自弟子的回忆记录，但其叙述文字中弟子称字而不称名，乃是编书过程中经过修订而用以表示弟子间相互尊重的"共同称呼"。称名是私称，称字是公称，这当是编纂原则确定好的一种具有"君子风度"的体例。如此，才能解释清楚《论语》为何弟子多称字的问题。公共产品，使用的是公共称呼，这是顺理成章的。

在明白了《论语》材料的来源和编纂论衡可能增添附加意义之后，我们就可以进入这个经典文本的篇章学的内在脉络了。篇章学最重要的意义，首先存在于书名，其次存在于开宗明义第一篇，尤其是首篇的开头数章，其间简直存在着篇章政治学。所谓篇章政治学，就是篇章结构中突出什么、强调什么、隐含着什么行为政治学的密码；而曾经不止一次发生变更的编纂主持者，无不以为自己最知“真孔子”，最得孔子真传，因而通过篇章安排、组合、调配，以宣示或隐含自己所理解的儒学之道。由于孔门弟子已经潜伏着“取舍相反不同”①的派别萌芽，这种篇章安排在寻找共识的同时，难免存在着博弈、竞争和妥协。

我们先来考察《论语》首篇《学而》的开头六章：

第一章　子曰：“学而时习之，不亦说乎？有朋自远方来，不亦乐乎？人不知，而不愠，不亦君子乎？”

第二章　有子曰：“其为人也孝弟，而好犯上者，鲜矣；不好犯上，而好作乱者，未之有也。君子务本，本立而道生。孝弟也者，其为仁之本与！”

第三章　子曰：“巧言令色，鲜矣仁！”

第四章　曾子曰：“吾日三省吾身：为人谋而不忠乎？与朋友交而不信乎？传不习乎？”

第五章　子曰：“道千乘之国，敬事而信，节用而爱人，使

① “取舍相反不同，而皆自谓真孔墨”，乃《韩非子·显学》批评“儒分为八，墨离为三”的意见。见《韩非子集解》卷十九，《诸子集成》(五)，351页，北京，中华书局，2006影印本。

民以时。”

第六章 子曰：“弟子入则孝，出则悌，谨而信，泛爱众，而亲仁。行有余力，则以学文。”①

在这居于经典之首的六章中，可以发现什么问题呢？重中之重是第一章，学习是孔子留给中国人的“第一遗训”，他希望国人通过坚持不懈、世代相传的学习、学习、再学习，以延续、提升和发展自身的文明。学习进入了信仰，通过学习，将知识孵化为美德，使美德成为内心需求和日常习惯。孔子这个思想，为曾子所强化，通常认为曾子著有《学记》，强调“君子如欲化民成俗，其必由学乎？玉不琢，不成器；人不学，不知道。是故古之王者，建国君民，教学为先。”又称：“独学而无友，则孤陋而寡闻。”②如果按照清人毛奇龄的说法，“学者，道术之总名”③，“学”字是名词，那就可以将“学而时习之”，解释成对儒门学术定时见习了。这就首揭承传道统的命题。为何孔子乐于“有朋自远方来”呢？古注认为“同门曰朋”，清人刘宝楠说：“孔子不仕，退而修诗书礼乐，弟子弥众，至自远方，莫不受业焉。弟子至自远方，即有朋自远方来也。朋即指弟子。”④这又涉及弘扬道统的命题。对于孔子这种教学相长、切磋为乐的思想，后人引申为乐见天下

① ［魏］何晏注，［宋］邢昺疏：《论语注疏》卷一《学而第一》，见《十三经注疏》，2457页，北京，中华书局，1980影印本。

② ［汉］郑玄注，［唐］孔颖达疏：《礼记正义》卷五十一《孔子闲居第二十九》，见《十三经注疏》，1620页，北京，中华书局，1980影印本。

③ ［清］毛奇龄：《四书改错》，转引自程树德《论语集释》，3页，北京，中华书局，1990标点本。

④ ［清］刘宝楠：《论语正义》卷一，见《诸子集成》(一)，2页，北京，中华书局，1954影印本。

朋友，张扬着一种坦荡、开阔、好客的处世胸襟。乐观对于孔子而言，是一种境界。因此自己学有所成，因世俗浅陋而不为人知，因当局无道而不为所用，也不会愠怒，不言放弃，因为他为学为己，心系任重道远，旨在提升这个文明。朱熹对此章评价极高，说它是“入道之门，积德之基”①。从篇章学的角度来看，《论语》首篇首章，就在高处自立地步。

从《论语》首篇首章的崇高学理，就不难看出编书的宏大抱负，编纂者的初衷是想在全书的开头就亮出先师明训，亮出儒学的思想大纲的。因此它可能在最初几章排比孔子一些最重要的言论，除了第一章讲为学之道，比如第五章“敬事而信，节用而爱人，使民以时”，讲政治纲领；第六章孝悌谨信，“泛爱众而亲仁”，讲道德纲领。这是篇章逻辑的内在指向。

但是日后的传世版本，并没有遵循这个从篇章学上看来最为合理的原则。这里就露出了《论语》篇章结构上的一个裂缝，裂缝既是疑问所在，也有意义隐藏，撬瓶盖应该从缝隙处下手的。《论语》还原，也应该关注这个“问题裂缝”，采取这种以裂缝为切入口的“撬瓶盖”的方法，在这些裂缝处多问几个“为什么”。

首篇“子曰”系列的第一次中断，发生在第二章“有子曰”。有子何许人也，他竟然如此显目地介入《论语》篇章序列？他的第一次出现，就推崇孝悌的伦理认知对政治秩序的维护功能，是一个典型的儒学以伦理维系政治结构的“补天派”，随之又将孝悌与儒家的核心观念“仁”联系起来，造成他在《论语》第一个论“仁”的印象。他由此还引申出一

① ［宋］朱熹：《论语集注》卷一《学而第一》，见《四书章句集注》，47页，北京，中华书局，1983标点本。

个纲领性的原则："君子务本，本立而道生。"就凭这一套，有子的亮相也称得上相当排场了。更何况《学而》首篇上，有子断断续续地三次亮相，与偏后出现的子贡亮相次数持平，而多于只出现两次的曾子和子夏。这说明有子在《论语》编纂过程中，曾一度具有举足轻重的话语权。

原因的破解，只能求助于《孟子·滕文公上》的这一段话：

> 昔者，孔子没，三年之外，门人治任将归，入揖于子贡，相向而哭，皆失声，然后归。子贡反，筑室于场，独居三年，然后归。他日，子夏、子张、子游以有若似圣人，欲以所事孔子事之，强曾子。曾子曰："不可。江、汉以濯之，秋阳以暴之，皓皓乎不可尚已！"①

这是孟子辩论举例说出来的话，为了加强辩论的说服力，孟子大概不会虚构故事。其中讲到守心孝三年后弟子分散，"他日"有若才被推举，显然是推举来主持儒门，"欲以所事孔子事之"，而非在三年丧事虞祭之后，才把他当成祭祀时的"尸"。《礼记·檀弓下》云："子张问曰：'《书》云：高宗三年不言，言乃欢。有诸?'仲尼曰：'胡为其不然也？古者天子崩，王世子听于冢宰三年。'"②也就是说，在为孔子守心孝的三年，孔门弟子不与政事；守心孝三年期满(《礼记·三年问》云："三年之丧，二十五月而毕。")之后，孔门重新开张办事。这都

① [宋]朱熹：《孟子集注》卷五《滕文公章句上》，见《四书章句集注》，260～261页，北京，中华书局，1983标点本。

② [汉]郑玄注，[唐]孔颖达疏：《礼记正义》卷九《檀弓下第四》，见《十三经注疏》，1305页，北京，中华书局，1980影印本。

是遵从殷礼。而丧期满后，重提殷礼者，应是子张。《礼记·檀弓上》又记载子游之言："甚哉！有子之言似夫子也。"①由此可知，提议有若主事的，是子游。子夏、子张、子游是孔子去世后极有实力的年轻有为的弟子，他们联手硬挺有子，应该说足以左右孔门的局面于一时。有子在少壮派同门的推举下，可能以"似圣人"的身份主持孔门事务，因而对守孝三年间编辑论纂成的《论语》初稿具有重新审定的权力。这一点从有子去世时，鲁悼公曾经前往吊唁，也可见他为孔门和鲁国看重。有子主事的时间应是鲁哀公十八年（公元前 477 年），据《孔子家语》，有若少孔子三十六岁（一说三十三岁），主事时三十九岁（或四十二岁），正当盛年。《史记·仲尼弟子列传》也佐证了这一点：

> 有若，少孔子四十三岁（应是三十三岁）。有若曰："礼之用，和为贵，先王之道斯为美。小大由之，有所不行；知和而和，不以礼节之，亦不可行也。""信近于义，言可复也；恭近于礼，远耻辱也；因不失其亲，亦可宗也。"孔子既没，弟子思慕，有若状似孔子，弟子相与共立为师，师之如夫子时也。他日，弟子进问曰："昔夫子当行，使弟子持雨具，已而果雨。弟子问曰：'夫子何以知之？'夫子曰：'诗不云乎？"月离于毕，俾滂沱矣。"昨暮月不宿毕乎？'他日，月宿毕，竟不雨。商瞿年长无子，其母为取室。孔子使之齐，瞿母请之。孔子曰：'无忧，瞿年四十后当有五丈夫子。'已而果然。问夫子何以知此？"有若默然无以应。弟子

① [汉]郑玄注，[唐]孔颖达疏：《礼记正义》卷八《檀弓上》，见《十三经注疏》，1290 页，北京，中华书局，1980 影印本。

起曰："有子避之，此非子之座也！"①

从这则记载可知，曾子的反对，并没有阻止"弟子相与共立(有若)为师"，曾子其时三十岁，虽然门庭有所发展，却尚未能左右全局。这里所引的两条"有若曰"，乃是《论语·学而篇》第十二、第十三章的"有子曰"，同于今传《论语》行文，可知司马迁是得见《论语》的。但《史记》并没有录下上述"有子"亮相的《学而》篇第二章，也是甚有意味的。是否司马迁所见古文《论语》没有这一章，这就无从考证了。《史记》叙事，讲究实据，虽或有失误，并非有意作伪。接下来讲"孔子既没，弟子思慕，有若状似孔子，弟子相与共立为师，师之如夫子时也"，虽与《孟子·滕文公上》所述有所出入，但可以兼容。孟子突出子夏、子张、子游提议作用，太史公则揭示曾经出现的"弟子相与共立为师"的事实。孟子突出曾子对有若主事的持异，太史公则摆出有子不称此位的轶闻。《史记》记录有若不如孔子之上知天文、下测人事，当是战国中后期、即孟子以后儒门神化祖师的传闻。只要消除孔门神圣的情节，那么《孟子》《史记》的这两段话，恰好构成有若曾经短期主持儒门的历史插曲。

然而有若虽如《史记·仲尼弟子列传》所述，不能上知天文，遥测祸福，但他在《论语》留下的几段话说明，他并非等闲之辈。甚至可以说，有若是孔子身后划过儒门上空的一颗有光亮的彗星。不过，他也只是彗星而已。《论语·颜渊》篇记载："哀公问于有若曰：'年饥，用不足，如之何？'有若对曰：'盍彻乎？'曰：'二，吾犹不足，如之何其

① 《史记》卷六十七《仲尼弟子列传第七》，2215～2216页，北京，中华书局，1959标点本。

彻也?'对曰:'百姓足,君孰与不足?百姓不足,君孰与足?'"此章所述的经济税收思想,是很有点卓见的。但它署名"有若"而不作"有子",可能是《论语》原始编纂时留下的痕迹,说明他在原始编纂中尚未主事;而在为夫子三年守孝后主事的时间还不够长,虽然对《论语》首篇做了一些至关要紧的插入,却来不及对中间的全部篇章进行处理。从不同篇章中"有子"与"有若"不同称谓的参错,可以印证,鲁哀公十八年(公元前 477 年)有子主事之前,主持《论语》编纂的并非有子,而是另有其人。

四、二十篇标题的篇章学解读

如果只看到《论语》二十篇都是摘取自正文开头,或首句"子曰"、"子谓"后的前二字为标题,简单从事,无甚深意,那是一种皮相之论。应该明白,篇章标题,既是全书的眉目,又是全书的纽带和框架。所谓"篇章指摘关键,标题发明主意",没有目录标题、编次前后,是不能搭建起全书的模样的。值得注意的是,《论语》二十篇中,以人名名篇者十二人,而孔子弟子名字见于标题者,有六人:公冶长,冉雍(仲弓)、颜渊、子路、原宪、子张。《论语》各篇都以开头两字作标题,由于他们的名字处在该篇第一章,所以名字上了标题,岂不是再正常不过了?问题在于《论语》各章是经过讨论而入选,然后辑录而编排的。名字上标题,影响凸显,因而谁编在第一章,就不能不对其资格做一番斟酌。排在第一章,也是一种身份标志,具有篇章政治学的潜在价值。这是编辑学的常识。并不是说弟子中谁有私货要塞进来,而是儒门潜藏着派别萌芽的时候,颇有人觉得自己的主张最得夫子的真传,应该责无旁贷地由自己担当起道统的延续。因此,延续两千年的儒门学派博弈,就顺理成章地于此埋下最初的种子。

二十篇的《论语》，前十篇为《上论》，后十篇为《下论》。《上论》着重孔子思想言行，《下论》着重孔子与诸弟子和当时政治人物的交往答问。《上论》部分以《学而篇》为关键，总述孔子思想。《下论》以《先进篇》为关键，引导出重要的弟子，尤其是"四科十哲"之列。因此颜回、子路这两位先孔子而死的大弟子，紧跟着《先进篇》出现在标题上，乃是情理中事。接着的原宪，也是颜回式的安贫乐道的典型，他紧跟着出现，亦非意外。问题在于《上论》第五、第六篇标题出现公冶长和仲弓，《下论》第十九章标题出现子张。这是篇章学的"眼"上出现异常。

对于《上论》篇目的异常，只要读一下《论语注疏解经序》宋代邢昺疏，就会明白。疏引"郑玄云：(《论语》乃)仲弓、子游、子夏等撰定。"①晋代傅玄大概沿袭郑玄的说法，在《傅子》中说："昔者仲尼既没，仲弓之徒，追论夫子之言，谓之《论语》。其后邹之君子孟子舆，拟其体著七篇，谓之《孟子》。"②以上二者都认定，仲弓在孔子"既没"的《论语》最初编纂中负有主要责任。有所不同的是两汉之际的一部谶纬书《论语崇爵谶》，其中透露："子夏等六十四人，共撰仲尼微言。"③六十四人之说，意味着在孔子逝世守心孝三年，才能聚集如此多弟子开始编纂《论语》。子夏少孔子四十四岁，孔子逝世时他还不满三十岁，是否能够在六十四个弟子中单独领头编辑论纂的大任，不能不令人起疑。或许子夏作为少年才俊参与编辑论纂事宜，由于后来子夏系统在战国秦汉传经有成，其后学将其作用加以夸饰也未可知。仲

① [魏]何晏注，[宋]邢昺疏：《论语注疏·序》，见《十三经注疏》，2454页，北京，中华书局，1980影印本。

② 《文选·辩命篇》注引《傅子》。

③ [汉]刘歆：《移书让太常博士书》，见[梁]萧统编，[唐]李善注：《文选》，1952页，上海，上海古籍出版社，1986标点本。

弓名冉雍，少孔子二十九岁，比子夏大十五岁，如果由他牵头主持此事，其时四十四岁，正处在盛年。因而《论语》最初编辑论纂，以仲弓作为牵头人或第一责任者，最为合理。

既然仲弓在为孔子守心丧三年中最初编纂《论语》时，负有主要的编纂责任，他的名字出现在《上论》的篇目上，也就是蕴含着他对得到孔子真传的自许。即便将公冶长安排在前一篇的标题上，也是事出有因。《公冶长篇》首章曰："子谓公冶长，'可妻也。虽在缧绁之中，非其罪也。'以其子妻之。"原来公冶长是孔子的女婿，让他在《论语》篇题上首先亮相，孔门上下是不会有人说三道四的。然后仲弓跟着出现在下一篇的标题上，就颇有点不为人先的谦让姿态。从篇章政治学上说，排在第二的人也许更有智慧。

不妨联想一下前面引述过的南朝梁人皇侃《论语义疏叙》，其中说："(汉代《论语》)遂有三本，一曰《古论》，二曰《齐论》，三曰《鲁论》。既有三本，而篇章亦异，古论分《尧曰》下章'子张问'更为一篇，合二十一篇，篇次以《乡党》为第二篇，《雍也》为第三篇，内倒错不可具说。《齐论》题目，与《鲁论》大体不殊，而长有《问王》《知道》二篇，合二十二篇，篇内亦微有异。"①孔壁出土的《古论语》版本更为原始，它的一个突出特点是前三篇为：《学而第一》《乡党第二》《雍也第三》，仲弓把自己摆在紧随着孔子言道之根本、行道于日用之间的两篇之后。大概如此处理未免有些刺眼，改将公冶长置于《雍也篇》前面的标题上，就显得更老到了。或许这是以后的编纂修改时所变动，亦未可知。对于此中的奥妙，我们应该将二三子视为聪明的平常人来考察，

① ［南朝梁］皇侃：《论语义疏叙》，见《全梁文》卷六十五，722～723页，北京，中华书局，1999标点本。

不要被积久成习的“圣贤光环”所眩晕。也不要以为他们在编纂《论语》的时候，采取“零价值”标准，他们相信，自己的标准是最得夫子神髓的。“零价值”的说法，使材料的真实性绝对化，是制造圣人的方法；各取价值标准，使材料的真实性相对化和多样化，是将圣贤看作常人的方法，可能为那些“圣人情结”浓郁者感到不甚舒服。

除了名字见于《雍也篇》标题之外，还有三条理由可以证得仲弓在《论语》早期编纂中，起了关键性作用。其一是《先进篇》的“四科十哲”名单：“德行：颜渊、闵子骞、冉伯牛、仲弓。”德行科是四科的第一科，较之政事、言语、文学三科，它负有传承道统的责任。德行科四人，比其余三科多出二人。德行科四人中，颜回、闵子骞没有疑义，而且二人的条文紧随其后，再下来没有冉伯牛、仲弓。关于闵子骞：“子曰：‘孝哉，闵子骞！人不间于其父母昆弟之言。’”闵子骞是进入古代“二十四孝”行列的人物，据说他少时受后母虐待，冬天给他穿芦花衣，给后母生的两个弟弟穿丝绵衣。他为父亲驾车，失落缰绳，父亲鞭打他，衣中飞出芦花，又握其手，摸其衣，觉察与后母之子天差地别，就想休掉后妻。闵子骞泣诉：“母在，一子寒；母去，四子单。”终使父母回心转意，全家和睦。这就是孝子闵子骞“单衣顺亲”及“鞭打芦花”的故事。闵子骞又有安贫乐道的淡泊情怀，《论语·雍也篇》记载：“季氏使闵子骞为费宰。闵子骞曰：‘善为我辞焉。如有复我者，则吾必在汶上矣。’”宋人洪迈《容斋随笔》已从篇章学所应顾及的称谓上考察了闵子骞的地位：“《论语》所记孔子与人语及门弟子，并对其人问答，皆斥其名，未有称字者。虽颜、冉高弟，亦曰回、曰雍，唯至闵子，独云子骞，终此书无损名。昔贤谓《论语》出于曾子、有子之门人，予意亦出于闵氏。观所言闵子侍侧之辞，与冉有、子贡、子路不同，则可见矣。”①认

① ［宋］洪迈：《容斋随笔》卷十二，553页，上海，上海古籍出版社，1978标点本。

为《论语》“亦出于闵氏”，判断过于粗率，不过闵子骞是孔子早期弟子，少孔子十五岁，《论语》开编而征集材料时，大概已经亡故，由其门人代为补记，才会出现孔子对弟子称字的情形。

德行科的第三人冉伯牛，就很生疑窦。他少于孔子七岁，是孔子早期的弟子。《白虎通》说他“危言正行”，山东微山县曾出土“先贤冉子伯牛之墓”的墓碑，为清同治年间所立。《论语》中对他的具体记载，只有《雍也篇》所说：“伯牛有疾。子问之，自牖执其手，曰：‘亡之，命矣乎！斯人也而有斯疾也，斯人也而有斯疾也！’”反复叹息，可见悲痛之至，此外不见更多德行的记载。但是，只要考虑到《史记·仲尼弟子列传索隐》引《家语》，称仲弓乃“伯牛之宗族，少孔子二十九岁”，就会明白，冉伯牛是仲弓(冉雍)同族父辈。若加上《孔子家语·七十二弟子解》所说“冉求，字子有，仲弓之宗族”，那么“四科十哲”中就有仲弓所在家族的“三冉”。而且德行科前面的三位在孔子之前就去世了，唯一存世而能传道统的，就仅有仲弓了。这与仲弓负有主要的编纂责任，存在着密切关系。过去总说“四科十哲”是孔子定的名单，那是靠不住的，因为十哲都称弟子的字，不符师长称弟子的口吻。那么这个名单就只能由主持编纂的弟子负责了。

其二，仲弓在《论语》文本中，分量是沉甸甸的。《雍也篇》开篇就说：“子曰：‘雍也可使南面。’”什么是“南面”呢？郑玄注：“言任诸侯治。”《说苑·修文篇》说：“当孔子之时，上无明天子，故言‘雍也可使南面’，南面者，天子也。”[①]向来重礼的孔子，会向自己的某个弟子说出如此带点僭越意味的话吗？仲弓的回忆，是否包含有对孔子话的

① [汉]刘向撰，向宗鲁校正：《说苑校证》卷十九，499页，北京，中华书局，1987标点本。

个人理解成分呢？谁又同仲弓一道听到孔子此话呢？上海博物馆所藏战国楚简第三册《中弓》第三支简说："子有臣万人道。"①如果认为，孔子说仲弓有做大邑之宰的本领方法，所谓万人，应该是形容大邑，那就与"雍也可使南面"存在距离；如果说，它相当于"雍也可使南面"，则也可能是仲弓或其弟子所忆述。

《论语》篇章学，既要考虑同篇之内的断续、衔接和呼应，又要考虑异篇之间的断续、衔接和呼应。如果通观《论语》各篇对"雍也可使南面"的可能性的折射，其独特的分量就更为了然可见。《卫灵公篇》以"南面"形容舜帝政治："子曰：无为而治者，其舜也与？夫何为哉，恭己正南面而已矣。"因而"南面"一词联系着儒家的政治理想。再看《先进篇》："季子然问：'仲由、冉求，可谓大臣与？'子曰：'吾以子为异之问，曾由与求之问。所谓大臣者，以道事君，不可则止。今由与求也，可谓具臣矣。'曰：'然则从之者与？'子曰：'弑君与父，亦不从也。'"而且《论语》诸篇，不乏孔子责备冉有、子路跟从季氏而不能改变其一意孤行的记载。仲弓与子路、冉有虽然先后担任过季氏宰，如上博简《中弓》所说"季桓子使中弓为宰，中弓以告孔子"。但可以"使南面"的仲弓，自然高出只不过是"具臣"的子路、冉有很多。上博简接下来的内容，与《雍也》篇第二章相似，《雍也篇》说："仲弓问子桑伯子，子曰：'可也，简。'仲弓曰：'居敬而行简，以临其民，不亦可乎？居简而行简，无乃大简乎？'子曰：'雍之言然。'"由此仲弓就靠这种口头的表达，获得了"居敬行简"的经过道德升级了的政治美名。

应该说，仲弓编纂《论语》的时候，追随的是"颜回路线"，这大概

---

① 马承源主编：《上海博物馆藏战国楚竹书(三)》，265页，上海，上海古籍出版社，2004。

是遵循当时儒门的共识。在特设的《颜渊》篇中，第一章是："颜渊问仁。子曰：'克己复礼为仁。一日克己复礼，天下归仁焉。为仁由己，而由人乎哉？'颜渊曰：'请问其目。'子曰：'非礼勿视，非礼勿听，非礼勿言，非礼勿动。'颜渊曰：'回虽不敏，请事斯语矣。'"这是孔子"仁学"的第一答问，它着重揭示，仁乃是一种自省的、内在的功夫，是克制人性人欲的功夫，其影响是非常深远的。接下来第二章，却是："仲弓问仁。子曰：'出门如见大宾，使民如承大祭；己所不欲，勿施于人；在邦无怨，在家无怨。'仲弓曰：'雍虽不敏，请事斯语矣。'"这里将孔子对"恕道"的经典解释"己所不欲，勿施于人"囊括进来，从而使之成为孔子师徒论仁的最重要、最完整的章节之一；而且结尾处"仲弓曰"与第一章结尾处"颜渊曰"，除了切换名字之外，其余八个字一字不爽。这可能是编纂者仲弓看过第一章之后，依样画葫芦的痕迹。

其三，仲弓在孔子以后的儒学发展中起了独特的作用。长期以来，这一点似乎隐没不彰。不过在战国晚期，荀子曾经将仲弓捧抬到极致。清人汪中《荀卿子通论》说："《史记》载孟子受业于子思之门人，于荀卿则未详焉。今考其书始于劝学，终于尧问，篇次实仿《论语》。《六艺论》云：《论语》，子夏、仲弓合撰。《风俗通》云：穀梁为子夏门人。而《非相》《非十二子》《儒效》三篇，每以仲尼、子弓并称。子弓之为仲弓，犹子路之为季路。知荀卿之学，实出于子夏、仲弓也。"①钱穆《先秦诸子系年》在汪中之外，又提供了一些考辨："荀子书屡称仲尼、子弓，杨倞注(见《非相》)子弓盖仲弓也。元吴莱亦主其

① [清]王先谦：《荀子集解》卷一，见《诸子集成》(二)，15页，北京，中华书局，2006影印本。

说。俞樾曰：‘仲弓称子弓，犹季路称子路。子路、子弓，其字也。曰季曰仲，至五十而加以伯仲也。’今按，后世常兼称孔颜，荀卿独举仲尼、子弓，盖子弓之于颜回，其德业在伯仲之间，其年辈亦略相当，孔门前辈有颜回、子弓，犹后辈之有游、夏。子曰：‘雍也可使南面。’则孔子之称许仲弓，故其至也。”①

《荀子》三篇言及子弓的文字如下：

> 1.《非相篇》：帝尧长，帝舜短；文王长，周公短；仲尼长，子弓短。
>
> 2.《非十二子篇》：圣人之不得势者也，仲尼、子弓是也。……上则法禹、舜之制，下则法仲尼、子弓之义。
>
> 3.《儒效篇》：非大儒莫之能立，仲尼、子弓是也。②

受到如此过分推崇的子弓，仔细考量起来，在孔子弟子中唯有指为仲弓较可信。因为他首倡和带头编纂《论语》，对儒学的成立是有功的。而且孔子在世时，他的名位已相当高，德行和能力受到关注。至于有学人根据《史记》《汉书》的某些记录，将孔子的再传弟子馯臂子弓，指为《荀子》书中与仲尼并列的子弓，那是不足为信的。《史记·仲尼弟子列传》说："孔子传《易》于瞿，瞿传楚人馯臂子弘，弘传江东人矫子庸疵，疵传燕人周子家竖。"《汉书·儒林传》说："自鲁商瞿子木受《易》孔子，以授鲁桥庇子庸。子庸授江东馯臂子弓。子弓授燕周醜子

① 钱穆：《先秦诸子系年》，68页，北京，九州出版社，2007。

② ［清］王先谦：《荀子集解》卷三、卷四，见《诸子集成》（二），46、61、88页，北京，中华书局，2006影印本。

家。"馯臂子弓当然也是子弓，但是人间名字相同者甚多，不能只看名字，还要看其德行功业是否有可能与仲尼匹配。《孔子家语》说："商瞿，鲁人，字子木，少孔子二十九岁，特好《易》，孔子传之，志焉。"这位商瞿在孔门的位置，恐怕还在仲弓、子夏之下，更何况属于他的二传、三传弟子，又不见有其他突出表现的馯臂子弓。尽管《史记索隐》说过："荀卿子及《汉书》皆云馯臂字子弓，今此独作弘，盖误耳。应劭云，子弓是子夏门人。"但这种说法用以校订《史记》的馯臂子弘则可，用以混同《荀子》的子弓和《汉书》的馯臂子弓，则找不到任何确证。值得深思的是，《荀子》抬出仲尼、子弓与子思、孟子相抗衡，其《非十二子篇》中不仅非议儒外学派，而且非议儒内他派，体现了荀子后期所处的稷下作风。而《孟子·公孙丑上》尝言："冉牛、闵子、颜渊，善言德行。"对孔门德行科的人物这种留其三，而唯独剔除仲弓，是否隐含着孟子将仲弓当作不愿明言的对手？孟子好辩，他用独特的剔除方式，是否在实施着某种不辩之辩？这种心照不宣之处，只能在文献的缝隙处求其人情物理了。

五、子张名字见于篇名的深层原因

《论语》编纂及流布过程中，篇章编目震荡最大者，莫过于结尾数篇。现在《论语》第十九篇是《子张篇》。根据皇侃《论语义疏叙》引刘向《别录》说，在孔壁发现的《古论语》比现在《论语》多一篇，《子张篇》之后，《尧曰》的后半分离出来，另成《子张问篇》。南朝梁人皇侃为何晏《论语集解叙》作"义疏"说："《古论》虽无《问王》《知道》二篇，而分《尧曰》后'子张问于孔子曰，如何斯可以从政矣'，又别题为一篇也。一是'子张曰士见危致命'为一篇，又一是'子张问孔子从政'为一篇，故凡《论》中有两《子张》篇也。《古论》既分长一《子张》，故凡成二十一篇也。《古论》篇次既不同《齐》，又不同《鲁》，故云不与《齐》《鲁》同也。"子张两次出现在篇名上，这是大可奇异之事，不可不从篇章政治学的角度加以深入探究。

细心考究《论语》篇章异常之谜，必须从孔门少壮派弟子子张，以及两个《子张篇》入手。子张，是颛孙师的字，少孔子四十八岁，比子夏、子游、曾子还要年轻二三岁。《史记》说他是陈国人，讲的是祖籍国。《左传》庄公二十二年(公元前 672 年)记载："陈公子完与颛孙奔齐。颛孙自齐来奔(鲁)。"①这一年离子张出生(公元前 503 年)已经一百七十年，按理应该有五代人了，难免家境破落，因而《吕氏春秋·尊师篇》："子张，鲁之鄙家也。"②战国《尸子》卷上："颜涿聚，盗也；颛孙师，驵也，孔子教之，皆为显士。"子张在师从孔子之前，是马市上的经纪人。子张在孔子逝世时只有二十五岁，未能参与仲弓之辈最初的《论语》论纂。但他后劲十足，能量极大，堪称儒门派中有派的始作俑者。直到战国晚期，《荀子·非十二子》批评"子张之儒"为"贱儒"，说："弟佗其冠，神禫其辞，禹行而舜趋，是子张氏之贱儒也。"《韩非子·显学》又说："自孔子之死也，有子张之儒，有子思之儒，有颜氏之儒，有孟氏之儒，有漆雕氏之儒，有仲良氏之儒，有孙氏之儒，有乐正氏之儒。"将子张学派置于儒家八派之首，对之颇为侧目而视。那么，子张对于《论语》是否曾经插手编纂？又是何时插手编纂呢？

我们已经熟悉"子夏、子张、子游以有若似圣人，欲以所事孔子

---

① 杨伯峻编注：《春秋左传注》，220 页，北京，中华书局，1990 标点本。

② [战国]吕不韦：《吕氏春秋》，见《诸子集成》(六)，38 页，北京，中华书局，2006 影印本。

事之”，遭到曾子拒绝。此事当发生在庐墓守心孝三年结束，孔门重新开张之际。推拥有若的几员干将中，子张赫然在其列。子夏、子游是协助仲弓“辑而论纂”《论语》的旧人，子张夹在其间，就有可能在有子“彗星划过天际”的那个短时期，参加对《论语》的修订润色工作，从而将主要是自己提供和搜集到的材料，附于骥尾。子游与有若的关系非同一般，《礼记·檀弓下》记载有子、子游并立论礼，又载：“有若之丧，悼公吊焉，子游摈由左。”①在有若丧事中，七十子中唯有子游充任导引宾客的傧相，可见交谊之深。推举有若主持儒门的动议，可能始于子游。但最有力的推动者，是子张。子张、子游是儿女亲家，那时虽然儿女尚小，二人却恐怕已是挚友。子张的儿子叫作申祥。《礼记·檀弓上》记载：“子张病，召申祥而语之曰：‘君子曰终，小人曰死；吾今日其庶几乎？’”郑玄注：“申祥，子张子，欲使执丧成己志也。”《檀弓上》又载曾子谈论“申祥之哭言思”，郑玄又注：“说者云言思子游之子，申祥妻之昆弟。”②宋人王应麟《困学纪闻》卷五说：“曾子之子：元，申。子张之子：申祥。子游之子：言思。皆见《檀弓》。”清人阎若璩按：“言思为申祥妻之昆弟，则子张与子游，儿女姻家也。”③宋代邓名世《古今姓氏书辩证》卷九说：“颛孙：《风俗通》陈公子颛孙，仕鲁，因氏焉。其孙颛孙师，字子张，为孔子弟子，生申祥，娶子游之女。”除了说子张是陈公子颛孙的孙子，三代人难以填满一百七十年以上的时间之外，子游之女嫁子张之子，这是众口一词

① [汉]郑玄注，[唐]孔颖达疏：《礼记正义》卷九《檀弓下第四》，见《十三经注疏》，1300页，北京，中华书局，1980影印本。

② 同上书，卷七《檀弓上》，1281～1282页。

③ [宋]王应麟著，[清]翁元圻等注，乐保群、田松青、吕宗力点校：《困学纪闻》卷五，606页，上海，上海古籍出版社，2008标点本。

的。《孟子·公孙丑上》说："子贡、子游、子张，皆得圣人之一体。"①把子张、子游和子贡联系在一起，是很值得注意的。凭着子张、子游的挚友关系，借上有若一时主事的势头，以及还在守墓庐的子贡的影响，子张在润色《论语》初稿时，似乎已经将仲弓悬置在一边，出面与他较量的，可能只有子夏了。这在《论语》最后两篇《子张》《尧曰》中，留有深刻的印记。

《子张篇》既以子张命名，开头两章都着意张扬子张的思想："子张曰：士见危致命，见得思义，祭思敬，丧思哀，其可已矣。""子张曰：执德不弘，信道不笃，焉能为有？焉能为亡？"从中可以看出，子张是力主弘扬德义，敬信守道，敢于担当的。由于他出身于马市经纪人，这些话表明他在儒学中输入了侠义之风。但是，从篇章学的角度来看，《子张篇》在这里出现，是搅乱篇章逻辑的。《论语》篇章设置，依次展示孔子思想及其渊源，再述重要弟子，又返回孔子活动的外国、本邦及祖源，这已是一个相当完整的总体篇章结构了。由于前面的弟子论中，将公冶长、仲弓提前，已是仲弓的特意安排所致，这里又将子张从弟子论中游离出来，说明原稿已基本定谳，难以插入，不如另起炉灶，以《子张》篇压阵。但是这样做的结果，便使《子张》篇格外扎眼，与前面的篇章似续还断，给人一种篇章脱节之感。

开头两章之后，子张开始与子夏较劲，接着一章是："子夏之门人问交于子张。子张曰：'子夏云何？'对曰：'子夏曰：可者与之，其不可者拒之。'子张曰：'异乎吾所闻：君子尊贤而容众，嘉善而矜不

① ［宋］朱熹：《孟子集注》卷三《公孙丑章句上》，见《四书章句集注》，233页，北京，中华书局，1983标点本。

能。我之大贤与，于人何所不容？我之不贤与，人将拒我，如之何其拒人也？'"从书面上看，子张更宽容，尊贤而容众；子夏则比较守洁，坚持孔子讲的"不友不如己者"。子夏是文学之儒，交友比较讲究趣味相同；子张是侠义之儒，交友比较讲究义气，这就是他主张"容众"的理由。在篇幅有限的《论语》中如此叫阵，实际上已经埋下了儒家派中分派的种子。韩非子讲"儒分为八"，首列"子张之儒"，不提子夏、仲弓，显然从三晋学术的本位立场立论，其学术是上承荀子一派的。然而，子夏毕竟势力犹存，编纂成了一种协商或妥协，接下来就排列了九则"子夏曰"，从"子夏曰：虽小道，必有可观者焉，致远恐泥，是以君子不为也"，到"子夏曰：仕而优则学，学而优则仕"，组成了一个不算小的结构单元。

然而，子游又站出来打断了子夏的絮絮叨叨，而且是为子张帮腔的："子游曰：'子夏之门人小子，当洒扫应对进退，则可矣，抑末也。本之则无，如之何？'子夏闻之，曰：'噫，言游过矣！君子之道，孰先传焉？孰后倦焉？譬诸草木，区以别矣。君子之道，焉可诬也？有始有卒者，其惟圣人乎？'"子张、子游与子夏的争辩，涉及交友的原则和学道的本末，公布于文字，记录在案。说他们之间没有派别的裂痕，是说不过去的。但是他们还算是君子之辩，尽量持理有故，并无出口伤人之嫌。不过，如果由谁掌握编纂的话语权，无疑是会张扬自己主张的先师学说之本的。而且子游对好友子张批评起来也不客气，似乎当时的儒者颇有点直率到了几无芥蒂的风气。子游批评子张："吾友张也，为难能也，然而未仁。"而且又让曾子附和这种批评，强化了批评的力度："曾子曰：'堂堂乎张也，难与并为仁矣。'"这些批评似乎没有对同门的感情造成多少创伤，子张、子游后来毕竟成了儿女亲家。而批评好友还要拉上曾子，是否意味着曾子在曲阜已经开始逐渐形成势力？《孔子家语·七十二弟子解》云：子张“为人有容貌，资质宽冲，博接从容，自务居，不务立于仁义之行。孔子门人友之而弗敬。”这似乎是儒门的共识。而《孔子家语·弟子行》记述子贡对子张的评价，谓“美功不伐，贵位不善，不侮不佚，不傲无告，是颛孙师之行也。孔子言之曰：其不伐，则犹可能也；其不弊百姓，则仁也。《诗》云：恺悌君子，民之父母。夫子以其仁为大学之深。”①对子张之仁的评价与子游、曾子有异，说明子贡对子张是欣赏的。

在《子张》篇中，曾子有四章，子贡也有五章，各自组成一个单元，这是很值得寻味的。两个单元并无多少联系，为何放在一起呢？似乎此中存在着某种人事的协调。子张、子游、子夏联合推举有若，这必然造成曾经主持《论语》编纂的仲弓在话语权上的边缘化。他们有必要请出与仲弓一样资格较老的子贡来压阵，但是，子贡似乎对《论语》最初的论纂不太介意，实则肚子里很难说没有窝着气。且看他这句话：“子贡曰：‘纣之不善，不如是之甚也。是以君子恶居下流，天下之恶皆归焉。’”这句话无头无脑，他是在评价商纣王呢，还是在对有人将他推向“下流”发泄不满，这也只有子贡本人心知肚明了。后面一连有三章，借别人的口夸耀“子贡贤于孔子”，而子贡出来批驳，也似乎是好话混着气话。所以子张、子游还要找曾子、子贡出来，平衡一下场面，从他们推举有若，还要征求曾子的意见来看，曾子的势力已经不容忽视了。

---

① 王国轩、王秀梅译注：《孔子家语》卷三《弟子行第十二》，144页，北京，中华书局，2011标点本。

六、通向汉儒与通向宋儒的文化基因与“十哲无曾”公案

以上已经从《论语》各篇标题的篇章政治学的角度，揭示了《论语》的两次编纂。一次是孔子亡故之初，七十子之徒庐墓守心孝三年，六十四个弟子提供大量回忆孔子材料，由仲弓、子游、子夏牵头组成论纂小组，进行论辩选择，分篇章辑录成书。随之是守心孝三年期满后，儒门开张办事，子张联合子游、子夏推举有若主持儒门。既然人事有所变动，《论语》也要进行相应的修订。这才在《论语》首篇《学而篇》，紧跟着首章“子曰”的第二章“有子曰”。不仅如此，由于子张在推举有子中的特殊贡献，《论语》的结尾出现了《子张篇》的附加和变化。当然，《古论语》的《雍也篇》《里仁篇》的篇次变化，也可能与这次修订有关。这些分析，既根据历史文献的解读，也根据对《论语》文本、版本的篇章政治学透视。

然而，唐宋以后，学者提出了与汉儒不同的说法。新的说法是聪明透顶的唐人柳宗元首先发现的，他在《论语辩》中说：

> 或问曰：“儒者称《论语》孔子弟子所记，信乎?”曰：未然也。孔子弟子，曾参最少，少孔子四十六岁。曾子老而死。是书记曾子之死，则去孔子也远矣。曾子之死，孔子弟子略无存者矣。吾意曾子弟子之为之也。何哉？且是书载弟子必以字，独曾子、有子不然。由是言之，弟子之号之也。
>
> 然则，有子何以称子？曰：孔子之殁也，诸弟子以有子为似夫子，立而师之。其后不能对诸子之问，乃叱避而退，则固尝有师之号矣。今所记独曾子最后死，余是以知之，盖乐正子春、子思之徒，与为之尔。或曰：孔子弟子尝杂记其言，然而卒成其书

者，曾氏之徒也。①

这一发现，事出有因，是从文本中“称谓法”的字句差异入手，可以称作“微观篇章学”。《论语》所载史事，时间最晚的两条是曾子临终遗言。两章均见于《泰伯篇》，一是该篇第三章：“曾子有疾，召门弟子曰：‘启予足！启予手！《诗》云：战战兢兢，如临深渊，如履薄冰。而今而后，吾知免夫！小子！’”二是该篇第四章：“曾子有疾，孟敬子问之。曾子言曰：‘鸟之将死，其鸣也哀；人之将死，其言也善。君子所贵乎道者三：动容貌，斯远暴慢矣；正颜色，斯近信矣；出辞气，斯远鄙倍矣。笾豆之事，则有司存。’”这两条材料很关键，因为曾子少孔子四十六岁，是七十子中年纪最小者之一。而且曾子寿命比孔子多一岁，孔子七十三岁，曾子七十四岁。曾子临终之时，离孔子去世已近五十年，孔子弟子几乎不可能存世了。因此将这些材料录入《论语》，只能是曾门独自进行的一次修纂。

那么，为何又说是“乐正子春、子思之徒”所为呢？柳宗元对《礼记》大概很熟悉，《礼记·檀弓上》记载：“曾子寝疾，病。乐正子春坐于床下，曾元、曾申坐于足，童子隅坐而执烛。童子曰：‘华而睆，大夫之箦与？’子春曰：‘止！’曾子闻之，瞿然曰：‘呼！’曰：‘华而睆，大夫之箦与？’曾子曰：‘然，斯季孙之赐也，我未之能易也。元，起易箦。’曾元曰：‘夫子之病革矣，不可以变，幸而至于旦，请敬易之。’曾子曰：‘尔之爱我也不如彼。君子之爱人也以德，细人之爱人也以姑息。吾何求哉？吾得正而毙焉斯已矣。’举扶而易之。反席未安

① ［唐］柳宗元：《柳河东集》卷四《议辩》，68～69页，上海，上海人民出版社，1974标点本。

而没。”[①]曾子易箦而亡，与子路结缨而死，是孔门弟子以身殉礼的两个典型事例，他们不惜以最后一丝生命力为自己恪守礼制画上一个句号。在曾子弥留之际，身边除了曾子的两个儿子曾元、曾申之外，侍疾的唯有忠诚的弟子乐正子春，他是以孝、信驰名的。柳宗元所以说乐正子春参与《论语》修纂，就是唯有他有可能记录下曾子的临终遗言。至于子思参与编纂，则是必须提及，因为子思作为孔子之孙，他具有修纂《论语》的责任、权利和能力。柳宗元的判断得到二程朱熹的赞同，比如程伊川认为：“《论语》之书，成于有子、曾子之门人，故其书独二子以子称。”[②]

对于曾门弟子，元马端临《文献通考》卷二百八引高氏《子略》曰：“曾参与公明仪、乐正子春、单居离、曾元、曾华之徒，讲论孝行之道，天地事物之原。”[③]清人朱彝尊《曝书亭集》卷五十七《孔子弟子考》根据古籍笺注，对曾子弟子进行钩沉，计得十人：孔伋(子思)、乐正子春、檀弓、沈犹行、阳肤、公明高、公明宣、单居离、公明仪、子襄。[④] 康有为《孔子改制考》卷二十又说：“吴起为曾子弟子，虽有失行，而曾闻儒者之道。”[⑤]其中乐正子春，以孝、信著称，多参与曾氏文献的撰述。《吕氏春秋·孝行览》云：“乐正子春下堂而伤足，瘳而

---

① [汉]郑玄注，[唐]孔颖达疏：《礼记正义》卷六《檀弓上第三》，见《十三经注疏》，1277页，北京，中华书局，1980影印本。

② [宋]朱熹：《论语集注·序》，见《四书章句集注》，43页，北京，中华书局，1983标点本。

③ [元]马端临：《文献通考》卷二百八《经籍考三十五》，引高氏《子略》，1713页，北京，中华书局，1986影印本。

④ [清]朱彝尊：《曝书亭集》卷五十七，667～674页，上海，世界书局，1937影印本。

⑤ 康有为：《孔子改制考》卷二十，影印光绪丁酉本，七页。

数月不出，犹有忧色。门人问之曰：‘夫子下堂而伤足，瘳而数月不出，犹有忧色，敢问其故？’乐正子春曰：‘善乎而问之。吾闻之曾子，曾子闻之仲尼：父母全而生之，子全而归之，不亏其身，不损其形，可谓孝矣。君子无行咫步而忘之。余忘孝道，是以忧。’”①《韩非子·说林下》又载：“齐伐鲁，索谗鼎，鲁以其赝往。齐人曰：‘赝也。’鲁人曰：‘真也。’齐曰：‘使乐正子春来，吾将听子。’鲁君请乐正子春，乐正子春曰：‘胡不以其真往也。’君曰：‘我爱之。’答曰：‘臣亦爱臣之信。’”②乐正子春不盲从国君而失信，在孝道上恪守仲尼、曾子之统绪，他对《论语》第三次编纂的参与，增加了成书的道德可信性。

曾门修《论语》的判断，由于宋明理学拥有巨大的话语权，逐渐成了最具势力的一种共识。当然，《论语》篇章学对之也有支持。比如前述具有篇章政治学价值的《论语·学而第一》的头六章，就有“曾子曰”的插入就很显目：“曾子曰：‘吾日三省吾身。为人谋而不忠乎？与朋友交而不信乎？传不习乎？’”曾子提倡每日坚持“反省内求”的修养功夫，作为立身处世的基石。前两则自我反问，讲究的是人际交往的忠诚信义的原则，这也可以说蕴含着乐正子春的诚信选择。后面一则反思传习师学的勤勉诚切，呼应着孔子开宗明义的以“学而时习之”为乐。从篇章学上说，曾门插入此章时，思虑堪称严密而深细。这种立身反求诸己的自省方式，与据称为曾子著《大学》中的格物、致知、诚意、正心、修身、齐家、治国、平天下的思想行为方法相衔接，并为之提供了身心修养方式的原点。这实际上是《论语》中曾子路线的

---

① ［战国］吕不韦：《吕氏春秋》，见《诸子集成》（六），138～139页，北京，中华书局，2006影印本。

② ［清］王先慎：《韩非子集解》卷十九，见《诸子集成》（五），144页，北京，中华书局，2006影印本。

确立。

然而从柳宗元到二程朱熹对《论语》编纂的判断，也受到了《论语》篇章学的挑战。在《论语》中，亮相次数最多的弟子，依次是子路 42 次，子贡 38 次，颜回、子夏 21 次，子张 18 次，冉有 16 次，然后才到曾子 15 次，仲弓 11 次。这八位出现 10 次以上的人中，曾子居第七。出现最多的行列中，颜回最受尊崇，子路言行不仅最多，而且最鲜活，最富现场感。子路本是“野人”，勇武能干，故孔子曰：“自吾得由，恶言不闻于耳。”①他们的友谊亦师亦友，甚至有点以生死相许，这才有孔子说：“道不行，乘桴浮于海。从我者，其由与?”(《论语·公冶长篇》)孔子的感叹，说明他以为子路的信义和勇武，是可以托付余生的。子路对他以为的孔子错误，敢于毫无遮拦地批评，比如鲁国季氏的家臣公山弗扰在费邑反叛，孔子想应招前往，受到子路的反对而作罢。晋国赵简子的家臣佛肸占据中牟，反叛赵简子，孔子想应招去治理政务，子路直言不讳地说：“昔者由也闻诸夫子曰：‘亲于其身为不善者，君子不入也。’佛肸以中牟畔，子之往也，如之何?”(《论语·阳货篇》)尤其著名的是孔子在鲁国失势之后，到鲁的兄弟之国寻找机会，通过卫灵公的男宠弥子瑕去见名声不太好的南子，惹得子路满肚子不高兴，孔子只好对天发誓：“予所否者，天厌之！天厌之!”(《论语·雍也篇》)在孔门弟子中敢于如此当面扫夫子之兴者，唯子路一人而已。

更有甚者，孔门师徒风尘仆仆从周游列国途中回到卫国，卫国却因为南子恃宠乱政，留下卫灵公的子与孙争位的后遗症，此时占据国

---

① 《史记》卷六十七《仲尼弟子列传第七》，2194 页，北京，中华书局，1959 标点本。

君大位的孙子可能聘请孔子从政，子路就问孔子："卫君待子而为政，子将奚先?"孔子回答："必也正名乎!"谁想子路竟然顶撞孔子迂腐："有是哉，子之迂也！奚其正?"孔子也毫不客气地斥责子路野蛮："野哉，由也！君子于其所不知，盖阙如也。名不正，则言不顺；言不顺，则事不成；事不成，则礼乐不兴；礼乐不兴，则刑罚不中；刑罚不中，则民无所错手足。故君子名之必可言也，言之必可行也。君子于其言，无所苟而已矣。"(《论语·子路篇》)如果我们不用一味崇圣的眼光，辩解孔子一贯正确的话，孔子与子路的交往中直率的信任，显示的正是一种难得的气度与胸怀。七十子将这些言论记录传世，也是一种气度与胸怀。从《论语》章节众多而又生气勃勃地记录子路的态度言论来看，记录材料的时间，只能是发生在众弟子为孔子庐墓守心孝三年间，此时子路、颜回已先孔子一二年而死，所以回忆起这两个大师兄来，话特别多，情特别切，用语措辞也无所顾忌。这就使得《论语》文字，于子路、颜回处，别具情感和辞彩。由于子路、颜回先孔子而死，并无私家弟子，假如在近五十年后曾子逝世，再由别人的弟子来回忆编录，是不可能设想有如此多的条目，以及如此栩栩如生的渲染的。

《论语》篇章学提供的信息，属于一个复杂的动态系统，一方面肯定曾门弟子编纂过《论语》，一方面又以另一些材料否定曾门对《论语》的编纂。破解其中秘密的关键，是把《论语》的编纂视为"否定之否定"的螺旋曲线的过程。书存在于过程中，这是先秦典籍常见的存在形态。这需要将眼光从《论语》第一篇，跳到第十一篇，即《先进篇》。朱熹集注云："此篇多评弟子贤否。"①此篇第一章是孔子的话："先进于

① [宋]朱熹：《论语集注》卷六《先进第十一》，见《四书章句集注》，123页，北京，中华书局，1983标点本。

礼乐，野人也；后进于礼乐，君子也。如用之，则吾从先进。”前人多以为“先进、后进”指的是“仕进”，指从政的先后，难得的解。其实，先后所指，乃是孔子前期弟子和后期弟子。孔子早期弟子如子路、颜无繇、冉伯牛之辈，不少出身于野人；而晚期弟子，如有子、子夏、子游、曾子、公西华之辈，则更多君子气质。而孔子与他们的情感关系，更倾于早期弟子。第一章作为笼罩全篇的首章，唯有如此解释，才能贯通全篇“多评弟子贤否”。随之第二章被编纂者设计为孔子的一句无头无尾的短语：“子曰：从我于陈蔡者，皆不及门也。”由于这则短语的设置，以下本属第三章的“孔门四科十哲”被误认为是孔子开列的名单：“德行：颜渊、闵子骞、冉伯牛、仲弓。言语：宰我、子贡。政事：冉有、季路。文学：子游、子夏。”

四科十哲乃是遴选自孔门“弟子三千，贤人七十”中的最优秀者，但十哲都称字而不称名，显然不是孔子的口吻。尤其是“十哲无曾”，这是文化史上的千古公案。因为如今谈论儒门，拆不开的四圣是“孔、孟、颜、曾”，在孔子弟子中首列颜回，数下来就是曾子，曾子排在第二。如果说《论语》是曾子弟子所编，那么他们犯糊涂而忘了自己老师吗？这实在是千古之谜，也是可能解开《论语》编纂成书过程的关键。关键未解，则为谜。

其实，对于“十哲无曾”，古人也有过疑惑。明人胡应麟《诗薮》外编三说：“孔门十哲，曾氏无闻；邺下七才，祢生不录。盖曾晚传道，祢早殒身，或以从非陈、蔡，迹限荆、衡，不可一端，必后世论始公也。”①唐人李观《辨曾参不为孔门十哲论》，采取了主客问答方式：“客有言曰：‘仲尼圣人也，曾参孝子也，……而仲尼区别四科，前后

① ［明］胡应麟：《诗薮》外编卷三，续修四库全书本，十八页。

十哲，曾参不与者何也?'主人对之曰：'噫！非仲尼于此异也。四科十哲之名，乃一时之言也，非燕居之时，门人尽在而言也。于时仲尼围于陈，畏于匡，曾参不在从行之中，故仲尼言在左右者，扬其德行、言语、政事、文学，皆可邀时之遇，行己之材不得者。是以美而类之，伤而叹之，非曾参不当此数子也。使曾子于时得与数子从行，则仲尼之圣，不遗参之孝，不后冉伯牛、仲弓之目也必矣。'"①这些辩解，有两条理由：一是曾子年少，传道较晚；二是困于陈蔡时，曾子并未从行。但都没有点明"四科十哲"的名单，对诸弟子不直称其名而都称其字，显然并非孔子亲拟，而是为孔子庐墓守心孝时所拟。人们相信了宋儒的说法，《论语》是曾子、有子的弟子编纂的。但"十哲无曾"，甚至连有子也没有，成了他们难以逾越的障碍。连宋儒程颢也说："曾子传道而不与焉，故知十哲，世俗之论也。"②

应该看到，贤愚虽有事实依据，尺度却由人而定。由于孔子身后儒学隐藏着派系分别的萌芽，对于孔子重要弟子贤否的评价，谁来掌握价值尺度，会导致相当巨大的差别。于此，有必要启动篇章政治学的一个特殊维度，即"超篇章"的维度。不妨打开曾经属于孔府档案，也就是在《论语》论纂取舍中被删除搁置的《孔子家语·弟子行》，看一看子贡是如何评价同门诸贤的。子贡在卫将军文子的诚恳追问下，谈了对诸同门贤者的感受和孔子的评语。而且返鲁向孔子汇报，得到孔子首肯，"子贡既与卫将军文子言，适鲁，见孔子曰：'卫将军文子问二三子之于赐，不壹而三焉；赐也辞不获命，以所见者对矣。未知中

---

① [唐]李观：《辨曾参不为孔门十哲论》，见《全唐文》，第534卷，5425～5426页，北京，中华书局，1983标点本。

② [宋]朱熹：《论语集注》卷六《先进第十一》，见《四书章句集注》，123页，北京，中华书局，1983标点本。

否，请以告。’孔子曰：‘言之乎。’子贡以其辞状告孔子。子闻而笑曰：‘赐！汝次为人矣。’……子贡跪曰：‘请退而记之。’”①

子贡“孔门诸贤论”，是一份足以同《先进篇》“四科十哲”相媲美的重要名单，当属于子贡为孔子庐墓守心孝六年，昼夜思念先师，记录了大量未被《论语》收录的回忆材料之一。子贡列举了“十二贤”，加上他本人就是“十三贤”。从全文语气和孔子、文子对子贡的评议来看，子贡当居于“十三贤”前列，或如他本人所称，居于颜回之次。“十三贤”的顺序是：颜回，子贡，冉雍（仲弓），仲由（子路），冉求（有），公西赤，曾参，颛孙师（子张），卜商（子夏），澹台明灭（子羽），言偃（子游），宫縚（南宫括），高柴（子羔）。这个名单比起“四科十哲”来，少了闵子骞、冉伯牛，或者他们已不在世；少了宰予，或者子贡看不上眼。但是，如此论贤，可以看出子贡的胸襟是平正宽阔的。他讲了颜回之后，紧接着提仲弓，可见仲弓在孔门位置甚高，子贡也推许仲弓。对仲弓的称赞，侧重他有肚量，能为“王者之相”。曾子位在第六，强调的却是孝、悌、信、忠四德，也就是说，曾子更应该列入德行科。而且子路在冉有之前，子夏在子游之前，比起《先进篇》政事科先冉有、后子路，文学科先子游、后子夏，连带着言语科先宰予（为孔子斥为“朽木不可雕”）、后子贡，都更为得体。更带点权威意味的是，这个名单向孔子汇报过，得到孔子的首肯，并且以子贡“退而记之”，表白其真实性。令人感慨的是，《论语》最初的编纂并没有采录子贡论贤的名单，而是另起炉灶，编排了一份非常值得寻味的“四科十哲”名单。

① 王国轩、王秀梅译注：《孔子家语》卷三《颜渊第十二》，137～153页，北京，中华书局，2011标点本。

如果上面的考论可以成立，《论语》除了由仲弓、有若分别领衔的两次编纂，奠定了《论语》最初的格局之外，在四五十年后，还有一次由曾子的弟子，如子思、乐正子春辈，增补重修，最终形成日后传世的模样。中间可能还有其他人的枝枝节节的修补。如果考虑到战国秦汉之际六经的传授源流，如顾实《汉志讲疏》所说："孔子传其文学于子夏，传《易》商瞿。子夏传《诗》，五传而及荀子。商瞿传《易》，再传而及荀子。孔子作《春秋》，左丘明为作《传》，丘明又六传而及荀子。故荀子于学最邃，于孔子之传最真。"①就两次大编纂而言，一次是由仲弓、子夏，中经荀子一干人等，通向汉儒；另一次由曾子，子思，中经孟子，通向宋儒。中国儒学千古传承的两大学派——汉学与宋学，都在儒家核心经典《论语》编纂成书的早期行程中，留下了最初的种子和根脉，这实在是中国思想史上值得深究的奇事和趣事。

七、曾门补充编纂《论语》的章目与宗旨

在《论语》编纂成书上，余留下来的一个重大问题，就是将近五十年后，已是战国初期，在曲阜已经形成举足轻重的势力的曾门弟子的补充编纂。在这五十年间，孔门弟子风流云散，如《史记·儒林列传》所说："自孔子卒后，七十子之徒散游诸侯，大者为师傅卿相，小者友教士大夫，或隐而不见。故子路居卫(按：此说误，子路亡于孔子前)，子张居陈，澹台子羽居楚，子夏居西河，子贡终于齐。"②众弟子在孔子墓前结庐守孝三年，其后有若受子张、子游、子夏推举主持

① 顾实：《汉书艺文志讲疏》，第3页，上海，上海古籍出版社，2009。

② 《史记》卷一百二十一《儒林列传第六十一》，3116页，北京，中华书局，1959标点本。

门庭，大概也只有二三年，子张、子游还在鲁都曲阜发展其学派势力一段时间，这才有“子张居陈，澹台子羽居楚”的分头发展。至于“子夏居西河”而大有建树，则发生在他与子张、子游出现分歧后不久。

《论语》最初由仲弓主持论纂时，曾子地位不显；但是到了有若短期主事之时，就不能不咨询曾子的意见了。曾子投了一张否决票，他用“江汉”、“秋阳”、“皓皓乎不可尚已”来抬高孔子，实际上也是表明谁能继承孔子道统，是要另行论证的话题。随着曾门力量的上升，曾子首先想到的不是重修《论语》，而是以独立的姿态传述《学记》《大学》《孝经》，以及后来收入大小戴《礼记》中的《曾子问》《曾子立事》诸篇。至于《论语》的修补重编，已是他的身后，由他的弟子去完成。

那么，曾门重编《论语》时，采取何种编纂原则呢？从今存《论语》的篇章学分析，曾子弟子没有对《论语》的“大盘子”，即总体结构进行根本性的改动。由仲弓、子游、子夏、有子、子张相继编成的《论语》原本，在儒门众弟子中已经几乎人手一册了，若做根本性的改动，就有篡改之嫌。因此，曾门弟子采取的编纂原则是：

(一)不再另起炉灶，只在原本二十篇的框架内进行补充和错动。这就是为何二十篇篇目中，只有公冶长、仲弓、颜渊、子路、原宪、子张六弟子的名字，而没有曾子的名字。以曾子冠名的一些篇什，如《礼记》中的“曾子问”，《大戴礼记》中的“曾子立事”、“曾子本孝”、“曾子立孝”、“曾子大孝”、“曾子事父母”、“曾子制言上、中、下”、“曾子疾病”、“曾子天圆”等篇章，都采取另外冠名，单篇别行的传播方式。也正因如此，《论语·先进》篇中“四科十哲无曾”、“参也鲁”等公案和话头，也得以存此立照。

(二)曾门弟子只在关键处插入他们回忆记录的一些“曾子曰”，这涉及篇章学上的连贯与断裂的问题。比如开宗明义的《学而篇》第四章："曾子曰：吾日三省吾身。"曾子提出"反省内求"作为每日修身养性的功课，而在反省自我言行的功课中，突出内"忠"外"信"的原则，并且最终将日常修养功课和忠信原则，与孔子学说的"传习"联系起来，以培育完美的理想人格。这就使孔子道统带上曾子色彩，此章加入，至为重要。其次，是探究孔子道统的《泰伯篇》，讲吴泰伯的"让德"，实际上预示着周朝开国的文武周公事业的敞开；讲尧舜禹的"大哉巍巍乎"，实际上是将之与文、武、周公连贯起来，显示孔子道统的深远博大。恰恰在这二者中间插进了"曾子五章"为一个单元，就别有意味地将曾子置于从尧舜到孔子以下的道统人物之中了。除了"曾子有疾"，以及"鸟之将死，其鸣也哀；人之将死，其言也善"等临终遗言，透露这些章节乃曾门弟子在曾子身后所加；更重要的是接下来有两章，一是"曾子曰：'可以托六尺之孤，可以寄百里之命，临大节而不可夺也。君子人与？君子人也。'"二是"曾子曰：'士不可以不弘毅，任重而道远。仁以为己任，不亦重乎？死而后已，不亦远乎？'"这两章既强调传道统者需具备的品质，又宣示了对传承道统当仁不让的决心和意志。

（三）曾门弟子增补的条目，在各篇中间插入，或篇末压阵，其高明之处在于既不落强行插入的痕迹，又能弦外有音，余味无穷，令人不能不佩服其为篇章学的高手。曾子材料在《论语》中，只见于《学而》《里仁》《泰伯》《先进》《颜渊》《宪问》《子张》等七篇。《先进篇》的"参也鲁"，是仲弓等编纂时留下的痕迹。其余六篇十四章皆称"曾子"，是其弟子回忆记录而补入无疑。而且有十二章是"曾子曰"的独语式表述，并非曾子与孔子或同门的对话，相当部分可能是曾门弟子听到的曾子言论。比如《颜渊篇》的结尾，继"樊迟问仁"，子夏解释，以及"子贡问友"，最后是"曾子曰：君子以文会友，以友辅仁"。如此篇尾三章，就像开了一个小小的讨论会，樊迟、子夏、子贡依次发言，而曾子对所谈的仁与友的问题加以综合性的总结。又比如《宪问篇》，先是一句“子曰：不在其位，不谋其政”，接着来一句“曾子曰：君子思不出其位”。二者之间形成了似对话非对话的衔接呼应关系，令人感到孔、曾之间心心相印。这些“曾子曰”选择插入的篇目，似乎也有讲究，不是随意为之。《学而》《里仁》《泰伯》三篇，讲孔子的基本思想和道统渊源，自然宜于插入；对于同门二三子命名的篇什，只插入《颜渊》《宪问》篇，而不涉足《雍也篇》。至于《子张篇》，那是在仲弓之后介入《论语》编纂者，大概也不妨插入一些相对芜杂的章节。虽说芜杂，却主要在谈孝，远远地呼应着《学而》篇中“曾子曰：慎终追远，民德归厚矣”，指向《论语》外的《孝经》，使曾子成了孔门孝文化的象征。

(四)曾门弟子有意突出曾子的家学渊源。这主要指刊载了“四科十哲”名单的《先进篇》的末章“子路、曾皙、冉有、公西华侍坐”，孔子听他们各言其志，子路抢先说带兵强国，冉有说使民富足，公西华说在宗庙当小相司礼仪。孔子问曾点：

> “点，尔何如?”鼓瑟希，铿尔，舍瑟而作，对曰：“异乎三子者之撰。”子曰：“何伤乎？亦各言其志也。”曰：“莫春者，春服既成，冠者五六人，童子六七人，浴乎沂，风乎舞雩，咏而归。”夫子喟然叹曰：“吾与点也!”

这四百余字的一章，是《论语》近五百章中最富有诗意的文字，渲染着孔子、曾点(皙)所思慕的诗意栖居的与春天相交融的人生境界。文中两次直称孔子为“夫子”，这是战国人的称呼方式，因而是曾门弟子在战国前期所增无疑。春秋时人，直称孔子为“子”。一个“称呼”的变化，就使回忆记录者相距五十年。此章显然采取《公冶长篇》“颜渊、季路侍”章的叙述方式，于此不妨对比一下：“颜渊、季路侍。子曰：‘盍各言尔志。’子路曰：‘愿车马，衣轻裘，与朋友共，敝之而无憾。’颜渊曰：‘愿无伐善，无施劳。’子路曰：‘愿闻子之志。’子曰：‘老者安之，朋友信之，少者怀之。’”这里两次称孔子为“子”，乃是春秋晚期最初编纂《论语》所采用的称谓方式。值得注意的是，《先进篇》“四子侍坐，各言其志”，独有曾点在一旁“鼓瑟”，子路等三子离开后，曾点独留下与孔子评议三弟子优劣。曾点的身份相对于其余三弟子（子路、冉有是“四科十哲”中人物），简直就是孔子之次的“副导师”。而且在《公冶长篇》，孔子对颜回、子路直言其志，带有教诲的意味；而《先进》篇此章，不是孔子指点了曾点，而是曾点感动了孔子。如果按照这一章的评价，曾点比起那位得了麻风病而与孔子隔窗握手的冉伯牛，更有资格进入“四科十哲”的德行科，他们各自亮相时，一个春风拂面，一个黯淡凄凉，简直难以同日而语。

曾门弟子褒扬曾点，既突出曾子的孝，又突出曾子的家学渊源，这番心血没有白费，历代儒者对此都投以青睐。邢昺《论语注疏》说：“四弟子侍坐，因使各言其志，以观其器能也。……仲尼祖述尧舜，宪章文武，生值乱时而君不用。三子不能相时，志在为政，唯曾皙独能知时，浴德咏怀乐道，故夫子与之也。”①朱熹发挥二程的意见，也盛赞说：“曾点之学，盖有以见夫人欲尽处，天理流行，随处充满，无少欠阙。故其动静之际，从容如此。而其言志，则又不过即其所居

---

① ［魏］何晏注，［宋］邢昺疏：《论语注疏》卷十一《先进第十一》，见《十三经注疏》，2500～2501页，北京，中华书局，1980影印本。

之位，乐其日用之常，初无舍已为人之意。而其胸次悠然，直与天地万物上下同流，各得其所之妙，隐然自见于言外，视二三子之规规于事之末者，其气象不侔矣，故夫子叹息而深许之。而门人记其本末独加详焉，盖亦有以识此矣。”①曾有一副高妙的对联，将曾点的“暮春浴歌”与《庄子·秋水》中“濠梁观鱼”合为双璧：“东鲁春风吾与点，南华秋水我知鱼”②。

（五）曾门重修《论语》最重要的宗旨，在于阐明孔门中最能够传道统者乃是曾子。上述四项编纂原则，当然也围绕着这一宗旨，而且还设有一些直接的条目。比如《里仁篇》记载：“子曰：‘参乎，吾道一以贯之。’曾子曰：‘唯。’子出，门人问曰：‘何谓也？’曾子曰：‘夫子之道，忠恕而已矣。’”《里仁篇》连续二十四章“子曰”，都是孔子独语，唯有夹在中间的这一章是孔子与曾子的对话，还涉及其他门人。这种特异性，从篇章学上考察，就不能排除是曾门弟子在《论语》原本上插入新简。单独地读这一章，倒也不易看出编纂者有何用意。如果采取《论语》篇章学中经常出现的“隔章呼应”的原则加以观察，就会发现，相隔十篇的《卫灵公篇》也讨论过同一命题：“子曰：‘赐也，女(汝)以予多学而识之者与？’对曰：‘然，非与？’曰：‘非也，予一以贯之。’”此章在《卫灵公》篇的篇章结构中，也存在着奇峰飞来的突兀感，因为前面是“卫灵公问陈于孔子”章，以及“在陈绝粮”章，何以又跳到与子贡谈论“一以贯之”的问题呢？令人百思莫解，至于是否后来插入，也无从考证了。须知，子贡在孔门智商第一，如此聪明的子贡对于孔子

---

① ［宋］朱熹：《论语集注》卷六《先进第十一》，见《四书章句集注》，130页，北京，中华书局，1983标点本。

② 引自谭家健：《春风化雨，润物无声——忆余冠英先生》，载《上海社会科学报》，2007年12月7日。

之道"一以贯之"懵然不知，只看到表面的"多学而识"。而曾子则明显胜出一筹，只要孔子一提起，就默然有悟于心。那些探问"何谓也"的门人，是否包括子贡，恐怕不止子贡一人而已矣。因此，在孔门中，对孔子之道"一以贯之"的了悟和理解，曾子有独得的优势和缘分。谁能说自颜回亡故之后，孔学道统不应由曾子传承呢？

以上五项编纂原则的运用，说明曾门弟子重编《论语》的群体，是一个高文化素质的群体。这次重编所增加的文字只有十四章，在近五百章的《论语》中，仅占百分之三。但是凭着这百分之三的增补，就相当微妙地改变了《论语》传道的内在倾向，而且改变得不伤筋动骨，不留下笨拙的痕迹。曾门这个高文化素质群体，如前面所提及，柳宗元指出两个人：乐正子春，子思。子思是孔子能够弘扬道统的孙子，他具有名正言顺地重修《论语》的权利，理由是《论语》原本搜集材料不全，有重大遗漏，必须加以补充和调整。这些话由孔子的孙子说出，是没有太多疑义的。那么为何又将乐正子春放在子思的前面呢？因为这次重修，是代表儒门的曾门公事，而非孔府的私事。从乐正子春在曾子临终时扮演床前侍疾的角色来看，他在曾家的亲密程度，可能高于子思，至少不在子思之下。

经过详细深入的篇章学、文献学和以礼解经的研究，已经可以对《论语》的编纂年代和主要编纂者得出如下结论：(1)《论语》的编纂时间是：从孔子死(公元前 479 年)至曾子死(公元前 432 年)以后的数年。也就是公元前 5 世纪前期到公元前 5 世纪后期，历时半个世纪。(2)孔门参与回忆记录材料的弟子和再传弟子，虽然有六七十人以上，但是直接参与编纂取舍的决定者，依次有仲弓、子游、子夏，有子(或委托其弟子)、子张，曾门弟子乐正子春、子思，大约共有七人。如此形成的《论语》思想，是孔子及其弟子、再传弟子集体创造出来的思想。《论语》思想具有丰富的张力，既以孔子为中心，又具有思想多维性，还由于篇章学上形式多样的设置、排列、组合、衔接、中断、呼应等所产生的联想、互释、叠加、曲变诸效应，遂使《论语》以儒家元典的身份，成为中国智慧的渊薮和源泉之一。

八、儒门道统的建立与子贡的边缘化

在《论语》篇章中，子贡的条目之多仅次于子路。但除了他维护孔子的神圣地位的几条之外，多带有自谦的边缘化的特点。子贡对孔子感情极深，为之庐墓守孝六年，在众同门中声望颇著。三年庐墓守心孝期满，“门人治任将归，入揖于子贡，相向而哭，皆失声，然后归”，可见在孔子丧礼上子贡是重要的主持人。但在《论语》编纂上，他却被边缘化。按诸情理，在颜回、子路等大师兄业已亡故的情形下，子贡并非没有牵头承担编纂《论语》的责任。子贡在孔子弟子中，智商第一，审时度势，能言善辩，政商兼长，被称为“瑚琏之器 ”(宗庙祭祀时装黍稷的器皿)，实在是难得的干才。他对孔门立有大功，当孔子一行在陈蔡被困，绝粮七日的危急关头，“于是使子贡至楚。楚昭王兴师迎孔子，然后得免”。子贡的能干与颜回的本分形成鲜明的对照，当孔子一行被困于匡时，见到走散归来的颜回，孔子担心说：“吾以女为死矣。”颜回毕恭毕敬地回答：“子在，回何敢死。”(《论语·先进篇》)这类话表达心意则可，对解除围困是无济于事的，但孔门崇尚这么一种人生风格，这对中国人思想行为方式模塑极深。后来，齐国田常作乱，准备移兵伐鲁。孔子问众弟子：“夫鲁，坟墓所处，父母之国，国危如此，二三子何为莫出?”也只有子贡请行，在齐、吴、越、晋、鲁诸国展开灵活多变、利用矛盾、往往是“四两拨千斤”的穿梭外交，从而达到了“子贡一出，存鲁，乱齐，破吴，强晋而霸越”[1]的效果，出色地完成了孔子交给的任务。子贡在孔子身后，政商皆达，曾任鲁、卫两国之相，经商于曹、鲁两国之间，家累千金，成为孔子弟子中首富。有所谓“子贡结驷连骑，束帛之币以聘享诸侯。所至，国君无不分庭与之抗礼。夫使孔子名布扬于天下者，子贡先后之也”[2]。人们可以设想，如果儒学强化子贡路线，那么日后中国的思想文化和政治运作，可能会增加颇为可观的政治的和商业的灵活度。

然而，子贡虽智，他在儒学中却走偏了门。戏剧性就发生在《论语》首篇《学而》的开宗明义处，其第三章记述：“子曰：巧言令色，鲜矣仁！”这一章放在《论语》开篇不久处，实在有点突兀。《阳货篇》不显眼处有相同的一章，那是它合适的位置。编纂者将之提前放在《学而篇》的显眼处，蕴含着篇章政治学的深刻心计。在儒门子弟中，除了子贡，此话又针对谁？子贡式的聪明并非孔门孜孜以求的品德，太史公早就看出这一点：“子贡利口巧辩，孔子常黜其辞。”(《史记·仲尼弟子列传》)儒门有一个信条“君子喻于义，小人喻于利”，这就使得子贡在政治上趋利避害，经商时逐利致富的行为，得不到合适的评价。孔子每每将子贡与颜回相比较：“回也其庶乎，屡空。赐不受命，而货殖焉。亿则屡中。”(《论语·先进篇》)营商获利，岂非天经地义？然而孔子觉得，颜回更像自己的模子里倒出来的：“贤哉回也！一箪食，一瓢饮，在陋巷。人不堪其忧，回也不改其乐。贤哉回也！”(《雍也篇》)。孔子与颜回共同创造了一种快乐的人生境界，所谓安贫乐道，

---

① 《史记》卷六十七《仲尼弟子列传第七》，2201页，北京，中华书局，1959标点本。

② 同上书，卷一百二十九《货殖列传第六十九》，3258页。

即是孔颜乐处。孔子这样体验人生意义："饭疏食饮水，曲肱而枕之，乐亦在其中矣。不义而富且贵，于我如浮云。"(《述而篇》)直到他周游列国，吃尽苦头的时候，还高扬着这种境界："其为人也，发愤忘食，乐以忘忧，不知老之将至云尔!"这些属于《论语》极有诗意的文字，称得上是古老中国的一种"诗意栖居"。

应该说，在乱世中维护仁义和礼乐于不坠，这也是中国士人君子守卫文化的可贵的坚毅行为。孔门这种根深蒂固的门庭风气，已经成为乱世风暴中的一片绿洲。连子贡本人对这种风气也唯有认同，不思抗拒。孔子问子贡："女与回也孰愈?"子贡回答："赐也何敢望回？回也闻一以知十，赐也闻一以知二。"孔子对这种回答是满意的，而且还将自己加进去："弗如也；吾与子弗如也。"(《公冶长篇》)这种门风多为同门恪守，甚至在孔子身后，子贡肥马轻裘，拜访原宪，还受这种门风的作弄。原宪本是孔子为鲁司寇时的家臣，孔子给他九百斛俸禄，也推辞不受。孔子死后，原宪隐居鲁国，茅屋瓦牖，上漏下湿，还弦歌不息。他衣衫褴褛，"振襟则肘见，纳履则踵决"，出来迎接老同门。子贡说："嘻！先生何病也!"原宪高傲地仰头回答："宪闻之：无财之谓贫，学而不能行之谓病。宪，贫也，非病也。若夫希世而行，比周而友，学以为人，教以为己，仁义之匿，车马之饰，衣裘之丽，宪不忍为之也。"子贡低头徘徊，面有惭色，不辞而去。原宪却徐步曳杖，歌《商颂》而回，声音如出金石，弥漫于天地之间。① 这种人"天子不得而臣也，诸侯不得而友"，做到了"养身者忘家，养志者忘身"的地步。

---

① ［汉］韩婴：《韩诗外传》卷一，35页，成都，巴蜀出版社，1996标点本。

只不过子贡在孔门的尴尬，并没有降低他在各国的影响。《论语·子张篇》有两条很特别的材料，一条是鲁国大夫叔孙武叔在朝廷上对其他大夫说："子贡贤于仲尼。"当鲁大夫子服景伯传话给子贡时，子贡说："譬之宫墙。赐之墙也及肩，窥见室家之好。夫子之墙数仞，不得其门而入，不见宗庙之美，百官之富。得其门者或寡矣。夫子之云，不亦宜乎？"后来子贡听到叔孙武叔毁谤孔子，又挺身而出，驳斥道："无以为也。仲尼，不可毁也。他人之贤者，丘陵也，犹可逾也。仲尼，日月也，无得而逾焉。人虽欲自绝，其何伤于日月乎？多见其不知量也。"另一条材料，是陈子禽对子贡说："子为恭也，仲尼岂贤于子乎？"子贡明确地回答："夫子之不可及也，犹天之不可阶而升也。……其生也荣，其死也哀。如之何其可及也？"由此可知，子贡虽然在孔门不时遇到尴尬，但他始终没有减少对孔子的尊崇，甚至有点令人感到，他愈是遭遇尴尬，愈是做出尊崇孔子的姿态，以使自己得到精神上的补偿。

既然子贡在《论语》成书的过程中被某种程度地边缘化而没有掌握论纂选择权，既然众多弟子守丧三年而流散，唯有子贡在孔子墓前结庐守丧六年，再加上子贡与孔子生前频繁交往的关系，那么被《论语》论纂排除的许多原始而杂乱的材料，很可能就归子贡保存，再存入孔府档案。种种迹象表明，子贡未被《论语》录入的大量材料，终于找到一个突破口，出现在《孔子家语》中。正如孔鲋在追随陈胜举义后退居于陈，编纂《孔丛子》，由于战乱时期手中材料有限，而又掉入了子张氏之儒在陈国的"数据库"，因而较多采用子张及其后学记录的材料一样。《孔丛子·论书篇》讨论《尚书》的十六章，有四章为"子张问孔子"，数量在七十子中最多，而且占据篇首。《刑论篇》还收录了两条有关子张的材料，也是从《尚书》引发话题，与《论书篇》的四条材料相似。它们可能出自子张后学的同一个“资料库”。

《孔子家语》记录子贡之处，有五十八章，是七十子中出现次数最多，所占篇幅最长者。《弟子行》两千余字，单独成篇，如前面所说，是子贡评议孔门众贤的重要文献。河北定县汉墓出土的《儒家者言》竹书整理出来的第二章是：“子赣(贡)问孔子曰：‘赐为人下，如不知为……下。’孔子曰：‘为人下者，其犹土乎！种(之)……得五谷焉，厥(撅)之得甘泉焉，草木植(焉)……禽兽伏焉，生人立焉，死人入焉。多……其言，为人下者，其犹土乎？’”①这与《孔子家语·困誓篇》“子贡问于孔子曰：‘赐既为人下矣，而未知为人下之道，敢问之。’……”②可以互为参照。这条材料也见于《说苑·臣术》《荀子·尧问》《韩诗外传》卷七，文字颇有差异，是原始材料分头辗转传授抄录所致，不应视为谁人在造假。《困誓篇》是记孔子周游列国的困境和意志行为的，全篇十章，有五章记子贡。子贡为孔子执辔，在蒲与叛军缔盟解围，在郑东郭门听到讥讽孔子“累然如丧家之狗”，均可看作未入《论语》被子贡忆述而转归孔府庋藏的早期材料。

《孔子家语》之《致思》《三恕》《在厄》三篇中，均有章节将子贡与颜回、子路并列为孔门三大弟子。子路的勇敢、直率和鲁莽，颜回的崇仁重德而深获孔子之心，都写得跃然纸上。但是子贡也不弱，所谓“得素衣缟冠，使于两国之间，不持尺寸之兵，升斗之粮，使两国相亲如兄弟”的那种“辩士”风采，也是相当动人的。将子贡的“辩士”才能表现得淋漓尽致的，是《孔子家语·屈节篇》齐国田氏兴师伐鲁，孔

---

① 定县汉墓竹简整理组编：《〈儒家者言〉释文》，载《文物》，1981(8)，13～19页。

② 王国轩、王秀梅译注：《孔子家语》卷五《离娄章句上》，283页，北京，中华书局，2011标点本。

子派他出访的那场穿梭外交。《史记·仲尼弟子列传》记载此事极详，大概原始材料来自子贡之徒。从春秋晚期的列国政治外交上说，这是儒门最有作为、最有影响的一次活动。《史记》从历史学的角度，以多于其他弟子言行的篇幅加以叙述，但是《论语》对之只字不提。因为在《论语》论纂者看来，此事关乎儒门的发展方向，如果儒门按照子贡的方向发展，就可能成为经商致富、雄辩取卿相而背离安贫乐道的士人群体了。如章太炎所云："儒家不兼纵横，则不能取富贵。"①

《孔子家语·正论解篇》记载："孔子适齐，过泰山之侧，有妇女哭于野者而哀。夫子式而听之，曰：'此哀一似重有忧者。'使子贡往问之，而曰：'昔舅死于虎，吾夫又死焉，今吾子又死焉。'子贡曰：'何不去乎？'妇人曰：'无苛政。'子贡以告孔子。孔子曰：'小子识之：苛政猛于暴虎！'"②这个故事在《礼记·檀弓上》记载中，"子贡问"变为"子路问"，问的过程也有所参差。由于《礼记》属于经，其记载被收入中学语文教科书，使孔子以仁政思想批评苛政，变得家喻户晓。而《孔子家语》由于王肃注而行于世，长期被斥为"伪书"，遂使子贡问的这则故事淡出人们视野。文字的命运，实在令人感慨。然而子路早卒，不能自传文字；子贡庐墓守孝六年，可以反复回忆夫子，这段文字的原始材料可能出自子贡。且看《礼记·檀弓上》的两则记载：（一）孔子之卫，遇旧馆人之丧，入而哭之哀。出，使子贡说骖而赙之，子贡曰："于门人之丧，未有所说骖，说骖于旧馆，无乃已重乎？"夫子曰："予乡者入而哭之，遇于一哀，而出涕，予恶夫涕之无从也。小

① 章太炎：《诸子学略说》，见《晚清文选》卷下，747页，长春，吉林人民出版社，1998。

② 王国轩、王秀梅译注：《孔子家语》卷九《正论解第四十一》，475页，北京，中华书局，2011标点本。

子行之。”(二)孔子在卫，有送葬者，而夫子观之，曰：“善哉为丧乎？足以为法矣！小子识之。”子贡曰：“夫子何善尔也？”曰：“其往也如慕，其反也如疑。”子贡曰：“岂若速反而虞乎？”子曰：“小子识之，我未之能行也。”①这两则记载的章法和语式，与《孔子家语》中那则泰山侧闻妇女哭的文字极其相似，而且闻丧事、哭声而派弟子问，最后叮嘱“小子识之”，几乎如出一辙。因此，判断为子贡回忆孔子的同一组文字，大概不会离谱的。大概《檀弓》的汇辑者对子路更多好感，有老虎出没，有子路护卫，更加安全，就顺手将子贡改为子路了。

《论语》与《孔子家语》《孔丛子》，以及《韩诗外传》《新序》《说苑》等子部杂书的关系，已经属于《论语》篇章学的“超篇章”研究了。返回《论语》编纂者的本意，还是为了弘扬“颜回路线”或“曾子路线”，因而剔除“子贡路线”。容纳子贡路线，儒学会更加博大；剔除子贡路线，儒学会变得更为纯粹。如果考虑到“使孔子名布于天下者，子贡先后之也”，那么《论语》的编纂在路线的确定中，可能做过深刻的选择。在颜回、子路先于孔子谢世之后，子贡原本有可能占居重要的编纂话语权，但他从政可以得相位，经商可以家累千金，似乎对《论语》编纂不太上心，想不到一本《论语》所代表的文化典籍传承，竟然比他当官、经商的过眼荣华具有更长久的历史寿命。李白《江上吟》诗云：“屈平词赋悬日月，楚王台榭空山丘。”诗人已经感受到文化杰作，比现世荣华，更经得起历史时间的试炼，这是令人感慨有加的。

《论语》篇章政治学研究，考察范围囊括《论语》的书名、篇题、首篇开宗明义之数章，以及篇内重要的章节、单元组合，章节间的衔

① ［汉］郑玄注，［唐］孔颖达疏：《礼记正义》卷七《檀弓上》，见《十三经注疏》，1283页，北京，中华书局，1980影印本。

接、断裂和歧出，直至《论语》外与诸子、孔府之学、汉人整理的典籍之间的“超篇章”联络。儒学是古代人类面对经邦治世、处理人伦人性的大智慧，它演化为中国传统文化的正统根脉，是有其内在的根据的。但在演化过程中，谁最能代表儒学正宗，二三子中属意于何人，今文古文、汉学宋学何者最有资格，是长期争论不休的问题。通过多维的和动态的透视，破解《论语》篇章编纂过程中隐而未彰的人事参与、权力竞逐、关系协调，破解《论语》为何而编，为何编成现在这个模样，从而走近历史现场，对于破解两千年儒门论争的原始基因，有着发生学的必要性。《论语》在仲弓、有若、曾门这三次延续五十年的编纂中，从不同的维度聚合了孔子及七十子后学的多重思想智慧，从而以孔子为中心展示了一幅厚重而璀璨的孔子文化地图。经过这番还原，可以在更深的层面上，与古老智慧的创造者进行原原本本的、而不是被“圣贤光环”眩了眼睛的心灵对话，从而点醒古老智慧的鲜活生命，使之丰富现代大国文化建设的根柢和内涵。

第二辑　古典文学与文化

《穆天子传》的史诗价值与地缘神话想象*

一、战国人把周穆王当作传奇英雄

《穆天子传》是一部古拙峭拔的带史诗性的作品，也是一部存在着众多异说曲解的奇书①。《晋书·束皙传》记载其发现过程："（西晋武帝）太康二年（公元281年），汲郡人不准盗发魏襄王墓，或言安釐王冢，得竹书数十车。其《纪年》十三篇，……盖魏国之史书，大略与《春秋》皆多相应。……《穆天子传》五篇，言周穆王游行四海，见帝台、西王母。……又杂书十九篇：《周食田法》《周书》《论楚事》《周穆王美人盛姬死事》。大凡七十五篇，七篇简书折坏，不识名题。……漆书皆科斗字。初发冢者烧策照取宝物，及官收之，多烬简断札，文既残缺，不复诠次。武帝以其书付秘

* 1990年9月12日初稿；2013年6月16日第四次修订。收入《中国古典小说史论》（修订本），北京，中国社会科学出版社，2004。

① 《穆天子传》卷六，四部丛刊影印明天一阁本。《玉海》卷四十七引王隐《晋书·束皙传》记汲冢书，有"《周王游行》五卷"，今本《晋书》则作《穆天子传》。按，汲冢书出土时有的未必标名，此书名当为晋人整理时所加。

书校缀次第。”①荀勖合《周穆王美人盛姬死事》于《穆天子传》，校定为六卷，作《上穆天子传序》云：“古文《穆天子传》者，太康二年汲县民不准盗发古冢所得书也。皆竹简素丝编，以臣勖前所考定古尺度，其简长二尺四寸，以墨书，一简四十字。汲者，战国时魏地也。案所得《纪年》，盖魏惠成王子今王之冢也。于《世本》，盖襄王也。案《史记·六国年表》，自今王二十一年至秦始皇三十四年燔书之岁八十六年，及至太康二年初得此书，凡五百七十九年。其书言周穆王游行之事，《春秋左氏传》曰：‘穆王欲肆其心，周行于天下、将皆使有车辙马迹焉。’此书所载，则其事也。王好巡守，得盗骊、騄耳之乘，造父为御，以观四荒，北绝流沙，西登昆仑，见西王母，与太史公记同。汲郡收书不谨，多毁落残缺，虽其言不典，皆是古书，颇可观览。”②《隋书·经籍志》《旧唐书·经籍志》《新唐书·艺文志》均将之列于史部起居注。《正统道藏目录》第五册，则将《穆天子传》列于“洞真部记传类”。《四库全书总目提要》又将其与《山海经》一道归入子部小说家类。

此书今存六卷，六千余字。它的创作和埋入汲冢的年代在公元前3世纪，与楚骚相前后，以其北方想象之粗拙雄奇，与楚骚南人想象之幽丽深邃遥相辉映。然而，当赋体“及灵均唱《骚》，始广声貌，拓宇于《楚辞》”，以“六义附庸，蔚成大国”③，衍化成汉代主流文体之时，它却在今河南汲县的魏襄王（一说为魏安釐王）墓中沉睡了五百数

① 《晋书》卷五十一《束皙传》，1432～1433页，北京，中华书局，1974标点本。

② ［晋］荀勖：《上穆天子传序》，见《全晋文》卷三十一，303页，北京，商务印书馆，1999标点本。

③ ［南朝］刘勰：《文心雕龙》卷二，134页，北京，人民文学出版社版，1962标点本。

十年。虽然避过秦火之劫，却在西晋初年由盗墓人挖出、又由朝廷下令收集编校的时候，不能逃避由时代距离导致的后人曲解。及至它作为汲冢文献，以诘屈聱牙的语言，连束皙、荀勖、郭璞都不能尽识其文，又可以和《山海经》《汉武帝内传》一样考见西王母事，已经相当程度地被视为“夸言寡实”，“有伪托而多荒唐”，甚至加以神仙化而归入《道藏》了。

究其本意，战国人主要并非把周穆王当神仙来描写，却有些类乎周人作“颂”，以“美盛德之形容”的方式，把他当作传说中的英雄。在战乱时代把统一王朝的一个英雄君主作为民族历史的回忆，这与后世战乱时代的英雄传奇作品一样，都隐藏着一种“乱世思英雄”的焦虑情绪。穆王史料见于《史记·周本纪》，已略嫌音影模糊。其间既肯定他“闵文武之道缺”，整顿国政使之“复宁”；又对他不听祭公谋父“先王耀德不观兵”之谏而征犬戎，“得四白狼四白鹿以归，自是荒服者不至”①，颇有微词。至于穆王“西巡狩，见西王母”之事，也许作者采取写《大宛列传》时“不敢言”《禹本纪》《山海经》“所有怪物”类似的态度，以曲笔散见于《秦本纪》和《赵世家》，而且语焉不详。史实的欠缺和零散，既使先秦典籍中的穆王轶事的解释易生歧见，又为穆王巡狩的史诗性想象留下广阔的空间。

有周一代，穆王堪称有声有色的君主，关于他的记载带有不少传说的或传奇的色彩。《逸周书·序》说：“周公云殁，王制将衰。穆王因祭祖不豫，询谋守位，作《祭公》；穆王思保位维艰，恐贻世羞，欲

① 《史记·周本纪》这则资料，源于《国语·周语上》。狼、鹿为北方狩猎游牧民族的图腾，对此可参看早期突厥语民族的英雄史诗《乌古斯传》，以及《蒙古秘史》关于蒙古族始祖的交代。

自警悟，作《史记》；王化虽弛，天命方永，四夷八蛮，攸尊王政，作《职方》。”①可知他是一位自知警悟，励精图治，而且注意开发边远民族地区的君主。在收入《逸周书》的这三篇文章中，他自称“予小子扬文武大勋，弘成康昭考之烈”，须以列朝列国兴亡为鉴戒，出外巡狩时又告诫四方“各修平乃守，考乃职事，无敢不敬戒，国有大刑”②。这些训诫，已经进入周人的礼制，如《周礼·夏官·职方氏》云：“职方氏掌天下之图，以掌天下之地，辨其邦国、都鄙、四夷、八蛮、七闽、九貉、五戎、六狄之人民，……王将巡守，则戒于四方曰：各修平乃守，考乃职事，无敢不敬戒，国有大刑。”③这种继承文王、武王遗烈，以安国治民的精神，和《尚书》中《君牙》《冏命》《吕刑》诸篇有关穆王居安思危、思免厥愆、“有德惟刑”，“惟敬五刑，以成三德；一人有庆，兆民赖之”，“以刑成德”④的行为，是几无二致的。只是《尚书·吕刑》中有一句话存在异解：“王享国，百年耄荒，度作刑以诘四方。”孔颖达疏曰：“穆王享有周国已积百年，王精神耄乱而荒忽矣。”其实，这是误解。据《竹书纪年》：“百年”，乃是指“自周受命，至穆王百年，非穆王寿百岁也”⑤；因而“耄荒”，乃是指“成康之际，天下

---

① 黄怀信、张懋镕、田旭东撰：《逸周书彙校集注(修订本)》卷九，1135页，上海，上海古籍出版社，2007标点本。

② 同上书，卷七、卷八，930、995页。

③ [汉]郑玄注，[唐]贾公彦疏：《周礼注疏》卷三十三，861～864页，见《十三经注疏》，北京，中华书局，1980影印本。

④ [唐]孔颖达撰：《尚书正义》卷十九《吕刑第二十九》，249～251页，见《十三经注疏》，北京，中华书局，1980影印本。

⑤ 《晋书》卷五十一《束皙传》，1432～1433页，北京，中华书局，1974标点本。此言录入《古本竹书纪年辑校》。

安宁，刑错四十余年不用”①，由久安而带来法制废弛。反倒是穆王见昭王时代的“王道衰微”，整顿政令刑律，从而达到国家“复宁”的效果。

一个数百年的王朝，往往在开国后百年达到国力的极盛期，对穆王之于周世，也应作如是观。魏人作为曾被周康王称誉以其德才“弼亮四世(文、武、成、康四世)”的毕公高之后，对此理会得尤为真切。当为魏国史官所作而出土于汲冢的《竹书纪年》，对这个国力极盛时期的对外施展，做了不无水分的记述：

> 穆王北征，行流沙千里，积羽千里。
>
> 西征犬戎，取其五王以东，王遂迁戎于太原。
>
> 十七年，西征昆仑邱，见西王母。
>
> 穆王东征天下二亿两千五百里，西征亿有九万里，南征亿有七百三里，北征二亿七里。②

记述公元前10世纪的一代君主如此广阔的活动地域舞台，实属我国上古史中所罕见，它能激发后世雄奇壮丽的幻想，也是理在必然。既然《诗经》的“雅”、“颂”中颇有一些歌颂周先公先王的叙事诗，又有《大武》这种叙写武王伐殷开国的舞曲，那么有《穆天子传》这样记述君王巡行的古拙史诗的出现，也就不足为奇了。

应该看到，汲冢书的非儒倾向相当明显，并非“子夏西河传经”的系统，这酿成了它在后世受歧视的命运。《竹书纪年》记载“舜囚尧”，

---

① 《史记》卷四《周本纪第四》，134页，北京，中华书局，1959标点本。

② 范祥雍编：《古本竹书纪年辑校订补》，26～27页，上海，上海人民出版社，1962标点本。该书辑录《山海经·大荒北经·注》《后汉书·西羌传》《穆天子传·注》，及《开元占经》四的材料。

“舜篡尧位”，被后儒斥为“事涉荒诞，不见经传，非圣者无法，不如去之”①，遂佚散于两宋之际。被古籍描绘为述德不及仁，以刑辅德，甚至违背“耀德不观兵”的先王之道的周穆王，染有一层刑名派的色彩，是不入儒家正宗的。《左传》昭公十二年，楚臣对楚灵王说：“昔穆王欲肆其心，周行天下，将皆必有车辙马迹焉。祭公谋父作《祈招》之诗，以止王心。”②这是楚臣劝阻那位弑君篡位、骄侈暴虐、多兴兵役，导致内外交怨的国君的讽喻性语言，其中已经渗入了谬将楚灵王与周穆王相比拟的主观性。一“欲”一“止”，似乎穆王并未“周行天下”，而一个“肆”字，显然指责穆王脱离先王礼法轨道了。

影响更为巨大的是宋儒朱熹《诗集传序》，其间称：“昔周盛时，上自郊庙朝廷而下达于乡党闾巷，其言粹然无不出于正者。圣人固已协之声律，而用之乡人、用之邦国，以化天下。至于列国之诗，则天子巡狩，亦必陈而观之，以行黜陟之典。降自昭、穆而后，寝以陵夷。至于东迁，而遂废不讲矣。”③他以诗观政，把昭王、穆王之世作为有周一代诗由正而变，国由盛而衰的转折点，既否定了穆王重振有周盛世的业绩，也把他排斥在儒家正统之外了。

然而这是以儒学正统观念编排的历史，并非更广泛的战国人心目中的历史。战国之世，反而颇有些人把穆王视为杰出的人主。出自战国中后期以齐国稷下为中心的管仲学派之手的《管子·小匡篇》，记载管仲初见齐桓公，就以穆王作为楷模而陈述政见：“昔吾先王周昭王、

---

① 方诗铭、王修龄：《古本竹书纪年辑证》，64页，上海，上海古籍出版社，1981标点本。

② 杨伯峻编注：《春秋左传注》，1341页，北京，中华书局，1990标点本。

③ ［宋］朱熹集注：《诗集传·序》，1页，北京，中华书局，1958标点本。

穆王，世法文、武之远迹，以成其名。合群国，比校民之有道者，设象以为民纪。”①假托管仲名义著书立说的齐国稷下学士，崇尚刑名、黄老，讲究霸略，其论点当有某些与受过李悝《法经》影响的魏人相契合之处。《穆天子传》选择这么一位褒贬不一的君王作为带史诗性的英雄，这也透露了它的文化取向是非儒宗而重霸略了。《穆天子传》的出土以及对它的重新细读和阐释，将有可能弥补秦人焚书之后所出现的中国神话发展史和中国小说发生学上的一个断层。对它的解读几乎与对《山海经》的解读同样重要，因为这样才能解读出中国小说与神话的联系，而且这些神话与自然神话有所不同，而是与真实存在过的人间英雄联系在一起，不限于幽邃奇幻，而趋于雄奇厚重的审美品格。

二、成书年代与魏人的河伯崇拜

前面已约略透露，出土于汲冢的《穆天子传》是战国魏人之作，其本文既存在着不少内证，又由于作者主观的介入，使作品闪烁着若隐若现的魏文化色彩，以及对民族盛世的追慕和对战乱现实的焦虑。

为了证明《穆天子传》为战国魏人所作，首先有必要从历史地理学的角度进行分析。值得注意的是，一批魏国及其周边诸侯国的地名进入穆天子的行踪，甚至可以说，除了宗周和南郑之外，穆天子的西征和在中原的巡行是以魏地始，又以魏地终的。这些地名当能唤起魏人亲切的乡土感，甚至会由其间所牵连的一些历史事件而产生兴衰荣辱的复杂感慨。该书卷一的开头当有若干佚简，今存可以确认的地名是：“天子北征，乃绝漳水”。郭璞注：“漳水今在邺县。”据《史记·河

① [春秋]管仲：《管子》，见《诸子集成》(五)，120页，北京，中华书局，2006影印本。

渠书》记载，“西门豹引漳水溉邺，以富魏之河内”①，这当是魏国最强的魏文侯之世的盛事之一。

但这已是穆天子北征到魏的北部与赵交界之处，前面佚简中当还有些魏的其他地名。由此可以联想到《晋书·束晳传》著录：“《穆天子传》五篇，言周穆王游行四海见帝台、西王母。”论者或把这里的帝台和《山海经》中“帝台之所以觞百神”相联系，却不能确指其地。其实，这里的帝台也许就是帝丘。《说文》释“台”与“丘”，一谓“观四方而高者”，一谓“土之高也，非人所为也”，其义有相通之处。只不过前人以为是神筑之台，后人以为是天然的丘，因而异其称呼而已。《春秋经》僖公三十一年，“十有二月，卫迁于帝丘。”②《左传》昭公十七年：“卫，颛顼之虚也，故为帝丘。”③《汉书·地理志》云：“卫本国既为狄所灭，文公徙楚丘，三十余年，子成公徙于帝丘。故《春秋经》曰：卫迁于帝丘，今之濮阳是也。本颛顼之虚，故谓之帝丘。……成公后十余世，为韩、魏所侵，尽亡其旁邑，独有濮阳。”④所谓卫成公后十余世，已是战国初期魏文侯、武侯之时。帝丘在魏都大梁和帝喾陵所在的顿丘之间，毗邻汲冢，所谓卫在战国时已由公侯降为“君”而成了魏的附庸了。此地又在漳水和邺的东南方，似是穆天子北征时须经之地。据《初学记》引《帝王世纪》：“颛顼，黄帝之孙，昌意之子，姬姓也。”又据《世本》，帝喾元妃姜原生后稷，是周人，也是同为姬姓的魏

① 《史记》卷二十九《河渠书第七》，1408页，北京，中华书局，1959标点本。

② 杨伯峻编注：《春秋左传注》，485页，北京，中华书局，1990标点本。

③ 同上书，1391页。

④ 《汉书》卷二十八下《地理志第八下》，1664页，北京，中华书局，1962标点本。

人的远祖。因而帝台之行，可能是穆天子北征西巡前期的一次祭祖祀天仪式，这既符合周王把天神和传说中的远祖同称为“帝”，自居“天子”或“王”的观念，也不失《山海经》“帝台之所以觞百神”①之义。

频繁出现的魏地名，不仅联系着魏的远祖和先朝强盛时的荣耀，而且联系着现世魏国的危机和屈辱。这类地名之多，令人感到魏人在描写穆王盛世时总在下意识地频频反顾自己命运的忧患情结。卷四写穆天子北征西巡三万五千里，回到宗周祭庙，这当是此番盛举的圆满结束。但作品却节外生枝，安排穆天子从乙酉到丁酉的十余日，由洛水北渡黄河进入魏的腹地和西陲，“以西北升于盟门九河之隥，乃遂西南。仲冬壬辰至𣞌山之上，乃奏广乐，三日而终”，天寒地冻地走了一大段冤枉路才进入南郑。盟门，即孟门山，也就是关锁黄河，连接魏河东、河西两地的龙门上口山脉。《吕氏春秋·开春论·爱类》说：“昔上古龙门未开，吕梁未发，河出孟门，大溢逆流。”便指此地。累(𣞌)山即三累山，《水经注》说：“横溪水出三累山，其山层密三成。”此地在今之陕西韩城，属战国魏之河西。然而自魏惠王割河西之地与秦，这些地方成了秦侵吞魏的前沿，它们是魏由盛而衰的地理见证。

卷五、卷六写穆天子宴游和葬盛姬事，出现的魏地名有濩泽、兔台、黎丘、曲沃、洹水、野王、盐池、虞坂。不计佚简，濩泽是穆天子宴游开始的地方。《竹书纪年》说：“梁惠成王十九年(公元前 352 年)，晋(魏拥有晋的核心之地，故称晋)取泫氏、濩泽。”有意味的是，似乎穆天子一项大行动开始的地方，都与魏人的光荣相联系；而一项大行动终结的地方，又令人联想到魏人的屈辱。穆王北征西巡时的漳水及盟门、累山是如此，这两卷中的濩泽及盐池、虞坂也如此。卷六

① 方韬译注：《山海经》，113 页，北京，中华书局，2009 标点本。

的结尾，穆天子痛悼盛妃之死，最后进入魏地，“戊子至于盐。己丑，天子南登于薄山寘軨之隥，乃宿于虞”。盐即盐池，在魏惠王迁都于大梁以前的旧都安邑(今山西省运城市)附近。虞地也近安邑，在今山西平陆县北，春秋时代晋假道于虞以伐虢，即经此地。《水经注》说：“虞城北对长坂二十里，谓之虞坂。”虞坂古称颠铃坂，也就是作品中的“薄山寘軨之隥”。《括地志》说：“雷首山，亦名薄山。”此地属战国蒲坂邑，山西河东道，山西蒲州府治，以蒲盐著名，这又同作品中的“盐”地呼应起来了。可以说，处于战争割据、交通艰难的战国时代，非魏人作者是很难有如此精确的地理知识的。这些地方都处于魏之河东，魏惠王以后屡受秦师的侵略。作者写下这些地名，也许是隐含着丧师之痛和被迫迁都之痛的。不然，就无法解释作品每写完穆天子一番大举动之后，总是频频回顾魏之河西、河东之地，因为这些地名不可能是穆王时代的史官留下的遗产。那种认为“《穆天子传》六卷，其文典则淳古，宛然三代范型，盖周穆史官所记”①，是没有细读深辨文本所致。

其次，有必要从特定地域的民俗心理学角度，做进一步的分析。在《穆天子传》中最深切地透露魏人作者的风俗信仰和忧患情结者，莫过于祭河宗的描写。远古中国的风俗信仰是具有浓郁的宗族性和乡土性的，古人在把种族的远祖幻想为“帝”、为天神的同时，又以万有皆灵的观念幻想出名山大川之神。《诗·周颂·时迈》抒写位居“昊天其子”的周王望祭山川、“怀柔百神”的时候，特意突出了“河”、“岳”二神。《竹书纪年》记禹的后代“帝芬十六年，洛伯用与河伯冯夷斗”；“帝芒元年壬申，帝即位，以玄珪宾于河”②，这当是祭河神的较早记载。《穆天子传》则把这类祭典，铺陈得更为隆重堂皇了。卷一写了穆

① [明]胡应麟：《四部正讹》卷下，广雅书局重刊《少室山房集》本。

② 方诗铭、王修龄：《古本竹书纪年辑证》，208页，上海，上海古籍出版社，1981标点本。《太平御览》卷八十二“皇王部七”也引此文。

王于渗泽祭河宗之后，又有燕然山之祭：

> 吉日戊午，天子大服冕祎、帔带、搢曶、夹佩、奉璧，南面立于寒下。曾祝佐之，官人陈牲全五□具。天子授河宗璧，河宗柏夭受璧，西向沉璧于河，再拜稽首。祝沉牛、马、豕、羊。河宗□命于皇天子，河伯号之帝曰："穆满！女（汝）当永致用旹字。"南向再拜。河宗又号之帝曰："穆满！示女春山之琉，诏女昆仑□舍四，平泉七十，乃至于昆仑之丘，以观春山之琉。"赐语，晦。天子受命，南向再拜。

这是先秦虚构叙事作品所描写的至为隆重的一次祭典，也是河伯作为神所受到人间天子的最崇高礼遇。查《史记·六国年表》正文和索引，秦、魏两国有以少女妻河伯的风俗；《滑稽列传》写西门豹治邺，也有破"河伯娶妇"的魏国弊俗的记载。《文选·思玄赋》注引《青令传》曰："河伯华阴潼乡人，姓冯名夷。浴于河中而死。是为河伯"又引高诱《淮南子注》："冯夷，河伯也，华阴潼乡堤首人。"①华阴潼乡，乃魏河西地，魏惠王时失于秦。可知这段河伯祭典描写，乃是崇拜河神的魏俗的审美升华。其间天子设祭，沉璧于河，再拜稽首，人神对语，弥漫着一派虔诚恭敬、庄严肃穆的气氛。这里有必要对"人神对语"进行语言分析。

据汲令卢无忌《齐太公吕望碑》援引出土不久的汲冢《周志》记载："文王梦天帝服玄禳以立于令狐之津，帝曰：'昌，赐汝望。'文王再拜

① ［梁］萧统编，［唐］李善注：《文选》卷十五《赋·志》，661页，上海，上海古籍出版社，1986标点本。

稽首。”①天帝对文王和河伯对穆王，都直呼其名“昌”或“满”，用的人称代词都是“女”（汝），而授予其福分或宝物时，所用动词“赐”、“示”、“诏”，都有一种居高临下的意味。而文王对天帝以及穆王对河伯的敬礼仪式，都是“再拜稽首”。这就是说，穆王祭河宗的典礼已近乎文王之梦天帝，在极其讲究礼仪名分的古中国，这种描写已是出格甚至有点僭越了，其间所透露的风俗心理乃是魏人对河伯的极端尊崇。

黄河作为华夏文明摇篮和降福施灾的神秘力量，在先秦时代就曾经孕育过“河授君权”的信仰。至于河水自西及南横贯其境的魏人，这种信仰当更为浓厚。《竹书纪年》记载“洛伯与河伯冯夷斗”，向来被论者视为《河图》《洛书》之争。《易·系辞上》有：“河出图，洛出书，圣人则之。”②汉郑玄以之为“帝王圣者受命之瑞。”《毛诗正义·大雅·文王》疏引《元命苞》云：“凤皇衔《图》置帝前，黄帝再拜受，尧坐中舟，与太尉舜临观凤皇负《图》授。”③又《礼记·礼运》疏引《中候握河纪》：“尧时受河图，龙衔赤文绿色”；又云“伏羲氏有天下，龙马负图出于河，遂法之，画八卦”④。孙星衍辑《尸子》也有河精“授禹河图”之说。《穆天子传》描写穆王祭河，也没有遗漏受“河图”的情节，而且把古中

① 碑文收入严可均校辑《全晋文》卷八十六。

② ［唐］孔颖达正义：《周易正义》卷七《周易系辞上第七》，见《十三经注疏》，82页，北京，中华书局，1980影印本。张岱年：《论易大传的著作年代与哲学思想》一文，论定《系辞》的基本部分是战国中期作品，成于老子以后，惠子、庄子以前，即比《穆天子传》成书略早。

③ ［唐］孔颖达撰：《毛诗正义》卷十六《文王之什诂训传第二十三》，见《十三经注疏》，503页，北京，中华书局，1980影印本。

④ ［汉］郑玄注，［唐］孔颖达疏：《礼记正义》卷二十二《礼运第九》，见《十三经注疏》，1427页，北京，中华书局，1980影印本。

国人的名川信仰加以史诗化了。

> 己未，天子大朝于黄之山，乃披图视典，周观天子之宝器。乃曰：“天子之宝：玉果，璿珠，烛银，黄金之膏。天子之宝万金，□宝百金，士之宝五十金，鹿(庶)人之宝十金。”

这是一幅未经谶纬化的所谓“河图”，它是比那种“龙衔赤文绿色”的神秘化河图还要直观和朴素。据郭璞注，□的缺文(按：《穆天子传》颇有以□标示不止缺一字或脱简之处)，乃是“诸侯之宝千金，大夫之(宝百金)”。显而易见，所谓“河图”文辞的核心，是强调天子、诸侯、大夫、士、庶民的等级礼分制度，它只不过是天子兵车万乘、诸侯兵车千乘一类周制在“宝器”拥有上的套用。战国魏人作者写下这段文字，或许是针对礼乐征伐权力下移和混乱，甚至“上无天子，下无方伯，力功争强，胜者为右”①的以强权代替礼制的局面的。

同样值得注意的是，河伯不仅是可以祈福赐宝的神祇，而且其后裔河宗柏夭是穆王巡行的显赫而出色的随从与外交人才。柏夭陪同穆王西征和东归行程近三万里，几乎与这次西征盛举相始终。他有乘天子八骏之一，以充任西征向导的殊荣：“柏夭既致河典，乃乘渠黄之乘为天子先。”卷二至卷四，他先后出面九次，代表天子向西方部落首领接受礼品，向天子解释西方诸部落的渊源。尤其是东归途中“东南翔行驰驱千里”之时，天子为前四骏所驾之车的“主车”，柏夭为后四骏所驾之次车的“主车”，其地位高于天子全部近臣，更不必说天子的

---

① ［西汉］刘向集录：《战国策》卷五《秦三》，196页，上海，上海古籍出版社，1988标点本。

御者造父了。

这就有必要进一步考究魏人作者与河伯的因缘。卷一记载:“戊寅,天子西征骛行至于阳纡之山,河伯无夷之所居,是惟河宗氏。河宗柏夭逆天子燕然之山。”阳纡,即《山海经·海内北经》所谓:“阳汙之山,河出其中;凌门之山,河出其中。”清人郝懿行注:“阳汙即阳纡,声相近。……(凌门)或云即龙门,凌、龙亦声相转也。……阳纡、陵门其地皆当在秦。”阳纡为秦地,本自汉之人说,《淮南子·坠形训》列举九薮之名,即有“秦之阳纡”。高诱注道:“阳纡盖在冯翊池阳。”冯翊为汉代所设之郡,地在临晋或华阴。《史记·滑稽列传》记河伯娶妇之魏俗,“正义”说:“河伯,华阴潼人,姓冯氏,名夷。”《史记·封禅书》又写道:“及秦并天下,令祠官所常奉天地名山大川鬼神可得而序也。……水曰河,祠临晋。”

然而,河伯“所都居”的阳纡之山,及其出生地华阴、立祠地临晋,原本都属魏国“河西之地”,也就是说战国魏地本来包括河伯的故乡。这块地方战略位置之重要,可证于《战国策·魏策》的记载:“魏武侯与诸大夫浮于西河(即《禹贡》之“龙门西河”),称曰:“山河之险,岂不亦信固哉!”①可是马陵之战,魏破于齐之后,又折师于秦,被迫献河西之地于秦以求和。此时为公元前330年,即魏惠王后元五年,下距《穆天子传》埋入魏襄王墓三十余年(或下距埋入安釐王墓八十余年)。

又据《孟子·梁惠王上》记载,失河西约十年后,梁惠王对孟子说:“及寡人之身,东败于齐,长子死焉;西丧地于秦七百里;南辱

---

① [西汉]刘向辑录:《战国策》卷二十二《魏一》,781页,上海,上海古籍出版社,1988标点本。

于楚。寡人耻之，愿比死一洒之。”①可见这几十年间，魏人是把失河西当作最沉痛的国耻之一的。由此考定，《穆天子传》是魏国失河西到襄王之死这三十余年间(公元前 330 年—前 296 年，或至安釐王之死，公元前 243 年这八十余年间)的作品。承认了这一点，就不难体验到，魏人作者写祭河伯的盛典，以及河宗柏夭随穆王西征的风光，乃是寄托着对河西失地的至为沉痛而庄严的祭奠的。穆王的传奇性巡行和魏人的乱世忧患相交织，给这部作品注入了不少雄伟而沉郁的史诗力量。

三、马神崇拜与八骏配八方之色

穆王的传奇性巡行是以八骏作为交通方式和礼仪形式的，因而八骏成为这部作品极为独特的基本意象。假若说，对河伯的怀念牵系着魏人的失土之痛，带有某种地域性；那么对穆王八骏的描绘，就带有更明显的普遍性，隐括着由游牧转至农耕、征伐出巡都离不开车骑的古代北中国人对马的崇拜。这种崇拜简直有点制度化了。据《周礼·夏官·校人》记载，周制以四时祭马祖、先牧、马社、马步诸神。这种制度延续到隋唐，《旧唐书·礼仪志(四)》说：“仲春祭马祖，仲夏祭先牧，仲秋祭马社，仲冬祭马步。并于大泽，用刚日。”②其实，祭马神属于周制五礼中的“军礼”。《诗·大雅·皇矣》有：“是类是祃。”③《尔雅·释天》注：“师出征伐，‘类’于上帝，‘祃’于所征地。

① [宋]朱熹：《孟子集注》卷四《公孙丑章句下》，见《四书章句集注》，250 页，北京，中华书局，1983 标点本。

② 《旧唐书》卷二十四《礼仪四》，911 页，北京，中华书局，1975 标点本。

③ [唐]孔颖达撰：《毛诗正义》卷十六《毛诗大雅》，见《十三经注疏》，522 页，北京，中华书局，1980 影印本。

伯祭马祖，将用马力，必先祭其先。”①古中国人是向上帝和马神祈求战争胜券的，马神即天驷，即是战争之魂。因此，写穆王八骏，实质上是抒写民族尚武精神。

马的显赫作用，带来了御者的特殊地位。造父在穆王西征中的功勋见于正史，《史记》“秦本纪”、“赵世家”都有记载，后者写道：

> 造父幸于周缪王。造父取骥之乘匹，与桃林盗骊、骅骝、绿耳，献之缪王。缪王使造父御，西巡狩，见西王母，乐之忘归。而徐偃王反，缪王日驰千里马，攻徐偃王，大破之。乃赐造父以赵城，由此为赵氏。②

赵国先祖业绩非常辉煌的这一幕，被《穆天子传》采用了。加上穆王巡行时，曾经八度“奏广乐”，使广乐几乎成为这部作品的主题曲。广乐也是与赵国先人赵简子相联系的，《史记·赵世家》写道，赵简子染疾七日不省人事，寤后说：“我之帝所甚乐，与百神游于钧天，广乐九奏万舞，不类三代之乐，其声动人心。”③论者或许会根据关于造父、赵简子的这两则记载，把《穆天子传》的著作权归于赵人。推究起来，应当承认，穆王西征的故事有一个口头传说的过程。这类传说当以造父为周穆王御者为最初的萌蘖点，其后又渗进了广乐的意象。然而，赵与魏同为晋卿，传说的流行已成晋人的共同文化财富。由口头

① ［东晋］郭璞注，［宋］宋邢昺疏：《尔雅注疏》卷六《释天第八》，见《十三经注疏》，2609页，北京，中华书局，1980影印本。

② 《史记》卷四十三《赵世家第十三》，1779页，北京，中华书局，1959标点本。

③ 同上书，1786～1787页。

传说到书面写定，当有一个由赵人易手于魏人的转变。因为看一部虚构叙事作品，不仅要看它从载籍中承袭了什么，更重要的是看它在载籍之外增添了什么，后者更是作者心魂所系。对于正史，造父比河伯重要；对于虚构的史诗作品，河伯比造父重要，这正是史诗区别于正史的地方。因此，曾经继承过晋人口头传说遗产的《穆天子传》的著作权，还是以归还给汲冢所在国的魏人为妥。而且由于它出土于汲冢，成书时间最晚也应在墓主的卒年，公元前 296 年(魏襄王)或公元前 243 年(安釐王)之前。

再看对八骏的描写，虚构叙事作品增添了什么。卷一所谓“河典”说：“天子之马走千里，胜人猛兽；天子之狗走百里，执虎豹。”《太公六韬》为文韬、武韬、龙韬、虎韬、豹韬、犬韬，以文、武、龙、虎、豹、犬为次，这里的“天子之狗”已高出了两级。写犬马的威猛神速，是为了显示天子的威仪和气象。同时，《史记》所记载的三骏也被扩展为八骏了：“天子之骏：亦骥、盗骊、白义、逾轮、山子、渠黄、华骝、绿耳。”表面上的数量扩展，包含着深层隐义。后人未做深入理会，如《拾遗记》还停留在夸饰八骏神速的层面上：“王驭八龙之骏，一名绝地，足不践土；二名翻羽，行越飞禽；三名奔霄，夜行万里；四名超影，逐日而行；五名逾辉，毛色炳耀；六名超光，一形十影；七名腾雾，乘云而趋；八名挟翼，身有肉翅。”①设喻神奇，无以复加，却在张扬六朝人的绮丽之时，冲淡了先秦时代深邃哲理意蕴了。

关键在于远古的中国人，主要是以毛色区分骏马的。尽管《周礼·夏官·校人》分天子之马为六种、邦国之马为四种，有点以用途和肥瘦良劣相马，但先秦文献中大量以“马”为偏旁的字，却侧重于以毛色分类，把这种征战狩猎的畜生描绘得五颜六色。《诗·秦风·小

---

① [晋]王嘉：《拾遗记》卷三《周穆王》，71 页，北京，中华书局，1981 标点本。

戎》写秦地一车四马，为骐(青黑)、骝(赤红)、骗(白而黑唇)、骊(纯黑)。《诗·鲁颂·驷》描写鲁公的马色多达十六种，如骓(苍白杂毛)、駓(黄白杂毛)、骍(赤)、骆(白而黑鬣)等等。当马还处在人的视野中心之时，马是不能笼统地称为“马”的。古中国人对马的毛色的敏感，简直可以同古希腊人对人体比例的敏感相媲美。

对于穆王八骏，郭璞作注强调：“《纪年》云曰：北唐之君来见，以一骊马，是生绿耳。魏时鲜卑献千里马，白色而两耳黄，名曰黄耳，即此类也。八骏皆因其毛色以为名号耳。”①且根据各家注语，排列八骏毛色如下：

赤骥——赤山子——？

盗骊——黑渠黄——黄

白义——白华骝——色如华而赤

逾轮——紫绿耳——绿(限于耳部)

自郭璞以来，各家对“山子”都无法作注，只有清人陈逢衡提及：《博物志》无山子，另有飞黄。我认为“山子”即“山駓”，即《诗·鲁颂·駉》中“有骓有駓”所提及者。駓，古作“丕”，与“子”字形近而讹。②《说文》训“駓”为“黄白杂毛也”，近乎《博物志》的“飞黄”，即近乎橙色。另一个难解之处，是华骝的“色如华而赤”，考虑到“华”字乃是指斑驳的花纹(在穆王东归时，此字又变成无法解读的怪字)，又考

① [晋]郭璞注，[明]范钦订：《穆天子传》卷一，四部丛刊本，四页。

② 对于此字，进行检校的晋臣不察，或察而不识。如《左传》杜预后序之孔颖达《正义》引王隐《晋书·束皙传》说：“汲冢竹书，大凡七十五卷。……汲郡初得此书，表藏秘府，诏荀勖、和峤以隶字写之，勖等于时，不能尽识其书。”其实在《左传》的今存本，“駓(駓)”还有写作“骍”或“駂”的。

虑到这里的“赤”，乃是枣红色，且有黑色鬃毛和尾毛(参看《说文》释“骝”)，此马疾驰时，诸色混杂，当可给人蓝色的感觉。于是，橙、蓝二色配上已有定论的六色，便形成了穆王八骏所具有的赤、橙、黄、绿、青(黑)、蓝、紫七色加上白色的，复杂有序的颜色配置。

这八种颜色略做兑换，也可成为古人心目中代表东南西北四方的“正色”，及代表四隅的“间色”。如《礼记·玉藻》疏引皇氏云：“正谓青、赤、黄、白、黑，五方正色也。不正，谓五方间色也，绿、红、碧、紫、缁黄是也。青是东方正，绿色东方间，……朱是南方正，红是南方间，……白是西方正，碧是西方间，……黑是北方正，紫是北方间，……黄是中央正，缁黄是中央间。”①尽管这些注疏文字已经染上阴阳五行说的色彩，但也可以启示人们往上认知《穆天子传》八骏色泽代表着四方四隅的八种配色。

至于穆王的能够“走百里，执虎豹”的“六狗”，有些也是可以辨认毛色的。比如“来白”、“□黄”，则从字面便可知是白、黄两色。清人檀萃注疏本则进一步生发引申，认为“重工”，色“如染工之重”；“彻止”，“色黧如止水之碧澄”；“藿猳”，“色如藿叶之青”；而“南□”的缺字，注家则根据阴阳五行说之所谓南方色赤，而擅填“丹”字表示颜色了。经过注家的这番推衍和臆断，穆王六狗的毛色也分别为青、赤、白、黑(黧)、黄以及“重色”了。如果认“重”为“玄”，这六种颜色也是与天地四方，即所谓“六合”的颜色相对应的。

战国中晚期，人们对“暴师经岁，流血满野”，“兵革不休，诈伪并起”的世道充满迷惘、恐惧和危机感。神仙幻想和术数之学渐盛，

① [汉]郑玄注，[唐]孔颖达疏：《礼记正义》卷二十九《玉藻第十三》，见《十三经注疏》，1477页，北京，中华书局，1980影印本。

以《易传》和阴阳五行家为代表的思潮又企图简化宇宙构成的要素，推测四时五行与历史朝代兴替转移的神秘联系。这种文化思潮自然也不能排除其对魏人作者的影响，比如《汉书·艺文志》著录术数之学，春秋四家，“晋有卜偃”；战国二家，“魏有石申夫”。即便汲冢出土的竹书，也颇有些与《周易》以及战国术数之学相联系者。《晋书·束皙传》载汲冢出书七十五篇，有“《易经》二篇，与《周易》上下经同。《易繇阴阳卦》二篇，与《周易》略同，《繇辞》则异。《卦下易经》一篇，似说卦而异。《公孙段》二篇，公孙段与邵陟论《易》。……《师春》一篇，书《左传》诸卜筮，‘师春’似是造书者姓名也。《琐语》十一篇，诸国卜梦妖怪相书也。……《大历》二篇，邹子谈天类也。”①可见全部汲冢书是弥漫着易卦卜筮、阴阳术数的气氛的。同时出土的《穆天子传》采用易卦中极常用的八、六之数，作为穆王犬马的限量，又采用阴阳五行家极为关注的色彩来给这些犬马命名。不管其间是有意识、无意识，考虑到汲冢书的文化气氛，都不妨认为这是学术和巫术心理对早期虚构作品的渗透。它是阴阳五行思想和宗教幻想对我国古代小说叙事进行渗透的滥觞。

四、穆王见西王母的神话史诗化

具有浓郁象征意味的数与色，乃是古中国人出于神秘的心理对天地鬼神的关注和默契。然而史诗性作品不能局限于对某种世界图式和思维模式的图解，它必须折射出深切的人间感情。于是作品描写周穆王驰驱着八、六为数的骏与犬，穿越山川，交通人神，到达“西王母

---

① 《晋书》卷五十一《束皙传》，1432～1433页，北京，中华书局，1974标点本。

之邦”，展开了中原君主和殊方女主之间一番风光旖旎的交往。这便是全篇作品的另一个引人注目的叙事焦点。

《尔雅·释地》说：“觚竹、北户、西王母、日下，谓之四荒。”①根据《国语·周语》《荀子·正论》和《史记·周本纪》均有记载的祭公谋父劝说周穆王的话：“先王之制，邦内甸服，邦外侯服，侯、卫宾服，夷、蛮要服，戎、狄荒服。”②可知名列“四荒”之一的西王母，不仅是地名，而且是地处夷蛮之外的部族。朱芳圃《中国古代神话与史实·西王母考》认为，“西”表示方位，“王”有神义，“母”为貘之音假，“西王母犹言西方神貘。从《山海经》所载居处、形状、服饰考之，当为西方貘族所奉祀的图腾神像。所谓貘族，即《穆天子传》中的膜及西貘。”这个推断是有道理的。貘，古又作“貊”。《诗·大雅·韩奕》有“王锡韩侯，其追其貊”，朱熹注作“追、貊，夷狄之国也”。《诗·鲁颂·閟宫》：“至于海邦，淮夷蛮貊”，也把貊与夷蛮并列。假若采用明人陈第《毛诗古音考》排比韵语以察古音的方法，是可以列举不少貘、莫、母同韵的例证的，即使与貘字有共同语源的暮、慕等字，在其后发展中也与“母”字共享音韵了。因此，西王母是以神貘为图腾的西方部族，此说经得起多方考证。③

问题在于：《史记》还记载周穆王“西巡狩，见西王母”，但是也许

① ［东晋］郭璞注，［宋］宋邢昺疏：《尔雅注疏》卷七《释地第九》，见《十三经注疏》，2616页，北京，中华书局，1980影印本。

② 上海师范大学古籍整理组校点：《国语》卷一《周语上》，4页，上海，上海古籍出版社，1978标点本。

③ 也许是殊方部族给神话想象提供了足够的自由空间，古籍中时见把西王母与不同的圣王雄主联系起来。如西汉焦延寿《易林》：“稷为尧使，西见王母。”《太平广记》卷二〇三引《风俗通》：“舜之时，西王母来献玉琯。”类似记载也见于《金楼子·兴王篇》。

由于图腾的消亡，《史记·大宛列传》云："安息长老传闻条枝有弱水、西王母，而未尝见。"[①]到西汉中后叶对西域"土地山川王侯户数道里远近翔实"之后，《汉书·西域传》依然沿袭此说："安息长老传闻条支有弱水、西王母，亦未尝见也。自条支乘水西行，可百余日，近日所入云。"[②]于是西王母就成了任神话驰骋想象的题目了。

地处夷狄荒外的西王母在讲究"华夷之辨"的古中国，却始终受到了为夷狄远不能及的礼遇尊崇，这也是值得深思的。西王母在上古的几番出现，仿佛都披着一层神圣面纱，几乎成了又一种"帝王圣者之瑞"。《世本》曰："舜时，西王母献白环及玦。"皇甫谧《帝王世纪》曰："西王母慕舜德，来献白环及玦，并贡益地图。"贾谊《新书·修政语(上)》说："尧教化及雕题、蜀越，抚交趾。身涉流沙地，封独山，西见王母。"[③]《金楼子·兴王篇》说："舜摄行天子政，巡狩得举用事。卿云出，景星见，西王母使使乘白鹿、驾羽车、建紫旗来献白环之玦。"[④]《穆天子传》卷二记载"天子升于昆仑之丘，以观黄帝之宫"，似乎对黄帝曾经见西王母也有某种暗示。因为据《汉书·地理志》：金城郡临羌县"西北至塞外，有西王母石室"，西有"弱水、昆仑祠"，这是以前注家已经援引过了的。唐人徐坚《初学记》卷二十九引孙柔之《瑞

---

① 《史记》卷一百二十三《大宛列传第六十三》，3163～3164页，北京，中华书局，1959标点本。

② 《汉书》卷九十六上《西域传第六十六上》，3888页，北京，中华书局，1962标点本。

③ [汉]贾谊撰，阎振益、钟夏校注：《新书校注》卷九《修政语上》，360页，北京，中华书局，2000标点本。

④ [梁]萧绎撰，许逸民校笺：《金楼子校笺》卷一《兴王篇第一》，93～94页，北京，中华书局，2011标点本。

应图》曰："黄帝时，西王母使使乘白鹿，献白环之休符，有金方也。"①西王母传说，蕴含着中国古人对上古圣王和域外传奇的玄妙之思。

西王母神话实际上还蕴含着一种神秘的生命意识。自觉得居于大地中心的古中国人，以南郊祭天、北郊祭地②，其后又配以东、西郊祭日、月。换言之，古中国人往往从奇暑奇寒的南方北方体悟到"空间"，从日升月落的东方西方体悟到"时间"。西王母是作为这种时间结构的一端而存在的。因而《山海经·大荒西经》既有西王母之山，也有日月出入，被称为"天枢"的日月山。

进一步考究便可发现，上述贾谊《新书》《金楼子》所谓尧、舜见西王母，在先秦典籍中原来只记载着"日月出入"的字样。《墨子·节用中》云："古者尧治天下，南抚交阯，北降幽都，东西至日所出入，莫不宾服。"③《大戴礼·少闲篇》说："昔虞舜以天德嗣尧，朔方幽都来服，南抚交趾，出入日月，莫不率俾。西王母来献其白琯。粒食之民昭然明视，民明教，通于四海，海外肃慎、北发、渠搜、氐、羌来服。"④从"日月出入"的天象描述，衍变成西见王母或西王母驾羽车献宝的人神交接，隐示了西王母在古中国人时间结构中的特殊位置。顺着这个思维方向，它（后来转化为"她"）进一步衍化为长生不死的象

---

① ［唐］徐坚等著：《初学记》卷二十九《兽部·鹿第十一》，715页，北京，中华书局，1962标点本。

② ［清］皮锡瑞：《经学通论》之三《三礼》，43页，北京，中华书局，1954标点本。

③ ［战国］墨翟：《墨子》，见《诸子集成》（四），102页，北京，中华书局，1954影印本。

④ ［清］王聘珍撰，王文锦点校：《大戴礼记解诂》，216页，北京，中华书局，1983标点本。

征，既有《淮南子·鉴冥训》“羿请不死之药于西王母，姮娥窃以奔月”的传说，又有《易林·讼之泰》关于“弱水之西，有西王母，生不知老，与天相保”的发挥。也就是说，西王母意象，蕴含着古中国的“圣王情结”和“长生情结”。

同出于汲冢的竹书《纪年》记载，帝舜有虞氏“九年，西王母来朝。(西王母之来朝，献白环、玉玦)”，又载：穆王(名满)“十七年，王西征昆仑丘，见西王母。其年，西王母来朝，宾于昭宫。(秋八月，迁戎于太原。王北征，行流沙千里，积羽千里。征犬戎，取其五王以东。西征，至于青鸟所解[三危山]。西征还履天下，亿有九万里。)十八年春正月，王居祇宫，诸侯来朝”①。这似乎是将神话传说历史化了。《穆天子传》则另辟蹊径，在上古载籍中代表神话的史诗化，在西王母由神向人的转换中走了关键的一步，尽管她还是神异的烟雾缭绕中的“人”。它把西王母之邦由“帝之下都”、“百神之所在”的昆仑山西移了三千里，从而还她富有人情味的殊方女主的面目：

> 吉日甲子，天子宾于西王母。乃执白圭玄璧，以见西王母。好献锦组百纯，□组三百纯，西王母再拜受之。□乙丑，天子觞西王母于瑶池之上。西王母为天子谣，曰：“白云在天，山陵自出，道里悠远，山川间之。将子无死，尚能复来。”天子答之曰：“予归东土，和治诸夏。万民平均，吾顾见汝。比及三年，将复而野。”西王母又为天子吟曰：“徂彼西土，爰居其野；虎豹为群，于鹊与处。嘉命不迁，我惟帝女。彼何世民，又将去子。吹笙鼓

① 方诗铭、王修龄：《古本竹书纪年辑证》，247页，上海，上海古籍出版社，1981标点本。

簧，中心翔翔。世民之子，唯天之望。”天子遂驱升于弇山，乃纪名迹于弇山之石，而树之槐，眉曰西王母之山。

穆王见西王母，显得尊贵典雅，较之楚襄王梦神女、曹子建遇洛神，自有崇高与婉丽之别，这正是史诗性作品与才人辞赋风采情调各有千秋之处。穆王和西王母的吟诵对答，颇有点《诗经》中雅诗之风，甚至“吹笙鼓簧”同于《小雅·鹿鸣》的诗句，“徂彼西土，爰居其野”也与《小雅·小明》中“我征徂西，至于艽野”相近。

古人称：“曲合乐曰歌，徒歌曰谣。”穆王和西王母酬唱以“谣”，无须合乐，显得亲切。谒见的仪式只有执圭献锦及拜受，是相当简化的，应答的称呼以我、子、予、汝，也相当平民化，于互为尊重之处透露了平等相待。吟诵以“天”字起，以“天”字结，口气雄阔而毫无疏远，反而那我、子、予、汝一类人称代词频繁出现九处，未免有点不甚符合君王身份而显得亲热过度。《诗·小雅·谷风》予女（汝）相称，是怨妇责夫之词；《诗·郑风·遵大路》子我相称，是男女相恋之章。尤其是西王母所说的“中心翔翔”、“将子无死”一类话，其亲昵、怨怼和期待的意味跃然纸上。这就难怪郭璞在《山海经图赞·西王母赞》中，弦外有音地写道：“天帝之女，蓬发虎颜。穆王执贽，赋诗交欢。韵外之事，难以具言。”在郭璞前后出现的《汉武故事》，尤其是《汉武内传》，受神仙道教的影响，以扬仙抑凡、仙凡悬殊的态度写汉武帝的西王母之遇，已经没有这分缠绵雅妙的人间感情了。

考察西王母形象自身以及西王母与人间帝王关系的变迁，可以发现时代文化思潮的更替深刻地牵动着作品的叙事立场和视角的调整。《山海经》记述西王母形象之处有三，相貌带有原始的狞厉，如《西山经》云：“又西三百五十里，曰玉山，是西王母所居也。西王母其状如人，豹尾虎齿而善啸，蓬发戴胜，是司天之厉及五残。"《海内西经》云："西王母梯几而戴胜杖，其南有三青鸟，为西王母取食。"《大荒西经》云："有西王母之山、壑山、海山"；"西海之南，流沙之滨，赤水之后，黑水之前，有大山，名曰昆仑之丘。有神——人面虎身，有文有尾，皆白——处之。其下有弱水之渊环之，其外有炎火之山，投物辄然。有人，戴胜，虎齿，有豹尾，穴处，名曰西王母。此山万物尽有。"①

西王母故事从神话变成仙话，西王母形象从豹尾虎齿，蓬发戴胜，管理灾祸刑罚，到端丽婉妙之女神，见诸文字记载，大概用了三百年。《汉武故事》云："七月七日，上于承华殿斋正中，忽有青鸟从西方来集。上问东方朔，朔曰：此西王母欲来。有顷，王母至，有三青鸟如乌，夹侍王母旁。"又谓曰："东郡献短人，呼东方朔，朔至，短人因指朔谓上曰：'西王母种桃，三千岁一为子，此儿不良也，已三过偷之矣。'后西王母下，出桃七枚，母因啖二，以五枚与帝，帝留核著前。母问曰：'用此何?'上曰：'此桃美，欲种之。'母笑曰：'此桃三千年一著子，非下土所植也。'"又有《汉武帝内传》云："西王母谓东方朔昔为太山上仙官令，擅弄雷电，遂谪人间。"滑稽玩世的东方朔，似乎也给西王母编排故事，据说他写《希有鸟铭》曰："有鸟希有，绿赤煌煌。不鸣不食，东覆东王公，西覆西王母。王母欲东，登之自通。阴阳相须，惟会益工。"②东汉赵晔的《吴越春秋》已将西王母、东王公作为祭祀对象，谓越王勾践"立东郊以祭阳，名曰东皇公；立西

---

① 方韬译注：《山海经》，255页，北京，中华书局，2009标点本。

② 《水经注·河水一》引张华叙东方朔《神异经》"其鸟铭曰"，希有，鸟名。今本《神异经》无。

郊以祭阴，名曰西王母。祭陵山于会稽，祀水泽于江州。”①这就不仅将西王母当成多情的女神，而且在阴阳谐调的理念下将之与东王公配对成双了。

《穆天子传》处于西王母脱离原始的狞厉，成为多情的女神，却尚未配对成双之间。从吉日甲子到丁未，穆王在西王母之邦羁留了四十四日，这就是《史记》所谓“见西王母，乐之忘归”。假若西征的终点到此为止，这部史诗性作品未免有些过于人间化了。周人重礼，于是有旷原狩猎、载羽而归的一幕，以收曲终奏雅之效：

> ……爰有□薮水泽，爰有陵衍平陆，硕鸟解羽，六师之人毕至于旷原。曰天子三月舍于旷原□。天子大飨正公诸侯王勤七萃之士，于羽岑之上。乃奏广乐。六师之人翔畋于旷原，得获无疆，鸟兽绝群。六师之人大畋九日，乃驻于羽陵之□。收皮效物，债车受载，天子于是载羽百车。已亥，天子东归。

这次使“鸟兽绝群”的旷原狩猎，是足以耀王威于异域的。而狩猎的最重要收获，是“载羽百车”。《山海经·大荒西经》说：“西有王母之山。……有三青鸟，赤首黑目。”《海内北经》又说：“有三青鸟为西王母取食，在昆仑虚北。”《穆天子传》既把西王母和昆仑山隔离，使她带有更多的人间气；又把青鸟和西王母分开，以便猎取羽翎。神话与史诗之间这种意象聚散，是饶有意味的。应该强调，羽之为物，在周人看来，是礼乐文化的某种象征。它可以用于祭祀，《周礼·地官·舞

① ［汉］赵晔撰，［元］徐天祜音注：《吴越春秋》卷九《勾践阴谋外传》，139页，南京，江苏古籍出版社，1999标点本。

师》说："教羽舞，帅而舞四方之祭祀。"[①]它可以用于庆典，《礼记·乐记》说："比音而乐之，及干戚羽旄，谓之乐。"[②]执干戚是武舞，执雉羽和旄牛尾是文舞。它可以装饰出游的车辆旌旗，《周礼·地官》有羽人，掌征集羽翮做旌旗车饰之用。[③] 它也可以用于狩猎，用作箭羽以助飞行，因此有宋玉《高唐赋》所说："传言羽猎，衔枚无声。"它还可以用于丧仪，如《礼记·杂记(下)》所说："匠人执羽葆(伞)御柩。"[④]这些无不说明，"羽可用为仪"，是诸多礼仪带标志性的用品。因此，把"载羽百车"作为周穆王西征和东归的转折点，是具有深刻的象征意义的。《穆天子传》虽然有"北征犬戎"的字样，但接下来的一句是"大戎□胡觞天子于当水之阳"，可见相互间还是以礼相待的。假若把祭河伯作为西征起点，那么这次远征是以祈天命始，以归礼乐终的，这就是一部史诗性作品紧连着一个民族的心理行为模式之处。穆天子的三万余里的西北巡行，在本质上是礼的巡行。[⑤]

五、仁霸兼修、悲乐兼备的叙事复调及盛姬之丧

《周穆王美人盛姬死事》，据《晋书·束皙传》曾列入汲冢杂书，而

① [汉]郑玄注，[唐]贾公彦疏：《周礼注疏》卷十二，见《十三经注疏》，721页，北京，中华书局，1980影印本。

② [汉]郑玄注，[唐]孔颖达疏：《礼记正义》卷三十七《乐记第十九》，见《十三经注疏》，1527页，北京，中华书局，1980影印本。

③ [汉]郑玄注，[唐]贾公彦疏：《周礼注疏》卷十六，见《十三经注疏》，748页，北京，中华书局，1980影印本。

④ [汉]郑玄注，[唐]孔颖达疏：《礼记正义》卷四十三《杂记下》，见《十三经注疏》，1566页，北京，中华书局，1980影印本。

⑤ 在这一点上，《穆天子传》与西方的一些英雄史诗显出差异，它并没有渲染战争场面，它的尚武精神蕴含于具有中国特征的礼之中。

游离于《穆天子传》五篇。但考虑到出土时简册散乱以及行文体例，把它归入《穆天子传》组成六卷，倒是更为妥当。因为前四卷写北行西征，多为高山之旅；后二卷写东巡游宴，重在水边悲欢。二者山水掩映、刚柔相应，共同组成一个差强人意的审美结构，多视境地写出周穆王垂拱治世、交通百邦的雄主气象，以及既好大喜功、又是多情种子的复杂性格。

作品的浑厚深沉之处，在它极力描摹穆王征旅游宴的霸者事业之时，不时地辅以笔外之笔，提示他不忘国计民生的仁者之心。卷一写他祭河宗西行，入泽薮田猎钓弋，却戚戚然叹息："於乎！予一人不盈于德，而辨于乐，后世亦追数吾过乎？"即便卷三写他在瑶池宴会西王母，也没有忘记"予归东土，和治诸夏"，以达到"万民平均"的升平景象。直至卷五东巡困于暴风雪之时，他还"作诗三章以哀民"，并且对天灾引咎自责："余一人则淫，不皇万民。"据《尚书·无逸》记载，周公曾告诫成王莫忘"稼穑之艰难"，要"无淫于观、于逸、于游、于田，以万民惟正之供"①。穆王以"不皇万民"来自责其"淫"，乃是遵循《无逸》告诫的，连"不皇"也来自《尚书·无逸》的"无皇"。这类描写形成了作品的叙事复调，使史诗式的霸者之行获得了仁者之心的落实，深化了其历史意蕴。因而这类叙事程序中的闪光斑点，堪称精心结撰。

身历战国乱世的魏人作者，对周穆盛世是心向往之的。他写穆王仁霸兼修，旨在深化盛世的内涵。卷五描述穆王饮佳酿于洧上，浮巨舟于大沼，垂钓于渐泽，食鱼于桑野，奏广乐于雀梁，一派为战国人

① ［汉］孔安国传，［唐］孔颖达疏：《尚书正义》卷十六《无逸第十七》，见《十三经注疏》，222页，北京，中华书局，1980影印本。

已经不可复睹的升平景象。为了渲染这番景象，作品一反儒家对郑卫之声的成见，以儒家处心积虑地放之远之的郑卫之声极盛的溱洧之地，作为穆王东巡和歌舞游乐的地理起点。卷五的东巡，两度提到毕人，一为："陖翟致赂，良马百驷，归毕之宝。"二为："毕人告戎，曰'陖翟来侵'，天子使孟愈如毕讨戎。"按，武王伐纣，封其庶弟高于毕，是为魏人之先祖。陖瞿乃陖地之狄人，地在冯翊①，属于后来沦陷于秦的魏河西之地。魏人作者写陖毕之争，或许是影射秦魏之争，而在周穆盛世魏之祖先有天子庇护，享归宝之荣。而穆王遣将助毕讨戎之时，依然未改其升平气象，随之，"天子临于军丘，狩于薮。季冬甲戌，天子东游，饮于祈，射于丽虎，读书于黎丘。□献酒于天子，乃奏广乐"。安排战事之后的这番优游从容，更深一层地反衬出穆王垂衣裳而天下治的风采了。其间又寄托着身历忧患的作者怀念盛世的何等虔诚的梦魂。

卷五写乐，卷六写悲，乐极生悲，使这部史诗性作品充溢着人世沧桑感，也隐含着作者的盛世失落感。盛姬是随穆王在水泽中狩猎，染寒疾而逝的。盛姬的丧礼，写得细密、哀切，从丧事排场、祭品、百官恸哭、出葬行列，写到诸侯吊问、天子百官赠送殉葬物。尤其是写各种人物、各种形式的"哭"，连用了三十六个哭字，实在是先秦作品写哭的首屈一指的浓重笔墨。对穆王思念盛姬的情感，也写得非常深切：

> （天子）祝丧罢哭，辞于远人，为盛姬谥曰哀淑人。天子名之，是曰"哀淑之丘"。……丁卯，天子东征，钓于漯水，以祭淑

---

① 《广韵》曰：陖，亭名，在冯翊。

> 人，是曰“祭丘”。……甲申，天子北升于大北之隥，而降休于两柏之下。天子永念伤心，乃思淑人盛姬，于是流涕。七萃之士葽豫上谏于天子曰：“自古有死有生，岂独淑人？天子不乐，出于永思；永思有益，莫忘其新。”天子哀之，乃又流涕。

在先秦文学史上，这大概是第一次如此详尽地写国君与妃姬的真正爱情。有趣的是，这乃是同姓之婚。据《史记·管蔡世家》记载：“武王同母兄弟十人。母曰太姒，文王正妃也。其长子曰伯邑考，次曰武王发，次曰管叔鲜，次曰周公旦，次曰蔡叔度，次曰曹叔振铎，次曰成叔武，次曰霍叔处，次曰康叔封，次曰冉季载。”①《左传》“僖公二十四年”交代：“昔周公吊二叔之不咸，故封建亲戚，以藩屏周。管、蔡、郕、霍、鲁、卫、毛、聃、郜、雍、曹、滕、毕、原、酆、郇，文之昭也。”②位居封侯建国的文王十六子之第三的“郕”即是“盛”，证据是《春秋公羊传》隐公五年载“卫师入盛”，《左传》则改盛为郕。③《史记》则作成叔武，郕、成、盛，相通。因此，所谓“盛姬”乃郕伯之后，《穆天子传》也直言不讳：“姬姓也，盛柏之子也，天子赐之上姬之长。”问题在于同姓之婚，在周代也是规避的。《通志·氏族略序》说：“三代之前，姓氏分而为二。男子称氏，妇人称姓。……氏同姓不同者，婚姻可通；姓同氏不同者，婚姻不可通。”此说尚嫌笼统模糊。其实上古时代，氏是姓的分支，姓可以千万年不变，氏则一传再

① 《史记》卷三十五《管蔡世家第五》，1563页，北京，中华书局，1959标点本。

② 杨伯峻编注：《春秋左传注》，420～421页，北京，中华书局，1990标点本。

③ 同上书，39页。

传，到三传而变。[①] 盛姬起码已经五传，属于姓同氏不同之列，血缘已疏，对生育影响不那么严重，但毕竟是相当明显的同姓之婚，于礼总要打点折扣。在当时比较难得的是这部作品超越婚姻成规而专注写情，是不怕物议，且没有日后之所谓“道学气”的。

正是这种出格而出色的写情，使穆王悼盛姬的笔墨，与卷三穆王见西王母的笔墨后先辉映，一者以其婉曲，一者以其痛切，古拙自然古拙，但不同凡响也实在不同凡响。这种感情之刻骨铭心，竟至于穆王以皇后之礼葬盛姬，也不能止哀；竟至于穆王远征垂钓，也不能解脱；竟至于七萃之士好言相劝，也不能将意念转移。作品写丧事的悲哀已是极笔墨之能事，殊不料它写丧事后的哀思，竟能把无言之悲写得比哭声盈耳之悲更加深沉。这种笔外之笔，叙事之余的“补叙事”，是非常高明的。

我们固然不必胶柱鼓瑟地认为，穆王之姬，姓氏为“盛”，谥号为“哀”，盛姬之丧象征着盛世的丧失。但是从卷六丧事描写给全文增添的叙事气氛中，人们是不难体验到身处离乱的作者追慕王朝盛世时的浓重的失落感和悲凉感了。

六、文史交叉与韵散交错的叙事谋略

作为早期史诗性虚构作品，《穆天子传》久受误解的命运，也是悲凉的。由于战国七雄割据，“言语异声，文字异形”[②]，五百余年后，

---

① 参看[汉]郑玄注，[唐]孔颖达疏：《礼记正义》卷二十，见《十三经注疏》，北京，中华书局，1980 影印本。[清]顾炎武著，黄汝成集释，栾保群、吕宗力点校：《日知录集释》卷二十三，1277～1280 页，上海，上海古籍出版社，2006 标点本。

② [东汉]许慎：《说文解字·叙》，315 页，北京，中华书局，1963 影印本。

晋秘书监诸臣"即已不能尽识其书"，所谓战国蝌蚪文字久废，"推寻不能尽通"，以隶字转写，阙落讹误不少①。尤其是汲人"初发冢者烧策照取宝物，及官收之，多烬简断札，文既残缺，不复诠次"②。祸之所及，使本来就难懂的《穆天子传》缺文屡见，留下相当一些难以解读的谜。文本缺陷，当是其被误解的重要原因。

其次，时代风尚差异也导致误解。魏晋玄风盛行，被冯友兰视为玄学尾声之代表作的晋张湛注《列子》，在重写周穆王西征之时，便完全改变了叙事角度和风格。它借西极之国的"化人"施用异术，使周穆王神游，升天驾云，流连忘返，醒来时斟下的酒、摆好的菜还依然旧样。这种幻化描写，无非为了说明张湛注中"俯仰变异谓之化，神之所交谓之梦"③的玄理，因而把史诗式的描写玄学化了。当时流行的托名班固著的《汉武故事》《汉武内传》，据唐人张柬之《洞冥记·跋》的说法："大抵二书皆由后人见武帝惑于方士神仙之说，故祖述《穆天子传》会西王母事为之。"二书描写文笔大有改善，却用神仙幻想，稀释《穆天子传》深沉浑厚的史诗素质了。因此，要如实地、深入地发掘《穆天子传》的审美价值，就必须超越误解，回到作品本身，认真地把它作为一部史诗性虚构叙事作品，置于文学史总进程中加以对待和考察。

首先引人注意的是，这里出现了历史记事和虚构叙事的形式交叉

---

① 参看杜预《春秋左氏传·后序》，以及孔颖达为之"正义"所引王隐《晋书·束皙传》。

② 《晋书》卷五十一《束皙传》，1433页，北京，中华书局，1974标点本。

③ ［东汉］张湛注：《列子》，见《诸子集成》(三)，31页，北京，中华书局，2006影印本。

点。《穆天子传》采用以日系事的类乎“起居注”的形式，① 增强作品的真实感和读者的信任感。却在这种可以无限延长的系事于日的结构序列中，肆意地驰骋想象。相对《山海经》的空间结构而言，它着重采取一种时间结构。这种时间又是历史时间，与几乎同时写成的屈原《离骚》的心理时间自有不同。《离骚》抒发九死不悔的贞洁情操，以兰芷萧艾隐喻君子小人，融合着用时济世的紧迫感和受谗遭疏的失落感。并且借日神、月神的御者，和风伯雷师来驾车清道，以倾泻自我上下求索的心灵历程。其想象的奇丽和心理时间的长度，在先秦诗歌中首屈一指，诚如清人程廷祚《骚赋论》所说：“骚则长于言幽怨之情。”与上述心灵史诗不同，《穆天子传》以天干地支标示日子和接续历史时间，长度达数年之久。它以史书形式使虚构想象得其沉实之形，又以虚构想象使史书形式达其雄奇之神，虚实互动，形神互蕴，成为新形式创造的一种典范。

不必怀疑，这是发挥了三晋史学优势的结果。东周史学，早期以《春秋》为标志而盛于鲁；其后出现的《左传》《国语》多载晋事，标志着史学中心由鲁及晋的推移。《左传》既代表着编年体史书形式的完备，又预示着编年体向纪传体的过渡。比如“郑伯克段”、“重耳出亡”诸部分，均带有相当浓郁的纪传色彩。尽管《穆天子传》以虚构为主，但其史诗性叙事结构，也处在以时间分解事件的编年体，过渡到以人物为

---

① 起居注是《隋书·经籍志》使史部独立后设立的分类名目。在该志此类中，首列《穆天子传》六卷，并且如此交代该类的历史脉络：“起居注者，录纪人君言行动止之事。……汉武帝有《禁中起居注》，后汉明德马后撰《明帝起居注》，然则汉时起居，似在宫中，为女史之职。然皆零落，不可复知。今之存者，有汉献帝及晋代已来《起居注》，皆近侍之臣所录。晋时，又得汲冢书，有《穆天子传》，体制与今起居正同，盖周时内史所记王命之副也。”可见此传在形式上是有原创性和超前性的。

中心来贯穿时间的纪传体的转折点上。没有这番转折，就没有周穆王及其历时数年的西征东巡的完整性。《穆天子传》正是在横向移植和融会历史叙事方式于虚构作品的过程中，表现出引人瞩目的创造性，尽管这种创造性还算不上多么成熟和完善。但它在历史时间连缀上，与《离骚》中在心理时间拓展上，已并峙为先秦文学的两个典型了。

楚骚采用美人香草的意象，寄兴是非常深邃的。但是到了宋玉《高唐赋》《神女赋》，就未免有点巧丽了。后世文人追慕楚王云梦艳遇，于天涯沦落时际，喜欢从女性身上寻找寄托，形成了历代诗文的一个潜在母题，深刻地影响了相当一批文人作品感觉精细而难免有点柔曼的作风。《穆天子传》也写男女之情，但它视野开阔，意蕴雄浑，于行文运笔中颇有一些北人的雄奇风采。这成为它又一个卓尔不群的美学特征。比如：

> 天子渴于沙衍，求饮未至。七萃之士曰高奔戎，刺其左骖之颈，取其清血以饮天子。（卷三）
>
> 天子乃遂东南翔行，驰驱千里，至于巨蒐氏。巨蒐之人若奴，乃献白鹄之血，以饮天子。因具牛羊之蒐（乳），以洗天子之足，及二乘之人。（卷四）
>
> 有虎在葭中。天子将至。七萃之士曰高奔戎请生搏虎必全之，乃生搏虎而献之天子。天子命为柙而畜之东虢，是曰虎牢。（卷五）

刺马搏虎，以鹄血为饮，以牛乳洗足，这类洋溢着初民风俗和原始强力的描写，加上那些六师祭河，八骏驰驱，高山刻石，旷原射鸟的壮阔场面，组成了一幅气氛相当雄伟的天子征远图。再加上祭河宗时的庄严肃穆，见西王母时的情思雅妙，东巡时的种种乐趣和梦境，丧盛姬后的种种痛悼和哀思——尽管全书残缺和古奥留下不少语言障碍，但从谋篇走笔的刚柔相间和跌宕多姿，已不难领略其遒劲的笔力。

这种刚劲浑厚的史诗力量，是与对场景、情节和意象的筛选组合紧密联系的。《竹书纪年》说："昭王十六年，伐楚荆，涉汉，遇大兕。"昭王末年，"王南巡不反"。《史记·赵世家》又说："徐偃王反，缪(穆)王日驰千里马，攻徐偃王，大破之。"由此可知，周穆王北行西征，既是昭王南征的后车，又是东征徐偃王的前导。加上穆王在洧水腹地的巡狩，是不难形成一个包罗东、西、南、北、中，符合古中国人世界方位图式的更宏伟的史诗结构的。但《穆天子传》似乎更醉心于西与北两个方位，更欣赏这两个方位的高山、大河、旷原、沙漠的原始强悍气息。《帝王世纪》说："昭王在位五十一年，以德衰，南征及济于汉，船人恶之，乃胶船进王，王御船至中流，胶液解，王及祭公俱没水而崩。其右辛游靡长臂且多力，拯得王。周人讳之，王室于是乎大微。王娶于房，曰'房后'，生太子满，代立，是谓穆王。"①这类记载颇富传奇性，但暴露了北人短于水战的弱点，无助于显耀王者威仪于异域，为史诗性作品所不取。

穆王征徐偃王事，略为复杂。《史记·赵世家》及《秦本纪》都将这个事件，和他们的族源传说联系起来："徐偃王作乱，造父为缪王御，长驱归周，一日千里以救乱。"②太史公如此使用互见法，必有史料根据。《汉书·古今人表》也认可这一点，将徐偃王(品位中下)置于穆王满(品位中上)之下，与造父同列。③《淮南子·氾论训》并未说明年

① 《太平御览》卷八十五"皇王部十"引《帝王世纪》，四部丛刊本。

② 《史记》卷五《秦本纪第五》，175页，北京，中华书局，1959标点本。

③ 《汉书》卷二十《古今人表第八》，896页，北京，中华书局，1964标点本。

代："徐偃王被服慈惠，身行仁义，陆地之朝者三十二国，然而身死国亡，子孙无类。……徐偃王知仁义而不知时。"①《人间训》述及此事，却系于楚庄王之世："昔徐偃王好行仁义，陆地之朝者三十二国。王孙厉谓楚庄王曰：'王不伐徐，必反朝徐。'王曰：'偃王，有道之君也，好行仁义，不可伐。'王孙厉曰：'臣闻之，大之与小，强之与弱也，犹石之投卵，虎之啖豚，又何疑焉？且夫为文而不能达其德，为武而不能任其力，乱莫大焉。'楚王曰：'善。'乃举兵而伐徐，遂灭之。知仁义而不知世变者也。……夫徐偃王为义而灭。"②刘向《说苑·指武篇》也将此事系于楚文王，文字却与《淮南子·人间训》相近。《韩非子·五蠹篇》说："徐偃王处汉东，地方五百里，行仁义，割地而朝者，三十有六国。荆文王怨其害己也，举兵伐徐，遂灭之。"③楚文王、楚庄王离周穆王三百余年，其时并无徐偃王者。楚文王曾灭申、息、邓，败于巴人，死于伐黄归途。楚庄王灭庸，伐陆浑之戎，攻郑，灭舒、蓼，灭而复陈，大败晋师，均无攻徐偃王的记载。

徐国也称徐方、徐戎、徐夷、虎方，东夷之一。夏商周三代分布于淮河中下游。周初追随管、蔡、武庚叛周。周穆王时率九夷侵周，为周穆王打败。春秋时依然是江淮间强国，随齐桓公伐楚。《春秋》昭公三十年(公元前512年)："吴灭徐，徐子章羽奔楚。"《左传》载："楚沈尹戌帅师救徐，弗及。遂城夷(杜注：城父也)，使徐子处之。"④大概由于楚文王、楚庄王之间有楚穆王，曾经灭江淮之间的江、六、

① [汉]刘安：《淮南子》，见《诸子集成》(七)，223～224页，北京，中华书局，2006影印本。

② 同上书，324页。

③ [清]王先慎：《韩非子集解》，见《诸子集成》(五)，341页，北京，中华书局，2006影印本。

④ 杨伯峻编注：《春秋左传注》，1505～1509页，北京，中华书局，1990标点本。

蓼，并伐陈、郑，平定舒、宗，围困巢国，这些小国毗邻徐国。① 或因此出现一些混淆周穆王，又不可直书楚穆王，时而说楚文王、时而说楚庄王的传说。

《徐偃王志》则混合了周穆王与楚君，谓他们联合讨伐徐偃王，实际上周穆王之父周昭王丧命于征楚，身为人子岂可联合不共戴天之仇敌？《徐偃王志》："徐君，宫人娠而生卵，以为不祥，弃之水滨。独孤母有犬，名鹄苍，猎于水滨，得所弃卵，衔以东归。独孤母以为异，覆暖之，遂沸成儿。生时正偃，故以为名徐君。宫中闻之，乃更录取。长而仁智，袭君徐国。后鹄苍临死，生角而九尾，实黄龙也。偃王乃葬之徐界中，今见云狗垄。偃王既主其国，仁义著闻。欲舟行三国，乃通沟陈蔡之间，得朱弓矢，以已得天瑞，遂因名为弓，自称徐偃王。江淮诸侯皆服从偃，从者三十六国。周王闻之，遣使乘驿，一日至楚，使伐之。偃王仁，不忍斗害其民，为楚所败，逃走彭城武原县东山下，百姓随之者以万数，后遂名其山为徐山。山上立石室，有神灵，民人祈祷，今皆见存。"②《徐偃王志》与《韩非子》《淮南子》一样，说徐偃王是"行仁义"者，这就使穆王征伐有点师出无名了。而且这番征伐颇有异迹，《竹书纪年》所谓"穆王南征，君子为鹤，小人为飞鸮"，当是征徐偃王事。被称为"古之神仙家言"的《抱朴子》对此有所发挥："周穆王南征，一军尽化：君子为猿为鹤，小人为虫为沙。"③这便在神仙家的玄幻中，带点南人的清丽，不宜引史诗性作品

---

① 《史记》卷四十《楚世家第十》，1699页，北京，中华书局，1959标点本。

② 佚文见《博物志·异闻》，《太平御览》卷九百四也有引述。

③ 《艺文类聚》卷九十引《抱朴子》，今本《抱朴子》卷八《释滞》，文字有异。唐人李亢《独异志》卷上说："周穆王南征，一军尽化为猿鹤，君子为鹤，小人为猿。"

为同调。并非说《穆天子传》忌讳神怪，“穆王周流，往复旋兮。河宗王母，可与言兮”①，便是从神怪点化的，卷五写“天子遗其灵鼓，乃化为黄蛇”，也是一种超自然变化，而是说，对比《穆天子传》和穆王征讨徐偃王佚文(及其衍化者)，可知北人其想象力有一种粗拙宏邈的气象，而较少南人幽邃奇丽的色彩，因而对于那些可能出于楚人手笔的传闻，不予采录，由此可知这部史诗性作品选材缀文的意趣。

《穆天子传》另一个美学特征，是一定程度的韵散交错。研究明清小说者早已发现，话本和章回体小说有韵散交错的文体特征。探源溯流，则往往注目于唐代变文，略为前溯则提及六朝《桃花源诗并序》一类作品。我不否认由佛教传播而出现的变文，对我国叙事文学形式的巨大变革作用，但是韵散交错的最初症结，还须从决定我国为“诗之大国”的先秦人文风尚中寻找，是先秦就开始存在的这种人文风尚为佛教俗讲(变文)在中国小说史上生根开花结果，提供了内在的本土的根据。《论语·季氏篇》记录孔子庭训之语“不学诗，无以言”，并把它和“不学礼，无以立”相并列，可见诗之为物，是和古中国做人规范相联系。这一点渗透于政事，如《国语·周语上》说：“天子听政，使公卿至于列士献诗，瞽献曲，史献书。”②这一点也触发游历和外交场合的灵感，如《汉书·艺文志》所说：“传曰：‘不歌而诵谓之赋，登高能赋可以为大夫。’言感物造耑，材知深美，可与图事，故可以为列大夫也。古者诸侯卿大夫交接邻国，以微言相感，当揖让之时，必称《诗》

① ［南朝梁］江淹：《邃古篇》，见《全梁文》卷三十四，372～373页，北京，中华书局，1999标点本。

② 上海师范大学古籍整理组校点：《国语》卷一《周语上》，9～10页，上海，上海古籍出版社，1978标点本。

以谕其志，盖以贤不肖而观盛衰焉。”①

虽然《汉志》又云：“春秋之后，周道浸坏，聘问歌咏不行于列国，学《诗》之士逸在布衣，而贤人失志之赋作矣。”但那是讲由诗到辞赋的南北诗风转移。至于战国魏人作者，还是讲究作诗以缘情言志。《穆天子传》某种程度的韵散交错，是上古时代人文风尚的艺术写真。它已表现出在散文叙事过程中以诗缘情言志的相当丰富的方式：

其一是用于议政场合。比如穆王在西征途中自责耽于乐而忘于德之时，七萃之士说：“后世所望，无失天常。农工既得，男女衣食；百姓宝富，官人执事。……何谋于乐，何意之忘？与民共利，世以为常也。”它采取四言韵语来歌功颂德，最后在押韵之处添了“也”字，表示说话的口吻。

其二是用于人际交往场合。即穆王和西王母会见时，采取与《诗经》类似的四言六句、或四言十二句，隔句押韵的诗章相酬对，表达微妙而不失典雅的情感状态。古人称西王母吟咏的“白云在天”云云为《白云谣》，是最古老的谣词之一，明人谢榛《四溟诗话》，称其“辞简意尽，高古莫及。”

其三是娱乐场合。穆王宿于洛水，让典乐官作谣：“黄之池，其马歕沙，皇人威仪；黄之泽，其马歕玉，皇人寿谷。”采用比兴手法，以三、四、四句式，祝颂皇族的威仪和福气。最后，是周穆王在暴风雪成灾时作的《哀民》诗：

我徂黄竹，□负闳寒，帝收九行。嗟我公侯，百辟冢卿，皇

① 《汉书》卷三十《艺文志第十》，1755～1756页，北京，中华书局，1962标点本。

> 我万民，旦夕勿忘。我徂黄竹，□负闳寒，帝收九行。嗟我公侯，百辟冢卿，皇我万民，旦夕勿穷。有皎者骆，翩翩其飞。嗟我公侯，□勿则迁。居乐甚寡，不如迁上，礼乐其民。

诗分三章，前两章采取重叠格式，后一章则参差变通。诗算不上好诗，多有政令术语，题为《哀民》，没有在"哀"字上做出何等文章来。宋人郭茂倩编《乐府诗集》卷二十四云："《采薇》诗曰：'昔我往矣，杨柳依依。今我来思，雨雪霏霏。'《穆天子传》曰：'天子游于黄室之曲，筵猎苹泽，天子乃休。日中大寒，北风雨雪，有冻人，天子作诗三章以哀之，曰：我徂黄竹是也。'《雨雪曲》盖取诸此。"①这里将周穆王《哀民》诗与《诗经·小雅·采薇》相联系，那是被王国维称为"诗人体物之妙，侔于造化"②的诗句。

《穆天子传》还有一处韵文，是穆王让逢公占卦所得的爻辞，与前述四种韵文形式不同。由此可见，在这部史诗性散文叙事作品中，韵文的间插使用，并没有程式化。诗行可以出自华夷尊卑人物之口，场合用途各异，在诗歌采取四言定式的时代，也能有章法格调的变化。由于联系着当时的人文风尚，它成了我国最早的韵散交错、以散为主体的虚构叙事作品。这一点和它以粗犷雄奇的想象，历史和虚构相结合的方式，去展示古中国人的祭典仪式、心理行为模式一样，均使作品带上几分不容忽视的史诗风采。

---

① ［宋］郭茂倩编：《乐府诗集》卷二十四，357页，北京，中华书局，1979标点本。

② 王国维：《文学小言》，见《王国维文集》(一)，27页，北京，中国文史出版社，1997。

《天问》：走出神话和反思历史的千古奇诗*

一、"时空错乱"与祠庙壁画思维方式

屈原的《天问》是一部本质意义上的"天书"，是屈原借天抒怀、天人对语的旷古奇篇。屈原创造了一个奇迹，他使天开口发问。因为在战国时代，天既是神话的本源，又是历史的主宰，它承担了至高无上的权力和过分沉重的责任。天若能言，它不能不对人间的这份崇敬、迷茫和期待发生疑问。据近人研究，"在中国文字中，所谓天有五义：曰物质之天，即与地相对之天。曰主宰之天，即所谓皇天上帝，有人格的天，帝。曰运命之天，乃指人生中吾人所无奈何者，如孟子所谓'若夫成功则天也'之天是也。曰自然之天，乃指自然之运行，如《荀子·天论篇》所说之天是也。曰义理之天，乃谓宇宙之最高原理，如《中庸》所说'天命之为性'之天是也。《诗》《书》《左传》《国语》中所谓之天，

---

* 1997年2月初稿；2013年6月修改。收入《楚辞诗学》，见《杨义文存》第七卷，北京，人民出版社，1998。

除指物质之天外，似皆指主宰之天。《论语》中孔子所说之天，亦皆主宰之天也。”①如此一身而五任焉的天，作为主词而设问，乃是先秦时代对于神话、历史和哲学的一次包罗万象的总提问，堪称中国文学史上，也是世界文学史上的“一绝”。

“天问”就是天问，不能轻巧地颠倒为“问天”。因为主词不同，意味着提出问题的主体、角度和方式的不同。王逸《楚辞章句》说：“何不言问天？天尊不可问，故曰天问也。”事情并不像汉人解释的那么迂拙，屈原改“问天”为“天问”，恰恰是不拘泥于天人之间的尊卑观念，而是超越这种尊卑观念，代天立言，借天抒怀，从而以高屋建瓴的姿态，把自己所关注、所思考的天地起源和历史兴废的荦荦大端，和盘托出了。与屈原时代相前后，也有问天者，如《庄子·天下篇》介绍惠施学派：“南方有倚（畸）人焉，曰黄缭，问天地所以不坠不陷，风雨雷霆之故。惠施不辞而应，不虑而对，遍为万物说；说而不休，多而无已，犹以为寡，益之以怪。”②《天下篇》是《庄子》书的最后一篇，而此问天寓言又是该篇的最后一个寓言，从“道术将为天下裂”归结到“问天”，这是很有意味的。屈原促使由人问天，转换为以天问人，这又是思想史和文学史上带有独创价值的思维方式的转变。天作为游离诸多责任之纠缠的发问主体而存在，以理性解构神话和重评历史，又以诗性智慧重组时空形式，展现了人类诗史上理性和诗性交融组合的奇观。

《天问》三百七十四句，一百五十八问，一千五百六十四言。它独

① 冯友兰：《中国哲学史》，55页，北京，中华书局，1961。

② ［清］王先谦：《庄子集解》，见《诸子集成》（三），224页，北京，中华书局，2006影印本。

特的诗学思维方式和时空结构方式，令后世迷惑不已，褒贬不一，众说纷纭。最早对其思维方式和结构方式提出解释者，是东汉王逸的《楚辞章句》：

> 屈原放逐，忧心愁悴，仿徨山泽，经历陵陆，嗟号昊旻，仰天叹息。见楚有先王之庙及公卿祠堂，图画天地山川神灵，琦玮僪诡，及古贤圣怪物行事。周流罢倦，休息其下，仰见图画，因书其壁，呵而问之，以泄愤懑，舒泻愁思。楚人哀惜屈原，因共论述，故其文义不次序云尔。①

这段解释实际上存在着三种可能性：其一是按照本文的意思，交代屈原创作的过程。他放逐过程中看见庙宇祠堂壁画，愤懑呵壁而成诗。其二是屈原的诗不一定在庙宇祠堂中一气呵成，但庙宇祠堂壁画绘写神话和历史的错综复杂的超时空形态，触发他的灵感，从而创造出在俗眼看来“文义不次序”的诗歌形式。其三是王逸对此诗打破一切惯例的错综时空的结构百思不得其解，就揣摩自先秦至汉代的庙宇祠堂壁画与之有形式相通之处，借以为解。无论如何，王逸是根据自己的见闻感受，以及当时的传说或今已散佚的记载，来给这篇天书式的奇诗提供一种合理的解释的。其中慧眼独见之处，在于他看到了《天问》的思维方式和表现形式，是与战国时代楚国庙宇祠堂壁画的结构形态相对应、相沟通的。《后汉书·文苑列传》说：“王逸字叔师，南郡宜城人也。元初中，举上计吏，为校书郎。顺帝时，为侍中。著《楚辞章

① ［宋］朱熹撰，蒋立甫点校：《楚辞集注》，49页，上海，上海古籍出版社，2001标点本。

句》行于世。其赋、诔、书、论及杂文，凡二十一篇。又作《汉诗》百二十三篇。"[①]可知王逸乃是楚人，他对《天问》的解释，带有对乡邦先贤的尊重和体验。基于王逸的解释，屈原从诗画相通的角度，首创时空错乱的诗学思维方式，这比西方意识流作家从近代心理学角度创造时空错乱的表现方式，早上两千年。这就使得一部完整的人类上古诗学史，必须补上属于屈原《天问》的独特思维方式的一页。

这种诗学思维方式，可以从中国神话中找到它的原型。我已多次阐释过，中国神话具有与西方史诗性、故事性和英雄主义的神话迥异的特征，它采取放散思维方式，具有片断性、非情节性和多义性。在中华民族早期融合的过程中，各部族给同一神话意象带来各不相同的信息，造成歧义纷出、谱系交杂、时空错综的情形。简言之，中国神话形态是一种"碎金"形态。这影响到中国上古最有原创力的诗人，创造出"碎金"形态的诗篇来，也就不足为怪了。清朝贺贻孙《骚筏》说：

> 《天问》一篇，灵均碎金也。无首无尾，无伦无次，无断无案，倏而问此，倏而问彼，倏而问可解，倏而问不可解。盖烦懑已极，触目伤心，人间天上，无非疑端。既以自广，实自伤也。其词与意，虽不如诸篇之曲折变化，然自是宇宙间一种奇文。

中国神话的碎金形态和放散思维，作为一种思维原型，也内在地影响了中国绘画视角的流动性和放散性。宋代沈括《梦溪笔谈》认为视角流动性和放散性，乃是"以大观小"的结果："大都山水之法，盖以大观

① 《后汉书》卷八十上《文苑列传第七十上》，2618页，北京，中华书局，1965标点本。

小，如人观假山耳。若同真山之法，以下望上，只合见一重山，岂可重重悉见，兼不应见其溪谷间事。又如屋舍，亦不应见中庭及巷中事。若人在东立，则山西便合是远境。人在西立，则山东却合是远境。似此如何成画?”[①]中国绘画以大观小，采取流动视角尽收山川百物于胸中，然后错落安排为画境。屈原采取“天问”的角度，更是以大观小之极致，在天的面前，所谓神话传说和历史陈迹，更应视之为“小”，可以错落安排，超越时空顺序的约束而自由驱遣之。

前面讲的山水画，只涉及空间调遣，倘若讲到先秦至汉代的神话、历史壁画，由于时间的参与，就更为纷纭复杂。东汉王延寿在《鲁灵光殿赋》中，曾记述西汉景帝之子鲁恭王刘馀在距离屈原仅百余年后所建的宫室的壁画：

> 神仙岳岳于栋间，玉女窥窗而下视。忽瞟眇以响像，若鬼神之仿佛。图画天地，品类群生。杂物奇怪，山神海灵，写载其状，托之丹青。千变万化，事各缪形。随色象类，曲得其情。上纪开辟，遂古之初。五龙比翼，人皇九头。伏羲鳞身，女娲蛇躯。鸿荒朴略，厥状睢盱。焕炳可观，黄帝、唐、虞。轩冕以庸，衣裳有殊。下及三后，淫妃乱主。忠臣孝子，烈士贞女。贤愚成败，靡不载叙。恶以诫世，善以示后。[②]

西汉前期楚风极盛，鲁灵光殿壁画可以视为西汉楚风的标本，与屈原

---

① ［宋］沈括撰，胡道静校证：《梦溪笔谈校证》卷十七《书画》，540～541页，上海，上海古籍出版社，1987标点本。

② ［汉］王延寿：《鲁灵光殿赋》，见《文选》卷十一《宫殿》，515页，北京，中华书局，1986标点本。

所见楚先王之庙及公卿祠堂的壁画是一脉相承的。王延寿是王逸之子，《后汉书·文苑列传》记载："（王逸）子延寿，字文考，有俊才。少游鲁国，作《灵光殿赋》。后蔡邕亦造此赋，未成，及见延寿所为，甚奇之，遂辍翰而已。曾有异梦，意恶之，乃作《梦赋》以自厉。后溺水死，时年二十余。"①此赋之妙，王国维说："以王逸之辞赋，而有子延寿，其《鲁灵光殿赋》，且驾班张而上之。"②据《文选》卷十一鲍照《芜城赋》注引王逸《广陵郡图经》："郡城，吴王濞所筑。"③可知王逸、王延寿父子都喜欢对文化古迹做田野调查。王延寿这篇赋仿佛在为乃父解释的《天问》缘起作注脚，所涉及的壁画内容也与《天问》大致相当。而且赋中直引《天问》首句"遂古之初"，其用心更是显然可见。但此赋概述神话、历史人物事件的时候，显然是按时间顺序整理过了。

不妨以至今尚存的古遗迹加以参照。地望离鲁灵光殿不算太远的武梁祠西壁的东汉石刻，画面分为五层，顶层西王母居中，旁有羽人、王兔、蟾蜍及各种灵异。第二层自右至左依次伏羲、女娲、祝诵、神农、黄帝、颛顼、帝喾、帝尧、夏禹、夏桀等古帝图像。第三层刻有曾母投杼、闵子骞御车、老莱子娱亲、丁兰刻木故事。第四层为曹子劫桓、专诸刺王僚、荆轲刺秦王故事。第五层则是一列车骑。如此画面已是以尊卑为类，时间上难免有所参差了。

再看嘉祥纸坊镇一处墓室的汉画像石，于墓室的顶、壁、底部杂

---

① 《后汉书》卷八十上《文苑列传第七十上》，2618页，北京，中华书局，1965标点本。

② 王国维：《书叔本华遗传说后》，见《王国维文集》（三），334页，北京，中国文史出版社，1997。

③ ［南朝］鲍照：《芜城赋》，见《文选》卷十一《宫殿》，504页，北京，中华书局，1986标点本。

乱设置。其中一石分三层，顶层为戴山形冠、足间垂尾的神人，左右拥抱伏羲、女娲；中层为孔子见老子图，中立小人为项橐；底层为泗水起鼎图。相邻的另一石也分三层，顶层为《山海经》所记载的九头人面的“开明兽”，头上立一凤凰。中层为周公辅成王，左持黄罗伞者为周公，右拄拐杖者为召公。底层斜倚四戟，一武士张口弓步拔剑，似乎讲的曹沫、毛遂一类人物的故事。当你交替看见这二石时，难免为这种超越时空的灵怪和历史故事的错综，感到一种匪夷所思的心理冲击力。这些汉画像石见于宗祠和墓室，它们具有的原始宗教思维的意趣和形式，体现了一种天人对话的神秘感，当与传闻屈原所见者相近。何况王逸说屈原“见楚有先王之庙及公卿祠堂”，所见壁画不止一处，而且又具楚风，其繁复怪异，以及可供错综交叉的可能性，也就更加不可以一处所见者限量了。

为了更深切地了解古代石刻画像的文化含量和幻想形式，不妨再考察一下离屈原略远的南北朝北魏时期(公元5世纪)的《佛本生故事图》。图分七层，顶层为九龙灌顶，释迦手指天地声称“天上地下，唯我独尊”，以及菩提树下冥思。这在全图中属于总序性质，并未遵从时间顺序。第二层为骑象入胎，仙人占相和太子诞生。第三层为诸天劝说太子(即成佛后的释迦)出家修道，太子听从。第四层又打破时间顺序，画释迦前生为儒童，买瞿夷的莲花献给燃灯佛，佛授记儒童将来成正果。第五层为儒童买花，以及在阴司看到铁锅煮人。到了第六层，才在时间顺序上重新接上第三层，释迦在般荼婆修道，收目犍连、舍利弗为弟子，证成正果。但是到了第七层又与佛本生故事不相关，刻画勇猛跏趺坐四佛像，与顶层的释迦至尊像组合成“寓意结构”。这方堪称杰构的画像石，是受了佛教故事和幻想形式的影响的，但它又是以汉画像石的结构形态包容了佛教幻想。这种结构形态是双构性的：在每层之中大体有时间顺序可寻，以保证其一定程度的可解读性；在层与层之间则采取了时间忽前忽后跳跃的"寓意结构"，极大地拓展了此界与彼界、今生与前生、至尊与护持之间意义非常丰富的审美含量。

《天问》的诗学机制和结构形态的最重要的特征，或者说它对人类诗学思维最超前和突出的贡献，乃在于它汲取了楚祠庙壁画的表现形式的养分，在以"天"为主词对神话和历史的质疑中，创造了一种处于有序与无序之间的双构性诗学结构形态。在具体诗行和片断中，它不乏有时间顺序可寻，因而也有相当程度的解读可能性之处；但在片断和片断之间组合时，它又往往搅乱时间衔接的顺序，以寓意结构增强其文化意义的含量；最终在总体布局中，它又大体遵循自宇宙起源、天地结构、神话传说、夏商周三代历史更替，以至于楚史和诗人感慨这么一个综合了时间顺序和寓意结构的与天人之道相通的宏观结构。我不全然否认《天问》有若干错简、脱误之可能，这是古代典籍流传中难以避免的事情。但在没有可靠证据下一味地"正简"，而不去深入探究《天问》本来的，也是人类诗歌史上独特的美学机制，便无异于买椟还珠。千余年的《天问》研究史告诫人们：千万不要把独特的诗章"整理"为平庸的类书，千万不要把诗性思维等同于编年史思维。《天问》的卓越之处，正在于他采取有序无序的双构性结构，错综为诗，自由出入，灵活自如，出神入化地表达了一个借天立言的伟大命题。

二、"借天问人"与对天地起源的质疑

《天问》往往与《山海经》并列，被视为先秦神话的渊薮。不可否认，它们牵涉着初民神话和巫术思维，有材料共源之处，可资互相参证。《天问》以错综复杂的结构和简约凝练的语言，引导人们以似懂不

懂的梦幻状态，穿行于神话丛林和历史长河之间，每句诗、每个提问背后都隐藏着丰富复杂的神话和历史信息，没有《山海经》一类典籍的提示，几乎难以走出这个浩瀚、朦胧、奇异而深邃的迷津。然而《天问》毕竟是文人诗，它和记录怪异的《山海经》存在着文体上和文化思想层面上的明显区别。首先，《天问》的结构是心灵性的，不同于《山海经》结构的地域性，后者以山、海、大荒的不同层位和方位的地域维系神话片断，竟曾经被《隋书·经籍志》列入史部地理类。其次，《山海经》是对神话的肯定性记录，《天问》则对神话传说做出了否定性的质疑。也就是说，《天问》在《山海经》展示神话之时，以理性怀疑主义走出神话。这是中国从神话到诗的文体分化和转换过程中，一项具有突出的历史意义的思想成果。《天问》是质疑神话历史的哲理诗。

《天问》开端发问词用一个“曰”字，甚为独特，陈本礼《屈辞精义》说：“曰字一呼，大有开辟愚蒙之意。”那么谁在“曰”呢？屈子写诗，当然是屈子曰了。但屈子写诗多矣，何以此篇特别？按照战国秦汉简书体制，正文开头二字与篇题相同，或省略开头二字。因而《天问》篇题与正文开头的“曰”相承，当是“天问曰”，是屈子借天代言，其震撼人心的力量远比“以人问天”独特而强烈。于是从永恒的天之角度，发出这样的疑问：

曰：遂古之初，谁传道之？
上下未形，何由考之？
冥昭瞢暗，谁能极之？
冯翼惟像，何以识之？
明明暗暗，惟时何为？
阴阳三合，何本何化？

《春秋穀梁传》庄公三年条说："独阴不生，独阳不生，独天不生，三合然后生。"天与阴、阳合，谓之"三合"，由于发问者是天，故只说"阴阳三合"。人类神话时代关心的问题有其相通之处，《旧约·创世记》写主神创造天地，第一日造了光，第二日造了空气，第三日造了陆地植物，第四日造出日月、昼夜、节令、年岁，第五日造出鱼鸟动物，第六日造出牲畜、昆虫、野兽，最重要的是造出人。天地万物造齐，第七日就是安息日了。《天问》神话也涉及这一系列的天地、日月、陆地和生命的创造工程，开头这十句主要讲天地日夜的创造。但它在本质上是一种没有创世主的创世神话，而且是以上下、明暗、阴阳这些对立的范畴和力量效应，由本及化地从混沌状态推演出宇宙的起源。这就从本原上，显示了中国神话和《圣经》神话的异质性。而且天是超越人类的存在而设问的，它在无可传闻之处问谁来传闻，在无可考究之处问何以考究，在无可穷极之处问谁能穷极，在无可认识之处问何以认识。总之，它在认识主体和认识方法论上，以实证精神把神话幻设解构了。

以天问天，本身就是一种莫大的悖论。古语有所谓"脏腑如能言，医师面如土"，由天来质问人间幻想的天体结构，是有浓郁的反讽意味的。首先问天体的质的形态：你说是圆形的九重，那是谁设计、量度和制造出来的？其次问力的平衡：天体旋转的纲维系在哪里，南北两极又架设在哪里？八根擎天柱安放在哪里，何以东南一柱有所亏短？其三，问数的整合：九天的边际如何放置和联属，它的边角很多，谁又知道它的数目？天地何处会合，如何划分十二星座？这些问题颇具层次地涉及天体结构的质、力、数诸方面，自然是可以从《淮南子》《史记·天官书》和《河图括地象》等典籍中找到某些答案。但天是不会满足于这些答案，它提出的是比答案更深一层的问题，它要求回答的是答案何以来的答案。一些看似平淡可解，甚至明知故问的问题，却由于提问者主体的变化而变得深刻复杂，甚至无言可对，一对便俗了。天体结构属于空间，空间的旋转运行，便是时间了。于是便出现对日月神话的质疑："日月安属？列星安陈？出自汤谷，次于蒙汜，自明及晦，所行几里？夜光何德，死则又育？厥利维何，而顾菟在腹？"问题涉及日运行的方位、里程，月形状的变化、异相。古民以汤谷、蒙汜作为日出、日入之所，以及晨昏标志，如此遥远的里程有谁能够实地跟踪而定出地名？宋代洪兴祖《楚辞补注》引《淮南子·天文训》，列举日行的十六所，计有五亿万七千三百九里，还附注《论衡》所说的"日昼行千里，夜行千里"。这些都是幻想臆测之辞，实际是不足为答案的答案。至于月的残缺死亡而又循环往复地生育圆满，以及月中阴影如兔，乃是肉眼幻觉而产生的神话联想。把它们与德性、利益一类宇宙目的论的猜测联系起来，则是作为发问主体的天不能不深致迷惑了。关心日月运行变异的幻想应该留给神话，在缺乏科学认知的情形下，是不必混同于人间的出行和生老病死的。《天问》以其怀疑主义，暗示了神话之外存在着另一个知识空间。

至此我们遇到了《天问》思维逻辑的第一次变异。因为前面对宇宙起源和创世神话的质疑，大抵遵循着由远及近、由大及小的逻辑路线，有些地方简单朴实到了若不设想为乃天作问，便有肤浅之嫌。但是问到日月之后，却出现了逻辑路线的中断和跳跃，从天上潜至人间，突然问起："女歧无合，夫焉取九子？"清代丁晏《楚辞天问笺》说："女歧或称歧母，或称九子母。……《汉书·成帝纪》：元帝在太子宫，生甲观画堂。颜(师古)注引应劭曰：画堂画九子母。《天问》本依图画而作，意古人壁上多画此像。西汉去古未远，犹沿此制，应氏之说是也。内典亦有九子母。盖古有是说，释氏更从而傅会耳。《荆楚岁时记》：四月八日长沙寺阁下九子母神，是日无子者，供养薄饼以乞子，往往有验。"看来名为女岐的九子母，属于荆楚系统的人类起源神话。《天问》没有采用后世见于文字记载的"女娲抟黄土造人"及女娲"置婚姻，合夫妇"①的神话传说，保留了楚文化的特色。本色的研究，应该在楚言楚。离开楚人的原始信仰，就无法剖析《天问》的文化基因。《天问》由日月神话跳跃到人类起源神话，大概是由于讲到月腹怀兔，意识便不由自主地滑到与月同属阴性的女岐怀九子。既然月腹怀兔已是不明不白，女岐没有男性结合而生子，也不能不令人迷惑了。接下来的问题是"瘟神伯强的戾气何在？天地间的祥和之气何在？"人生多忧患，人一旦作为物类出现，就受到天地间正邪二气的捉弄，女岐生之而伯强病之，那么女岐生九子和月腹怀兔既死而复育的捉弄一样，又有何种好处？《天问》一谈到人的起源，就牵连到忧患的起源，而且，忧患是与日月同在的，其焦虑又何其深切。

《天问》思维逻辑的这番跳跃和意识滑动，乃是人类诗歌表现方式的一种重要的变异和创造。它由抒情次序的错综，产生出可供广阔联想的意义。随之它又跳跃和滑动回到天地日月神话："何阖而晦？何开而明？角宿未旦，曜灵安藏？"为什么天的开阖，就意味着天明天黑？角星未报晓的时候，阳光又躲到何处去了？——这是纯然讲的天地日月神话么？实在有点似是而非。因为经过一番逻辑跳跃和意识滑动，信息系统在宇宙起源神话的侧面增添了人类起源的因子，所以进一步解释为开阖明晦对应于天地间的正邪二气，饱受忧患的人类虽然

① 《太平御览》卷七八，以及《路史·后纪》卷二引应劭《风俗通》，四部丛刊本。

处在“角宿未旦”之际，却依然可以期待曙光的出现——如此引申，也许并非毫无根据吧，尤其是面对《天问》行文处在某种非逻辑或超逻辑之状态之时。

三、洪水神话与人类生存环境

《天问》以天问地，是从洪水神话问起的。在一种大河文明的发端期，洪水实在是人类生存环境的第一危害。所谓“水平地成”，乃是人对土地的最初关怀和第一认识，人从这里开始寻找自身生存的立足点。《旧约·创世记》也有洪水神话，那是上帝施以洗涤世间罪恶的。他启示义人诺亚带上妻、子、媳，以及经过选择的禽兽躲入方舟，经过四十日暴雨、一百五十日浩大水势之后，由鸽子叼回橄榄枝报告水退消息，终于在一周年后重返地面繁衍生息。这是一个按照上帝的意志、“超理性”和超凡的力量精心安排的洪水神话。

中国神话中的洪水为害，旷日持久，这是由于地域广袤、地形复杂、山川纠结的缘故。大有大的难处，中国先民在创造神话之时就立足于自己国情，不知套用他国的模式。洪水的来因不明，并非某种“超理性”安排，而治理洪水的事业则在神话中强调了人功。《山海经·海内经》云：“洪水滔天。鲧窃帝之息壤以堙洪水，不待帝命。帝令祝融杀鲧于羽郊。鲧复生禹。帝乃命禹卒布土以定九州。”①强调的就是治水巨人与天（帝）之间，从失败到成功的合作。《天问》对鲧治水神话提出疑问的角度非常独特：鲧不能胜任防治洪水，众人何以推重他？都说没有什么忧虑，又为何不经考验而任用他？这里讲的是治水人才的选任问题，接着又谈论治水方法：怪鸱大龟曳衔牵引，鲧为何

① 方韬：《山海经》，354页，北京，中华书局，2011标点本。

听之任之？顺其愿望假若成功，“帝”凭什么对他加刑？这里的“帝”后来是被历史化为帝舜了，按传说本来的意思，他是半似天帝、半似人帝的人物。随之的质疑是针对这个“帝”的：你把鲧长期禁闭在羽山，为何三年还不放松？由此可知，作为提问者主体的天，已是解除作为主宰者天帝之权限的诗化意象。鲧始治水的神话是参照华夏神活系统的，但它疑及帝的选人和用刑政策，又带有楚人的大胆和异端色彩。

在神话时代，中国先民似乎并不过分迷恋德性才智的遗传，并不过分看重血统论。禹为鲧子，舜为瞽叟子，均可作证。《天问》道：禹是由鲧腹所生，他是怎么发生这种变化的？这是一个父生神话，与九子母神话互异，显示中国异生神话的多样性。既然有了这份父子间奇异的血缘关系，父亲失败了，竟让儿子完成他的事业；儿子继承前业，竟又变化出不同的治水谋略。若以血统论成败功过，这岂不是大可疑惑的事？《天问》以鲧事质疑天帝，又称禹事为“续初继业”，因此它似乎把鲧事禹续作为一个完整的治水过程的两个阶段，从而改造了原来神话传说中以禹事截然排斥和否定鲧事的思路。这番改造包含着深刻的思想意蕴，它暗示了“失败乃成功之母（？父）”的哲学，在一项前无古人的浩大的治水事业中，既允许存在鲧那样的试验过程，又提倡在禹那样的继承和变革的合力中争取成功。“天问”之问看似平淡，却能在古老的神话中问出或升华出新的精神原型。治理洪水不是为了清洗罪过，而是为了生存，鲧禹治水呈现的乃是一种生存意志。

治水神话的另一层意义，乃是关于中国土地的体制性安排的神话。大禹以疏导水流入海的方式治水的过程，也是划定行政区域的九州体制，以及按照土壤的九个等级确定贡赋等级的过程。这就是《尚书·禹贡序》之所谓“禹别九州，随山浚川，任土作贡”。因此《天问》继问了“洪泉极深，何以填之”的治水事体，便问起九州土地的九个等级是如何区分的。随之又问到与鲧采用鸱龟曳衔的堵塞洪水（即所谓“堙”）不同，命令有翼的应龙用尾巴划通江河，导水入海，到底是怎么一回事？中国洪水神话关心的是作为治理结果的土地等级和导川入海，它关注着民族的生存环境，异于《圣经》洪水神话关注着上帝的意志。

对洪水神话的质疑，大体上是按照由鲧及禹的正常的时间顺序，它涉及的也是人类生存环境由异态转换为常态的过程。但生存环境的常态中，也隐伏着或丛生着异态。当《天问》的眼光由洪水神话的异态归常，尔后又揭示常中有异的时候，它出现了时间顺序的中断和跳跃，以时间顺序的反常性去表现人类生存环境的反常性。首先发生时间向更早的时间的跳跃，其次发生时间向空间的跳跃。大概是由于应龙用尾巴划出江河，需要有一个地势的倾斜度才能泄流入海吧，它联想到一个关于中国地形为何西北高、东南低的神话：“康回冯（凭）怒，地何故以东南倾?”王逸认为，康回是共工的名字。《淮南子·天文训》说：“昔者共工与颛顼争为帝，怒而触不周之山，天柱折，地维绝。天倾西北，故日月星辰移焉；地不满东南，故水潦尘埃归焉。”[①]《列子·汤问篇》也有近似的记载，颛顼、共工争帝位的时代当然比鲧治水的时代早。但是，王逸把楚人所说的“康回”，与中原所说的共工等同起来，似乎遮蔽了某些楚文化的信息。西汉扬雄《方言》云：“凭、齘、苛，怒也。楚曰凭。（郭璞注：凭，恚盛貌。《楚辞》曰‘康回凭怒’。）”[②]既然《天问》用了楚方言“凭怒”，那么它所说的“康回”也必然是楚神话中的人

① ［汉］刘安：《淮南子》，见《诸子集成》（七），第35页，北京，中华书局，2006影印本。

② ［清］钱绎：《方言笺疏》，第149页，上海，上海古籍出版社，1984影印本。

物。战国秦刻石《诅楚文》又有“今楚王熊相，康回无道，淫失(佚)甚乱”①之语。诅楚而用楚故事，暗示着康回背后还有许多楚神话。

同一部《淮南子·本经训》又说共工是洪水的祸魁，时代比大禹治水略早而相接：“舜之时，共工振滔洪水以薄空桑。龙门未开，吕梁未发，江淮通流，四海溟涬，民皆上丘陵，赴树木。舜乃使禹疏三江五湖，辟伊阙，导廛涧，平通沟陆，流注东海。鸿水漏，九州干，万民皆宁其性。”②这就是中国神话的传闻异词、时代参差，以及多义性的特征了。既然地势向东南倾斜，那么九州如何安排，向东流注的河水为何总不能使大海满溢？这些问题当然可以从一些古籍中找到某些解释，但更为有趣的是这两问：“东西南北，其修孰多？南北顺椭，其衍几何？”这是问地面四方的长度，而且大概是由于中国地形东阻于海，西阻于山，南北两翼较多拓展余地，就认为南北略长而有衍余。从“顺椭”二字推测，似乎《天问》对天地结构的想象还不是后世广为流行的天圆地方，而是颇为别致的天圆地椭了。研究《天问》，不可用中原生搬硬套，方可获得文化想象的丰富性。

既然问及东西南北，已从时间跃至空间，就不能不问及作为大地空间神圣至高点的昆仑。在神话时代先民心目中，昆仑既是千山之宗、百川之源，又是帝之下都，人与天相通的阶梯。《淮南子·地形训》说：“掘昆仑虚以下地，中有增城九重，其高万一千里一十四步二尺六寸。……旁有四百四十门，门间四里，……旁有九井玉横，维其西北之隅，北门开以内不周之风。……昆仑之丘，或上倍之，是谓凉

① 《诅楚文》，见《全上古三代文》卷十四，189页，北京，中华书局，1965标点本。

② ［汉］刘安：《淮南子》，见《诸子集成》(七)，118页，北京，中华书局，2006影印本。

风之山，登之而不死。或上倍之，是谓悬圃，登之乃灵，能使风雨。或上倍之，乃维上天，登之乃神，是谓太帝之居。”[①]《天问》所问，正是这么一座昆仑：“昆仑县圃，其居安在？增城九重，其高几里？四方之门，其谁从焉？西北辟启，何气通焉？”应该说，《天问》之问，是已知答案而后问。这种明知故问，是不能简单地以《淮南子》《山海经》一类神话记载来回答的，那就与科场答卷一样乏味了。它的发问来自更深的层次，它本身包含着对神话异闻的通盘质疑。比如它明知昆仑四方之门有四百四十座，难道有那么多的神人进进出出？如果有，昆仑便是闹市；如果无，设门便如聋子耳朵，徒作摆设了。柳宗元作《天对》说：“积高于乾，昆仑攸居。蓬首虎齿，爰处爰都。增城之高，万有三千。清温燠寒，迭出于时。时之丕革，由是而门。辟启以通，兹气之元。”[②]博则博矣，却与《天问》的怀疑主义理性相左。而且“蓬首虎齿”的西王母虽与昆仑神话存在着深刻因缘，变异之后又成了汉代画像石的热门题材，却没有进入《天问》视野。神话热点和盲点的这种错综，值得深思。

西王母虽然没有进入《天问》视野，但是与《山海经》同源或颇有因缘的相当一批神话材料，已为《天问》采用。只不过它采用的态度，是异于《山海经》，甚至是反《山海经》的。《天问》与《山海经》，代表着战国时代面对神话资源的两种思维路线。首先，它以反问语式，瓦解了《山海经》神话的现实合理性。《大荒北经》记载：“有神，人面蛇身而赤，直目正乘，其瞑乃晦，其视乃明，不食不寝不息，风雨是谒。是

① ［汉］刘安：《淮南子》，见《诸子集成》（七），56～57页，北京，中华书局，2006影印本。

② ［唐］柳宗元：《天对》，见《柳河东集》卷十四，236～237页，上海，上海人民出版社，1974标点本。

烛九阴，是谓烛龙。"《海外北经》记述略异："钟山之神，名曰烛阴，视为昼，瞑为夜，吹为冬，呼为夏，不饮不食不息，息为风，身长千里。"①《山海经》记述异闻，是以肯定语式而存其异说的；《天问》则反问道："日安不到，烛龙何照？"似乎烛龙"瞑乃晦，视乃明"的照明方式值得怀疑，而司照明的太阳不去照明，也有失职之嫌了。又比如《海内南经》说："巴蛇食象，三岁而出其骨。"《天问》反问："一蛇吞象，厥大何如？"对此蛇的巨大感到不可思议。神话想象的超常态性，在这里受到质疑。

另一类超越《山海经》神话思维的方式，在于变异、异型和歧说。据《山海经》记载，"羲和者，帝俊之妻，生十日"；"大荒之中……上有赤树，青叶赤华，名曰若木"。《天问》反问："羲和之未扬，若华何光？"它把羲和变异为男性的日神御者，而且认为若木赤花是日照发光的。《天问》又问："羿焉彃日？乌焉解羽？"射日神话与《山海经》日月神话，属于不同的神话类型。既然帝俊之妻生十日，帝俊又有八子代表东方八个部族，那么《山海经》神话散发着人与日之间浓厚的伦理亲情之感。而射日则反映了人与自然的对抗关系，是属于《山海经》以外的神话系统的，如《艺文类聚》卷一引《淮南子》："尧时十日并出，草木焦枯。尧命羿仰射十日，中其九。乌皆死，堕羽翼。"当然，中国神话资源异常丰富，散佚于野，并非《山海经》《淮南子》等有限的典籍所能搜罗净尽，日后出现的《三五历纪》《搜神记》《述异记》一类书还有新的神话片断收入，可以反证收集和遗漏并存的情形。同时典籍散佚所导致的神话资源流失，当也不在少数。因此，如《天问》所问的"焉有石林？何兽能言？焉有虬龙，负熊以游？雄虺九首，倏忽焉在？何所

① 方韬：《山海经》，338、239页，北京，中华书局，2011标点本。

不死？长人何守？靡蓱九衢，枲华安居？”以及“鲮鱼何所？鬿堆焉处？”虽有历代注家的旁征博引，到底莫衷一是，难得确解。倒是诗人的怀疑主义精神是明确的，同时也可以领悟到先民在关注其生存环境时，充满着原始洪荒的怪异感和危机感。当《天问》诗行由时间的有序跳跃到空间的无序之时，它使昆仑神话、日月神话和异物神话相混杂，展示了中国大地的色彩斑斓和骚动不安，也折射了诗人怀疑主义深层潜伏着难以排遣的焦灼和忧患。

四、政治与女性命题及家天下的历史兴废

中国历史的发端期与世界上许多民族相似，都笼罩着一层浓密的神话烟雾。神话传说中不排除埋伏着某些历史线索，早期的历史记载中又难免带有一些神话传说的缘饰，这是王国维等人的上古史研究实践早已证明了的。《天问》既然借天设问，它首先质疑的自然是历史中所掺杂的神话成分；当然它也关注王朝兴衰存亡之道，这就是借天设问之所谓“借”。

上古史的第一疑案，莫过于夏禹变尧、舜禅让为传子，从而在政治体制上把公天下变为家天下了。因此《天问》走出神话反省历史之时，首先关注的是夏禹家庭的形成：

禹之力献功，降省下土四方，
焉得彼涂山女，而通之于台桑？
闵妃匹合，厥身是继，
胡维嗜不同味，而快朝饱？

夏禹是半属神话、半属历史的人物，《天问》对他继鲧治水，备极颂

扬；对他传位于启，不无微词。也就是说它不像后世儒者那样认为贤者纯贤，而是认为哪怕是贤者也具有两重性。《天问》对夏禹勤力献功、视察四方之时，匆匆忙忙地得到涂山女，与之通于台桑，不惜使用了“得”字、“通”字，颇带有一点嘲讽意味。如此匆匆忙忙，据说是担心配偶结合，关系到身后事继承问题。那么这个“继”字是继天下，还是继什么？因此诗中嘲讽他的口味与人不同，只图快意饱啖一顿早饭就行了。夏禹娶涂山氏，据说遇见九尾白狐而有王者之征，他居家四日复往治水，也没有以私害公。但诗篇却对“厥身是继”的家天下行为提出质疑，剥除神话传说给夏禹婚姻增饰的灵光，还它一个平淡的面目，并渗入嘲讽的意味了。

神话传说可能有现实的因由，尤其是中国古代那些连通地气的神话传说。《左传》哀公七年载：“禹会诸侯于涂山，执玉帛者万国。”①杜预注“在寿春东北”，即今安徽蚌埠市西郊的涡淮交汇处涂山，涂山南麓禹会村有“启母石”和“台桑石”，为涂山氏女望夫化石和“启所生处”，联系着“大禹治水，三过家门而不入”的故事。近年在此禹墟进行大规模考古发掘，出土了白陶鬶、黑陶杯、夹砂陶盉等礼器以及史前小麦，发现距今约4500至5000年的大型建筑基址。基址遗迹与短期内大型的集会及祭祀有关，可定性为大型祭祀性遗址。②

《竹书纪年》记载：“益干启位，启杀之。”③《韩非子·外储说右

① 杨伯峻编注：《春秋左传注》，1642页，北京，中华书局，1990标点本。

② 《安徽蚌埠禹会村考古发掘取得重大收获》，载《中国文物报》2007年7月20日。

③ 《晋书》卷五十一《束皙传》，1432～1433页，北京，中华书局，1974标点本。《史通·疑古篇》及《杂说篇》，两引“益为后启所诛”。

下》记述说客之词："禹爱益而任天下于益，已而以启人为吏。及老，而以启为不足任天下，故传天下于益，而势重尽在启也。已而启与友党攻益而夺之天下，是禹名传天下于益，而实令启自取之也，此禹之不及尧、舜明矣。"①《战国策·燕策》之载略异："禹授益而以启为吏。及老，而以启为不足任天下，传之益也。启与支党攻益而夺之天下，是禹名传天下于益，其实令启自取之。"②《史记·燕召公世家》也转述这则"或曰"的传闻。禹之子启和助禹治水有功的伯益之间的王权之争，乃是禅让转为家天下的疑案之关键。这段历史已为正史和儒家典籍所掩饰，惟《天问》所质疑者，乃是禅让变为传子所引起的社会动荡。它问：夏后启取代伯益为君，猝然遭到囚禁的灾祸，他又是怎样逢凶化吉，从拘禁中脱身？都说行事曲尽勤谨，就不会害及身家性命，为何伯益被革除了，大禹却播种下自己的种子？据说夏后启急忙访问天帝，得到天乐《九辩》和《九歌》，为何这样受天帝厚爱的人在出生之时，要屠母而出，使化成石头的母亲碎裂满地？这是对家天下政治变局的至为义正辞严的质疑。禹、启的出生，都非常奇异，禹在鲧腹中三年，剖以吴刀才出生。《绎史》卷十二引《随巢子》则如此记载启的出生："禹娶涂山，治鸿水，通轘辕山，化为熊。涂山氏见之，惭而去，至嵩高山下化为石。禹曰：'归我子！'石破北方而生启。"在家天下的政治体制中，神话传说中不是隐含着西方人所说的"恋母情结"，反而出现了某种屠母求嗣的偏执。《天问》对这种偏执是不以为然的，它甚至怀疑这种屠母而生者之得天下、得天乐，是否符合天意。

---

① [清]王先慎：《韩非子集解》，见《诸子集成》(五)，257页，北京，中华书局，2006影印本。

② [西汉]刘向集录：《战国策》卷十七《燕一》，1059页，上海，上海古籍出版社，1988标点本。

在审视以天下为私物的政治形态之时，也许投入了诗人政治生涯的体验吧，《天问》尤其关注政治与女人的命题。夏后启传太康、中康以后，王朝政治糜烂，动乱连绵，出现了夷羿弑夏后相以自立的政治变局。占妻与谋夫，成了政治变局中荒唐与阴谋的象征。《天问》道：天帝降生了超级射手夷羿，要解除夏民的灾难，那他为何射瞎河伯，霸占河伯之妻洛嫔，堕入了荒淫？既然夷羿已经堕落，他以强弓利箭射杀大野猪，献祭肉膏，天帝也不愿接受了。据《左传》襄公四年引《夏训》曰：有穷后羿取代夏政，恃其射艺，淫于田猎，不修民事，以寒浞为相。寒浞媚惑羿的妻妾，唆使羿的家众杀羿而烹之，"浞因羿室，生浇及豷"①。这就是夏前期政变中占妻谋夫的阴谋事件。《天问》问道：寒浞娶羿之妻纯狐，他曾经媚惑纯狐而施展阴谋，为何羿拥有贯穿厚甲的射力，却被阴谋勾结所吞灭？羿的堕落与霸占洛嫔相联系，羿的覆灭又起因于重臣和内室的合谋，可见以天下为私器的政治体制，是如何刺激着君臣家庭间的贪欲、腐败和阴谋。夏前期的启、益之变和羿、浞之变，成了《天问》质疑和解剖由禅让到家天下的政治疑案的极好材料。

以上对夏前期政治的质疑，从禹、益、启、羿、浞顺势而下，是按时间顺序依次提问的。通过剖析典型事件而把握家天下的政治实质，把握它助长贪欲、阴谋和社会动乱的历史效应之后，《天问》便以这种实质和效应作为思维的出发点，错乱时空，从而形成某种寓意结构。在借天代言的这个"天"面前，似乎寓意才有恒久的价值，而熙来攘往的政治现象的时间顺序反而居于次要地位，不必过分认真了。诗

① 杨伯峻编注：《春秋左传注》，936～939页，北京，中华书局，1990标点本。

行心神恍惚地倒转时序，问起夷羿从钽地西征到穷石，那么高的山岩是如何跨越的，为何连自己家门槛都跨不过了？夏的先祖鲧死后化为黄熊，巫师是如何使他复活的，却不能使自己后裔出现复活的奇迹？人们都在那里播种各样黍子和蒲荻，颇有点良莠并投，为何对鲧的疾恨更为满盈？

据王逸的注解，《天问》由此联想到一则充满贪欲和死亡的神话：崔文子学仙于王子侨，子侨化为白蜺飘拂到堂上，持药与崔文子。崔文子惊怪，引戈击蜺，堕其尸而取其药。真是天法纵横，离失了阳气就会死，那么王子侨的尸体为何能够化作大鸟飞鸣而去，却不能把良药收藏牢靠，以避免挥戈一击？这里似乎包含有《老子》所谓“国之利器不可以示人”的思想，尤其是在贪欲横流的时代。在无序联想中，诗篇又出入于种种怪异现象之间：雨师蓱翳是如何呼号降雨？神鹿软弱的身躯如何承受得了八足两头？大龟负载仙山击手而舞，如何能够安定？它们假若离开水而在山陵上行走，又如何能搬得动仙山？这里列举异闻，足资人们广泛地寻味它们的隐义：是否以降雨隐喻事态的偶然性，是否以鹿体隐喻弱君难以驾驭强臣，是否以大龟负山隐喻安定并非来自得意忘形，举措还须依凭具体条件。总之，它以紊乱的联想强化了诗行的隐喻性，在颠三倒四中寻找着某种深刻的意义。

随之提出的问题为夏少康中兴，时间顺序是上承夷羿杀夏后相，以及寒浞杀夷羿的。《天问》便是在这种有序与无序中，形成独特的审美张力。值得注意的是，写夏少康中兴之事，却从寒浞之子浇乱伦丧生的角度发问。它问道：无礼无义的浇走到嫂子的房间，他对嫂子有何需求？为何少康借逐犬打猎的机会，轻易地砍下他的脑袋？早些日子女歧嫂子为浇缝下衣，顺便就同房共宿了。那时少康砍错了女歧的头，为何浇最后也遇上同样下场？《天问》由此进一步发问，答案已在不答之中了：少康图谋争取敌军，曾给敌军什么厚遇？少康之父夏后相在斟寻倾覆，少康又有什么法子争取到这个地方？究其答案，并非少康有何特殊本事，都是由于浇乱伦废政，败由自取。

同样的荒唐，少康可以乘之而复国，他的后裔夏桀却重蹈覆辙而亡国。《天问》说：夏桀讨伐蒙山，他得到了什么样的美人？妹喜是何等放荡，成汤又怎样扑灭他们？诗篇以女色与政治的命题，考察了有夏一代的动乱和衰敝，认识到在以天下为私器的政治体制中，可以供当权者荒淫的另一私物女色的分量，足以成为衡量一朝一代政治的清明或腐朽的特殊尺度。尤其是大权过分集中于君主一人手中的时候，他的品质行为几乎足以影响一个朝代的存亡。

话又返回到根本上，政治与女色的命题，关键在于政治体制；家天下关键不在于有家庭的存在，而在于以天下为一家一姓的私器。诗人也许感觉到，以自己对楚国女色干政的特殊感受去解释历史，难以概观历史之全盘。因此《天问》再度搅乱时间顺序，以无序的寓意结构从正正反反诸方面泛论女色与政治的命题。它问道：舜在家可怜巴巴，父亲为何让他打光棍？尧不告知舜的父母，怎么把二女配给舜？时间在这里倒溯到禅让时代，一种看似不合礼仪的婚姻，却使一位贤帝得到两位贤内助。随之时间又跳跃到另一个朝代的末年：萌芽初起，怎能臆测其结果？商纣王为妲己筑成十层璜台，谁又能穷极其后果？女色在这里成了淫奢的导因，成了王朝政治危机的因素。《史记·屈原列传》云："（张仪）如楚，又因厚币用事者臣靳尚，而设诡辩于怀王之宠姬郑袖。怀王竟听郑袖，复释去张仪。是时屈平既疏，不复在位。”①《天问》如此关注女人与政治存废的关系，是否与屈原的这种现实感受相关？

然而《天问》思想不乏开明，它问及女娲登立为帝，是根据什么道理推她为尊？女娲人首蛇身，又是谁制造出来的？这似乎涉及女性也可为帝，并非在政治上无能。家庭关系也并非总是危害清明政治，政治人物也并非对家族冷酷无情。《天问》提到，帝舜友爱其弟，尽管总是受到其弟谋害，凭着帝舜这份仁慈，不难解释那位像猎狗般放肆的弟弟，为何不致身败名裂。即便到了家天下的时代，吴泰伯获知古公要传位给老三的心思，就和二弟仲雍逃避到南岳采药，谁料他们离开西周，却使吴人开国得到两个好男子。在对上古政治的反思中，诗人钦慕禅让，又无以超越家天下的框架。在政治境界上，他推崇帝舜，《离骚》已有所体现，在这里的寓意结构又借家庭问题重复两次；既然无以超越家天下框架，他又主张在政治方式上增添吴泰伯式的让贤和另创新的事业。

五、君臣遇合情结与历史哲学

关于禅让到传子的政治体制变迁，以及政治与女色的命题之探讨，《天问》所用材料以夏代为多。而反省历史中更为关切的问题，即君臣遇合，所用材料便以商、周两朝为多了。必须认识到，由楚宠姬郑袖引发的政治女人情结，和由楚怀王到顷襄王的君臣关系所沉积的君臣遇合情结，是《天问》中潜伏着的两大情结。不然，我们读《天问》，就难以触碰到屈原的深层心理和生命存在。

---

① 《史记》卷八十四《屈原贾生列传第二十四》，2484页，北京，中华书局，1959标点本。

上古史中贤明的君臣遇合而对一个朝代进行革命，第一大盛事当是夏商之际的成汤得贤臣伊尹的辅助。春秋战国人借用楚先祖鬻熊名誉所作的《鬻子》，探讨了历史教训和政治哲学，认为“禹之治天下也”，得皋陶辈“七大夫以佐其身，而天下治”；“汤之治天下也”，得伊尹辈“七大夫佐以治天下，而天下治”。因此《鬻子》认为真正有作为的君王是思贤若渴、善识人才的：“圣人在上，贤士百里而有一人，则犹无有也。王道衰微，暴乱在上，贤士千里而有一人，则犹比肩也。”①请注意，这里讲的“贤士”乃是介于贵族与庶人之间的低级贵族，没有卿大夫的显赫身世和地位，却以其能够“辨然否，通古今之道”②而不愧为“贤”。

《天问》列举的贤者多为出处寒微而明道多能，正是所谓“贤士”，它借上古史材料而隐括战国时代的政治人才观。

《天问》如此提出成汤、伊尹之遇合：伊尹用饰玉之鼎烹好鹄羹，进献给成汤去品尝，为何这就商量好谋取夏桀的计策，终于灭亡了夏王朝？君臣合谋出自烹饪进食的形态，似乎有点难登大雅之堂，但它创造了极能概括古中国政治术的一个成语：调和鼎鼐。不仅此也，《天问》还进一步追问伊尹比一般的士还要低贱的身份：商帝成汤下观民情，在下层遇到伊尹，为何如此出身卑微者的计谋，竟能把贵为君王的夏桀驱逐到鸣条之地受罚，而黎民百姓都欢欣鼓舞？这种发问，通过伊尹遇成汤的传奇色彩，揭示了贤士政治的难以估量的历史潜力。

时间顺序的操作于此又发挥了意义深刻的功能。在追溯了伊尹的

---

① ［周］鬻熊撰，［唐］逄行珪注：《鬻子》卷一，四库全书本，八～九页。

② ［汉］刘向撰，向宗鲁校正：《说苑校证》，第19卷，479页，北京，中华书局，1987标点本。

寒微出处之后，《天问》进行了幅度更巨大的时间倒溯，倒溯至“简狄吞玄鸟卵而生契”以降的商先公先王的历史。这就在时序异常中寓有深意，等于说明了成汤开国的显赫事业应该归功于伊尹的才略，而并非依恃殷人的血统高贵和先辈遗泽。《天问》道：简狄在瑶台上，帝喾怎么知她“宜尔室家”？玄鸟送来一枚卵，这个女子怎么吞下就有喜？这就把殷始祖的出处问得有点莫明其妙，看不出有什么神圣感和神秘感了。

幸得王国维由殷墟甲骨文字考证和补正了殷先公先王世系，使《天问》几成千古之谜的以下提问，终于出现了解读的可能。解读的结果是：殷先祖王亥秉承其父季的德性——其父是为善的，但王亥本人为何在他放牧牛羊的岁月终于被有易氏杀害？近人根据《竹书纪年》有“王子亥宾于有易而淫焉”的记载，又疏通以下的诗句：王亥用盾牌配合武舞，为何有易氏女就爱上他？她是平肩嫩皮的女人，怎能给他带来肥美的好事？[①] 有易氏的放牧奴子，到底如何碰上他和那女人苟且，打击床沿让他先出来，他的性命还有什么着落？对于这一联串的疑问，古代注家多把它们与寒浞之子浇被夏少康剿灭之事混淆起来。可见受殷人祭祀颇盛的王亥，德行并不光彩，命运充满悲哀，他对殷人的崛起谈不上有何等贡献。

在《天问》严正的质疑下，王亥以后的殷人也不见得有更好的德行和命运。比如王亥之弟王恒，他也秉承父亲季的德性吧，他又怎么得到他阿哥失去的大牛？他为何去营求有易氏颁赐的爵禄，却不能回来享受？至于王恒之子上甲微，也昏庸地遵循其父旧迹，使有易氏不得

① 刘盼遂：《天问校笺》，见《楚辞直解》，143～144页，南京，江苏古籍出版社，1988标点本。

安宁。为何在群鸟聚集的丛林间，他竟负心地与人家女儿肆意调情？由于殷建国前史料的欠缺，其间具体的史实已不甚了然，但是细按其间的问题和语气，对王亥、王恒、上甲微等殷先祖不甚恭敬的态度，则是可以领略到的。以下的问题就更难以索解：糊涂的弟弟并淫其嫂，危害其兄，为何变化着诡诈的手段，其后代反而能够长久延续？由于此事有点类似前面提到的象害舜的故事，从王逸开始的注家就附会到象的身上。但是“并淫”其嫂，应是两个弟弟，只一个象，那个“并”字就没有着落。清朝蒋骥《山带阁注楚辞》说：“按《公羊传》(庄公二十七年)，鲁公子庆父、公子牙，通于哀姜以胁公，与此绝相类。盖二子皆庄公母弟，而有后于鲁者。”①这个乱伦故事无论是指象，还是指公子庆父、公子牙，都属于时间顺序的错乱。但是把它与殷先世的事并列在一起，起码暗示着对殷先世德行的不恭，暗示着殷先世没有积累多少德行和事业，作为成汤开国的基础。在这一点上，殷既不及夏，也不及周。因此《天问》在时间倒溯中做了一番有序和无序的发挥之后，重新回到成汤与伊尹遇合上，足以体现它对这番遇合的历史意义的格外推重：

成汤东巡，有莘爰极。
何乞彼小臣，而吉妃是得？
水滨之木，得彼小子。
夫何恶之，媵有莘之妇？
汤出重泉，夫何罪尤？
不胜心伐帝，夫谁使挑之？

① ［清］蒋骥：《山带阁注楚辞》，213页，北京，中华书局，1962标点本。

伊尹身世的卑贱和不同一般，在这里得到进一层的强调。他出生在水边的空桑木中，这种“异生”传说，也许暗示着他是无父无母的弃儿。《吕氏春秋·孝行览·本味篇》云：“有侁氏女子采桑，得婴儿于空桑之中，献之其君。其君令烰人养之，察其所以然。曰：‘其母居伊水之上，孕，梦有神告之曰：臼出水而东走，毋顾。明日，视臼出水，告其邻，东走十里而顾，其邑尽为水，身因化为空桑。’故命之曰伊尹。此伊尹生空桑之故也。长而贤。汤闻伊尹，使人请之有侁氏，有侁氏不可。伊尹亦欲归汤，汤于是请取妇为婚。有侁氏喜，以伊尹为媵送女。……(伊尹)说汤以至味。”①成汤东巡到有莘氏之地，想求取他出来为自己办事竟不可得，只好娶有莘氏之女子，让他充当陪嫁奴隶转让过来了。成汤之所以急于求贤、器重伊尹，是与他受辱而产生的复仇心理有关系。正如《天问》所说：成汤从被囚的重泉走出来，心想我到底有何罪过？他按捺不住讨伐桀王的心思，谁让你挑起我的复仇心理？《天问》往往以倒叙之笔，说明某一事件的原因。正是出诸这种发愤图强的心理，他求贤若渴，破格地把伊尹从一个弃儿、一个陪嫁奴隶提拔为辅佐重臣。

成汤自从得到伊尹辅佐之后，诸侯多叛夏而归汤，汤遂率兵以伐夏桀。其时风扫残云之势，颇与周武王伐纣之役类似。因此《天问》的时间顺序实行了大跨度的跳跃，跃至武王伐纣战役：在盟津会合诸侯的早晨，为何各方争相履行约期？就像苍鸟成群奋飞，是谁把它们集合在一起？武王倒戈攻击纣王身体，周公旦不以为喜，为何他亲自点

① ［战国］吕不韦：《吕氏春秋》，见《诸子集成》(六)，139～140页，北京，中华书局，2006影印本。

拨武王姬发，到了完成兴周的使命反而叹息？从夏商之际到商周之际的这次大跨度的时间跳跃，实在意味深长，而且具有浓郁的反讽意味。它从商朝开国跳到商朝亡国，充满着令人低回不已的历史兴亡感。《天问》反问天帝授殷天下，如何安置它的王位？到了纣王之时，“反成乃亡，其罪伊何？”这时候继殷商而崛起的周王朝，真可谓风云得意，诸侯趋之若鹜，正如《天问》所问：诸侯争相拿出武器，是如何动员起来的？他们并驱进击殷师的两翼，又如何统率他们？然而，前面提到周公旦之叹息，正是在周王朝这种风云得意的气氛中发出来的。这真是著名的“周公之叹”，他在叹息“殷鉴不远”。于这声叹息的前前后后，商王朝与周王朝的兴兴亡亡互相参照，并通过诗篇的超时序操作，交织在一起了。

在商、周两王朝兴亡史的互参互补之间，对商王朝重在讲其开国前史，而成汤以后列王的史迹较少涉及，因而重点是揭示弱可变强的历史辩证法，变的关键在于任贤。对周王朝却大量讲其开国后史，对武王以后列王的史迹多所述及，因而重点是揭示盛极而衰的历史辩证法。那么，衰变的关键何在？且看《天问》的交代：周昭王存心出巡，于是抵达南国，这有什么好处，难道去迎接人家愿献的白雉？周穆王的马鞭挥动得巧妙，为何不远万里周游天下？在远游中管理天下，到底有何索求？这是西周中期两位不经心治理国家的君王，这种享受型君王的出现，乃是父子相传的政治体制之必然。虽然不排除有个别尚能振作、号为中兴的人物，但作为总体趋势，这些子辈君王不知开国之艰，他们一生下来几乎就命定地占据至高位置，最好的文化教育条件终不能改变他们只知享受阿谀奉承，不知阅历开拓者备经磨难的精神方式，因而只能以他们手中的权力消磨王朝政治的元气。昭王以为迎接白雉，是迎接国泰民安，在一种阿谀性骗术中送掉性命；穆王把巡游天下的游戏性排场，作为张扬国威的举措，在贪大喜功、得意忘形中耗费青春。与其说这是父子相传的政治体制的变态，不如说是它的常态。谁能改变这些驾驭天下者的精神方式呢？也许《天问》作者未能清晰地了解这一点，但他借天代言，天已经给他暗示了这一点。

这种萎靡不振的享受型精神方式发展到极致，就是信谗嫉贤，以谣言作为立国的根据，以“枕边政治”来毁坏整个王朝。周宣王听信“桑弓和箕草箭袋，实亡周国”的童谣，捕捉并准备杀戮市面上叫卖这两种兵器的夫妇，这对夫妇捡得宫中遗弃的女婴，投奔褒国。这个女婴就是后来得宠于周幽王的褒姒，她以“枕边政治”废除王后、太子，破坏烽火征兵的制度，导致朝臣与犬戎勾结，杀幽王而颠覆西周王朝。这就是《天问》所问：“周幽谁诛？焉得夫褒姒？”褒姒得宠于幽王，只是政治变得荒唐的一个标志，杀幽王的真正罪魁祸首是谁呢？正是寻根究底的这一问，重新引导出《天问》错乱时空的寓意结构，竟然借天而问起天命：“天命反侧，何罚何佑？”竟至于连作为春秋五霸之首的齐桓公，尽管拥有“九合诸侯，一匡天下”的巨大功勋，也逃不开佞臣与五公子树党争立，饥渴自尽而不葬，直至尸虫出户的可悲下场。这种以商周事互相映衬，以春秋五霸事作结的寓意结构，于有序、无序之间超越了一般的历史叙事，而升华出诗化了的历史哲学。它探询着父子相传的政治、贤士政治与枕边政治等五花八门的政治体制，在借天以问天命的悖论中，浸透着历史兴废无常的悲凉感。

六、暴君弃贤及历史哲学的重审

走出神话以后的《天问》，审视的焦点在于历史哲学。因而不惜反复言之，从正正反反诸层面剖析之，借夏、商、周三代历史转折点和关键点参差质询之。前面初探历史哲学，是从成汤与伊尹之间贤明君臣遇合谈起的；到了重审历史哲学之时，它换了另一个视角，从商纣王暴君弃贤谈起，着重剖析政治品德问题。上古三代，暴君弃贤的最大惨案发生在商纣王年间。因为夏桀虽然荒唐，他囚禁成汤不久就释放了。周朝分封诸侯，逐渐造成尾大不掉的局面，末代君王想施暴于贤臣，也无能为力了。所以对商朝末年暴君弃贤的旷世惨案，《天问》是不能不问的：

彼王纣之躬，孰使乱惑？
何恶辅弼，谗谄是服？
比干何逆，而抑沉之？
雷开阿顺，而赐封之？
何圣人之一德，卒其异方？
梅伯受醢，箕子佯狂。

在以天下为一家一姓之私器的专制主义政治体制中，除了少数开明或尚知振作者之外，由于历史条件和个人品质的差异，既可以产生享受型的君王，也可以产生残暴型的君王。《史记·殷本纪》说："帝纣资辨捷疾，闻见甚敏，材力过人，手格猛兽；知足以拒谏，言足以饰非；矜人臣以能，高天下以声，以为皆出己之下。"这种资质在至高无上不受约束和制衡的情形下，就会把威猛用于压制贤臣，把才智用于制造式样翻新的酷刑。他首先对付那些可能妨碍其为所欲为的人，把王族的诸父一辈的比干摧抑下去，最终施以剖心之刑，逼得同属王族诸父辈的箕子只好佯狂来避其锋芒了。对于握有地方权力的诸侯梅伯，他则施以醢刑，即把他剁成肉酱了。于是朝廷方镇都留不下拂逆他的意志的人，任其胡作乱为，只有雷开一类阿谀奉承之徒能够赐金封爵了。《天问》道："何圣人之一德，卒其异方?"比干、箕子、梅伯都有"圣人"之德，可惜他们都不能以自己的德行去辅佐朝廷，却要变换着处世方法去获死或避祸。这种对政治品德不得其用的提问的反讽意味，也够浓的了。暴君纣王便是如此制造了惨案，在血腥中高扬个人的名声和权威的。

《天问》的时间跳跃，有同类跳跃，也有反类跳跃。为恶的商纣王为从善的周部族的崛起创造了时机，因而这里的时间跳跃，是由恶政转换到善政的反类跳跃。史载帝喾元妃履巨人脚迹而怀孕生出周人的先祖稷，又载帝喾次妃简狄吞玄鸟卵而怀孕生出殷人的先祖契，这两个异生神话配比成对，于是殷、周两部族的先祖乃是同父异母的兄弟。我怀疑这两个神话的配对，是周人造出来的。因为周公旦制礼，立宗法制而把王位命定地传给嫡长子，稷为元妃长子，血统上自然要比次妃所出的契要高贵一筹了。《天问》说：稷是元妃长子，帝喾为何忌恨他？丢弃在冰面上，鸟为何用翅膀温暖他？他为何持弓挟箭，特会统兵打仗？异生的情景吓得帝喾暴躁，是何种机遇使他长大成材？谈论周继商而兴起，不按照时序从与商纣王有瓜葛的周文王、武王说起，偏要错动时序从稷说起，其间有深意存焉。它看重的似乎并不是"稷维元子"，因为帝喾并没有传位给他，反而嫌恶他。它看重的是稷能够在不利的环境中成长成材，这和那些一生下来就命中注定地要继位为王，不知创业艰辛，只知享受和残暴的君王，是具有本质区别的。

对于后稷到太王这段跨越夏、商两朝的周人世系，《天问》不做过多纠缠，却以巨大的时间跳跃，直趋文、武开国。即便对于周朝开国史，它也不拘泥于时序严整，而是在周太王、文王、武王和商纣王，即商、周两敌国以及周之四代三王之间，往返穿梭，错综用墨。其笔势如云间游龙，断断续续之处左盘右旋，前盘后旋，身姿矫健，文脉跌宕，使人物事件和意象于有序无序之间撞击，迸发出令人心摇目眩的思想火花。它先问及周文王：西伯姬昌号令于衰世，秉持着鞭子做起牧伯。他如何使周人岐周的神社通达起来，命中注定地占有殷国大半个天下？这种提问的答案，其实已从反面存在于前面所述的商纣王暴政失德之中了。

如果对政治道德关乎种族荣衰的历史哲学思考还不明白，那么在随之而出现的错乱时空的寓意结构中，这一点就暗示得更为强烈。它故作疑惑：周文王姬昌的祖父太王迁移财富来到岐山，人民怎么会依从他？周文王姬昌的对立面殷纣王有迷人的妃子妲己，人民又怎么样讥评他？这里也没有提供什么直接的答案。对《天问》寓意结构的解读，不是要你简单地提供某些史实，而是要你进入更深的层面，看取这些问题共同指涉的某种内在的意义。太王迁岐，殷纣王有惑妇，这都是商周之际的历史常识，它故作疑惑要你领悟的乃是这些问题从正反两方面指涉的政治道德之得民心或失民心。《尚书·康诰》总结商周朝代更迭的教训，提出“用康保民”的思想，《召诰》在谈论“不可不监于有夏，亦不可不监于有殷”之时，提出“惟不敬厥德，乃早坠厥命”①的告诫。《天问》参差错落地问姬昌、太王、殷纣事，其所暗示的历史哲学与这种敬德安民思想有相通之处。

明白了《天问》寓意结构的这种意之所寓，对于《天问》以下诸问就会豁然开朗。殷纣王把西伯姬昌之子伯邑考烹成肉羹，姬昌受羹之后

① ［汉］孔安国传，［唐］孔颖达疏：《尚书正义》卷十四《康诰第十一》、卷十五《召诰第十四》，见《十三经注疏》，203、213页，北京，中华书局，1980影印本。

祭告上天，他本想亲受上帝惩罚，为何反而是殷商的国运不可救药？正是敬德安民的政治道德，使姬昌思贤若渴，这就可以解释：吕望在市场当屠夫，姬昌如何慧眼识英雄？吕望鼓刀扬声说“下屠屠牛，上屠屠国”，姬昌听了后有什么可高兴的？同样写君臣遇合，前面讲成汤发现伊尹，强调的是举贤士于寒微；这里讲姬昌发现吕望，强调的是寻贤士以安民，它们所指涉的历史哲学层面是存在差异的。由此也可以解释如下的问题：周武王姬发杀了殷纣王，为何心情忧悒？他载着文王木主去会战，为何如此性急？性急者是为了拯民于水火之中，忧郁者则可能是由于“周公之叹”思考到殷鉴即在眼前，殷纣王的阴魂不是一杀就可以驱除的。

无论是神话还是历史，《天问》都存在一些不可尽作解读之处，甚至存在一些众注家异说纷纭的千古之谜。这是《天问》的遗憾，也是《天问》的吸引力所在。比如随之提出的问题：“伯林雉经，维其何故？何感天抑坠，夫谁畏惧？”伯林是一个人，还是一片树林，就由于行文过简和典籍失考，而难有确论。王逸说伯林即长君，也就是晋献公太子申生；清人俞樾“疑伯林乃申生之字”，但史籍无征。早一些的清人徐文靖《管城硕记》则认为伯林是北林，上吊的不是申生，而是管叔。徐氏之说也是推测，他注重行文的时间顺序，因为前面写武王伐纣，接着写管叔、蔡叔与武庚作乱，事败自杀，似乎是顺理成章了。王逸《楚辞章句》解释为“晋太子申生为后母骊姬所谮，遂雉经而自杀。言骊姬谗杀申生，其冤感天，又谗逐群公子，当复谁畏惧也。”王氏注意的是骊姬之谗和前面的“殷有惑妇”相呼应，可以组合成有关女色与政治的寓意结构。如果王逸章句之说能够成立，那么骊姬以告枕头状和投毒于祭肉的方式，谗杀申生，逼使重耳诸公子出逃，这一事件是与春秋五霸之一晋文公之事联系在一起的。前面研究《天问》初探历史哲学，采用的寓意结构是在商周事互相映衬之后，突然跳跃到春秋五霸之首齐桓公；这里重审历史哲学，采用的寓意结构是在商周事互相映衬之后，突然跳跃到春秋五霸之次晋文公之长兄申生。这两处的寓意结构，是存在着某种内在的默契的。当然二者审视的角度是不同的，前者写齐桓公之死，他重用佞臣而招致杀身之祸；后者写晋文公逃生的背景，女色所败坏的政治道德逼使他到原野上寻找了。

与齐桓公死之前，采取借天而问“天命反侧”的悖论方法相呼应，在这里申生雉经之后，《天问》再次借天问天命：“皇天集命，惟何戒之？受礼天下，又使至代之？”皇天集禄命与君王，这是不足以长治久安的，还须君王审慎戒惧，敬德保民，不然就有新的能够敬德保民者取而代之。其间对天命的怀疑主义，导致对历史哲学的更深层面的思考，并以此来隐括夏、商、周三代兴废更替的历史教训。正如清人贺宽《饮骚》所分析：“皇天云云者，言天既以天下授之，何不告戒之以不亡之道？而奈何旋以天下礼之，不久又使人代之耶？此四语所以结三代之局。”

七、政治理想与现实忧患

走出神话、反思历史之后，《天问》一步步由远及近地走来，终于走到宣泄诗人心中的理想，质问诗人身边的境遇。理想与忧患共存，是《天问》的最后归结。它在这里完全采用寓意结构，时空错乱的复杂程度超过了以前。对于理想，共有三问：

首问重复了成汤、伊尹事：成汤最初以伊尹为普通臣子，后来提拔他为辅弼重臣，他似乎有点功高震主了，但为何能够始终在成汤朝廷中居官不替，并且以王者礼乐尊崇祭祀他的祖先，绪业流传于后世？这一问就使成汤、伊尹事于重复中出现不重复的角度，它使用了“初”、“后”、“卒”一类时间性词语，关注的是贤明君臣遇合以诚信，经得起时间考验，有始有终，诗人是切身地感受到这是非常难能可贵的。诗人由甚得国君信任，到受到疏黜、放逐的经历，使他对于《诗》所言的“靡不有初，鲜克有终”，感到刻骨铭心。

第二问：功勋卓著的吴王阖闾是寿梦之孙，他自少遭受离散流亡之苦，为何到壮年能够威武勇猛，使其庄严的事业能够广为流布？吴王阖闾是楚人不共戴天的仇敌，他任用伍子胥、孙武大破楚师而占领郢都，几乎使楚国覆灭。因此他的画像似乎不应见于“楚先王之庙及公卿祠堂”，只能作为特例存在于诗人心灵之中。特例之特，就在于诗人排除本族性的歧见，以阖闾为典型在更深的层面上思考如何发愤图强，以一种“贫贱忧戚，玉汝于成”的坚强意志，重振已是一蹶不振的邦国。能够向敌人学习长处，乃是一个国家的胸怀和生命力的体现，也是诗人的政治理想之所在。

第三问：彭祖篯铿善于烹调雉羹，天帝为何乐于享受口福？使他享有八百岁长寿，为何这样久长？据《史记·楚世家》，彭祖乃是楚人已经认同的祖先帝颛顼(高阳)的后代陆终所生六子之一，是楚国先人芈季连的三子。楚国诗人以彭祖作为理想人物，和以仇敌阖闾作为理想人物，当有别一番滋味，是带有亲切感的。他的斟雉飨帝，和伊尹以烹饪术去说服成汤有些类似，在古人心目中似乎并非世俗之态，倒是对上天赐给自己的福分保持审慎戒惧的态度的一种象征。这种审慎戒惧的态度，与《离骚》中“怨灵修之浩荡兮，终不察夫民心”的“浩荡”心态是不同的，王逸《楚辞章句》说：“浩犹浩浩、荡犹荡荡，无思虑貌也”，即所谓“饱食终日，无所用心”。《天问》在讲完吴王阖闾威武勇猛之后，大概有鉴于阖闾伐越，受越死士袭击而负伤死亡的粗疏，因而提倡一种综合了阖闾的刚猛，以及彭祖的审慎的政治态度。所谓彭祖八百岁，也可以理解为以人寿象征国祚的绵长。综上三问，诗人追求的政治理想，既有成汤、伊尹之间善始善终的君臣合作，又有兼备阖闾之英武、彭祖之审慎的刚柔相济，如此方能振弱图强，尚贤去佞，保持长久的政美民安的局面。

随之的提问，又引起了历代注家的困惑，歧见纷纭，难得共识。比如“中央共牧”，有释为周厉王出奔，共和行政者；“惊女采薇”，有释为伯夷、叔齐采薇，受妇人讥之者；“兄有噬犬”，有释为秦景公兄弟事者。然而都证据薄弱，只能聊备一说，不能贯通无碍。汉画像石多有装饰性的不能确认为何朝何人事的即兴画面，《天问》这几问，似乎也可援引汉画像石的即兴画为例，不必过分刻板地认定为哪几位具体的历史人物的事迹。在郑重其事地暗示自己的政治理想之后，再来一点闲笔不闲的即兴小品，也是诗人使行文摇曳多姿的本领。在天下中央共同管理人民，当权者为何喜怒无常？要知道蜂蚁的生命虽然微末，齐心协力又何等固不可摧？这里似乎暗示着为政要敬德安民，不可任凭统治者的好恶一意孤行。采薇的少女受惊，鹿儿为何保护她？奔到北面水弯处，为何突然高兴起来？这里似乎讲事件的突发性和机遇的偶然性，却融入了旷野上一派天真烂漫的风光。兄长养了一只猛犬，弟弟为何打它的主意？就是用一百辆车子把它换来，最终还是没有福气享用它。这个兄弟间勾心斗角的故事，似乎蕴藏着某种因小失大的荒谬感。总之，这是不可解之解了，它们似乎在暗示着某种和谐的境界：上下和则安，兄弟和则福，人与自然和则喜。《天问》是在周围艰险的环境中谈论和谐的，它于不和谐中执着于和谐，也可以说是全诗忧郁疑惑情调的一种调剂。

经过一段语意朦胧的即兴抒情，作为从理想到现实的小过渡之后，《天问》进入了诗人与天地相浑融相震荡的激情状态，充满忧郁感和危机感地倾诉着楚国的光荣与耻辱、行程与命运，质询着楚国从何处来，将向何处去。在冗长而曲折的借天问人事中，诗人被长久压抑的主观情绪层层厚积，到了急需一吐为快的临界点，转化为从人的角度上问苍天，上问薄暮雷电了。在此雷霆震怒的黄昏时分，为何忧虑着自己的归宿？国家的尊严已经得不到尊重，对于冥冥晦晦中的天帝还有什么可以祈求？这种提问的格调的苍凉悲远，足可以上联夏、商、周三代的兴衰，下接祖宗之邦楚国的荣辱。苍凉情调很能够令人联想到楚灵王在颍水、淮水流域打猎，遇上雨雪之时，右尹子革说的一段话："昔我先王熊绎辟在荆山，筚路蓝缕以处草莽，跋涉山林以事天子。唯是桃弧、棘矢以共御王事。"①《天问》所谓"伏匿穴处"，指的就是楚先王筚路蓝缕以辟草莱的国家起源的历史。对于这段历史还有什么好说呢？人们早已把艰苦奋斗的传统忘掉了。

《说文解字》说："勋，能成王功者也。"段玉裁注："《(周礼·夏官·)司勋》曰：'王功曰勋。'郑(玄)云：'辅成王业，若周公。'"《天问》所谓"荆勋作师"，不一定指具体哪一代的楚先王，而是指以军事力量振兴楚国，"能成王功"的多代楚王。楚国自熊绎以后一个半世纪，传至熊渠而崛起于江汉之间；又一个多世纪传至武王熊通，建立兵车制度，灭权、伐随、挫濮，欲以观中国之政，中原诸侯"始惧楚也"②。文王熊赀继位，迁都于郢，伐申过邓，伐蔡灭息，以致《史记·楚世家》以"齐桓公始霸"和"楚亦始大"并举。所谓"荆勋作师"，应该包括公元前9世纪至公元前7世纪这二百年间楚国历代首领兼并周边、拓展疆土、壮大实力的历史。正因为如此，《天问》才问："荆

① 杨伯峻编注：《春秋左传注》，1339页，北京，中华书局，1990标点本。

② 同上书，90页。

勋作师”，为何如此漫长？

经过长期的经营，楚国已发展成为春秋列国中疆土和实力首屈一指者。尽管楚国历史还有曲折，甚至面临过灭顶之灾，比如由于楚平王的荒唐，导致吴王阖闾和伍子胥大破楚师，攻陷郢都，而年少的楚昭王继位，却能知错必改，复兴楚国。这就是《天问》所说：“悟过改更，我又何言？”吴光（即阖庐，吴公子光）与我们争国，但时间一久，胜利还属于我们。这里隐喻着一个非常重要的哲理：一时的失败并不可怕，可怕的是失败后不知改过，不知把握变失败为成功的历史契机。历史往往是祸福互伏的，吴王阖闾攻占郢都之时，当时邻国的一位冷眼旁观者便说：“国之兴也以福，其亡也以祸。今吴未有福，楚未有祸。……国之兴也，视民如伤，是其福也；其亡也，以民为土芥，是其祸也。楚虽无德，亦不艾杀其民。吴日敝于兵，暴骨如莽，而未见德焉。天其或正训楚也，祸之适吴，其何日之有？（按：即不久即至）”[①]《天问》之问，同于此见，可叹的是诗人同代的楚君已不知“悟过改更”，不知把握历史转化的契机了。

《天问》至此，又出现了时空错乱的寓意结构。它呼唤着能够振兴楚国的贤者的出现，它呼唤的是吴王阖闾陷郢以前百余年的楚成王时期的一代名臣令尹子文。据《国语·楚语》记载，子文的政治主张是：“夫从政者，以庇民也。”[②]他曾经“自毁其家，以纾楚国之难”[③]在他担任令尹的二十余年间，楚国以方城为城，以汉水为池，与中原争霸，

① 杨伯峻编注：《春秋左传注》，1067～1068页，北京，中华书局，1990标点本。

② 上海师范大学古籍整理组校点：《国语》卷一《周语上》，573页，上海，上海古籍出版社，1978标点本。

③ 杨伯峻编注：《春秋左传注》，247页，北京，中华书局，1990标点本。

席卷淮水流域诸小国，《史记》称之为“楚地千里”。子文原名斗縠于菟，他的出生是一个传奇。《左传》宣公四年记载：其父斗伯比“从其母畜于䢵，淫于䢵子之女，生子文焉。䢵夫人使弃诸梦(泽)中。虎乳之。䢵子田，见之，惧而归。夫人以告，遂使收之。楚人谓乳‘縠’，谓虎‘于菟’，故命之曰斗縠于菟。以其女妻伯比。实为令尹子文。”① 因此，《天问》问道：斗伯比环绕穿行于闾社、丘陵之间，与䢵女又淫乱又放荡，为何却出贤相子文？这看似对子文有点不恭，实际上主张举贤才于野，不必拘于一格。

然而，贤相子文已不可再遇，诗人时代的楚国多有的是谗佞嫉贤、结党营私的奸邪之辈。联想楚成王熊恽的兄长堵敖熊囏，大概是听信佞臣挑拨，想杀其弟以固位，熊恽逃到随国，借兵袭杀堵敖。因此诗人只好叹息一声：我要告诉堵敖，这种做法是不能久长的！退而言之，堵敖尽管横死而不寿，毕竟还算楚先君，如此向其阴灵进言，多少嫌其直率而不恭。于是诗人自言自语：我何必上谏先君而表现自己，使自己忠直的空名愈加彰扬？如果我们设想，《天问》如王逸所说，是诗人“见楚先王之庙及公卿祠堂”壁上图画而作，或者借鉴壁上图画的方式而构思，那么“薄暮雷电”以下的这一连串对楚国历史的质问，所问的就不限于壁上图画，而是绘有图画的楚先王庙和公卿祠堂的主人。王逸注“薄暮雷电”说：“言屈原书壁，所问略讫，日暮欲去，时天大雨雷电，思念复至。”似有这层复问庙堂主人的意思，但没有从问事的角度转换上展开论证。到了《天问》的结尾，诗人不仅已经走出祠庙，而且走出那个借以提问的天，返回自我，返回到一个悲怆不

---

① 杨伯峻编注：《春秋左传注》，682～683页，北京，中华书局，1990标点本。

已、徒有忠名的自我了。

八、屈子哲学与文人诗歌的里程碑

从“遂古之初”到“堵敖不长”，《天问》经历了复杂曲折的大悲悯、大怀疑的心灵历程，始于无限而终于有限，始于永恒而终于短暂。当然，无限须在有限中获得它的形象，永恒须在短暂中证明它的价值。这就是《天问》为何问完宇宙起源之后，还要问夏商周三代；一般地问及夏商周三代还不满足，还特别地问及楚国的历史。自有诗歌以来，罕见有哪一篇能够像《天问》一样展示如此广阔浩渺的思维空间。在奇大无比的思维空间中，蕴涵着异常珍贵、也相当独特的“屈子哲学”，这种哲学出以质疑的形态，浸透着忧患的感情。与《离骚》《九歌》相比，《天问》多用四言句式，辞采略逊。但它以特异的结构方式、时空操作和哲理思考，弥补了这种欠缺。钱锺书超越朝代而从文体风格上论“诗分唐宋”，认为：“唐诗、宋诗，亦非仅朝代之别，乃体格性分之殊。天下有两种人，斯分两种诗。唐朝多以丰神情韵擅长，宋诗多以筋骨思理见胜。……夫人禀性，各有偏至。发为声诗，高明者近唐，沉潜者近宋，有不期而然者。”①据此见解，若不嫌牵强附会，则似乎可以说，《离骚》《九歌》乃屈原的“唐音”，《天问》却是他的“宋调”了。

只要认识到《天问》中的“屈子哲学”是出以质疑形态、浸透忧患感情，就不能把这种哲学局限于文字的表面，而必须体悟于文字之外，从它提出疑问的角度和语气，以及不同问题的相互组合中，探寻其隐含的意义。它的哲学层面非常丰富，包括神话哲学和历史哲学、政治哲学和人生哲学，讨论过天命与人事、失败与成功、兴邦与得贤、政

---

① 钱锺书：《谈艺录》(增订本)，2～3页，北京，中华书局，1984。

治与女色等广泛的命题，几乎都不曾以逻辑语言去直说，而是控制在诗歌语言的隐显之间。隐之于神话、历史的片断，显之于质疑探询的语气，成之于不同的问题之间的参照和联想。比如，女色与政治是一个非常复杂的包含着历史哲学和政治哲学的命题。但《天问》对它不是一处说完、一语点透，而是通过多次提问造成相互参照的综合效应。商纣王惑于女色而制造剖醢贤臣的惨案，成汤喜得吉妃而遇合贤臣，舜取帝尧二女而避免顽傲之弟的谋害，桀得放肆的妹喜却招致怨恨的臣子的讨伐。在君王一人的喜怒左右着整个政治行为的专制主义体制中，女色的作用不可忽视，它既是政治腐败或清明的一个特殊标志，又可以成为君臣相得的纽带或君臣反目的祸根。此外，如寒浞的眩妻谋杀，浇的宿嫂丧生，以及斗伯比的野合生下贤子，都可以成为政治与女色命题的正反远近或偶然或必然的例证。《天问》如此反反复复地涉及这个命题，折射着诗人由现实政治遭遇造成的精神创伤或思维情结，同时也揭示了专制体制中存在着君、臣、女色之间三角形的张力，能否妥善处理，会产生不同的力量导向，甚至导致王朝政治的盛衰和君臣个人的荣辱。《天问》不时地关注它，表明在一定程度上已视之为政治运转的某种模式。

《天问》是楚人神思与中原学养相融合的产物。战国之岁，楚地巫风甚于中原，《吕氏春秋·侈乐篇》以风俗观政治命运，称“楚之衰也，作为巫音”①。《汉书·地理志》比较各地风俗的特征，结论是“楚地……信巫鬼，重淫祀。”②《天问》有如此多的神话传说和历史片断，

---

① ［战国］吕不韦：《吕氏春秋》，见《诸子集成》(六)，48页，北京，中华书局，2006影印本。

② 《汉书》卷二十八上《地理志第八上》，1666页，北京，中华书局，1962标点本。

可以和古今语怪之祖《山海经》相参证，说明《山海经》成书与战国楚巫有着深刻的关系。《天问》无疑是汲取了与《山海经》同源的一些神话传说材料，甚至汲取了《山海经》式的原始宗教思维方式。这番汲取对于拓展《天问》奇诡幽丽、不受传统模式束缚的思维空间，具有重要的意义。同时，《天问》又是以一系列的对神话传说的质疑方式写成的，它走出神话的同时也走出巫风。它属于突破巫风笼罩的文人诗歌的里程碑。

这种突破巫风的努力，是得到中原学问的支援的。中原史学的发达，以及逐渐罕语怪力乱神、转而探究宇宙结构模式和历史兴衰规律的学术思潮，提升了诗人的学问层次，并转移了他的文化趣味，使他对乡邦的巫风思维产生了大怀疑的眼光。可以说，《天问》乃是以诗与哲学相交融的方式，进行了一次楚人与中原文化的大规模的对话。其中有解不开的疑惑，有说不完的话题。比如，中原传闻是共工与颛顼争为帝，怒而触断天柱，使天倾西北，地不满东南。楚人却偏要说这是“康回”所为，这就有点像古罗马人把古希腊主神宙斯改为朱比特，战神阿瑞斯改为玛尔斯，爱神维纳斯或阿芙洛狄忒埃罗斯改为丘比特一样，名字的变换中包含着不同神话系统或支脉的对话。又比如，鲧治水失败，在中原被视为不可饶恕，乃至《尚书·舜典》把他归入“四凶”之列：“流共工于幽州，放欢兜于崇山，窜三苗于三危，殛鲧于羽山，四罪而天下咸服。”①但是《天问》对“鲧疾修盈”与四凶并投的理由，提出质疑。它并不隐瞒鲧治水失败，却认为尧、舜二帝负有领导责任，而且又允许失败，认为大禹治水是子承父业，变化策略，“遂

① ［汉］孔安国传，［唐］孔颖达疏：《尚书正义》卷三《禹典第二》，见《十三经注疏》，128页，北京，中华书局，1980影印本。

成考功”。对鲧禹治水神话的不同解释，既体现了不同神话系统的对话，也包含着对中原神话历史化过程的大怀疑精神。至于《天问》中的夏、商、周三代史料，诸如禹、启家传，汤、武革命，桀、纣淫暴之类，多为中原典籍所述。而由此引发的一连串质疑，也闪烁着楚国诗人与中原文化对话时的特异感觉和批判锋芒。

在楚国诗人与中原文化的大对话中，《天问》以宏大无比的思维空间和奇异无侔的表现方式，从根本上把固有的诗学法则打破了，甚至在两千年间成为“绝响”。这种绝响性诗学法则的突破，如天书惊世，引起历代注释者和解读者的困惑不解，名之曰“错简”。谁也不否认可能有若干错简，问题在于错简概率有多大。何以把《离骚》《九歌》等作品的错简看得那么微不足道，唯独把《天问》的错简断为一塌糊涂？应该看到，成功的文体变式中存在着天才，抹煞了变式，就等于抹煞了天才。《天问》不是给你讲一个完整的古老的故事，而是在故事的片断、缝隙之中和投影之外，讲一种独特的哲学。如果按照平常的表述方式，把《天问》诗行分门别类地归纳为天文、地理、神话、夏商周三代历史以及楚史、乱辞诸门类，那它只不过是一部没有多少文采的平平之作。它在人类诗歌史上不可代替的真正价值和贡献，正在乎它破天荒地创造了高度错乱时空顺序以深化哲学联想的诗歌表现形态，它创造了以时空漫无头绪的对撞以激发语言的意义活力的奇迹。就《天问》在两千余年前采取以天问人的抒情角度，及借鉴楚庙壁画心态的时空错乱的表现形式而言，它就可以凭借着天才的原创性，耸立于人类诗史的开端期。

且看由此产生的奇迹般的“对撞效应”。时间顺序的中断和跳跃，刺激着阅读心理由惊异进入深思。才关注到成汤起用贤臣伊尹而消灭夏桀，就使时间急遽倒转，跳跃到成汤的远祖，追问起简狄吞玄鸟卵而生契，王亥牧牛羊而遇害，这就不能不引起读者的诧异和思考如此组合的意义何在。成汤的崛起是得益于祖宗的阴德，还是祖德不可恃，全凭人力续之兴之？进一步深思还可以解读出，这里暗示的历史哲学属于天命论，还是人力论？如果不用时空错乱的手法而只是平铺直叙，那是无法产生如此的思维效应的。时空错乱和连接的方式也是丰富多彩的，有远接与近接、顺接与逆接、正接与反接等种种不同。而且连接并不是那么榫卯相称，而是存在着可供多种解释的"有意味的错位"。比如才提到"荆勋作师"，也就是楚国有作为的先王们艰苦奋斗、开疆拓土的漫长的光荣历程，便跳跃到"吴光争国"，也就是吴王阖闾几乎颠覆楚国的屈辱史，这就兼容了时间上的远接和文意上的逆接。远接兼逆接的结构方式，撇开了楚国历史上的许多细枝末节，大刀阔斧地选择了正反两个典型事件组合起来，让读者在出乎意料之外思考其间深刻的情理，从而感慨不已地寻味着弱可变强、祸也伏福的历史辩证法。《天问》以貌似错简的时空错乱之技，蕴藏着表达它借天以问神话、问历史人事的大怀疑大忧患之道，它似乎在乱翻"三坟五典"、奇书信史，使你在有序无序之间惊异于某种事件何其相似，似乎历史在循环；又惊异于事态变动何其巨大，似乎天命无常。正是在一乱翻、二惊异、三困惑中，它言而未尽言、未尽言而已言地贡献出它的哲学。而且在这些哲学之外还有它的艺术哲学：在浩瀚无垠的天之所问面前，有限的时间空间又何妨做一些别有意味的错乱？

第三辑 中国现代文学与文化

鲁迅的文化哲学与文化血脉*

百年中国，百年鲁迅。鲁迅作为百年中国杰出的思想家，文明的批判者，新文学的开拓者、奠基者，被中国人谈论了近百年。百年一鲁迅，在现代中国的文化进程中留下了深刻的脚印、精锐的精神启迪和巨大的身影。鲁迅的许多作品，已经成为民族的经典、思想的启示录。通过对鲁迅作品的重读、深读、细读，把握鲁迅的精神实质，可以为现代中国大国文化的建设提供精神指引和思想力量。为此，有必要拓展我们的文明视野和知识积累，将鲁迅的精神、鲁迅的作品，与中国历史、文化、文明联系起来，展开渊博而精深的思考。

百年鲁迅，是一个植根于文学，却又超越文学的宏观文化命题。比如，鲁迅小说与现代中国小说的结构层面重组及发展动力；鲁迅旧体诗写作与中国诗歌格局划分及诗之路；鲁迅论梅兰芳与中国式的戏剧现代化等命题，都需要以一个渊博的文化学者的世纪性高度，退出一定的时间

---

* 2012年10月6日修改定稿。原载于《鲁迅研究月刊》，2012年第10期。

距离，采取更为宏大的价值尺度，进行知识清理和思想分析。这些都涉及对现代中国文明形态的重新认知，这代人完不成，下一代人也要去完成。于此有必要突出地强调，提高对自身文明和文化的解释能力，是新世纪中国学术是否能够形成大国风度的关键，也是鲁迅研究能否大成的关键。解决这种解释能力有三个标准：一是对前贤的解释能够进入现代人的心灵，成为现代人的精神向导；二是对前贤的解释能够与当代世界进行深度的文化对话，激活中国思想的普世魅力；三是对前贤的解释能够契合当代中国人文建设的需要，促进当代中国人文精神健康、自由、生机蓬勃的发展。

鲁迅研究虽然历经近百年，依然充满进一步深化的潜力。我想讲一讲自己的切身体会。三十年前，我是从鲁迅研究进入学术领域的。那时候发表的一些文章，也受过同行的好评。前些日子，因为要编一部“鲁迅论集”，将三十年前的稿子翻出来阅读一下，觉得水平很低，甚至如果是我的学生，我都不想让他毕业。经过三十年的磨炼，自己的知识储备和学术能力都有了提升，所以才会有这种感觉。可见，问题不在于鲁迅研究还存不存在潜力，而是研究者的知识储备和学术能力，足不足以在更深的层次上开发对象所蕴藏的潜力。为了要讲点新的见解，反映我目前的学术积累，就把一篇四万多字的旧稿大作修改，改成将近十九万字的新稿，取名《鲁迅文学血脉还原》。这次修改对我而言，是一次对鲁迅的重读，在重读中，感到鲁迅研究还是大有可为，关键在于研究者的思想眼光和知识结构。

一、鲁迅的文化哲学

为何要这样大动干戈地修改呢？一方面，觉得自己过去的水平不行，拿篇旧稿凑数，对不起读者。另一方面也发觉：百年鲁迅研究，学界较注重思潮，现在是到了转变角度，将鲁迅的文学血脉深入进行清理的时候了。鲁迅在《文化偏至论》中权衡文化偏至的时候，主张去其偏颇，他讲了两句话，一是"外之不后于世界之思潮"，二是"内之仍弗失固有之血脉"，然后再讲第三句话："取今复古，别立新宗，人生意义，致之深邃。"①鲁迅文化战略思想或文化哲学的结构是"2＋1"，具有郑重的、深刻的，又是稳健的特征。

追逐思潮而不顾血脉，则可能丧失文化身份，失去文化主体性的独立创造的根基，连带着对外来思潮也只能挦撦皮毛，难以深入。保守血脉而疏离思潮，则可能丧失创造的动力，失去文化现代性的与时俱进的视境，连带着对血脉也只能陈陈相因，不能激活。中国现代文化的革新和发展，需要采取既"取"又"复"的复合型的深度文化对话姿态，通过对话，既可深度把握外来思潮，又可激活本有的文化血脉。然后再生长出"别"，这个"别"就是根基牢靠、生机盎然，从而创造出别开生面的第三种充满根基与活力的文化形态。"别"的姿态是"立"，是站起来，迈出脚步去创造，而不是躺着做复古梦，也不是跪着做拾人牙慧的文化贩子或文化奴隶。只有建立自主创新的现代性文化，才能"立人"，才能立"人国"。这是鲁迅早年就探明的，而且坚持终生的文化战略思想，一种复构动态而强调现代性的文化哲学。极好地体现这种文化哲学的，是"鲁迅"这个享誉全球的笔名的选定。"鲁迅"笔名第一次出现在《新青年》发表《狂人日记》的时候，远在江西的挚友许寿裳如此回忆："觉得这很像周豫才的手笔，而署名却是姓鲁，天下岂有第二个豫才乎？于是写信去问他，果然回信说确是'拙作'，而且那

① 鲁迅：《坟·文化偏至论》，见《鲁迅全集》第1卷，56页，北京，人民文学出版社，1981。

同一册里有署名唐俟的新诗也是他做的。到了九年(1920年)的年底，我们见面谈到这事，他说：‘因为《新青年》编辑者不愿意有别号一般的署名，我从前用过迅行的别号是你所知道的，所以临时命名如此。理由是：(一)母亲姓鲁，(二)周鲁是同姓之国，(三)取愚鲁而迅速之意。’”

人的本名中有父辈选择和家族排行等因素的制约，不完全取决于本人，笔名的选取，则主意全在作家，他要带着这个徽号与世人，甚至与文学史打交道的，因此至能体现作家的文化血脉和志趣。鲁迅笔名选取的原因，一是因母得姓，这是远古母系社会盛行的制度；二是周、鲁同姓，这是周朝的姓氏制度，甚至发表新诗，署用“唐俟”笔名，也考虑到周、鲁、唐同姓的西周故实。以如此丰厚的文化血脉为根基而起笔名鲁迅，成为现代文学史上起得最好的笔名之一，就绝非四不像地起个类乎“高尔础”、“托尔斯少”的名号，能够同日而语。由此可以看出，中国文化血脉对鲁迅渗透之深，简直成了他的生命的最内在的一部分。这个笔名的选取，就蕴含着鲁迅复构动态、具有现代性的文化哲学。文化血脉既然已成为生命最内在的部分，平日向外追求时，就尽可不必整天挂在嘴皮子上，这也在常理之中。

鲁迅主张思潮与血脉之间，一外一内、一表一里“翕合无间”的互动。翕合，就是主张不同质的文化之间的聚合、结合、融合。王夫之《读通鉴论》卷二十四：“翕合之以归于一，合乎往古之经，而于今允协，究极于中藏之密，而于事皆征，其于辞也，无闲然矣。”①这就是翕合无间一词的出处。纪昀《阅微草堂笔记》卷二十一“滦阳续录三”有

① ［清］王夫之：《读通鉴论》卷二十四《德宗》，844页，北京，中华书局，1975标点本。

这样的话头："夫胎者，两精相搏，翕合而成者也。媾合之际，阳精至而阴精不至，阴精至而阳精不至，皆不能成。皆至矣，时有先后，则先至者气散不摄，亦不能成。不先不后，两精并至，阳先冲而阴包之，则阳居中为主而成男。阴先冲而阳包之，则阴居中为主而成女。此化生自然之妙，非人力所能为。"①它用阴阳交媾结胎，也就是新生命的孕育生成来表述"翕合无间"之妙。这意味着异质文化并非一味冲突，其间还存在着"化生自然之妙"，可以化生出新的文化生命。

化生的两个要素，就是思潮和血脉。那么，中国人是如何理解血脉的呢？要深刻地理解鲁迅的文化哲学，就必须全面清理中国人对文化血脉的理解。首先，血脉是人对自身生命的一种认识，是人的生命自觉的表现。《吕氏春秋·恃君览》，《淮南子·俶真训》《墬形训》，《论衡·论死篇》《道虚篇》，均有以血脉论人体的片段。汉人陆贾《新语·怀虑篇》说："志定心平，血脉乃强。"②枚乘《七发》说："纵耳目之欲，恣支体之安者，伤血脉之和。"以血脉认识人的生命特质，在医学领域更为盛行。因为医学是以人体的正常、疾病、通过疗治再恢复正常的生命科学。《黄帝内经素问》卷五说："藏真通于心，心藏血脉之气也。"③《史记·扁鹊仓公列传》：扁鹊对齐桓侯说，"君有疾在血脉，不治恐深"④。对人的生命与血脉的关系的这种理解，被引导到养生学上。其次，对于血脉滋育人的精气、精神以至生命的理解，导

① [清]纪昀：《阅微草堂笔记》卷二十一，507页，上海，上海古籍出版社，1980标点本。

② [汉]陆贾：《新语》卷上，汉魏丛书本，七页。

③ [唐]王冰注，[五代]高保衡校：《黄帝内经素问》卷五，四部丛刊本，九页。

④ 《史记》卷一百五《扁鹊仓公列传第四十五》，2793页，北京，中华书局，1959标点本。

引出家族以血脉相传的血缘说。有所谓“家为国之本”，血脉通过家，注入国家社会的基础性结构之中。朱熹在解释《论语》“慎终追远”时，认为“人之一身，推其所自，则必有本，便是远祖，毕竟我是它血脉”①。

在人体生命、家族血缘、学派因缘之余，血脉一词带着生命的体验，向广泛的文化领域渗透。血脉的普遍渗透，使人们关注不同领域的相互联系，而且是一种文化生命的联系。血脉渗透于音乐、礼仪，渗入了礼乐文明的核心地带。《史记》卷二十四《乐书》太史公曰：“正教者皆始于音，音正而行正。故音乐者，所以动荡血脉，通流精神而和正心也。”②朱熹则以血脉分析经典：“读孟子，非惟看它义理，熟读之，便晓作文之法：首尾照应，血脉通贯，语意反覆，明白峻洁，无一字闲。人若能如此作文，便是第一等文章。”③文化血脉既有经典自身的内在血脉，又有学派传承的纵向血脉，以及文化类型之间相互渗透的横向血脉，可谓是纵横密布，气息相通。可以说经过数千年的文明发展，中华文化血脉已是极其广大而深厚，埋下了“千古血脉流行化生之机”，既沉积了不少浑浊腐臭的废物，把新鲜思想吞没在陈词滥调的浑水之中；又流动着许多可供现代性创新的文化基因，源头活水，也可谓蕴藏丰富。鲁迅那种复构性、动态性、现代性的文化哲学，就是面对如此丰厚而复杂的文化血脉所做出的历史理性的反应。

---

① [宋]朱熹著，[宋]黎靖德编，王星贤点校：《朱子语类》卷二十二《论语四·学而篇下》，507页，北京，中华书局，1985标点本。

② 《史记》卷二十四《乐书第二》，1236页，北京，中华书局，1959标点本。

③ [宋]朱熹著，[宋]黎靖德编，王星贤点校：《朱子语类》卷十九《论语一·语孟纲领》，436页，北京，中华书局，1985标点本。

二、文化哲学的现实契机

鲁迅的文化哲学既然强调现代性、动态性，那么要走近他的文化哲学的实质，就必须从其文化反应的现实契机入手。执着于现实，是鲁迅文化哲学的立足点。鲁迅既生不逢时，又生适逢时，在时之遇与不遇的痛苦和焦虑中，造就了鲁迅和他的文化哲学。

科举制度作为千年传承的文化血脉上的重要体制，在鲁迅少年时代即因其弊端的爆发，带来祖与父两代，一入狱，一受斥革。在他的家族落难的次年，中日爆发甲午海战，中国承受着曾经接受过自己文化流脉启迪的邻近岛国的宰割惨痛；在他获准赴日本留学的一年多之前，八国联军攻入北京。现实的教训，必然使这一代思想者对自身的文化做出激进的、深刻的反思与批判。那种安享祖宗的光荣的时代，一去不复返了。

更深层次的问题在于，五四新文化运动者是中国现代性新军的第一代突围者，他们中的多数人，以及他们同时代的许多人都是读“四书五经”出身的。他们开始进行新文化创造的时候，不仅他们的周围，而且他们自己的精神世界，都脱不了与那些“古老的鬼魂”和“沉闷的毒素”的干系。过去都是用右脚走路，现在要紧的是将右脚往后一蹬，借着反作用力，迈开现代性的左脚。以“推倒传统偶像”、“重估一切价值”的办法，迈出现代性的第一步，乃是当务之急。因此，他们的文化哲学被艰难时世蒙上了一层反传统的色彩，反传统的色彩是悲郁的。

1932 年鲁迅作有一首《自嘲》诗：“运交华盖欲何求，未敢翻身已碰头。破帽遮颜过闹市，漏船载酒泛中流。横眉冷对千夫指，俯首甘为孺子牛。躲进小楼成一统，管他冬夏与春秋。”这是鲁迅最驰名的一首旧体诗。《鲁迅日记》1932年10月12日记载：“午后为柳亚子书一条幅，云：‘运交华盖欲何求，……达夫赏饭，闲人打油，凑成一律以请’云云。”运交华盖，重提他七年前编《华盖集》作“题记”所说：“华盖在上，就要给罩住了，只好碰钉子”①，“碰钉子还是小事，有时简直连性命也会送掉”②。碰钉子中的“横眉”和“俯首”，表明鲁迅反抗社会，也反抗命运，不屈不挠地逆世俗好恶而动，顶住压力而选择政治文化方向的坚定意志。而“横眉冷对千夫指，俯首甘为孺子牛”，这是鲁迅大爱大憎的崇高人格的核心。尤其是“横眉”二字，非常传神地传达了鲁迅蔑视一切邪恶势力的神态。

要清理鲁迅的文化血脉，深入地理解他的思想艺术贡献，就有必要对他的重要思想和文学形式进行探源溯流。比如面对鲁迅的《自嘲》诗，我们可以就从古至今的自嘲的精神状态和文学形式，进行一番梳理和比较。“自嘲”是人在处理自己与现实的矛盾时，所采用的一种化守为攻的智慧形式，也是历代诗文中不乏其例的情调和形式。清人刘熙载《艺概·诗概》从《诗经》中追溯其源头，认为：“《诗》，自乐是一种，‘衡门之下’是也。自励是一种，‘坎坎伐檀兮’是也。自伤是一种，‘出自北门’是也。自誉自嘲是一种，‘简兮简兮’是也。自警是一种，‘抑抑威仪’是也。”③《诗经·邶风·简兮》：“简兮简兮，方将《万》舞。日之方中，在前上处。硕人俣俣，公庭《万》舞。……山有

---

① 鲁迅：《华盖集·题记》，见《鲁迅全集》第3卷，4页，北京，人民文学出版社，1981。

② 鲁迅：《致萧军、萧红信（1934年12月10日）》，见《鲁迅全集》第12卷，592页，北京，人民文学出版社，1981。

③ ［清］刘熙载撰，袁津琥校注：《艺概注稿》卷二，223页，北京，中华书局，2009标点本。

榛，隰有苓。云谁之思。西方美人。彼美人兮，西方之人兮。”今人一般解此诗为女子观看“万舞”表演，对舞师产生爱慕之情。但《毛序》附会政治，认为：“《简兮》，刺不用贤也。卫之贤者仕于伶官，皆可以承事王者也。”①即贤士大材小用，以“极得意语”抒写“极伤心事”，用以自嘲。

自嘲之作，《文选》“设论”类著录了东方朔《答客难》、扬雄《解嘲》、班固《答宾戏》，都是解释客人对自己的嘲笑，属于解嘲之作。唐代韩愈的《进学解》，也假设别人嘲自己，自己出来解答，自嘲解嘲的意味深浓，实际上是以嘲讽的口吻，发泄对社会不公导致命运坎坷的不平。白居易五十八岁得子，也作诗自嘲身世，《予与微之老而无子，发于言叹，著在诗篇，今年冬各有一子。戏作二什，一以相贺，一以自嘲》：“常忧到老都无子，何况新生又是儿。阴德自然宜有庆，皇天可得道无知。一园水竹今为主，百卷文章更付谁。莫虑鹓雏无浴处，即应重入凤凰池。”“五十八翁方有后，静思堪喜亦堪嗟。一珠甚小还惭蚌，八子虽多不羡鸦。秋月晚生丹桂实，春风初长紫兰芽。持杯愿祝无他语，慎勿顽愚似汝爷。”宋人司马光也作有两首《自嘲》，在进退隐现之间，颇多政治感慨：“英名愧终贾，高节谢巢由。直取云山笑，空为簪组羞。浮沈乖俗好，隐显拙身谋。惆怅临清鉴，霜毛不待秋。”“盘飧罗新蔬，充腹不求余。穷巷昼扃户，闲轩卧读书。有心齐塞马，无意羡川鱼。世道方邀逐，如君术已疏。”②南宋陆游《自嘲解嘲》列述生存的尴尬，以“痴”自嘲，意在反讽“世变”：“世变真难

① ［唐］孔颖达撰：《毛诗正义》卷二《毛诗国风》，308～309页，见《十三经注疏》，北京，中华书局，1980影印本。

② ［宋］司马光：《传家集》四库全书本，卷九、十二。

料，吾痴只自嘲。移山谋畚土，黏日欲煎胶。得句题修竹，烹茶拾堕巢。行年不须算，断是死衡茆。”他又有七言《自嘲》诗，于“老大从人百不宜”的处境中，依然不磨“有志尚如年少时”，表现出对命运无可奈何而又不愿低头：“岁月推迁万事非，放翁可笑白头痴。此生竟出古人下，有志尚如年少时。僻学固应知者少，长歌莫问和予谁。自嘲自解君毋怪，老大从人百不宜。”

清代自嘲诗，以郑板桥所作至为驰名。郑氏家贫，尝为蒙师。中了举人、进士之后，作《自嘲》诗云：“教馆原来是下流，傍人门户过春秋。半饥半饱清闲客，无锁无枷自在囚。课少父兄嫌懒惰，功多弟子结冤仇。而今幸作青云客，遮却当年一半羞。”一般认为，郑氏诗宗陶渊明、陆放翁，但也如他在书法上创造了“板桥体”，他的诗也有一股叛逆性的嘎劲头。他以自嘲倾吐牢骚，数尽了私塾先生“傍人门户”的缺乏独立性、“半饥半饱”的经济状况、“嫌懒结仇”的左右为难，足以引发世间教书匠的共鸣。清代自嘲诗作者不少，多对自己的人生困窘发出苦涩的笑容。袁枚《随园诗话补遗》记载，卢湘艖拔贡，朝考被斥，捐州判，赴任时作《自嘲》诗云：“不为折腰吏，权作磕头虫。”又记昆山秀才徐懒云买书无钱，而书贾频至，乃自嘲云：“生成书癖更成贫，贾客徒劳过我频。聊借读时佯问值，知非售处已回身。乞儿眼里来鹑炙，病叟床前对美人。始叹百城难坐拥，从今先要拜钱神。”①把科举仕途挫折、书癖无钱买书的奴才相和穷酸相，以自我作践的方式进行嘲讽。袁世凯的叔父，同治年间曾经当过“帝师”的袁保恒，却是科举仕途风云得意的，但对于世道也不能不着着留心，曾作

① ［清］袁枚著，顾学颉校点：《随园诗话》，《补遗》卷七、卷八，761、770页，北京，人民文学出版社，1982标点本。

《观弈自嘲》诗："未肯空从壁上观，不辞心力为君弹。那知更被胸中恼，从此输赢袖手看。"

从历代自嘲诗的历程看，鲁迅的自嘲隐约带有一点陆游的身处困境而不消磨意志、郑板桥的穷愁而追求独立人格的这种中国士大夫以"大丈夫"自任的传统和叛逆精神。但是鲁迅绝不耽于自怜自恋的琐屑悲欢，对世道的恶浊也从不采取"从此输赢袖手看"的"睁一只眼闭一只眼"的态度。他借用南社诗人姚鹓雏"旧帽遮颜过闹市"的诗句，但并非对那个使他"运交华盖"的社会熟视无睹，而是保持自己的特立独行，对逐名于朝、逐利于市的闹哄哄的市场行为不屑一顾。哪怕自己置身于危险的漏船之中，也不改搏击风浪、泛舟中流的意志。

郭沫若曾经找出，清人洪亮吉《北江诗话》卷一引钱季重的柱帖："酒酣或化庄生蝶，饭饱甘为孺子牛。"并进一步发挥："这一典故，一落到鲁迅的手里，却完全变了质。在这里，真是腐朽出神奇了。"①《清稗类钞·诙谐类》也载有这条材料："'酒酣或化庄生蝶，饭后甘为孺子牛'，某名士自撰之联，盖夫子自道也。某嗜饮，醉辄寝。起，则导其幼子嬉戏于庭，自为牛，而使幼子为牧童，曳之使行，蹒跚庭中，不稍拂其意。世之为儿孙作马牛者，固甚伙矣，然每不自承，若如某名士之能自道者，固绝无仅有也。"②鲁迅点石成金的"思想的指头"，在于使"孺子"与"千夫"对仗，成为群体的民众，从而在他的"横眉"和"俯首"之间，闪烁着站在民众立场抗衡恶浊社会的硬骨头的精神光芒。于是"躲进小楼成一统，管他冬夏与春秋"，就不能解释为超

① 郭沫若：《孺子牛的质变》，载《人民日报》1962年1月16日。

② [清]徐珂编撰：《清稗类钞》卷三十五，1844页，北京，中华书局，1984标点本。

然度外的袖手旁观，而是哪怕时序流徙，意志也浑然不动的象征性表达了。自嘲，是一种解构性的思维方式，它解构了豪言壮语式或标语口号式的自誉，也解构了金刚怒目式或一泻无余的社会抗议，却将自己崇高的精神境界和社会抗议的坚定立场隐藏在游刃有余的曲笔之中，令人感慨多端，也令人回味无穷。这就使得鲁迅的《自嘲》成为中国历代自嘲诗的压卷之作。

从一首《自嘲》诗，就可以感受到，鲁迅的文化血脉深深地扎根于中国文化的深厚土壤，却又从这片土壤、这个根系中生长出生命坚挺的大树。他的文化哲学的反传统色彩，是属于那个风雨如磐的时代的；而文化哲学中对固有血脉的强调，则属于我们这个具有博大精深的文明根基的民族。思潮与血脉的深度对话，是鲁迅文化哲学的内在生命脉络。时至今日，许多现代中国人离开传统典籍已是远哉遥遥，甚至茫然不知那些古老圣贤说过的话，也就是说他们已在文化传统“围墙之外”不知几千里，却依然重复着五四时期尚在“围墙之内”的先驱者的突围言语和行为，这未免有点令人有错认时空之感。对文化血脉的“逆向承续”、“深层承续”，还有一种对文化血脉承续的方式，就是“建设性承续”。建设性的途径，应该是广阔而多样的，在坚持所谓“现今想要参与世界上的事业的中国人的心里的尺”的价值标准的基础上，坚持探索的多元性。

三、“嵇康气”与文化血脉的四因缘

从鲁迅《自嘲》诗“横眉”和“俯首”的绝妙佳对中，我们已经感受到一股愤世嫉俗的“嵇康气”。气质影响着思想的表现形式，使思想带上生命的体温。鲁迅对古代思想家和作家，兴趣最浓的有墨子、庄子、屈原、嵇康、李贺，以及《西游记》《儒林外史》《红楼梦》的作者。就个人文集而言，对嵇康的作品下的功夫最大。大约自1913年起，他就从事《嵇康集》的整理工作，艰苦绸缪，多次抄录校勘。其间搜集多种刻本、抄本及史籍、类书、总集，进行十几次雠对比勘，考其异同，历二十三年，到1935年终成最精校本，而出版则是1938年作为二十卷《鲁迅全集》第九卷的时候了。

对于一个古代作家的全部遗著，付以如此认真的对待和如此漫长的心血，在鲁迅一生中唯有一个嵇康。鲁迅对嵇康的熟悉和理解程度，绝非早年论文中偶或提及的德国哲学家斯蒂纳、丹麦哲学家克尔凯郭尔所能比拟。一些外国文学家、思想家拓展了他的世界视野，甚至左右了他一时的思想方向，但这些视野、方向的把握方式，最终还落实到影响了他的人格气质上，而这种人格气质既接受了现实的教训，又是屈原、嵇康诸如此类的文化传统潜移默化、体验化生的结果。对于一个深刻的思想者而言，不经过如此文化洗礼、现实磨炼，其思想是不能落地生根的。因此，把握住鲁迅与嵇康的关系，就把握住了鲁迅文化血脉的一个关键点，一个对文化血脉进行“个案分析”的典型。

鲁迅对嵇康的思想、人格、文章都有透彻的了解和深刻的研究。在“竹林七贤”中，他比较阮籍、嵇康，而对嵇康特别推崇：

> 嵇、阮二人的脾气都很大；阮籍老年时改得很好，嵇康就始终都是极坏的。……嵇康的论文，比阮籍更好，思想新颖，往往与古时旧说反对。……最引起许多人的注意，而且于生命有危险的，是《与山巨源绝交书》中的“非汤武而薄周孔”。司马懿(应是司马昭)因这篇文章，就将嵇康杀了。非薄汤武周孔，在现时代是不要紧的，但在当时却关系非小。汤武是以武定天下的；周公是辅成王的；孔子是祖述尧舜，而尧舜是禅让天下的。嵇康都说

> 不好，那么，教司马懿篡位的时候，怎么办才是好呢？没有办法。在这一点上，嵇康于司马氏的办事上有了直接的影响，因此就非死不可了。……嵇康的害处是在发议论；阮籍不同，不大说关于伦理上的话，所以结局也不同。①

这里说脾气“极坏”，不能理解为简单的贬词，而是出于反讽笔法。比如，鲁迅也曾自称数年来“耳闻目睹的所谓国家大事”，“只是增长了我的坏脾气，——老实说，便是教我一天比一天的看不起人”。② 又说：“我时时说些自己的事情，怎样地在‘碰壁’，怎样地在做蜗牛，好像全世界的苦恼，萃于一身，在替大众受罪似的：也正是中产的智识阶级分子的坏脾气。只是原先是憎恶这熟识的本阶级，毫不可惜它的溃灭，后来又由于事实的教训，以为惟新兴的无产者才有将来，却是的确的。”③这些话都含有几分嵇康式愤世嫉俗的味道，可以作为鲁迅以独特的视角把握嵇康心情和品格的印证。对于那些追求人格独立的文士而言，非议礼教是为了解放思想，蔑视权威是为了彰显自主精神。

鲁迅走近嵇康，有其特殊的历史机缘。鲁迅出于章门，章太炎《国故论衡》卷下说：“晋世嵇康，愤世之流，近于庄氏。”④《三国志》

---

① 鲁迅：《魏晋风度及文章与药及酒之关系》，见《鲁迅全集》第 3 卷，510～512 页，北京，人民文学出版社，1981。

② 鲁迅：《一件小事》，见《鲁迅全集》第 1 卷，481 页，北京，人民文学出版社，1981。

③ 鲁迅：《二心集·序言》，见《鲁迅全集》第 4 卷，195 页，北京，人民文学出版社，1981。

④ 章太炎：《国故论衡》下卷《诸子学九篇》，157 页，北京，商务印书馆，2010。

卷二十一如此交代："谯郡嵇康，文辞壮丽，好言老、庄，而尚奇任侠。"①就此而言，鲁迅喜欢嵇康，是与喜欢魏晋文章，喜欢魏晋文章所蕴含的老庄气质，是一脉相通的。嵇康在《与山巨源绝交书》中，自称"吾直性狭中，多所不堪"，同属"竹林七贤"的向秀《思旧赋》评议其群体云："其人并有不羁之才，嵇意远而疏。"史称嵇康善谈理，又能属文，其高情远趣，率然玄远，有迈俗之志。其愤世嫉俗、尚奇任侠的不羁之才，与鲁迅的反抗精神有相通之处。

刘勰《文心雕龙·才略篇》如此评价嵇康的才华类型："嵇康师心以遣论，阮籍使气以命诗。殊声而合响，异翮而同飞。"②这种才华类型的把握，为喜欢嵇康者从不同角度加以补充。诗人颜延年不能取容当世而心生怨愤，乃作《五君咏》，咏嵇康曰："鸾翮有时铩，龙性谁能驯?"咏阮籍曰："物故不可论，途穷无能恸。"清人俞正燮《癸巳存稿》卷七说："《五君咏》注引《竹林七贤论》云：'嵇康非汤武，薄周孔，所以迕世。'《与山巨源书》注引《魏氏春秋》云：'康与山涛书，自说不堪流俗，而非薄汤武。'"③清人吴肃公《明语林》记载，一个叫王山人(逢年)者，颇自负，"谓谩世敌嵇康，缀文敌马迁，赋诗敌阮籍，骚敌屈、宋，书敌二王：作《五敌诗》。"④他把嵇康视为轻蔑甚至咒骂世俗的典型。明朝李贽也是一个轻蔑世俗的人，他这样区别嵇康的人格类型："向秀与嵇康、吕安为友，嵇康傲世不羁，安放逸迈俗，而秀

① 《三国志》卷二十一《魏书二十一》，605页，北京，中华书局，1964标点本。

② ［南朝］刘勰著，范文澜注：《文心雕龙》卷九，700页，北京，人民文学出版社，1962标点本。

③ ［清］俞正燮：《癸巳存稿》卷七《书文选幽愤诗后》，215页，沈阳，辽宁教育出版社，2003标点本。

④ ［清］吴肃公：《明语林》卷十一，续修四库全书本，十五页。

雅好读书，二子颇以此嗤之。”①这里又给嵇康增加了一条“傲世不羁”。这样一种傲世谩世连世、师心以遣论的知识者人格类型，对于风雨如磐、危机深重的时代，有可能以其刚直不阿，成为社会的良心之所栖。

关键还不在于历史上存在着这么一种人格类型，而在于如何认知、吸收、改造这种人格类型，以适应现代人所身处的光明与黑暗交战的时代。鲁迅走近嵇康，除了章门因缘和魏晋文章因缘之外，还由于嵇康和鲁迅有着转折的同乡之仪。《晋书·嵇康传》记载：“嵇康，字叔夜，谯国铚人（今安徽宿县）也。其先姓奚，会稽上虞人，以避怨，徙焉。铚有嵇山，家于其侧，因而命氏。”②郦道元《水经注》卷三十也记述：“嵇康本姓奚，会稽人也。先人自会稽迁于谯之铚县，改为嵇氏，取稽字之上以为姓，盖志本也。《嵇氏谱》曰：谯有嵇山，家于其侧，遂以为氏。”③

当然，会稽乃名士之乡，而鲁迅属意于此名士而非彼名士，又有其时代的因缘。鲁迅生活在历史以大崩溃获得大喜欢的社会中，对权势的压迫和传统的惰力嫉恶如仇、“横眉冷对”、铁骨铮铮，又喜爱魏晋文章，自然与嵇康存在着不少精神的接触“放电”之点。鲁迅在《〈引玉集〉后记》中说：“目前的中国，真是荆天棘地，所见的只是狐虎的跋扈和雉兔的偷生，在文艺上，仅存的是冷漠和破坏。”④在这种荆天

① ［明］李贽：《初潭集》卷十二《师友》，143页，北京，中华书局，1974。

② 《晋书》卷四十九《嵇康传》，1369页，北京，中华书局，1974标点本。

③ ［北魏］郦道元著，陈桥驿校证：《水经注校证》卷三十《淮水》，711页，北京，中华书局，2007标点本。

④ 鲁迅：《〈引玉集〉后记》，见《鲁迅全集》第7卷，418页，北京，人民文学出版社，1981。

棘地之中，狐虎之辈的帮凶、帮忙、帮闲都属于鲁迅揭露和嘲讽之列，这就难免有人觉得鲁迅好“骂人”。鲁迅回应说：“我想，骂人是中国极普通的事，可惜大家只知道骂而没有知道何以该骂，谁该骂，所以不行。现在我须得指出其可骂之道，而又继之以骂，那么，就很有意思了，于是就可以由骂而生出骂以上的事情来的罢。”①因此他写了大量的犀利的杂文，“对于有害的事物，立刻给以反响或抗争，是感应的神经，是攻守的手足”②。他把憎与爱、杀与生、彻底的反抗精神和革命的人道主义相统一，以进行不屈不挠的战斗，作为其人生的要义。鲁迅这种是非敌我严加判别的态度和强烈的爱憎感情，甚尔那种嫉恶如仇的狷介作风，使他刚直不阿，浩气长存，令某些人感到不舒服。应该说，这与富有正义感和反抗性的魏人嵇康存在着某种内在的气质上的联系。这种时代因缘，使鲁迅更多关注与政治相关的嵇康事迹和人格，对其以名士特有的方式奚落达官贵人，尤感兴趣。在“天下多故，名士少有全者”的黑暗时代，这种人格中含有硬骨头。《向秀别传》曰：“（向）秀尝与嵇康偶锻于洛邑，与吕安灌园于山阳，收其余利，以供酒食之费。”③嵇康与向秀打铁的岁月，得罪了一个阴险的政治人物钟会。时人形容钟会的人品：“如观武库森森，但见矛戟在前。”④嵇康蔑视这种人物，潇潇洒洒，却不知对之设防。《世说新语·简傲篇》记载：“钟士季精有才理，先不识嵇康，钟要于时贤俊

---

① 鲁迅：《通讯（复吕蕴儒）》，见《鲁迅全集》第7卷，271页，北京，人民文学出版社，1981。

② 鲁迅：《且介亭杂文·序言》，见《鲁迅全集》第6卷，3页，北京，人民文学出版社，1981。

③ ［宋］李昉：《太平御览》卷八百三十三，四部丛刊三编影宋本，五页。

④ 《晋书》卷三十五《裴楷传》，1050页，北京，中华书局，1974标点本。

者之士，俱往寻康。康方大树下锻，向子期为佐鼓排。康扬槌不辍，傍若无人，移时不交以言。钟起去，康曰：‘何所闻而来？何所见而去？’钟曰：‘闻所闻而来，见所见而去。’”①宁可得罪君子，岂能得罪小人？钟会对此记恨在心。适遇嵇康的朋友吕安妻子被其兄吕巽（字长悌）奸污，吕安准备告发吕巽。岂料，早已投靠司马氏集团的吕巽竟恶人先告状，诬告吕安不孝，判处发配边疆。嵇康为吕安仗义执言，写下《与吕长悌绝交书》，怒斥吕巽的禽兽行为。司马昭的心腹钟会，时任司隶校尉，负责审理此案。在司马昭耳边谮言“嵇康，卧龙也，不可起。公无忧天下，顾以康为虑耳”，并以“言论放荡，非毁典谟，帝王者所不宜容”的罪名，判处吕安、嵇康死刑。鲁迅对他的身世遭遇寄以深切的同情，认为“魏晋的破坏礼教者，实在是相信礼教到固执之极的”，只因为司马氏借礼教的外衣来行篡窃的阴谋，所以激而反对礼教了。

对于嵇康在打铁场上蔑视钟会，不阿附流俗的表现，鲁迅在《魏晋风度及文章与药及酒之关系》已有详细的描述，直到晚年仍然津津乐道：

> 然而，又有人来恐吓了。他说，你不怕么？古之嵇康，在柳树下打铁，钟会来看他，他不客气，问道：“何所闻而来，何所见而去？”于是得罪了钟文人，后来被他在司马懿（应是司马昭）面前搬是非，送命了。所以你无论遇见谁，应该赶紧打拱作揖，让坐献茶，连称“久仰久仰”才是。这自然也许未必全无好处，但做

① ［南朝宋］刘义庆著，［南朝梁］刘孝标著，余嘉锡笺疏：《世说新语笺疏》卷中，662页，北京，中华书局，2011标点本。

文人做到这地步，不是很有些近乎婊子了么？

鲁迅把嵇康那种刚肠嫉恶的骨气和鲜明的爱憎，与当时一些婊子文人混淆是非、阿世媚俗的态度直接对立起来，实在是对嵇康人格的高度赞扬。鲁迅就此进一步发挥，认为一切有正义感的文人，均应“只是唱着所是，颂着所爱，而不管所非和所憎；他得象热烈地主张着所是一样，热烈地攻击着所非，象热烈地拥抱着所爱一样，更热烈地拥抱所憎——恰如赫尔库来斯（Hercules）的紧抱了巨人安太乌斯（Antaeus）一样，因为要折断他的肋骨”。[①] 爱憎分明刚直不阿，是民族危机应对中负责任的态度，是文化革新中的“鹰派”雄姿。

因而，鲁迅推崇嵇康人格，具有深刻的时代价值和历史意义。鲁迅处在中华民族一个苦难深重的历史时代，历史所赋予这位伟大作家的任务，就是要“敢说，敢笑，敢哭，敢怒，敢骂，敢打，在这可诅咒的地方击退了可诅咒的时代”[②]。历史已经没有留下多少机会让那些知识者在危楼中稳坐交椅，做着搓“模糊骨牌”的游戏了。因此嵇康式的率性任真、争天抗俗的人品风格，与鲁迅早年接触的摩罗诗人的所谓“恶魔性”有其呼应之处，对于危机深重的时代就显得极有文化心理的针对性。

在我国历史上，士大夫文人往往从其前代前辈中挑选物色一些人，作为自己的人格的楷模，建构自己的精神谱系。而精神谱系的选择，各有不同，或向古人求道统，或向古人学风流，或向古人学隐

---

① 鲁迅：《再论“文人相轻”》，见《鲁迅全集》第6卷，336页，北京，人民文学出版社，1981。

② 鲁迅：《忽然想到（五）》，见《鲁迅全集》第3卷，43页，北京，人民文学出版社，1981。

逸，或向古人学油滑，或向古人学颓废，多不是为了时代和人民的现实战斗需要。就以嵇康而言，杜甫《遣兴五首》曰：“蛰龙三冬卧，老鹤万里心。昔时贤俊人，未遇犹视今。嵇康不得死，孔明有知音。”这里借嵇康、诸葛亮的卧龙老鹤的生死荣辱，谈论能否得到人主起用的风云际遇问题。李群玉《言怀》又云：“高飞不逐群，嵇康琴酒鲍昭文。此身未有栖归处，天下人间一片云。”这里也讲时机遭际问题，但突出的是闲云野鹤的志趣。鲁迅与之不同，从积极的角度上改造了嵇康的敢于反抗传统、敢于菲薄“圣人”、敢于拂逆权贵的刚肠烈胆，来辅翼和充实自己向旧世界、旧营垒和旧传统发起毫不留情的批判和攻击的事业。这自然不是嵇康性格原封不动的移植，而是带有革命性的改造，但是这种改造本身就包含着它与嵇康人格的内在联系。从上面分析可知，这种联系包含着四种因缘：乡土因缘、师门因缘、文章趣味因缘、时代因缘。鲁迅正是以这四种因缘，联系着和激活着他植根于其间的文化血脉的。

四、鲁迅眼光与文化血脉全景

鲁迅对嵇康的解读，是深刻而透彻的，富有时代的现实气息。但这种解读中闪烁着鲁迅的眼光。人有双眼，视野开阔，但立足点规定了眼光的方向，不转身就难以看到三百六十度的全景。这就是鲁迅谈论“选本”、强调顾及“全人”的高明之处。鲁迅说：“如果随便玩玩，那是什么选本都可以的，《文选》好，《古文观止》也可以。不过倘要研究文学或某一作家，所谓‘知人论世’，那么，足以应用的选本就很难得。选本所显示的，往往并非作者的特色，倒是选者的眼光。……倘有取舍，即非全人，再加抑扬，更离真实。”①研究鲁迅不应忘记鲁迅这段教诲，不应局限于鲁迅的“眼光”，不应局限于鲁迅的取舍抑扬，而要站在新的时代高度和对文明的总体认知上，透过鲁迅的眼光，看到历史事象的“全景”，以及活动在历史中的“全人”。

作为“竹林七贤”中人，嵇康与阮籍齐名，并称“嵇阮”。嵇康曾娶曹操曾孙女长乐亭公主，官至曹魏中散大夫，世称嵇中散。他身处魏末，政治环境异常险恶，居易代之世，却不愿与浊流合污，愤世嫉俗，反对虚伪的礼法和礼法之士，其处境和心境与鲁迅有某些相类之处。进一步走近嵇康，发现他长得一表人才，有“人中龙凤”、“美词气，有风仪，而土木形骸，不自藻饰，人以为龙章凤姿，天质自然”之誉。《世说新语·容止篇》记载：“嵇康身长七尺八寸，风姿特秀。见者叹曰：‘萧萧肃肃，爽朗清举。’或云：‘肃肃如松下风，高而徐引。’山公曰：‘嵇叔夜之为人也，岩岩若孤松之独立；其醉也，傀俄若玉山之将崩。’”又云：“有人语王戎曰：‘嵇延祖(嵇绍，嵇康之子)卓卓如野鹤之在鸡群。’答曰：‘君未见其父耳。’”②按照三国时的尺寸换算，嵇康身高一米八八，一表人才。身为曹操曾孙婿，又处魏末政治危机之中，其精神世界既有鲜明的特质，又有复杂的多面性。

在学术上，嵇康崇尚老庄，曾说：“老庄，吾之师也！”他不仅把庄子思想玄学化、诗化，而且人间化了。以龙凤之姿，却“土木形骸，不自藻饰”，自称“性复疏懒，筋驽内缓，头面常一月十五日不洗，非大闷痒，不能沐也。……又读《老》《庄》，重增其放。故使荣进之心曰

① 鲁迅：《“题未定”草(六)》，见《鲁迅全集》第6卷，435～436页，北京，人民文学出版社，1981。

② [南朝宋]刘义庆著，[南朝梁]刘孝标著，余嘉锡笺疏：《世说新语笺疏》卷中，527～530页，北京，中华书局，2011标点本。

颓，任实之情转笃。”①这番自白中夹杂着自贬，却使“嵇康懒”的典故成了历代文人推辞案牍之劳的托词。

嵇康多才多艺，文章、诗歌、音乐、书法，都称能手。四言、六言诗写得好，其《赠兄秀才入军》中有句“目送归鸿，手挥五弦。俯仰自得，游心太玄”，洵属名句。嵇康《琴赋》云：“惟椅梧之所生兮，托峻岳之崇冈。含天地之醇和兮，吸日月之休光。”辨析音乐与哀乐情感的关系，所作乐曲倾倒世人，尤其是《广陵散》。文章长于论理，比如《释私论》云：“夫称君子者，心不措乎是非，而行不违乎道者也。何以言之？夫气静神虚者，心不存于矜尚；体亮心达者，情不系于所欲。矜尚不存乎心，故能越名教而任自然；情不系于所欲，故能审贵贱而通物情。”这是超越儒学而提出的玄学“君子论”，使君子“越名教而任自然”，不再是儒学的专利品。

嵇康重视养生术，其《养生论》里所言：“外物以累心不存，神气以醇白独著。”又有《答向子期难养生论》，其中强调：“养生有五难，名利不灭，此一难也；喜怒不除，此二难也；声色不去，此三难也；滋味不绝，此四难也；神虑转发，此五难也。五者必存，虽心希难老，口诵至言，咀嚼英华，呼吸太阳，不能不回其操，不夭其年也。五者无于胸中，则信顺日济，玄德日全，不祈喜而有福，不求寿而自延，此养生大理之所效也。”②其养生论，对中国士人影响极深，据记载：“东坡先生数书嵇叔夜《养生论》。忧患之余，有意于道言如此。

① ［晋］嵇康：《与山巨源绝交书》，见《文选》卷四十三《书下》，1925页，上海，上海古籍出版社，1986标点本。

② ［晋］嵇康：《养生论》《答向子期难养生论》，见《全三国文》卷四十八，502、508页，北京，商务印书馆，1999标点本。

它日又曰：长生未能学，且学长不死。”①

在老庄思想和清虚养生态度的作用下，嵇康并非没有做出为避祸而自留回旋余地的举止。他的朋友王戎说：“与嵇康居二十年，未尝见其喜愠之色。”②由上面的介绍可以看到，嵇康的人格并非只有一面，而是具有复杂的多面性。作为“竹林七贤”的重要人物，他具有独立人格、潇洒襟怀，他的人格染有竹林的绿色。但他一走出竹林，对社会的浑浊就感到非常不堪，感到这种风气在窒息人性，因而愤世谩世忤世，显示了嵇康人格的另一面。他处在出世与入世之间，作为曹魏贵戚，他不可能出世很远；身处曹魏末世，他看到士人生命的危机，又时时退回竹林，没有很重的名利心。但一脚在竹林内，一脚在竹林外，虽然给他带来荣誉，也带来杀机。对一个历史人物的人品定格，后人各有各的定格角度。鲁迅取嵇康刚肠嫉恶的一面，有他的主体人格和时代特征的理由。如果以鲁迅对嵇康人格定位，作为嵇康人格构成之全部，那就可能忽略了同样构成嵇康人生的其他特色。

嵇康的《与山巨源绝交书》，是他以出世的方式表达入世选择的具有独立人格的宣言书。嵇康与山涛作为竹林之友，本有互相欣赏和心灵相契之处。袁弘《山涛别传》说：“陈留阮籍、谯国嵇康，并高才远识，少有悟其契者。涛初不识，一与相遇，便为神交。”③《竹林七贤论》又说：“山涛与阮籍、嵇康皆一面契若金兰。涛妻韩氏尝问涛，涛

---

① ［明］董其昌撰，印晓峰点校：《画禅室随笔》卷一，33页，上海，华东师范大学出版社，2012。

② ［南朝宋］刘义庆著，［南朝梁］刘孝标著，余嘉锡笺疏：《世说新语笺疏》卷中，17页，北京，中华书局，2011标点本。

③ ［宋］李昉：《太平御览》，卷四百九《人事部五十》，引袁弘：《山涛别传》，四部丛刊三编影宋本，二页。

曰：‘吾当年可为交者，惟二人而已。’”①但是，山涛投靠司马氏后任吏部尚书，选择甄拔官员十年，各为题目而上奏，时称“山公启事”，此时即将离职高升，因而推荐好友嵇康来接替自己的位置。刚肠疾恶的嵇康则写了一篇一千八百多字的《与山巨源绝交书》，力陈自己不适合做官的“必不堪者七”和“甚不可者二”，以绝交来拒绝应聘。言辞之间“刚肠疾恶，轻肆直言”“非汤武而薄周孔”。

当时经学家王肃、皇甫谧等人曲解儒学经典，从汤武周孔的言行中，寻找司马氏篡夺曹魏大位的圣经贤传依据。因此嵇康对汤武周孔的菲薄，实际上是以一种辛辣的曲笔，对阴谋篡取王位的司马氏的菲薄。嵇康作为曹氏贵戚，是不可能到“司马昭之心，路人皆知”那座衙门去掌管人事考察任免事务的。但他如此峻急的措辞，戳到了司马氏的疼处，埋下了他遭忌招杀的根苗。《文心雕龙·书记篇》说：“嵇康《绝交》，实志高而文伟矣。”②对此文品反映的人品，古人多有称誉，谓“嵇康人品胸次高，自然流出”。③ 并把他称为“亮节之士”。④

然而鲁迅对嵇康的把握带有现代性的气息，并非古人说法的简单沿袭。他要洞察历史的本来面目，但更要思考历史在当代的价值。比如苏轼曾在《定州到任谢执政启》中，对上司如此自责：“伏念轼愚忠

---

① [宋]李昉：《太平御览》，卷四百九《人事部五十》，引袁弘：《竹林七贤论》，五页。

② [南朝]刘勰著，范文澜注：《文心雕龙》卷五，456页，北京，人民文学出版社，1962标点本。

③ [元]陈绎曾：《诗谱》，见丁福保辑《历代诗话续编》，628页，北京，中华书局，1983标点本。

④ [清]刘熙载著，王气中笺注：《艺概笺注》卷二《诗概》，161页，贵阳，贵州人民出版社，1986标点本。

自信，朴学无华。孔融意广才疏，讫无成效；嵇康性褊伤物，频致怨憎。”[①]元代也有这类的评论：“嵇、阮齐名，皆博学有文，然二人立身行己有相似者，有不同者。康著《养生论》，颇言性情。及观《绝交书》，如出二人。处魏晋之际，不能晦迹韬光，而傲慢忤物；又不能危行言逊，而非薄圣人，竟致杀身，哀哉！”[②]这类评议对嵇康同情有余，而理解不足，遮蔽了嵇康刚肠嫉恶的当下价值。当然，鲁迅在发掘嵇康的当下价值的时候，也不是对嵇康的言行举止照单全收。继承中有批判，分析中有发现，才能将古人的价值放在一种现代的张力关系中加以激活。如此处理，鲁迅既沾染了嵇康气，而嵇康也成了“鲁迅的”嵇康。

不可否认，任何时代聚焦都存在着自己的阴影。不能到处建立兴奋点，那样会令人疲惫不堪，或者落入发烧的尴尬。嵇康人格中有些可圈可点的地方，就没有被鲁迅圈点出来。嵇康虽然写了《与山巨源绝交书》，责怪山涛不了解自己的心，可是他临刑之时，还是想到在竹林七贤中有品性“如璞玉浑金”的巨源老兄，对八岁的儿子嵇绍说：“山巨源尚在，汝不孤矣。”将幼子的抚养托付山涛，而山涛不负所托，照顾嵇绍二十年，然后荐举为官。《世说新语·政事篇》记载：“嵇康被诛后，山公举康子绍为秘书丞。绍咨公出处，公曰：‘为君思之久矣！天地四时，犹有消息，而况人乎？’”[③]清人王鸣盛《十七史商榷》卷四十八高度赞扬他们这种君子之交：“山涛掌选，举嵇康自代，康与书绝交，诋斥难堪。而其后康被刑，谓其子绍曰：‘山巨源在，汝

① ［宋］苏轼撰，孔凡礼点校：《定州到任谢执政启》，见《苏轼文集》卷四十六，1333页，北京，中华书局，1986标点本。

② ［元］盛如梓：《庶斋老学丛谈》卷一，四库全书本，二十五、二十六页。

③ ［南朝宋］刘义庆著，［南朝梁］刘孝标著，余嘉锡笺疏：《世说新语笺疏》卷上，150页，北京，中华书局，2011标点本。

不孤矣。'后涛举绍为秘书丞。以康之诡激，而涛能始终之，何友谊之笃也！君子哉！"①李商隐《赠宇文中丞》诗对这种真诚的友情也极为向往："欲构中天正急材，自缘烟水恋平台。人间只有嵇延祖，最望山公启事来。"当然，山涛在政治上追随司马氏，受他教育提拔的嵇绍在后来发生的"八王之乱"为曾经杀害自己父亲的晋朝殉难，被崇尚忠孝的士大夫讥讽为"嵇康戮于晋朝，嵇绍忠于晋室"②。实际上，山涛以朋友是朋友，政治是政治，将二者作了某种分别处理。

死，是人生大限，他以人生的唯一性，考验着人格中骨头的软与硬。嵇康之死，以一曲《广陵散》为伴奏。《晋书·嵇康传》记载，嵇康游于洛西，暮宿华阳亭，引琴而弹。夜分，忽有客来访，自称是古人，与他共谈音律，辞致清辩，因索琴弹奏《广陵散》，声调绝伦，传授给嵇康，要他发誓不传他人，自己也不留姓名。晋人刘敬叔《异苑》卷七却在这个传授曲艺的故事中，加进了怪异的因素："嵇康字叔夜，谯国人也。少尝昼寝，梦人身长丈余，自称黄帝臣伶伦，骸骨在公舍东三里林中，为人发露，乞为葬埋，当厚相报。康至其处，果有白骨，胫长三尺，遂收葬之。其夜复梦长人来，授以《广陵散》曲。及觉，抚琴而作，其声正妙，都不遗忘。高贵乡公时，康为中散大夫，后为钟会所谗，司马文王诛之。"③也就是说，这是一种与鬼神相通，惟鬼神才能传授的乐曲。

传说中，嵇康是不怕鬼，甚至蔑视鬼的名士。《太平广记》卷三一

① ［清］王鸣盛：《十七史商榷》卷四十八，438页，上海，上海古籍出版社，2013标点本。

② 《旧唐书》卷八十九《姚璹传》，2902页，北京，中华书局，1975标点本。

③ ［南朝宋］刘敬叔：《异苑》卷七，68页，北京，中华书局，1996标点本。

七引《灵鬼志》载："嵇康灯下弹琴，忽有一人，长丈余，著黑单衣，革带，康熟视之，乃吹火灭之曰：'耻与魑魅争光。'尝行，去路数十里，有亭名月华，投此亭，由来杀人，中散心神萧散，了无惧意。至一更操琴，先作诸弄。雅声逸奏，空中称善。中散抚琴而呼之：'君是何人?'答云：'身是故人，幽没于此。闻君弹琴，音曲清和。昔所好，故来听耳。身不幸非理就终，形体残毁，不宜接见君子。然爱君之琴，要当相见，君勿怪恶之。君可更作数曲。'中散复为抚琴击节，曰：'夜已久，何不来也？形骸之间，复何足计?'乃手挈其头曰：'闻君奏琴，不觉心开神悟，恍若暂生。'遂与共论音声之趣，辞甚清辩。谓中散曰：'君试以琴见与。'乃弹《广陵散》，便从受之，果悉得。中散先所受引，殊不及。与中散誓，不得教人，天明，语中散：'相与虽一遇于今夕，可以远同千载，于此长绝。'不胜怅然。"①古人一再地制造鬼神授曲的传说，将《广陵散》曲置于神妙之境，此曲表现的是"聂政刺杀韩王后自刎"，当是洋溢着生死情仇的血性。

《广陵散》成了嵇康生命的最后一道彩虹，将他的生命消融于冥冥渺渺的天地之间。《世说新语·雅量篇》记载："嵇中散临刑东市，神气不变。索琴弹之，奏《广陵散》。曲终，曰：'袁孝尼尝请学此散，吾靳固不与，《广陵散》于今绝矣！'太学生三千人上书，请以为师，不许。文王(司马昭)亦寻悔焉。"②当时嵇康只有四十岁，竟能临刑神气自若，弹琴自祭，叹息《广陵散》绝，而不是自己命绝。不提生命，反而放大了生命的价值和亮色。《世说新语》将这一幕写入《雅量篇》，如此死得有雅量，实在是奇绝。

---

① ［宋］李昉等编：《太平广记》卷三百一十七，2509～2510页，北京，中华书局，1961标点本。

② ［南朝宋］刘义庆著，［南朝梁］刘孝标著，余嘉锡笺疏：《世说新语笺疏》卷上，302～303页，北京，中华书局，2011标点本。

对于这则亮丽的生命语言的意义，南宋朱熹作了政治性的解释，他在回答如何“审音”时说：“辞气音节亦得其正。如人传嵇康作《广陵散操》，当魏末晋初，其怒晋欲夺魏，慢了商弦，令与宫弦相似。宫为君，商为臣，是臣陵君之象。其声愤怒躁急，如人闹相似，便可见音节也。”①王夫之《读通鉴论》卷十二，则从士气、清议的社会风气蜕变的角度立论：“夫晋之人士，荡检逾闲，骄淫愞靡，而名教毁裂者，非一日之故也。魏政之综核，苛求于事功，而略于节义，天下已不知有名义；晋承之以宽弛，而廉隅益以荡然。孔融死而士气灰，嵇康死而清议绝，名教为天下所讳言，同流合污而固不以为耻。”②

古人以一曲《广陵散》的绝响，思考着政治，思考着士风，思考着社会的价值观的崩裂。同一个历史事象，是可以从多种角度发掘其意义的。后人不应只拾牙慧，封闭自己创造性的心灵。然而要解释嵇康临刑这一幕的意义，还是鲁迅的话说得好：“生命不怕死，在死的面前笑着跳着，跨过了灭亡的人们向前进。”在死的面前笑着跳着的生命，就会想起用《广陵散》来自祭，其中蕴含着的侠客刺杀君王的悲壮音符，也会发生鲁迅所描述的效应：“无论什么黑暗来防范思潮，什么悲惨来袭击社会，什么罪恶来亵渎人道，人类的渴仰完全的潜力，总是踏了这些铁蒺藜向前进”；“生命的路是进步的，总是沿着无限的精神三角形的斜面向上走，什么都阻止他不得”③。若借鉴鲁迅的现代性思想去考察我们的文化血脉，将能于其间注入生命的活力。

---

① [宋]朱熹著，[宋]黎靖德编，王星贤点校：《朱子语类》卷二十五《论语七·八佾篇》，627页，北京，中华书局，1985标点本。

② [清]王夫之：《读通鉴论》卷十二《惠帝》，364页，北京，中华书局，1975标点本。

③ 鲁迅：《生命的路》，见《鲁迅全集》第1卷，368页，北京，人民文学出版社，1981。

郑振铎：中国文艺复兴的卓越先驱*

2008年是我国著名文学家、中国社会科学院（原中国科学院）文学研究所首任所长郑振铎先生110周年诞辰，也是他尽忠国事，出访阿拉伯联合共和国及阿富汗途中因飞机失事殉职50周年。郑振铎的一生，始终与中国现代文学史上最重大的一些事件联系在一起。从文学研究会的组织到文学研究所的筹建，他多方面建树和留下近千万言的全集，对现代中国文学和文学研究事业的发展做出了不可磨灭的贡献。

在中国现代文化史上，郑振铎是一位颇具百科全书气象的人物。仅就文学而言，他一生博学多能、富有胆魄的开拓，可以从以下三个大的方面加以考察：

其一，文学活动与文学编辑。郑振铎是20世纪中国最重要的文学活动家之一。他的一生，曾发起或参与发起许多重要的文学、文化社团，并在这些团体活动中发挥了重要的组织作用。20年代发起组织文学研究会，开通现代文

* 本文与邵宁宁合撰，原载《文学评论》2008年第3期。

学流派的先河；30年代沟通南北，在京派、海派等不同的文学派别之间搭建起交流对话的桥梁；抗战初期寓居上海，推进“孤岛”进步文化事业，蛰居著述，并倾尽全力保护祖国文化遗产；战后坚持民主主义立场，推动国统区“文艺复兴”事业；直到50年代创办文学研究所，其一生始终与中国现代文学、文化史上最重大的一些事件联系在一起。郑振铎又是现代中国最有成就的文学编辑之一。无论是他主办或参与主办的刊物，还是由他编辑出版的书籍，都以大气、厚重，能布出堂堂之阵称著，在中国现代文学及文化学术史上占有极为重要的地位，其中不少堪称中国现代文学、文化史上不朽的盛业。

其二，文学理论与文学创作。郑振铎是中国新文学运动初期重要的理论家，同时也是一位在现代文学不同时期均有影响的诗人、小说家、散文家。作为文学研究会主要的组织者和理论代言人之一，他既是“五四”之后新的文艺观的引人注目的倡导者，也是对现实主义理论在中国的发展做出重要贡献的人物。只要我们研究新文学，研究现实主义在中国的发展，就绕不开郑振铎和他所贡献的一切。他的“文学统一观”和翻译文学思想，他率先提出“整理中国旧文学”和主张超越过度疑古的“古史新辨”尝试，他强调文学以“真”为骨和提倡“血和泪的文学”，都在现代文学思潮发展中留下独特的印记。

其三，文学研究与文学史写作。郑振铎是新文学作家中最早提出对旧文学进行整理的人，也是引进、介绍外国文学最力的人之一。他对古籍的系统搜集和整理，以及对外国文学的介绍和对外国文学名著的翻译，均在相关领域有重要影响。作为一名卓有成就的文学史家，其《文学大纲》《插图本中国文学史》《中国俗文学史》等作，填补了文学史写作的许多空白，对现代中国的文学史学科的建立和发展，产生了重大的影响。他对古典小说、戏曲的研究，在中国现代学术史上更占有十分重要的位置，对包括民歌、鼓词、变文、唱本在内的其他各类通俗文学作品的研究，更是具有开拓之功。最后，他还是目前方兴未艾的中国文学图志学的先驱，其专著《插图本中国文学史》，及编纂的大量图录、画集，为我们建立这一富有生机的学科方向，做出了重要的铺垫。

一、开拓新文学成长的生态环境

以高大身材出现在新文坛上的郑振铎，最先给人的印象是对文学有极高的热情和理解能力，又有出色的文学活动组织能力的一代干才。在《郑振铎与〈新社会〉》一文中，唐弢先生曾经这样评价郑振铎：

> 西谛写过诗，写过散文，写过小说。在这方面似乎很难说他有多少超越同辈人的地方，然而谈中国现代文学而不涉及西谛，却是一件难以设想的事情。在文学研究会的发起人中，他是串连南北的最热心的组织者，当时身居北京，却积极写信给尚不认识的在上海的沈雁冰、胡愈之等，力促其成。他编过《文学研究会丛书》，编过出版时间长、影响大的《小说月报》《文学》，以及一脉相承的《文学旬刊》(后改周报)、《文学季刊》《文艺复兴》等重要刊物。“五四”前后，西谛在北京李阁老胡同铁路管理学校读书，热烈投身学生运动，他是俄国文学最初介绍人之一，也是社会主义思想的早期播种者……①

这段话十分扼要地指出了郑振铎在中国现代文学史上的地位及意义。

① 唐弢：《晦庵书话》，72页，北京，生活·读书·新知三联书店，1998。

郑振铎是中国现代文学史上以具有综合禀赋和能力的文学活动家的姿态出现的。他以既是有影响的诗人、小说家、散文家，又是新文学运动初期重要的文学理论家作为“内学”，来开拓文学事业的新领域和新视野。他是不要“空手道”的实干家，对中国现代文学事业的贡献，不仅体现在其自身的创作和研究上，更体现在他对现代文学运动及文学研究事业确确实实的推动、组织和领导上。他的一生，正如其诗作《我是少年》中所说，始终洋溢着青春的热情和生命的活力。这样的气质禀赋，非常宜于做一个社会活动家，事实上，他的一生，也首先是以种种的社会活动给自己的时代留下了鲜明的印记。周予同说，“他的精力异常充沛，好像满溢出来似的，学术的部门实在圈不住他。”在一些历史的关键时期，如“五四”时期，“四·一二”前后，抗战后及建国初期，他也是一位有着进步思想的社会活动家。

但郑振铎是一个有着很强的知识分子岗位意识的人，其政治热情始终未能真正压倒对文学及文化学术事业的兴趣①，他所从事的社会活动，也大多与文学及文化学术有关，并由于政治眼光的介入而具有文化战略家的特色。郑振铎的一生，曾经多次发起或参与各种各样的社会组织和文学社团，如 20 年代的文学研究会、中国著作者协会，30 年代的中国文艺家协会、上海文化界救亡协会、中华全国文艺界抗敌协会，40 年代的全国文协、中国民主促进会，以及解放后的全国文联和作协。此外，还有一些专为研究和出版文化、学术文献而组

① 郑振铎谈到自己中年时期所做的一些工作，曾说：“我自信那七八年的杜门蛰居的时候，并没有什么浪费。我曾尽了我的责任。到了胜利之后，做了六七个月不相干的事，反而放弃了自己的岗位，至今还懊悔，惋惜着。”《跋唐宋以来名画集》，见《西谛书话》，441 页，北京，生活·读书·新知三联书店，1998。

织的团体，如“朴社”、“复社”等。在这些团体和组织中，他总是发挥着重要的领导作用，但这些组织，除中国民主促进会外，大率也都是一些文化学术性质的团体。

这位干才一手抓社团，一手抓报刊，从这两个最根本的环节上推动现代文学生态环境的实质性发展。几乎无人不认可，郑振铎是中国现代最著名的文学编辑。他以特有的身份和能力，比别人更善于把握文学写作、报刊创办、流派形成、新人涌现、商业传播的文化运作链条，从而把文学事业培育成具有文化品位和社会效益的真正的“业”。郑振铎一生担任过主编或参与过编辑的重要期刊，除《新社会》《人道》之外，尚有《时事新报·学灯》、《文学旬刊》(《文学周报》)、《儿童世界》、《小说月报》、《公理日报》、《文学》、《太白》、《文学季刊》、《水星》、《文艺复兴》、《民主》、《文学研究》(《文学评论》的前身)等；主编的丛书也有《俄罗斯文学丛书》《文学研究会丛书》《世界文库》《玄览堂丛书》《明季史料丛书》《域外所藏中国古画集》《古本戏曲丛刊》《中国古代版画丛刊》等许多种。他所主编的报刊中的一部分，是纯文学期刊，如《小说月报》《文学》《文学季刊》《文艺复兴》等；一部分是综合性的社会文化刊物，如《新社会》《民主》等；但都是中国现代文化史上无法绕开的存在。他编辑过的纯文学刊物在现代文学史上的重要性是对这段历史略有了解的人一望可知的，就是那些综合性的社会文化刊物，同样也有着重大的历史意义。譬如，《新社会》是中国现代第一份社会学专刊，《儿童世界》是中国现代第一份儿童读物，《民主》则是20世纪40年代后期国统区最有影响的政治刊物之一。这里不仅有他的文化理想，而且有他对新文学、新文化发展所做出的实际贡献。这种贡献的独特性或别人难以代替的地方，在于他把文学文化的丰厚资源和现代商业出版的丰厚资源卓有成效地结合起来，在资源配置上为流派形成、知识传播和众多的新人成长开拓了广阔的途径，并对以后的一些有作为的编辑起了示范作用。

郑振铎的文化、文学理想一方面见诸他的言论，另一方面也见诸他的编辑实践。前者较为显而易见，后者较为隐晦，但其影响却或更切实、深入。就文学而言，通过文学报刊和文学丛书的编辑，郑振铎实际上是为文学青年走向文坛提供了一个个阶梯，为新文学的发展提供了一个又一个现实的空间。我们过去一直讲，“现代作家的成名有三级跳，第一级跳就是在报纸的副刊上发表豆腐干大小的文字；年轻人在报上题名，当然很高兴了，这就刺激了他的写作欲望，慢慢地他能够在大型的刊物上(比如在《小说月报》上，在《文学》上)发表比较长的作品，逐渐就成了名，这是第二级跳；第三级跳就跳到郑振铎、巴金他们主编的文学丛书上，有的就逐渐成为名作家了”①。文学青年是现代文学史上的一个重要现象。认识现代文学青年身份变化的这样三个步骤，对了解现代文学生态的复杂性、多样性是有重要意义的。这一点理应引起我们充分的注意。

二、体制、桥梁与喉舌

郑振铎是在新文学发展的各个阶段均有杰出贡献的人物，可以说，他是新文学起步的三十余年间卓越而稳健的全程式的一员大将。迄今为止的郑振铎研究，除了像陈福康先生这样的专家，一般人的注意力多集中在“五四”这一段，而对于其后数十年郑振铎在文坛的意

① 杨义：《从文学插图谈到京派、海派——2000 年 1 月 26 日在日本名古屋大学的学术讲演》，见《重绘中国文学地图——杨义学术讲演集》，276 页，北京，中国社会科学出版社，2003。

义，较少深入的分析和研究。纵观郑振铎的一生，其文学生涯内容异常丰富，涉及面既多且广，仅就文学活动而言，其意义也不仅于某一时期、某一方面。他全程式的作为，始终与他从青年时期就抱有的中国文艺复兴梦想相关，单单用作家、理论家、学者、社会活动家，均不能综括他丰富多彩的一生。他一生的建树，乃是作家、理论家、学者、社会活动家大眼光，大魄力的综合效应所致，而且他总是和时代的方向一致，在现代历史的每个重要阶段，均对中国文学及文化做出了开拓性和推动性的贡献。下面仅就其大者，分阶段略述于下：

1. 文学研究会的重要发起人和实际组织核心。郑振铎的文学活动，开始于“五四”新文化运动时期。他对中国新文学事业的第一桩重要贡献，无疑是串连南北文坛，发起成立了中国现代文学史上第一个重要的文学社团——文学研究会。1919 年，正当五四运动高潮时期，尚在北京铁路管理学校读书的郑振铎即与瞿秋白、耿济之、瞿世英(后有许地山加入)一同创办了《新社会》旬刊，宣传社会改革和人道主义思想，并以北京基督教青年会所属“社会实进会”的名义发行，被迫停刊后，又改办《人道》月刊。1921 年 1 月文学研究会成立，他与周作人、沈雁冰、叶绍钧、耿济之、瞿世英、许地山等 12 人为发起人，其中三分之一属于“新社会”群体，他还被推为书记干事，对这一组织的发起、筹备、联络、成立，发挥了至为重要的纽带作用。文学研究会成立后，他先后出任《时事新报》副刊《学灯》及文学研究会机关刊物《文学旬刊》(后改《文学周报》)主编，1923 年起又接替沈雁冰编辑《小说月报》，成为文学研究会实际上的组织核心和重要的思想代言人。在文学研究会最活跃的那些年月里，他堪称这个组织的发动机，在其后更长的岁月里，则成为这个从未正式宣布解散的文学社团成员之间相互往来的一个不变的联络中心。我们今天只要讲起文学研究会，就不得不讲郑振铎，要想深入了解文学研究会，也不得不深入地了解郑振铎的思想和所作所为。

2. 30年代沟通京、海文化的津梁。由于个性、兴趣、职业与政治上的一些原因，新文学第二个十年中的郑振铎，将自己的精力更多地投向了学术领域。1927年“四·一二”政变之后，他因与胡愈之等人致信公开抗议，几遭逮捕，5月在其岳父等人的劝说下赴欧避难并游学，寻访巴黎国家图书馆所藏中国小说戏曲珍本和伦敦大英博物馆所藏敦煌变文，翻译、研究神话学和民俗学，为他其后的文学史研究积累新资料和拓展新视野。次年10月回国后，继续在商务印书馆任职，同时又受聘为复旦大学中文系教授。1931年9月，经郭绍虞介绍到北平担任燕京大学和清华大学合聘教授，主讲中国古典小说和古典戏曲，并于1932年年底出版他的学术代表作之一《插图本中国文学史》。他在文学活动、文学编辑方面的成绩，同样令人瞩目。众所周知的是，从20年代中期开始，新文学阵营开始出现明显的分化，到30年代之后，除了少数趋附官僚政客者流，如“民族主义文学”的提倡者之外，主流文坛更出现了左翼和自由主义、“京派”与“海派”的分野。由于历史渊源、工作性质及其复杂的文化立场原因，这一时期的郑振铎，一方面坚定地与鲁迅、茅盾等左翼文化人站在一起，参与了左翼文艺界许多重要的活动；另一方面又与周作人、沈从文等京派自由主义作家保持着密切的联系。徘徊往来与“京派”与“海派”、左翼和自由主义之间这种微妙身份，使他常常同时遭受双方的误解和猜忌，但同时也使他成为沟通南北文坛的一座重要的文化桥梁，对30年代文学的发展做出了别人难以代替的贡献。从1933年开始的几年间，他同时担任《文学》《文学季刊》这南北文坛两大文学期刊的主编，对沟通南北文坛的隔膜，促进30年代文学的繁荣，发挥了不可低估的作用。研究郑振铎30年代往来南北的文学活动，对于了解该时期南北文坛不同派别之间的渗透、交流和互补，对于了解整个文学界的文化生态功能，尤其具有不可忽视的意义。郑振铎无疑给当时激流翻滚的文学文化发展增加了厚度。

3. 国难时期的祖国文化守护人。“孤岛”时期，郑振铎是坚持在上海从事文学、文化活动的重要作家。这一时期他所做的文化工作，除个人的创作、著述之外，还编纂、整理、出版了一批重要的文化著作，并为抢救、保护古籍、文物等祖国珍贵文化遗产做出了难以估价的贡献。“孤岛”时期，他充分发挥自己在出版界的影响，与胡愈之、王任叔、周建人、许广平等组成“复社”，先后出版了包括《鲁迅全集》《列宁选集》《西行漫记》在内的许多重要著作。他蛰居著述，并倾尽心力搜求、收购旧书、文物，为保护祖国文化遗产奋不顾身。不到两年间，为国家抢救回由江南著名的私家藏书中流散的宋、元善本，明、清精槧一万五千余种，包括异常珍贵的《脉望馆抄校本古今杂剧》242本，后者被郑氏称为“这发见，在近五十年来，其重要，恐怕是仅次于敦煌石室与西陲的汉简的出世的”。如此不避艰险地拯救民族文化命脉，令人联想到郑振铎说过的一句话：“国之所以永生者，以有无数有人格之国民前死后继耳。”①同时值得注意的是，郑振铎这一时期对古书、文物的这种兴趣，也释放出了一个重要的文化信号。“五四”时期中国新文化的建设，从批判、否定自己的文化遗产开始，极端者甚至发出“把线装书扔到茅厕里去”的言论，郑振铎的态度虽然打一开始就比较复杂，但总的趋向以稳健、博大为依归，像抗战时期这样专心抢救古籍、文物，实在也体现着一种时代思潮的重要转变。

---

① 郑振铎：《悼伍光建先生》，载《中学生》，19页，1943(67)。

4. 战后“文艺复兴”的推动者和国统区民主喉舌。从青年时代起，郑振铎就对中国的文艺复兴抱有热切的向往。20 世纪 20 年代，在《研究中国文学的新途径》中，他就曾预言：“中国文学曾因与印度的文学的接触，而生了一个大时代。现在却是与西方文学相接触了，这个伟大的接触，一定会有一个新的更伟大的时代出现的。文艺复兴的预示，已隐隐现于桃红色的天空的云端了。”1945 年 8 月的抗战胜利，更给他的这种向往提供了现实的依据。抗战胜利后，他先后创办《文艺复兴》《民主》等重要杂志，成为战后“文艺复兴”运动的积极推动者，和内战时期国统区民主思想的重要喉舌。由他和李健吾共同主编的《文艺复兴》是战后最重要的大型文学期刊之一，发表了许多当时最为优秀的文学作品，如钱锺书的长篇小说《围城》、巴金的长篇小说《寒夜》、李广田的长篇小说《引力》，以及包括汪曾祺短篇小说和九叶派诗歌在内的大量新人新作。这是郑振铎实现自己文艺复兴梦想的又一度努力。《创刊词》中说：“抗战胜利，我们的‘文艺复兴’开始了；扫荡了过去的邪毒，创立一个新的局势。我们不仅要继承五四运动以来未完的工作，我们还应该更积极的努力于今后的文艺复兴的使命；我们不仅为了写作而写作，我们还应该配合着整个新的中国的动向，为民主，绝大多数的民众而写作。”中国文艺复兴论，成为郑振铎至为重要的文化遗言。

5. 新中国文学研究事业的奠基人。建国之后，郑振铎先后担任了许多重要的领导职务。1949 年中华人民共和国成立，他被任命为中央人民政府文化部文物事业管理局局长，并兼任中国科学院考古研究所所长。1954 年起又担任文化部副部长。1953 年 2 月，经中央人民政府政务院文教委决定，附设在北京大学的文学研究所正式成立，他出任第一任所长。1955 年，该所划归中国科学院，1978 年又随哲学社会科学部的独立，正式划归中国社会科学院。创建中国文学研究所成为他人生中浓墨重彩的最后一笔。这是新中国第一个国家级文学研究机构。文学研究所的成立，无疑是他从文学研究会时期起就抱有的研究、整理中国文学梦想的一种实现。而历史在这样一个时刻选择他作为新中国文学研究事业的奠基人，也绝非偶然。从文学研究会的时代起，郑振铎就是一个时刻关心着中国文学研究领域进展的人。合观他为《小说月报》《文学》及《文艺复兴》上的三个“中国文学研究专号”撰写的《卷头语》《题辞》以及《研究中国文学的新途径》《三十年来中国文学新资料的发展》等文章，不难看出中国文学研究发展的一种脉络。像当年中央研究院选择傅斯年做史语所的所长一样，由郑振铎出任这样一个文学所的所长，也堪称一时之选。

文学研究所成立后的一系列事实证明，选择他当这个所的所长，选择何其芳当这个所的副所长，均是建国初期我国文学研究领域一件非常有眼光的举措。郑振铎对文学所的奠基性贡献，主要表现在延揽人才、确定学术方向，以及重视收藏积累图书资料上。尽管由于工作繁忙，他不可能对有关文学所发展的所有事务事必躬亲，但他还是“对于种种筹备工作都积极地参加过意见”，“对于所里许多方面的工作也一直是关心的”①，而在延揽人才方面更做出了无可替代的贡献。回顾文学所的早期历史可以发现，其研究人员主要由两部分组成，其一，是一些在中外文学研究中有影响的知名专家，如俞平伯、王伯祥、孙楷第、余冠英、钱锺书、杨绛、李健吾、唐弢、潘家洵、罗念生、卞之琳、罗大冈等；其二是代表着新时代文学方向的党内文艺工作者，如毛星、蔡仪、贾芝、陈涌、王燎荧、力扬等。他们共同为文

① 何其芳：《悼念郑振铎先生》，见《岁月熔金——文学研究所50年纪事》，18页，北京，中国社会科学出版社，2003。

学所这个学术国家队的发展奠定了坚实的学术基础。前一部分人，多是郑振铎交往多年的朋友，文学所成立时，正值高等院校院系调整，利用这个机会，他“或书面邀请或亲自造访”①，尽力将这些学有所长的专家调入所内。有些人的调入，如唐弢，由于种种原因，甚至拖到了他殉职之后。同时，在这些人进入文学所以后，更在充分尊重他们的学术个性和研究专长的基础上，确定研究方向，有计划地安排他们的研究工作，譬如请王伯祥选注《史记》，请俞平伯继续他的《红楼梦》研究，并为他配备助手，请钱锺书做《宋诗选注》，请吴晓铃协助自己编辑《古本戏曲丛刊》等。从这些安排，不仅可以看出他的知人善任，看出他对朋友的爱护与关怀，更重要的是，还可看出他对中国文学研究的一种宏大的整体性构想与安排。而这一切，无疑至今还对我们的工作有着积极的启示意义。

三、理论和创作的多面手

郑振铎对新文学发展的全程式推动的内功和后劲，主要由于他既是早期重要的理论家和独具特色的作家，又是后来积学深功、知识广博的文学史家，二者构成了他的内功和后劲的纵横二轴。二轴性的知识结构具有极大的合理性，使他英姿不减、力度刚健、应对自如。郑振铎对中国现代文学理论建设的贡献，主要表现在新文学初期，他为新的文学观念的确立及现实主义的中国化所做的一系列影响巨大的工作上。自古至今，中国文学观念凡经三变。一是从先秦到民国初年的杂文学观；二是“五四”时期吸收西方思想形成的纯文学观；三是目前

① 马靖云：《记忆中的郑振铎先生》，见《岁月熔金——文学研究所50年纪事》，23页，北京，中国社会科学出版社，2003。

正在形成中的大文学观。杂文学观，从所谓孔门四科——德行、政事、言语、文学中发展而来，既指文章辞藻，又指典章学术，它支配中国文化生活达两千余年，直到20世纪初叶才为新的观念所取代。所谓纯文学观，既是引进西方文化的产物，也是科学精神的一种体现。这种观念将文学看成一种与绘画、音乐、雕刻、表演等并立的艺术，一门与史学、哲学分科独立的学问，赋予它独立的价值，并寻求它自身的规律。这种观念支配我们的思想亦已将近百年。大文学观则是在吸收前两种文学观中的合理成分的基础上，使文学重归人类文化生活整体，是更具超越性、包容性与民族性的新型文学观念。

郑振铎开始文学活动的"五四"时期，正是中国现代新文学观念正式形成，并开始全面取代旧有的文学观的时期。郑振铎对中国新文学的第一项贡献，就是对这种新的文学观念的宣传和倡导。"五四"时期新的文学理论的引介宣传，前有《新青年》诸先驱，后有创造社、太阳社、新月社众后劲。在宣传新的文学理想上，郑振铎虽然不一定有胡适、陈独秀那样前卫，鲁迅、周作人那样深刻，但也做出了他所独有的那一份贡献。在中国现代文学发展初期，以新的、科学的纯文学观取代传统的杂文学观，是一件至关重要的工作，而他正是阐释、宣传这种文学观念最系统，也最卖力的人之一。通过《文学的定义》《文学的使命》《中国文人对于文学的根本误解》《新文学观的建设》《文学的统一观》《论新文学建设与国故之研究》等一系列论文，他反复阐明的始终是新文学观在不同方面丰富的内涵。他对这些问题的论述，时或也有自相矛盾之处，笼统、粗疏之处，但它毕竟为推动中国文学观念史上这一次最为重大的变革做出了不可或缺的贡献。今天看来，这一套纯文学观本身，在解释中国文学现象时，也存在着一些这样那样的问题，甚至一些难以弥补的缺陷，需要以一种新的更具包容性的大文学观所取代，但历史地看，它毕竟为文学的充分自觉，为 20 世纪中国文学的发展，注入过强大的动力，甚至直到今天都决定着我们的文学研究的一些重要原则。

除了系统地阐明新的文学观念，郑振铎还对新文学史上的现实主义理论的发展做出过不少工作。在中国现代文学史上，文学研究会是一个以提倡“为人生”的文学主张而将现实主义理论中国化的重要文学团体。文学研究会成立的一个基本前提，就是它的发起人和主要成员均相信文学的重要，相信文学可以为启蒙和改良人生做出积极的贡献。文学研究会成立后，先后展开了多次与其他派别之间的文学批评和文学论争活动，比如与鸳鸯蝴蝶派之间的论争，与“学衡派”之间的论争等，在这些论争中，郑振铎发表了许多有影响的文字，为宣传、维护“为人生”的文学主张做出了重要的贡献。这些文章，如《新旧文学的调和》《语体文欧化之我观》《论散文诗》《民众文学的讨论》《血和泪的文学》等，不但在引进、确立新的文学理念上发挥了积极的意义，而且也为促进现实主义理论的中国化开拓了道路。他所提出的一系列理论观念和问题，如“文学的统一观”，“血与泪的文学”等，不但在当时产生了很大的影响，就是到今天，仍值得我们认真地去回味、总结。

作为中国新文学运动的热忱参与者，他也创作了为数不少的文学作品，并有着相当的影响。唐弢先生论及他在诗歌、小说、散文等方面的创作尝试，不止一次说：“我觉得在这些方面似乎很难说他有多少超越同辈人的地方，然而他的渊博，他的单纯，他的充满着历史感情的热烈的预言，却很难从别个作家中的作品里找到。”①作为谊在师

① 郑尔康编：《郑振铎》，唐弢《序》，4 页，北京，人民文学出版社，1992。

友之间的相知故旧，唐弢先生的评论，是相当持平而公允的。客观地说，郑振铎在文学创作上的成绩并不怎样特出，但其小说、诗歌，尤其是散文的写作，仍然成就了自己的特色。他的诗歌，除收入 1922 年出版的新文学初期著名诗歌合集《雪朝》中的一辑外，尚有出版于 1937 年 10 月的《战号》及为数不少的集外之作。这些诗作感情热烈、真率，语言质朴，但却往往疏于意象的选择、意境的营造，以及语言文字的锤炼、铸造。他的诗作的意义，主要在为中国白话诗歌的开路上。在《雪朝》的短序中，他曾这样表明他的诗歌观念："诗歌是人类情绪的产品。我们的心中有了强烈的感触，不管它是苦的，乐的，或是悲哀而愤懑的，总想把它发表出来：诗歌便是表达这情绪的最好工具。""诗歌的声韵格律及其他种种形式上的束缚，我们要一概打破。因为情绪是不能受任何的束缚的……""我们要求'真率'，有什么话便说什么话，不隐匿，也不虚冒。我们要求'质朴'，只要把我们心里所感到的坦白无饰地表现出来……"。① 对自己的不擅作诗，郑振铎也是有着充分的自觉的。《雪朝》短序说，这些诗"自己知道是很不成熟的"，《战号·献词》一开头也先声明："我不是一个诗人"，但他还是认为，它们"虽不能表现时代的精神，但也可能说是各个人的人格和个性的表现"②，他的诗作的特色和意义或许正是如此。

郑振铎的小说，主要有《家庭的故事》《取火者的逮捕》《桂公塘》《黄公俊之死》《毁灭》《汨罗江》等。其中《家庭的故事》是他 20 年代前期及旅法期间写的短篇小说集，其中所写，拿作者自己的话来说，都是"旧家庭的'积影'"。就内容而言，皆不过家庭生活细事，但其间时

① 郑振铎：《郑振铎文集》第 2 卷，31 页，北京，人民文学出版社，1963。
② 同上书，3～4 页。

时渗透着人间生活的温情，其新颖、细腻处，颇能打动读者的情怀。特别值得注意的是，虽然作者是“五四”精神的产儿，但这些作品“对于旧家庭，旧人物，似乎没有明显的谴责，也许反有些眷恋”，也正由此，它的意义，或许是从另一个方面透射出了新文学人道主义的光辉。虽然作者明确说过，这些故事“并不是我自己的回忆录，其中或未免有几分是旧事，却决不是旧事的纪实”，“我生平最恨黑幕派的小说或故事，当然自己决不会写出有‘索隐’的可能的故事来”①，但其中一些篇什，如《书之幸运》，仍可以让我们分明地看到作者自己生活的或一面影。在中国现当代文学史上，历史小说的写作，一直是一支重要的流脉，郑振铎可以说是鲁迅之外，现代文学史上写作神话、历史小说最有成就的作家之一。按他自己的说法，这些作品写的虽是古代的神话、历史，“说的却是当时当地的事”，其中《桂公塘》一篇，写南宋末年，文天祥受命到元军营议和，为蒙古军帅伯颜扣留，逃出后在扬州、真州之间奔逃的故事。小说写于抗战之前，并曾在抗战期间出版发行，其现实感慨和寓意显而易见。由于成功塑造了文天祥这一体现着民族正气和知识分子忧患意识的崇高英雄形象，作品甫一发表，即在文坛引起热烈的反响，并且开启了抗战时期历史小说多写宋末明末题材的先河。

在郑振铎的文学创作中，更能体现其艺术气质的还是他的散文。郑振铎始终都是一个学者型的作家。他的小说“描写生活较少，叙述史实较多，他不大注意文学语言的锤炼，却自有朴素真率之处，在散文里表现得更为显著”②。郑振铎的散文作品，主要有《山中杂记》《海

① 郑振铎：《郑振铎文集》第1卷，3～4页，北京，人民文学出版社，1963。

② 郑尔康编：《郑振铎》，唐弢《序》，4～5页，北京，人民文学出版社，1992。

燕》《欧行日记》《西行书简》《民族文话》《蛰居散记》等。确如唐弢先生所论，其动人之处，首在朴素真率。30年代，郁达夫在编选《新文学大系散文二集》时曾说："郑振铎本来是一个最好的杂志编辑者，转入考古，就成了中国古文学鉴定剔别的人。按理而论，学者是该不会写文章的，但他的散文，却也富有着细腻的风光。"①郁达夫说到的有着"细腻的风光"的散文，大概主要指他收入《山中杂记》《海燕》两集中的篇什而言。这些文章感觉精细、文词清丽，其艺术姿态颇合于现当代文学史上曾不止一度地流行过的所谓纯文学散文理想，其中一些篇章，如《月夜之话》《蝉与纺织娘》《海燕》等，也曾一再为人称美，被视为现代文学史上抒情写景的名篇。

但是，像现代文学史上许多著名的散文作家一样，郑振铎散文的风格，也经历过一个从青年时期的轻俏优美到中年后的质朴老成的变换。大约从出版于1934年的《欧行日记》开始，他的文风变得更为厚重、朴实。这部原写于1927年，保存七年后经适度删改公开出版的日记，按他自己的说法，"绝对不是着意的经营，从来没有装腔作势的描叙——因为本来只是写给一个人看的——也许这种不经意的写作，反倒觉到自然些"。② 此后经《西行书简》，到《蛰居散记》，一直延续着这种文风。《蛰居散记》写他在上海沦陷后的生活，如果说其前期作品尚多流丽轻俏之致的话，到《蛰居散记》，则洗尽铅华，更以随意挥洒的自如和感情真挚的抒写而动人情思。40年代后期，由于老友夏丏尊、许地山、耿济之、朱自清等的相继辞世，郑振铎的感情更

---

① 郁达夫编：《中国新文学大系·散文二集》，导言，18页，上海，上海良友图书印刷公司，1935。

② 郑振铎：《欧行日记·自白》，2页，上海，上海良友图书印刷公司，1934。

趋深沉，《悼夏丏尊先生》《悼许地山先生》接连几篇怀人之作，于朴实真挚中传达出一种极深的哀思和沉郁的哀痛，更达到一种令人沉思低首的境界。

郑振铎是一个激情的人，又是一个理性的人。他有的是激情，但这激情似乎更多转化为社会活动的动力，而未将其沉潜发酵为文学的醇酒。他有的是理性，但他将这理性更多地应用于历史的考察研究，而较少从事直接的现实社会剖析。他既是杰出的社会活动家，又是相当优秀的学者，但其创作成就却似乎始终未臻一流。

四、百科全书式的文学家

作为其知识结构的二轴之一，郑振铎对中国现代文化的贡献，由于同样表现在学术领域而显得根基深厚。郑振铎的学术兴趣一向广博，而且每涉猎一个领域，均是一头扎进去，从最基础的搜集原始资料做起，直到取得重大收获为止。这在其同代学人中，也是屈指可数的。他不但是著名的文学家，而且是有突出成就的藏书家，版本、目录学家，考古学家和美术史家。但其一生学术贡献的最着力处，或许仍在文学及对文学的历史考察。他的好友周予同在《汤祷篇》序里说："振铎兄治学的范围是辽广的，也是多变的。他从五四运动前后起，由接受社会主义思想而翻译东欧文学，而创作小说、抒写散文，而整理中国古典文学，而探究中国古代文物。概括地说，他的学术范围包括着文学、史学和考古学，而以中国文学史的研究为他毕生精力所在。"

郑振铎的文学史研究，包括整理和著述两个方面。他是中国现代最早提倡对中国的旧文学进行整理的人之一。1921 年文学研究会成立，其《简章》即宣示："本会以研究介绍世界文学整理中国旧文学创造中国新文学为宗旨"。《小说月报》第 12 卷第 2 号刊登的《文学研究会会务报告(第一次)》言及出版刊物的打算，也是以“灌输文学常识，介绍世界文学，整理中国的文学并发表个人的创作”为目标①，从这些表述可以看出，作为新文学社团的文学研究会，在确立自己的工作目标时，研究、介绍、整理的任务还在创造之先。有研究者指出，郑振铎是新文学运动史上第一个提出“整理旧文学”口号的人②。1922年，他就在《文学旬刊》上发表过《整理中国文学的提议》，就整理的范围、整理的方法，提出过系统的意见。1923年1月，他接替沈雁冰编辑《小说月报》后的第一期(第14卷1号)，即刊出“整理国故与新文学运动”专栏。作为对当时“整理国故”思潮的一种回应，针对《国学季刊》创刊后，“整理国故”之说颇遭非议的情况，他在《新文学之建设与国故之新研究》一文一开首即表明自己的态度：“我主张在新文学运动的热潮里，有整理国故的一种举动。”“我以为我们所谓新文学运动，并不是完全推翻一切固有的文艺作品。这种运动的真意义，一方面在建设我们的新文学观，创作新的作品，一方面却要重新估定或发现中国文学的价值，把金石从瓦砾中搜找出来，把传统的灰尘从光润的镜子上拂拭下去。”③专栏中沈雁冰、顾颉刚的文章，着重表达的也都是偏于主张国故的整理对于新文学运动很有利益一方面的论调。他这一时期有关整理旧文学的思想，与同期胡适整理国故的主张之间存在着彼此呼应关系，“郑振铎整理旧文学的思想许多方面是胡适整理国故

① 《小说月报》第12卷第2号，1921年2月出版。

② 陈福康：《郑振铎论》，183页，北京，商务印书馆，1991。

③ 郑振铎：《新文学之建设与国故之新研究》，载《小说月报》第14卷第1号，1923年1月。

思想的深化和细化”[1]，从学术的角度看，这或许是一个值得深入研究的问题。不过，需要指出的是，就郑振铎思想自身的发展而言，这里自有其独到的理路，他关于旧文学整理的主张，并不是单纯用“胡适整理国故思想的深化和细化”所概括得了的。

郑振铎整理中国文学的思想，有着丰富的内容。如前所述，其第一个层面，主要体现在以新的文学观念对传统中国文学体系进行系统的界定、分疏上。第二个层面，自是对古典文献的搜罗、编目、校辑、整理，也就是我们今天所说的古籍整理。他的一生，曾经整理出版过大量的古典文献，如《脉望馆抄校本古今杂剧》《玄览堂丛书》《晚清文选》《古本戏曲丛刊》等。其《清代文集目录序》云：“予收书始于词曲小说及书目。继而致力于版画，遂广罗凡有插图之书。最后乃动博取清代文集之念。”他的一生，为搜罗、保护、出版这些文献所做的工作，在学界已是尽人皆知，这里不再赘述。

郑振铎对中国文学整理、研究的重视，同样体现在他的编辑工作中。而且通过核心刊物的辐射作用，使这种意识传播于读书界。郑振铎编辑的重要文学期刊，几乎全都十分重视文学研究，《小说月报》《文学》和《文艺复兴》均辟有“中国文学研究专号”，《文学季刊》由于与京派的特殊关系，也带有较为浓厚的学院气息，而且均配有古籍和文物的插图。《小说月报》第17卷号外的《中国文学研究》专号，出版于1927年6月，分上下两册，是“五四”以来文学研究成果的一次重要展示，而其意义，按他自己后来的说法：“最重要的是把小说、戏曲、弹词、宝卷等那些向来被视为‘不登大雅之堂’的民间文学，抬出来和

---

① 徐雁平：《胡适与整理国故考论——以中国文学史研究为中心》，198页，合肥，安徽教育出版社，2003。

周秦诸子、两汉文章、唐诗宋词同样的作为研究的对象。……把中国文学的研究，不再局促于本国的载籍的圈子以内，而能跳出好‘迷恋骸骨’的如来佛的手掌心；知道中国文学在世界文学里，并不是孤立的，也并不是独往独来，空无依傍的……她是世界文学的大家族里的一员。”这种兴趣数十年不衰，见于《文学》杂志的第二个“中国文学研究专号”，“在实际上是承继了第一个‘专号’的工作而继续的发展下去的”①；见于《文艺复兴》的第三个“专号”规模更为宏大，可以看作是对抗战以来文学研究成果的一次检阅。三个专号的编辑，具体的撰稿人和研究对象虽然因时变化，不变的是它对民间文学的浓厚兴趣和世界文学视野。这正是郑振铎文学史观的要点所在。

发表在三个专号上的论文，如《小说月报》上朱湘的《古代的民歌》、欧阳予倩的《谈二黄戏》、钟敬文的《中国蛋民文学一脔》、许地山的《梵剧体例及其在汉剧上的点点滴滴》、卫礼贤的《歌德与中国文化》、陈垣的《十四世纪南俄人之汉文学》；《文学》杂志上顾颉刚的《滦州影戏考》、吴晗的《历史中的小说》、朱自清的《论“逼真”和“如画”》、洪深的《申报总编辑‘长毛状元’王韬考证》；《文艺复兴》上闻一多的《伏羲与葫芦》、高名凯的《音质与诗词》、隋树森的《秋涧文集中的元代曲家史料》、季羡林的《柳宗元黔之驴取材来源考》《中国文学在德国》、吴晓铃的《跋饮虹簃刊本林石逸兴》、董每戡的《说傀儡》《傀儡戏考原》等，都是中国文学研究的力作。1957年郑振铎还担任了国务院科学规划委员会古籍整理规划小组负责人之一，同一年，又在《政协会刊》上发表过《整理古书的建议》，成为新中国古籍整理事业的奠基

① 郑振铎：《题辞》，载《文艺复兴·中国文学研究专号上》，8页，1948年9月。

人之一。

郑振铎也是现代中国的文学研究的重要拓荒者。作为“五四”所培养起来的那一代文化人，郑振铎的文学观念，深受科学、民主思潮影响。而这也构成了他整理、研究中国文学的最根本特点。对民主精神的坚持，使他在学术研究中，更多地注意发掘那些民间性的、大众性的资源；对科学性的坚持则使他更注意文学研究自身的规律，注意对文学资料的出于实证精神的发掘、整理。以科学精神研究文学，郑振铎堪称成就斐然的代表人物。《研究中国文学的新途径》一开始就区分“鉴赏与研究”，指出：“鉴赏是随意的评论与谈话，心底的赞叹与直觉的评论；研究却非有一种原原本本的仔仔细细的考察与观照不可。”“文学的自身是人的情绪的产物，文学作家大半是富于想象的浪漫人物，文学研究者却是一个不同样的人，他是要以冷静的考察去寻求真理的。所谓文学研究也与作诗作剧不同。它乃是文学之科学的研究。”也正是基于此，他提出了将新的文学研究建立在“近代的文学研究的精神”基础上的主张，这便是 B. G. Nowlton 在《文学的近代研究》一书中所说的文学的统一研究、归纳的研究、文学进化的观念。

按他自己的说法，“所谓文学的统一观，便是承认文学是一个统一体，与一切科学、哲学是一样的，不能分国单独研究，或分时代单独研究。因为古代的文学与近代的文学是有密切关系的，这一国的文学和那一国的文学也是有密切的关系的。我们研究文学应该以‘文学’为单位，不应该以‘国’或以‘时代’为单位”①。正由此，他在致力中国文学的研究的同时，也非常注重对世界文学介绍，以及从不同国别、不同文化间文学的相互影响上去研究文学史问题。

---

① 郑振铎：《整理中国文学的提议》，载《文学旬刊》，1922(51)。

郑振铎在介绍世界文学和中国文学史研究领域的贡献，获得了读书界的口碑。20世纪20年代，由他撰写并连载于《小说月报》的《文学大纲》，“堪称我国在世界文学史课题方面的开山之作”①。他在该书《叙言》中宣称，文学“无国界”，文学“无古今界”，文学属于“人类全体”。由他翻译介绍过来的外国文学作品及学术著作，如《海鸥》《六月》《贫非罪》《灰色马》《高加索民间故事》《沙宁》《俄国短篇小说译丛》《飞鸟集》《新月集》《太戈尔诗》《印度寓言》《莱森寓言》《民俗学浅说》等，在现代文学史上均发生了不小的影响。此外，他还著有《俄国文学史略》《希腊罗马神话中的英雄传说》等作。他所主编的《小说月报》《文学》《文艺复兴》等刊物，也都辟有介绍、研究世界文学的专号、专栏、专辑。30年代，他所主编的大型丛书《世界文库》，兼收中外古典文学名著，其规模宏大，影响深远，堪称中国现代文学出版史上的一件盛举，可惜因种种原因，未能按原计划完成。就是在研究中国古典文学时，他也特别重视中国文学在世界文学中的地位，重视中国文学所受外来文化的影响。

郑振铎的中国文学研究，特别注重新资料和新方法的运用。因为文学史观念的更新，尤其是其内在的价值系统和文化视野的更新，必然要求以新的方法来发掘和发现那些被历史尘埃遮蔽或被严重边缘化了的资料。这种变化不应被当成仅仅是标签的变化，而应深入到更为内在的知识体系的变化。郑振铎“五四”时期发表的有关论文已于此有清晰的论述，1933年发表于《文学》“中国文学研究专号”的《中国文学研究者向哪里去?》仍说：“我们到底要向哪里去呢？向新题材和新的

① 郑振铎：《文学大纲·重印说明》，1页，桂林，广西师范大学出版社，2003。

方法里去……”他对中国文学研究的贡献，也主要体现在这样两个方面：一是题材、内容的扩展，二是观念方法的更新。他的古典文学研究，在对象的选择上，有着明显不同于前人的取舍。与写作《白话文学史》的胡适一样，他也不再将文学研究的注意力集中在传统的诗、文，而是将它投向那些更贴近民众生活的小说、戏曲，以及那些至今未在文学史中占有重要位置的变文、宝卷、弹词、鼓词等俚曲俗调。郑振铎治学，志趣倾注于新资料的发现与新材料的运用，“因为研究的复杂，搜罗材料的求全求备，差不多不弃瓦石和沙砾”①。旅居欧洲期间，他的一项日常工作，就是出入巴黎、伦敦的图书馆，观看那些流失在海外的中国古代文献资料，包括不少属于孤本善本的小说、戏曲，也包括被劫夺到国外的珍贵的敦煌俗文学文献。归国后，更是为搜求图书花费了大量的心血，成为在这一领域占有原始资料最多的人之一。

除了资料的搜集、整理，他也非常注意用历史演化的观点，对这些资料做出阐释、处理。正是在这样的基础上，他写成了像《水浒传的演化》《水浒传的续书》《三国志演义的演化》《西游记的演化》《岳传的演化》《谈金瓶梅词话》《关于游仙窟》《明清二代的平话集》等论文。尤其是里程碑式的《插图本中国文学史》《中国俗文学史》等著作，为中国古典小说、戏曲及俗文学的研究，做出了开拓性的贡献。郑振铎的古典小说研究，注意力主要在明清以来的白话小说，由于占有许多新的资料，他的研究往往于关键处取得重要的突破，并给后人以很大的启迪。郑振铎的古典戏曲研究，同样首先在于发掘、整理、出版了一大批珍贵的戏曲作品与戏曲史料，从而为这一学科的发展，从根本上夯

---

① 郑振铎：《失书记》，见《西谛书话》，200页，北京，生活·读书·新知三联书店，1998。

实了基础。就此而言，郑振铎堪称王国维、吴梅之后对古典戏曲研究最有贡献的学者之一。他的古典戏曲研究论文，除了有关资料的考证、分析，着重注意的首先也是历史演变之迹，如《元代"公案剧"产生的原因及其特质》《西游记杂剧》《西厢记的本来面目》等作，都是著名的例证。其中一些文章，如《论元代商人、士子、妓女间的三角恋爱》，对作品所反映的社会生活也做出了精到的分析。它以透彻的眼光，从一系列杂剧中概括出：士子与妓女相逢相恋、鸨母图商人之财而作梗、妓女嫁作商人妇或逃脱、士子衣锦还乡团圆这么一个模式。进而从《元史·选举志》《食货志》中分析出士人地位没落、生活贫困，商业繁荣而商人暴富，尤其茶商盐商最称豪富，因而在实际生活中妓女十之九随商人走了，杂剧留下的只是失落的士子寻找精神补偿的"团圆梦"。文章最后还引刘时中的散曲称商人"一家家倾银注玉多豪富，一个个烹羊挟妓夸风度"为三角恋爱杂剧的注脚。文章展示了元杂剧研究中前所未见的新视野、新思路，因而被鲁迅称作"真是洞见隐密"①。

在20世纪30年代的文学史写作中，《插图本中国文学史》无疑是一部扛鼎之作。郑振铎反思了起步尚不及三十年的几十部文学史，深刻地感受到其中的不完整性("肢体残废")和不丰满性("或患着贫血症")，有意于编写一部比较完备的，能显示中国文学的整个发展过程和整个真实面目的书。他借鉴法国丹纳和北欧勃兰兑斯的文学史观念及写作方式，以全书3卷60章近80万字的篇幅，展示了丰富复杂的作家作品、思潮流变和文体脉络，力图使这部文学通史成为"民族的

① 鲁迅：《致郑振铎》，见《鲁迅全集》第13卷，340页，北京，人民文学出版社，2005。

精神上最崇高的成就的总簿”。它把民间创作与外来影响，视为“中国文学进展的两个动力”，自许“本书所包罗的材料，大约总有三分之一以上是他书所未述及的；像唐、五代的变文，宋、元的戏文与诸宫调，元、明的讲史与散曲，明、清的短剧与民歌，以及宝卷、弹词、鼓词等等皆是”(该书《例言》)。这就打破了前此文学史重在诗文的格局，使变文、戏文、散曲、昆腔与《诗经》、《楚辞》、先秦散文以平等的身份进入文学史主流写作，遂导致全书的篇幅唐以后为先秦至隋的三倍，极大地强化了文学史写作的民间立场和平民意识。它的分期标准，“就文学史上的自然的进展的趋势，分为古代、中世及近代的三期，中世文学开始于东晋，即佛教的文学的开始大量输入的时期；近代文学开始于明代嘉靖时期，即开始于昆剧的产生及长篇小说的发展之时”。这既反映了外来的和民间的两个动力的关键作用，也使文学史写作的重点因缘于文体的发展，使文体脉络在文学史过程中凸显出来。

值得指出的是，郑振铎虽然也意识到了文学的独立意义，但在具体的研究中，却未能像英美新批评家一样，对文学的“外部研究”和“内部研究”做出自觉的界说。他的文学研究，虽然注意发展规律，但也主要属于新批评所谓外部研究的范围，更多注意的是属于小说、戏曲的生成、演化及其题材、内容上的变化，而对文本本身的解读、分析则难免有所忽略。鲁迅说：“郑君治学，盖用胡适之法，往往恃孤本秘籍，为惊人之具，此实足以炫耀人目，其为学子所珍赏，宜也。我法稍不同，凡所泛览，皆通行之本，易得之书，故遂孑然于学林之外……郑君所作《中国文学史》……我曾于《小说月报》上见其关于小说者数章，诚哉滔滔不已，然此乃文学史资料长编，非‘史’也。但倘有具史识者，资以为史，亦可用耳。”①这些话来自平日读报刊文章的印象，见于未及全读该书时的私人通信，虽然触及郑氏治学的某些特点，但更多地折射着当时重史料的风气，比如傅斯年说“近代的历史学只是史料学”，鲁迅拟编文学史，也主张“先从作长编入手”。

受“五四”民主思潮及白话文学观影响，郑振铎的文学研究一向注重民间文学的意义。即便论及一些较为正统的文学——如《诗经》，其着意彰显的也是其中偏于民间性和大众性的一面。那些寻常人们不大重视的民间文学资料，在他眼里都被视若珍宝。除小说、戏曲资料之外，他还曾花大力气搜求到不少的弹词、宝卷、鼓词和唱本，其中仅从平津到潮汕的小唱本，就“积到二万余册之多”②。其学术代表作之一《中国俗文学史》第一章云：“所谓‘俗文学’就是通俗的文学，就是民间的文学，也就是大众的文学。……凡不登大雅之堂，凡为学士大夫所鄙夷，所不屑注意的文体都是‘俗文学’”；“‘俗文学’不仅成了中国文学史的主要的成分，且也成了中国文学史的中心”。该书十四章，除首章外，其余各章依次论述“古代的歌谣”、“汉代的俗文学”、“六朝的民歌”、“唐代的民间歌赋”、“变文”、“宋金的‘杂剧’词”、“鼓子词与诸宫调”、“元代的散曲”、“明代的民歌”、“宝卷”、“弹词”、“鼓词与子弟书”、“清代的民歌”，其规模，其见识，在有关领域的研究中至今还占有十分突出的位置。该书尤其欣赏俗文学中天真未斫的新鲜，及其宏伟气魄、奔放想象。比如称赞《土地宝卷》把白发苍苍又顽皮无赖的土地公公，写成与玉皇大帝斗法的英雄，屡困天兵天将，成

① 鲁迅：《致台静农(1932年8月25日)》，见《鲁迅全集》第12卷，321～322页，北京，人民文学出版社，2005。

② 郑振铎：《失书记》，见《西谛书话》，200页，北京，生活·读书·新知三联书店，1998。

为齐天大圣孙悟空以来最顽强的“天”的敌人，其斗法的手段充满了幽默的趣味。在一段时间里，郑振铎几乎逢人便道《土地宝卷》，赞不绝口。

郑振铎也是中国文学图志学的先驱。郑振铎的学术兴趣的另一个重要特点，就是他十分注意插图的意义，注意对古代版画、图籍的整理。郑振铎对图籍，尤其是插图、版画的重视，这固然有个人趣味的原因，有和日本欧美各国版画史对比考察所激起的民族自尊心，有针对文物的流失抢救国宝的意图，但也和他学术普及的思想有关。他曾说：“对于图画，雕刻，我有特殊的嗜好。在欧洲的时候，几乎天天跑博物院。见到了他们出版的书籍插图的丰富，往往自惭我们的不争气。”早在 1927 年，他就在《小说月报》第 18 卷第 1 期上发表过《插图之话》的长文，纵论中外古今插图艺术的特点，并对中国古代石刻、版画等与文学有关的图籍，尤其是明清小说、戏曲中插图艺术的发展，做出了开创性的论述。1932 年出版的《插图本中国文学史》，是我国第一部自觉地将插图与文字结合起来叙述文学发展脉络的文学史著述，堪称文学图志学的滥觞。1933 年，他与鲁迅合作编印《北平笺谱》，获得成功后又商议翻印《十竹斋笺谱》，并于鲁迅去世后独立完成。

此后，郑振铎对文学插图的重视，又扩展到许多其他方面。由他编纂出版的重要图志性著作，便有《中国版画史图录》(1940)、《中国历史参考图谱》(1946)、《敦煌壁画选》(1951)、《西域画》《域外所藏中国古画集》《伟大的艺术传统图录》(1952)、《中国古代木刻画选集》(1952)、《中国木刻史略》《韫辉斋所藏唐宋以来名画集》等。由于这一系列贡献，他不但成为我国现代重要的美术史家，更成为目前我们正致力建设的中国文学图志学的前驱。不过，同样需要指出的是，对于一门真正意义上的图志学的建立，郑振铎确有开拓之功，但他于此所做的工作与思想认识仍是有其局限的。那就是在图文关系上，他所看重的仍主要是图，而对图所蕴含的内在信息，以及与之相关的文的意义，尚有估价不足或开掘不深之嫌。也就是说，在他那里，文字仍是图的说明，而未获得一种平等的，相互呼应、相互阐发的更为复杂的关系，未能充分建立一种图文互动的互文性关系。也正因此，他虽然十分看重文学插图，并在《插图本中国文学史》等作中为文学的图志学方向做出了筚路蓝缕的工作，但其后所做的一切却更近于为美术史研究做资料上的准备，而未能明确提出并建立起文学图志学的完整格局，为从文明史的角度开拓、整合文学艺术研究开拓出更宽广的道路。

最后，还要说到的是，在从事专业的、专门的研究之外，郑振铎也十分重视学术文化的普及工作。1947 年，在《跋唐宋以来名画集》一文中，他就曾指出，“日本人有一种好处，便是力求学问的普及化；不一定深入，但改求显出，人人都可以享受，都可以懂——至少可以欣赏。他们学术界的天天在进步，与一般人的学术兴趣的浓厚，并不是没有原因的。我们的专家们也许只求深入，只想‘藏之名山，传之其人’的名著，却忘记了使一般人都能够领略学问趣味的使命了。不知道‘学问’是公器，决不是少数人所能把持得住的东西。最大多数的老百姓们是决不会永远被拒绝于学术的大门之外的。总有一天，人人都可以有享受学术研究的自由与兴趣的。”[①]这番话，在央视的“百家讲坛”已成为一种重要文化现象的今天来读，更觉意味深长。从这样

① 郑振铎：《跋唐宋以来名画集》，见《西谛书话》，439 页，北京，生活·读书·新知三联书店，1998。

的认识出发，郑振铎一生所做的学术文化工作，就常常同时照顾到深入和普及两个方面，而他自己个人的著述，也既有极专业的、精深的部分，又有许多面向大众的、普及性的东西。

五、中国文艺复兴之梦

郑振铎的一生，洋溢着充盈的生命激情，他敏锐博大，宽厚宏远，著作等身，影响深巨。评价他的一生，实用得上这样一副对联："海纳百川，有容乃大；壁立千仞，无欲则刚。"①然而，他的身份、经历、成就的复杂性，也决定了全面评价他时的特殊困难。

郑振铎的一生，赢得了许多社会荣誉和积极的评价，但也在不同时期引起了一些批评和误解。20 世纪 30 年代，由于和左翼、和自由主义文人间的复杂关系，他一方面被排斥在左联之外，另一方面又受到新月派中某些人的排挤，被婉拒在朱光潜担任主编的《文学杂志》的编委之外；一时因"卖书"事件遭燕京大学一些人的诋毁；一时因《文学》杂志事件受到鲁迅的猜疑。50 年代之后，随着社会形势的变化，身居高位的他，也面临着如何适应新的时代的重大挑战。就在他辞世前夕，北京大学中文系二年级瞿秋白文学研究会就在人民文学出版社出版的《文学研究与批判专刊》第 4 辑上发表了批判他《插图本中国文学史》和《中国俗文学史》的两篇文章，称"郑振铎先生是中国文学史研究者中的一面白色大旗"。就是在他的身后，有关他的评价，仍然是一个并不简单的问题。在文学史附从于革命史的年代，郑振铎虽然以其激进的姿态得以侧身进步作家之列，但同时又因这种激进姿态的不

---

① ［清］梁章钜：《楹联续话》卷二云："林少穆自题厅事一联云：'海纳百川，有容乃大。壁立千仞，无欲则刚。'名臣风矩，惟其有之，是以似之。"

够彻底而未得到更高的估价；在文学推崇“纯粹”、学术崇尚“专家”的年代，他又因其驳杂广泛而不得与沈从文、钱锺书等人物比肩。

时至今日，如何正确评价中国现代文化史上这样一位百科全书式的人物，如何全面继承他的文学及学术思想遗产，似乎仍然是一个我们不得不去认真思考的问题。需要特别指出的是，评价郑振铎，我们决不能仅限于其某一方面的成就，更不能割裂他的社会实践和他的文化理想之间的关系。作为“五四”所培养起来的那一代杰出文化人中的一员，郑振铎的文化理想，始终与其“新社会”理想和中国的文艺复兴之梦密切相关；而他所有的文学、文化努力，也只有在这样一个背景之下才能得到完整的阐释和理解。从青年时代起，郑振铎就憧憬着“中国的文艺复兴”，中年之后，更为这个理想不顾艰险，不图名利，稳健务实，奋斗不息，直到生命的最后。这一切业已形成一种宝贵的精神遗产。在中华民族即将迎来期盼已久的复兴的今天，重温、总结郑振铎一生的文学、文化学术实践，无论是从繁荣我们的文学创作和文学研究事业的角度，还是从文化研究、文学批评的角度，都有重要的意义。这不但十分必要，而且正得其时。

何其芳：精湛的诗文修养与主流理论建构*

一、三个“无可代替”

何其芳是我国著名作家、批评家、文学理论家，是新中国文学事业发展的积极参与者和杰出领导者之一。作为中国社会科学院文学研究所（原曾属北京大学，以及中国科学院）的直接奠基者，何其芳的名字，是与文学研究所同在的。这位老所长生于1912年2月5日，逝世于1977年7月24日。在文学研究所纪念他95周年诞辰暨逝世30周年的座谈会上，许多新老学人以无比的崇敬表达对他永远的怀念，缅怀他对文学研究所的创立和发展做出的无可代替的奠基性业绩，回顾他对现代中国文学创作和文学研究事业做出的杰出贡献，感情真挚而深切，令人无不为之动容。

历史在这里打了一个回旋，为一种难能可贵的无可代替性沉吟而低回。何其芳的无可代替性主要体现在三个方面：

---

* 本文与郝庆军合撰，原载《文学评论》2008年第1期。

（一）他在 20 世纪 30 年代的大学时期，就写出了散文集《画梦录》和《预言》中的诗篇，从而在青春写作中就显示了深湛的诗文修养和精妙的诗美品位。这个起点影响其终生，成就其终生，他是持着诗美的“身份证”通行于其后从事的文学诸领域的。在其后的风云变幻的文学批评和文学史研究中，他都不愿损伤，反而往往是直率或曲折地维护着精美的诗词、戏曲、小说的尊严，对滚滚的激流起到了他的家乡的都江堰那种分流作用，发挥了为那些不知诗美为何物的大人物所不能代替的作用。

（二）他在 1942 年以后以主流批评的身份阐释毛泽东文艺思想，主张现实主义深化，强调人民生活源泉论，提倡作家要有人民大众的立场和观点，促进艺术与真理相结合。但他反对把现实主义简单化，抗衡把现实主义和反现实主义的斗争贯串中国文学史的偏见，高度珍视古今作品的艺术价值，强调文艺批评中的独到见解和真知灼见，直至在现实主义的核心概念中提出“典型共名说”，从诗学形式上关心中国新诗前途而提倡现代格律诗。在文艺批评空间日趋萎缩的岁月，他以自己的真诚和踏实，为理论的创新性铺路垫土，身体力行。

（三）创建和发展文学研究所，为学术骨干人才的汇集和后续人才的成长呕心沥血，并在政治运动频繁之秋，尊重学者、尊重学术，为学者发挥才能提供尽可能宽松和谐的环境。同时规划外国文学名著和理论丛书，以及中国古典文学读本丛书，为文学研究拓展思想空间提供资源。尤其是创办《文学研究》（后更名《文学评论》）、《文学遗产》等刊物，为学者潜心研究和学术质量的提高，提供了由文学研究所牵头的、泽及全国文学研究界的园地，影响极其深远。如此“无可代替的三端”，足以使何其芳在 20 世纪中国文学史和学术史上，占据举足轻重的位置。

二、歌手的脚步

姑且回到文学何其芳的原点。何其芳首先是一位杰出的诗人。他原名何永芳，14 岁到万县西山太白岩的“白岩书院”上小学，因一篇端午节纪念屈原的《龙舟竞渡》作文，被乐育英才的国文老师改名为“何其芳”。这番得名，似乎与中国诗魂屈原和李白有着不期而然的精神联系。大学时代以各种笔名投稿后，1932 年 10 月正式以何其芳的真名在《现代》杂志 1 卷 6 期上发表诗作《季候病》《有忆》，其后收入《预言》集，一发而不可收。他的名字首先与诗结缘，这种机缘使诗人气质伴随他的一生，无论他后来自己如何有意识地祛除掉所谓“好沉思和幻想”的个性气质，怎样自觉地融入“火热的生活中”，使自己热烈起来、奔放起来，但仍不脱一个诗人的率直与洒脱的一面。这一点在他一生的文学职业生涯中都打下了深深的烙印。他写散文，多有诗化；写批评文章，饱蘸着热情与诗意；就是进入古典文学的研究领域，他的诗人气质也决定了他的理论著作和研究论文别具风采：尽可能多地占有资料，却不为资料所累，大都是“渗透着作者的感情体验”，“文笔漂亮，行文讲究，有艺术韵味”①。毛泽东对何其芳有一个著名的评价，说他偏于“柳树性”，而身上的“松树性”弱一点。何其芳本人认为这实际在说他灵活性有余，而原则性不强。② 其实，现在看来，如果不太纠缠这句话的字面意义和历史内涵，所谓“柳树性”，恰恰就是指他的深婉超妙的诗人气质。应该看到，何其芳不是一个

---

① 蓝棣之：《略论何其芳的文学理论遗产》，载《文学评论》，44～51 页，2000(5)。

② 何其芳：《毛泽东之歌》，见《何其芳文集》第三卷，119 页，北京，人民文学出版社，1983。

"热血青年"，青年时代并不热衷于社会运动，而是喜欢沉思与咀嚼寂寞。他从小就"不喜欢我觉得很是嚣张的情感和事物"，"长久地对政治和斗争冷淡"，"怪癖到不喜欢流行的、大家承认的、甚至于伟大的东西"，[①] 他用孤独和书籍来抵抗那个在他看来纷繁无序的世界。三种思想——美、思索、为了爱的牺牲——很早便在他少年的心里扎下了根，其实这"三种思想"恰恰就是诗的种子。20 世纪 30 年代初在北平求学时期，他几乎整天沉浸在艺术氛围里，每天的生活就是读书、写诗、幻想，他的第一部诗集《预言》中的大部分篇章，就是在这种环境中产生的。《预言》时期的何其芳在诗艺上是追求唯美和纯粹的。他受波德莱尔、瓦雷里、艾略特等诗人的影响，加之对中国晚唐五代李商隐、温庭筠、李煜诗词的精致体验，于是他的诗歌以意象词藻的刻意锤炼和节奏韵味的苦心经营，倾听着飘忽深幽的心之声、溪之影、梦之花，若称之为为伊憔悴的"苦吟诗人"应该不算为过。但是，如果只是看到何其芳诗歌中"唯美"的一面，并把它放大，认为何其芳的诗歌成就主要在于"诗艺"的探索和"审美"感觉的追求，其实是缩小了何其芳的诗歌成就。应当看到，在何其芳的诗歌领域，"唯美"与"华丽"只是他艺术风格的一个面相，所谓"纯诗"只占他整体诗作中的一小部分。即便是为许多人称道的《预言》中，有《预言》《慨叹》《梦歌》《病中》等文辞华美、意象纷呈的诗行，也有《风沙日》《送葬》《声音》《云》中直抒胸臆、旷达明朗的书写。像这样的句子

数十年来未有的大风，/吹飞了水边的老树想化龙，/吹飞了

---

① 何其芳：《一个平常的故事——答中国青年社的问题："你怎样来到延安的?"》，见《何其芳文集》第二卷，215 页，北京，人民文学出版社，1983。

一垛墙，一块石头，/到驴子头上去没有声息。

已经走出了镜花水月的空幻，把辞藻上颜色的朦胧换作图案的凝重，把诗的重心投射到主体与外界的抗衡关系上来。原来把圣洁的爱情视为生命的诗人，开始走出书斋，来到现实生活中，阅历在不断增长，见到了世界的复杂和严峻，发现自己的所秉持的观念应该埋掉——

我不再歌唱爱情/象夏天的蝉歌唱太阳。//形容词和隐喻和人工纸花/只能在炉火中发一次光。/无声地啮食着书页的蚕子/在懒惰中作它们的茧/这是冬天。//在长长的送葬的行列间/我埋葬我自己/象播种着神话里的巨蟒的牙齿，/等它们生长出一群甲士/来互相攻杀，一直到最后剩下最强的。(《送葬》)

依然注意意象的营构，节奏和韵律仍然十分和谐完美，但诗的格调和气象却在类乎鲁迅《野草·墓碣文》所说的“抉心自食”，变得弘毅开阔。这是因为作者的注意力从“诗艺”转移到了“诗意”，从雕词琢句转移到了刻写哲思和情志。

诗也许是表达情志最为直接又最为含蓄的艺术形式，问题是怎样表达情志和表达什么样的情志。如果一个诗人的情志重心放在个体内心的甘苦悲欢，无论怎样丰富和曲折，仍然是“一个人的战争”，他的情感形式似乎只能低回于对眼前风花雪月的歌咏和寄兴上。寻求清词丽句，专心于布局谋章，探索别致的修辞策略，便成了诗人的主要任务。当然，苦练“内功”是诗人的必修课，但只是停留在“内功”的修炼上，满足于雕虫小技，黏着于细枝末节的完美，往往不能成大气候。

在20世纪前半期的灾难中国，个人悲欢是无法自外于国家民族的悲欢，苦吟一己之得失，几乎无缘于形成真正的艺术大境界、大魄力。只有投身于民族兴亡的滚滚潮流中，用自己的肉体和热血真诚地拥抱中国这块苦难的土地的艺术家，才能在诗中注入人类天良的力量。事实上，1937年以后，中国的环境已经不容许有血性的诗人在书斋中做“纯诗”之梦，就在这一年，何其芳的一首《云》已经表达了他不仅要“埋葬自己”，还要从天上星云回到地上的茅屋苍生：

从此我要叽叽喳喳发议论：/我情愿有一个茅草的屋顶/不爱云，不爱月，/也不爱星星。

为什么诗人要舍弃波德莱尔散文诗中歌颂的“那飘忽的云”？为什么要“叽叽喳喳发议论”？诗人的情感发生了怎样的变化？在抒发这种感情时，诗人的写作又开始了什么样的新的取向？何其芳用这样的诗歌语言回答了我们：

我走到乡下。/农民们因为诚实而失掉了土地。/他们的家缩小为一束农具。/白天他们到田野间去寻找零活，/夜间以干燥的石桥为床榻。//我走到海边的都市。/在冬天的柏油街上/一排排的别墅站立着/象站立在街头的现代妓女，/等待着夏天的欢笑/和大腹贾的荒淫，无耻。

诗人把笔伸向农村和城市，以有意味的空间跨越和反衬，把他看到的两个世界、两种截然相反的人间现状如实地写在纸页上。正因写实，更含激情。在这样的诗行中，艳丽的词句消失了，缤纷的意象不见了，只是用简朴的白描，截取生活中典型的细节，如实地描画出来，就本色地表达出诗人的真实情感和历史正义的价值倾向。

在何其芳的诗歌世界里，诗集《预言》和《夜歌》分别代表着他的两种书写方式。大致看来，在风格上前者是内敛的、深婉的、华美的、苦心经营的，后者是奔放的、热烈的、质朴的、直抒胸臆的。但不可直接搬用思想艺术二元观，简单地说《预言》比《夜歌》更具有艺术性，而《夜歌》比《预言》更有思想性，从而取消了进一步探讨诗歌规律的可能性。其实所谓“诗艺”并无一个永恒的固定的标准，从来没有一个抽象的空悬的最高艺术标准放在那里，让批评家随时从墙上取下来丈量诗人们的艺术长短及成就高低。如果真要有那样的标准和“极境”，写诗便沦落成了一门标准化的手艺，诗歌也就失去了它姚黄魏紫的多样性创造的可能和魅力。在这方面，我们是有教训的。

有学者搬弄所谓“何其芳现象”，其实就是空悬了单一的“诗艺”标准来品评诗人。这种说法认为，何其芳进入延安后，“思想上进步，艺术上退步”，并且作为一种普适性的概念强加在许多到延安去的作家身上。这种思想性和艺术性二元对立的批评方式，仍不脱陈旧的政治批评模式，只不过它在强调“艺术至上”，而刻意贬损不合其意念的政治思想性而已。思想发生变迁的何其芳，自然有一个探索新的诗艺形式的过程，但是即便思想没有明显变迁的废名在写了《桃园》《桥》之后，又写了《莫须有先生坐飞机以后》；沈从文写了《边城》并规划写“十城记”，也只写了一部《长河》，并不见得他们 40 年代的创作又比 30 年代高明多少，为何他们不成为“某某现象”，唯独何其芳成了“现象”，这岂不是双重批评标准吗？由此倒令人联想起何其芳的一首旧体《杂诗》：“西湖柔媚若无骨，巫峡庄严峻极天。应有高才兼两美，胸吞山态水容妍。”兼美思维对于批评家与对于诗人同样重要，弃兼持偏是不足以成就诗艺的高才，也不足以成就理论批评的高才的。

以兼美思维考察进入延安以后的何其芳，当会发现他的诗艺取得了由朦胧深婉到明朗奔放的进展。诗人的心胸变得开阔，已经开始能够“胸吞山态水容妍”了。且不说脍炙人口的《我为少男少女们歌唱》《生活是多么宽广》，也不说当时引起争议，后来被普遍看好的《叹息三章》，我们就随便挑选一首较短的《黎明》来分析一下延安时期的何其芳在诗歌创作所达到的高度。诗仅有两节。第一节是这样的：

> 山谷中有雾。草上有露。/黎明开放着象花朵。/工人们打石头的声音/是如此打动我的心，/我说，劳作最好的象征是建筑：/我们在地上看见了房屋，/我们可以搬进去居住。

诗风清新自然，且不直白寡淡，或隔行押韵，或连续押韵，参差处毫无拘牵之感。选择的意象也都常见，一扫过去繁复奇绝的铺叠，却用“雾”、“露”、“花朵”这些寻常物象烘托出了一个新崭崭的“黎明”，而“建筑”与“房屋”的出现，突出了讴歌劳动的主题。清新的诗风契合着诗人饱满而欢快的情绪，使一个崭新的主题欣欣然在黎明开花。在何其芳过去的诗歌中，也有云雾花朵之类的意象，但都与哀愁、寂寞、生命的慨叹、青春的流逝等情绪有关，而在《黎明》中，这些意象与黎明、希望、光明、劳动连接在一起，赋予了新的意韵。再看第二节：

> 呵，你们打石头的，砍树的，筑墙的，盖屋顶的，/我的心和你们的心是如此密切地相通，/我们像是在为着同一的建筑出力气的兄弟。/我无声地写出这个短歌献给你们，/献给所有一醒来就离开床，/一起来就开始劳作的人，/献给我们的被号声叫起

来早操的兵士，/我们的被钟声叫起来自习的学生，/我们的被鸡声叫到地里去的农夫。

诗人在黎明时分，听到了劳动者的声音，这声音和场景打动了他的思绪和灵感，不再顾及斟酌词句，诗情诗意任情挥洒而散发着诗的散文美，情感和意义显阔，语言明白如话，但仍然别有诗味，别有意境。他的诗已经敞开了一个新的黎明，假以时日，是可以酿出新诗美的希望的。

三、画梦者的京派青春

诗人何其芳也是散文高手，他留下的《画梦录》《刻意集》《还乡杂记》《星火集》《星火集续编》诸散文集，既开拓了亦梦亦诗、如珠如锦的美文世界，又及时转身，沉入有血有泪、可歌可泣的大地人生。并且在富有审美个性和开辟新潮流之中，丰富了散文的文体形态和表现能力。他这种出手不凡的贡献，首先着力点是为中国新文学的抒情散文开辟了一种新的美学方式，他经营着类乎“沧海月明珠有泪，蓝田日暖玉生烟”的华丽而精致的隐喻，把散文写作从日常的、随意的、小品式的写作方式中超脱出来，使散文真正成为一种独立的审美制作，成为一种有可能与小说、诗歌、戏剧一样典重尊严的文学样式。

《大公报》文艺奖金评选委员会对获奖作品《画梦录》的评价中有云：“在过去混杂于幽默小品中间，散文一向给我们的印象多是顺手拈来的即景文章而已。在市场上虽曾走过红运，在文学部门中却常为人轻视。《画梦录》是一种独立的艺术制作，有它超达深渊的情趣。”①如前所述，何其芳的散文创作是与他的诗歌创作相跟随的，他一开始带给文坛的

① 萧干：《鱼饵·论坛·阵地》，载《新文学史料》，1979(2)，146页。

散文佳作大多是具有浓郁的“诗化”色彩，并且带有非常明达的“文体自觉”的。在谈到“怎样写起散文来的”时候，他“觉得在中国新文学的部门中，散文的生长不能说很荒芜，很孱弱，但除去那些说理的，讽刺的，或者说偏重智慧的之外，抒情的多半流入身边杂事的叙述和伤感的个人遭遇的告白。我愿意以薄弱的努力来证明每篇散文应该是一种独立的创作，不是一段未完篇的小说，也不是一首短诗的放大。”①

《画梦录》的名篇多吟味着温柔、凄美的爱的寂寞，以深婉秾丽之笔传达着生命的隐喻。他用创作实绩来证明散文不是随随便便就能写好的，必须付出艰苦的探索和辛勤的劳动。一篇两三千字的文章要耗去他两三天的苦心经营，作文也有苦吟诗人作诗的劲头，都是字斟句酌，反复推敲而成。他强调说：“我的工作是为抒情的散文发现一个新的园地。我企图以很少的文字制造出一种情调：有时叙述着一个可以引起许多想象的小故事，有时是一阵伴随着深思的情感的波动。正如以前我写诗时一样入迷，我追求着纯粹的柔和，纯粹的美丽。”②正是这种文体的自觉和纯美的追求，使得何其芳的散文给当时的文坛带来巨大的审美冲击，在一段时间里，《画梦录》一版再版，畅销不衰。他的“精致”的美文，如“一湖澄静的绿波，波面浮着青色的幽辉”，引来许多文学青年的竞相模仿，有“风靡一时，成为当时散文的经典”之誉。

尽管他一再表示厌恶自己散文的“精致”，但他的散文创作始终保留了凝练、雅致、构思精巧、文采焕然的风格，即便是到了后来写那些非常贴近现实、注重新闻时效性的篇章，还是尽量使文辞优美，生

① 何其芳：《〈还乡杂记〉代序》，见《何其芳文集》第二卷，125页，北京，人民文学出版社，1983。

② 同上书，127页。

动活泼，保持了较高的艺术水准。名篇《我歌唱延安》是何其芳来到延安两个月后，写的一篇随感式的抒情散文。文章写的尽是见闻和感受，但由于他拥有充沛的激情和驾驭文章的能力，就显得气势不凡，情真意切，十分动人："延安的城门整天开着，成天有从各个方向走来的青年，背着行李，燃烧着希望，走进这城门。学习。歌唱。过着紧张的快活的日子。然后一群一群地，穿着军装，燃烧着热情，走散到各个方向去。"散文的这个开头明朗，开阔，富有动作性和画面感，语句朴实但诗味盎然。"背着行李，燃烧着希望"而来与"穿着军装，燃烧着热情"而去，恰成对比，一下子就把延安城的魅力描画出来，若不是《画梦录》的作者，若对形象和情感色彩没有过人的捕捉能力，若没有因情造文的艺术训练，即便豪情万丈，激情澎湃，也是写不出这样明亮而迷人的句子的。另外，此文构思巧妙，整篇文章只围绕着回答延安"这简短的只有两个字音的名字究竟包含着什么"这个问题展开，用短促的"包括着……"的语句一路联翩而下，文气连贯，议论、抒情、对话、叙述完全包容其间，形成一个精巧而又开放的结构，清通流畅，完整和谐，这都表现出何其芳作为一个成熟的散文家的营构能力。

何其芳散文的第二个着力点，在于他在流行的散文与个性的命题之上，着手解决散文与时代的命题。他没有把散文创作推向偏狭的"小品化"与"精致化"，没有把散文弄成文人雅士玩赏的"趣味品"和"消闲物"，而是让散文完全贴近现实和大地，在民族解放和独立运动中发挥它的作用。他在抗战初期的成都讲学中宣称："现在已不是'画梦'的年代了！"启蒙有种种，何其芳此时接受的不是某种外来观念的"启蒙"，而是现实中国的"大地的启蒙"，这一点对于这个知识分子的精神史，至关重要。

何其芳原是20世纪30年代的“京派”新秀，青春写作即以《画梦录》荣获《大公报》文艺奖金，为朱自清、朱光潜、沈从文等“京派”重镇所赏识。但是他并没有自此孤芳自赏，走向封闭，去学周作人在苦雨斋参禅念佛，经营闲适小品，也没有如沈从文建造他的“希腊小庙”，服侍里面供奉的人性。倘若他迷恋于“超达深渊的情趣”，陶醉于“独立的艺术制作”，那当然就不是何其芳了。他毅然走入了“人间”。

1937年，他的思想中产生了“另外一个完全相反的对于人生的态度。因为对于人间的幸福和欢乐我很能够以背相向，对于人间的不幸和苦痛我的骄傲却只有低下头来，变成了愤怒和同情的眼泪。最后一年，我从流散着污秽与腐臭的都市走到乡下，旷野和清洁的空气和鞭子一样打在我身上的事实使我长得强壮起来，我再也不忧郁地偏起颈子望着天空或者墙壁做梦。现在我最关心的是人间的事情。”①所谓“人间的事情”，如“一个阴暗的，污秽的，悲惨的地狱”，刺激着他的社会良心和历史责任感。

何其芳大学毕业后在天津工作了一段时间，之后来到山东莱阳，接触到了农民的生活，又用十四天的时间返回四川万县老家，沿途看到很多凄惨的景象，让他更加深入地了解到中国社会的面貌。他的散文集《还乡杂记》就是记录这次见闻和感受的。在这些见闻录性质的文章中，何其芳用细腻的笔触记录了社会底层人民的苦难，抨击了阴暗、消极的东西，观察到许多不合理的社会面相。他自供，正不必把粗糙起来的感情像古代美女一样束细腰肢，而要寻找“红色的火”，照亮“生活的阴暗”。于是在抗战爆发后，他辗转成都，来到陕北延安，

---

① 何其芳：《〈还乡杂记〉代序》，见《何其芳文集》第二卷，129页，北京，人民文学出版社，1983。

到过前方，也去过敌后，曾在鲁艺教书，也去重庆办报。这段时期的散文多收在《星火集》和《星火集续编》中。他接受了“大地的启蒙”，由“画梦文学”转变和发展为“人间文学”。

“人间文学”自有“人间文学”的审美方式。他的笔深入到他所见所闻的各个角落，凡有所感，随即落笔为文。画梦之笔换作画人间，所写多是土地、旷野、黎明、战争、军队和老百姓。他说：“文学，曾经是它引导我逃避现实和脱离政治的，仍然是它引导我正视现实和关心政治了。”①足与时代同行，身与大地贴近，何其芳的人间散文跳动着时代和大地的脉搏，与他新感受到的生活有一种率真的不拘格套的拥抱感和亲近感。然而率真和不拘格套并没有卸下他心灵深处的那根艺术家的弦。

有几件事情很能窥见这位艺术家几成本能的心灵上隐秘的一面：他随贺龙部队进入冀中，于平原人家发现托尔斯泰《战争与和平》的最早中译本，竟如醉如痴地欣赏其间写人物、写场面的魄力；他在冀中行军时，一有空闲就埋头默诵他在抗战前所作的《预言》中的诗歌。他读到陈荒煤从前线回来写的报告文学，竟认为这不过是政治需要，没有什么艺术价值，后来还为此向陈荒煤检讨对报告文学不够重视。在延安文化界讨论民族形式问题的座谈会上，他竟然反驳别人把民间创作视为文化遗产之精华，是过分强调大众艺术，会“降低艺术水准”。甚至被扣上“新的艺术至上主义”帽子后，还坚持“民族形式要以采取进步的欧洲文学形式为主”。

这片艺术痴心，使我们在理解他的人间散文的形式和笔法悄然发

① 何其芳：《写诗的经过》，见《何其芳文集》第五卷，143页，北京，人民文学出版社，1983。

生变化，倾向于写实的、白描的、直抒胸臆的同时，也不应忽视它与作者深藏于胸中的艺术之弦的内在张力。《川陕路上杂记》中有一篇《梓橦之夜》开头便说这个川北的小县城，“没有报纸。没有中级学校。这小县的全县人口约十七万，而烟民竟约有八千。据说每月县政府要解走公烟卖的钱和灯捐三万多。”然后叙述自己听到隔壁陪烧烟的女人同烟客讨价还价的经过。全文都是用简洁的叙述语言，很少议论，没有渲染，让读者透过文字的明净之美，毫无遮拦地看到了污浊政权下一幕畸形的社会现状。这些篇什表明，何其芳后期的散文创作紧紧拥抱现实生活，其力量并不只在于词藻的华美和格局的精致，而在于作者拥有不凡的生活洞察力，在于他更加成熟的艺术表现力。

在开发艺术之弦与文体探索、文风变迁的多重张力的过程中，何其芳散文创作的第三个着力点，在于他运用多种笔墨，或隐喻而光色闪烁，或简洁而心地真诚，不拘一格，各体兼备，并把各种体式的散文推向一个较高的艺术水准，为文学史留下了许多可贵的文体与文风相契合的创作经验。

谈及何其芳的散文，在人们的印象中似乎只有他的《画梦录》和《我歌唱延安》等抒情散文，其实何其芳在杂文、见闻录、速写、游记、随笔等方面也很有建树。即便在《画梦录》中，除了著名的《扇上的烟云》《雨前》等借景抒情的优美篇什，还有《丁令威》《淳于棼》《白莲教某》等写历史人物的文章，而且这些历史散文亦生动流畅、情采飞扬。《画梦录》之后，何其芳不再把散文的写作囿于抒情一格，而是勇敢探索，尝试着其他表现方式，多方开拓新路。

散文集《还乡杂记》是他假期回故乡沿途的见闻杂记，但这些散文都不是一般的游记，也不是随意涂鸦的率性之作，几乎每一篇都是精心结撰，呕心沥血而成。回乡探亲，接触到底层社会，见识到更多的世态炎凉，这段时期是他思想转变的重要关节点，也是他艺术观念发生变异的重要时期。他要自己的感情变得“粗”起来，“不必把感情束得细细的像古代美女的腰肢”。但是所谓“粗”并非粗糙、粗枝大叶，而是不纤细、不柔弱，变得结实、有力。在何其芳的见闻性的书写中，没有一篇是流连光景、模山范水的作品，他关注的总是生活的里层，多是现实覆盖下的土地的苦楚。《呜咽的扬子江》没有留连长江的伟大与壮观，而是紧扣“呜咽”二字做文章，记录长江航运和沿途交通的艰险，诸如列车的倾覆、轮船的搁浅、道路的泥泞、河道的壅塞都在作者的笔下一一呈现出来。船到巫峡，作者写道：“从这狭隘的峡间的急流，我听见了一只呜咽的歌，不平的歌，生存与死亡的歌，期待着自由和幸福的歌。”这种游记，迥异于那些浮光掠影描摹风景的一般性小品，因为它浸润着作者的思想和感情在里面，它寄托着作者的情怀与期待，故而强化了作品深度和力度，化江流为“精神的鞭子”，警醒人们的灵魂。

何其芳的杂文也颇值得一观。杂文是思想家钟爱的文体，要求作者学识、勇气、激情和文采四维兼达。经历过战场洗礼，在敌后工作多年，执教过鲁艺文学系，辗转于重庆和延安之间的何其芳，他的杂文深沉凝练，别具一格，十分耐读。《论“土地之盐”》是借俄罗斯把知识分子称作“土地之盐”的说法，谈论中国知识分子的一篇杂文。但这篇文章并没有一般议论性散文的铺排和思辨，而是用简练的句子，用语录体的方式谈自己对知识分子的看法。文中有这样的段落：“人类制造着书籍，而书籍也在某种意义上制造着人。”“我们的生活环境决定了我们所能接受的知识，而他们也反过来影响了我们。”“每个人都感到自己是精神上负着十字架的基督。”“总以为自己想得很深沉，迷失于一个自己虚构的迷津。”短促的句式，跳跃的思绪，简洁的结构，颇像鲁迅《无花的蔷薇》那样的短章，风神警拔而耐人寻味。

四、在现实主义理论中寻找新空间

1959年，何其芳在《〈青春之歌〉不可否定》一文中，写下了这么一段话："文学，特别是小说和戏剧，它的特点是按照生活本来的形态去反映生活。生活的原野是无边无际的。生活所蕴含的意义也异常复杂异常丰富。因此，我们对于直接地形象地描写生活的文学作品的教育意义，就不可以了解得很狭窄。它的复杂和丰富也就几乎和生活本身一样。"①这是何其芳针对当时的评论指责《青春之歌》对北戴河风光的描写，指责林道静对恋爱婚姻态度不严肃，会对青年产生不好的影响而发的。他认为这种批评是教条主义和主观主义的批评，不利于文学的发展，他强调了文学作品与政治宣传品的区别，文学形象与现实英雄人物的区别。

同时，针对有的评论指责作品充满了小资产阶级情调，作者站在小资产阶级立场上，把自己的作品当作小资产阶级的自我表现来进行创作等问题，何其芳也进行了细致的分析和辩驳，颇有说服力地解释了反映小资产阶级生活并不等于作家站在小资产阶级立场，《青春之歌》的主题和思想倾向性是健康的、革命的，人物的描写是真实的、成功的，因此这部小说不应该被否定。何其芳这篇文章为文学创作的自由空间辩护，辩护的理由是谁也无法否认的生活之无限的丰富复杂性，这种合理性的根据，成为他长期反对教条主义之阶级论的紧箍儿咒的法宝，不断地为艺术创造开辟道路。由于他站在一个较高的认识

① 何其芳：《〈青春之歌〉不可否定》，见《何其芳文集》第六卷，49页，北京，人民文学出版社，1983。

角度肯定《青春之歌》的价值，澄清了批评界对这部小说的种种误读，使之获得了比较公正的评价，得到了社会的普遍认可，成为一部经典性当代文学名著。

上述对《青春之歌》的评论，表现了一个诗人学者文艺批评的独到的侧面。事实上，从1942年起，何其芳就把主要精力从文学创作转到文艺批评上来，陆续出版了《关于现实主义》(1949)、《西苑集》(1952)、《关于写诗和读史》(1956)、《没有批评就不能前进》(1958)、《文学艺术的春天》(1964)等重要批评理论著作。他的文艺批评和研究工作忠实地贯彻了毛泽东文艺思想，或者说，他是一个毛泽东文艺思想的强有力的维护者、解释者、执行者。一种新的文艺形态的产生，是离不开新的理论思维为之批评、探索、辩护和说明的，绝不能简单地认为这个时候仓促而就的创作就比理论上的探索和建设来得重要，尤其在创作者对于新的生活尚缺乏足够的长期和深入的体验之时。进而言之，由那些深知文学之为文学，深知创作之甘苦的知识分子来对新的文艺形态进行批评、论证和诠释，当可注入一些独具只眼的新鲜而内行的见地，为艺术的发展开拓新的空间。如果说这种由创作到理论批评的角色转换，这种诗人学者的出现，是什么“思想上的进步，艺术上的退步”，那么，难道让一些只会背诵教条的人来主宰理论批评，就能带来“艺术上的进步”吗？

何其芳的理论批评，是从作为新文艺形态之关键的现实主义入手的。他对现实主义问题的关注，始于《清明前后》和《芳草天涯》的个案与论争。1945年，共产党在重庆办的《新华日报》副刊上发表了关于《清明前后》(茅盾著)和《芳草天涯》(夏衍著)两部剧本的座谈会记录之后，围绕着这两部剧本的评价明显地出现了鲜明对立的两种观点，这两种观点各有其理论根据，都觉得真理在握，便针锋相对，各不相让，激烈的论争和辩难便自此展开。其间的关键涉及什么是现实主义，描摹现实生活的一切作品都应该归结为现实主义吗，现实主义是否应该取消作品的政治倾向，思想性与艺术性的关系在现实主义范畴中是一个什么样的位置等问题。

何其芳的可贵之处在于，并没有把问题简单化，没有把文艺思想的论争硬性地拉到政治问题的层面上，而是反复展开分析和辨正工作，坚持用说理和讨论的方式展开批评。因为他对现实主义有自己坚定的认识和学理的逻辑，确信通过理论辨析可以深化认识，进而达到思想上的共识。在这个问题上，他写下了《关于艺术群众化的问题》《〈清明前后〉的现实意义》《评〈芳草天涯〉》《关于现实主义》《略论当前的文艺问题》《关于"客观主义"的通信》《〈关于现实主义〉的序》《现实主义的路，还是反现实主义的路?》等文章，形成了他对现实主义的一系列看法。

其一，现实主义创作的根本源泉在于作家的现实生活，而不是来自于什么神秘的"精神力量"；对革命作家而言，并非任何生活都是有意义的，只有投身于浓郁的革命实践，在实践中发现创作材料、激发创作灵感才能产生真正现实主义的好作品。这一点是针对当时流行的"主观精神突入生活"和"哪里有生活，哪里就有创作"的观点而发的。何其芳敏感地认识到，这种创作观念与延安讲话相左，在创作上，可能导致作家主观意识膨胀，影响作家深入生活，鼓励作家躲进个人的圈子闭门造车。

其二，关于现实主义所采取的形式问题，何其芳认为，五四新文学打破了传统的文学样式，用新形式书写新思想，是历史的进步；但20世纪40年代的形势要求新文学更加贴近群众，为更广大的工农兵服务，这就要求文学形式上要注重民族化和民间性。"民族形式"的提出是在新文学发展到必须与老百姓紧密结合的历史要求下才产生的。在这一点上，何其芳主张继承中国文学艺术的优秀传统，同时又要接受外国的先进的和有益的影响。在对待五四文学传统方面，他的态度是明确的，就是应该认真对待五四新文艺的遗产和缺点，尤其是对它脱离广大群众的一面要有一个清醒的认识。

其三，关于现实主义的评价标准问题，何其芳提出应该具体分析“艺术性”的问题。他认为凡是好的艺术作品都具有一定艺术性的，但凡是有艺术性的作品并非都是好的作品；有的作品很坏，但它有艺术性，不能被艺术性所迷惑。他指出现实创作中有四类作品：进步的政治性较高而艺术性较低；艺术性较高而进步的政治性较低；有一定的进步的政治性但艺术性很坏，即所谓公式主义的作品；有一定的艺术性但政治性很坏，即所谓反动的作品。但何其芳认为评价作品应该有一个“统一的看法”，那就是与人民群众结合的程度。真正的现实主义的文艺就是与人民群众和现实斗争高度结合的文艺，否则便是非现实主义的宗派主义的文艺。这其中的许多观点源于“讲话”(即《在延安文艺座谈会上的讲话》)，是对“讲话”的阐释和具体化，从而逐渐奠定了何其芳的主流理论批评家的地位。

在现实主义理论的深化中，何其芳经过深思熟虑的一些思想，在当时堪称杰出。这种独得之思，突出地体现在1959年关于文学史的讨论之中。他面对着大跃进年代北京高校学生集体编纂的一些文学史著作，把握其间的一些荦荦大端的基本问题，进行了深入、独到、精辟的剖析，以实事求是为圭臬，以反教条和公式化为宗旨，展开了学理严正而邃密的驳论和辩证。最能发聋振聩的首先是中国文学史发展的规律，能否概括为贯串着“现实主义和反现实主义的斗争”，以及“民间文学是主流”。他从这些文学史中列举七例，辨析它们把汉赋，唐代山水隐逸诗派的王维、孟浩然以及李贺、李商隐、杜牧，宋代词人晏殊、欧阳修、周邦彦、李清照、姜夔等归入“反现实主义”，是于史无据、于理失当的。这实际上是反对以现实主义独尊独断而简单地图解文学史，反对以狭隘的公式一股脑儿地否定长期为人们喜爱的作家作品，表现出极大的学术勇气和精湛的学术造诣。他认为，立刻定一个公式，容易把历史歪曲。应当不急于求公式，提倡先掌握材料、研究材料。未找到正确的规律以前，可以作各种探索，“与其要一个不合乎事实的不正确的公式，我觉得还不如暂时不要公式”。这种思想是开放的，说明他提倡的现实主义是注重文学的丰富复杂性、尊重文学的艺术性的。

另一个独到的见解，是提出“中间性的作品”这个富有文化内涵和学术弹性的概念，反对在文学史的作家作品分析中，以简单化的阶级论来定成分和地位的做法。在那种对古代杰出作家随意定成分、肆意加以抹杀的粗暴风气面前，提出“中国性的作品”的概念，实际上是以一片良苦用心，为文学史和整个民族的精神遗产拯救精彩。他认为：“在文学史上，在同情人民和反对人民之间，在明显的进步和明显的反动之间，还有大量带中间性的作品。它们并没有表现出反对人民，但其中也找不到同情人民的内容。它们并不反动，但进步意义也不明显。像王维、孟浩然的许多山水诗和田园诗，李贺、李商隐和杜牧的许多诗，李煜、李清照和姜夔的许多词，马致远的有些杂剧，大致就是这样的作品。”他提醒人们：“要知道，一个作家的作品从内容到艺术都有它的独创性，而且这种独创性受到了历来不少读者的喜爱，这是不容易的。这样的作家文学史上并不很多。这样的作家不一定是大作家(虽然这种独创性是大作家必须具备的条件之一)，然而却常常是比较重要的作家。忽视艺术方面的独创性是不妥当的。”

中间是最丰富的，古所谓“中也者，天下之大本也”。维护中间就是维护文学史的丰富性，维护文学发展空间的广阔性。为此，何其芳还专门组织了对李煜词和《琵琶记》评价问题的讨论。他认为李煜词的“某些部分，如别离之情，如人生愁恨，在旧社会里是普遍存在的，是有典型性的事物，因而能引起历代读者的同情和共鸣。就是说，这些内容还是比较好的。再加上在艺术表现方面他把这些内容表达得很好，很动人，这样就赢得很多读者的衷心的喜爱了。李煜词在艺术方面的成就是很高的，是很成熟的。”①何其芳又肯定了《琵琶记》不少重要的具体的情节具有动人的生活实感，尤其是赵五娘糟糠自厌，以糠自比，历来传为传神之笔。“正因为这些有生活实感有真实性的描写，这个戏剧才没有完全成为一个概念化的作品。而对于赵五娘这个人物，我们可以看出，作者是尤为同情，尤为着力去描写的。所以她成为作品中最成功的人物，而且她身上浓厚的封建色彩也并不能妨碍这种成功。此外，在展开赵五娘的悲惨遭遇的时候，作为背景还写出了封建社会的荒年的景象和封建统治下层的凶恶，这也应该看作是作者忠实地描绘生活的一个部分。”②

从中可以看出，何其芳评价中间性作品的最有特色的尺子有三把，一把是动人的生活实感，一把是普遍的人间感情，还有一把是艺术的创造性。这种评价简直是一种象征，既然连亡国君王的作品，连一向被视为宣扬“忠孝双全”的封建伦理剧，都能进行理解之同情的分析，那么身份没有这么高、“毒素”没有这么深的作家作品，能进行公

① 何其芳：《关于李煜词的讨论》，见《何其芳文集》第五卷，164～172页，北京，人民文学出版社，1983。

② 何其芳：《〈琵琶记〉的评价问题》，载《文学研究》，1957(1)。

允而深入的评价，也就没有什么禁忌了。何其芳提供了新的思维方式和学术理念，他的现实主义文学观已衍生出巨大的包容性，衍生出能够敞开宽广的艺术创造空间的具有生命力的学理了。

五、追问新诗何处去

作为一个卓有成就的诗人，何其芳在诗歌创作和诗歌欣赏方面有着独特的艺术经验和极高的艺术品位，因此他的文学批评和研究自然包含了诗歌理论的探讨——何其芳对现代诗艺的悉心研究和真知卓识是他的另一个理论贡献。如果说，他对现实主义学理的思考，是把握时代文学的关键命题，那么他对现代诗艺的探索，就带有更多个性趣味和个人修养的成分。但他的超越之处，在于把个性命题上升为时代命题，思考着长期困扰着文学界，至今尚未得到令人满意的解决的“新诗向何处去”、“新诗如何建立传世的范式”的“世纪难题”。

1. 提倡现代格律诗。何其芳早在1944年就敏感地意识到中国新诗需要有一个形式上的突破，他说：“中国的新诗我觉得还有一个形式问题尚未解决。从前，我是主张自由诗的。因为那可以最自由地表达我自己所要表达的东西。但是现在，我动摇了。因为我感到今日中国的广大群众还不习惯于这种形式，不大容易接受这种形式。而且自由诗形式本身也有其弱点，最易流于散文化。恐怕新诗的民族形式还须建立。”①何其芳是以写自由诗驰名的，但他自我反思自由诗的最大问题就在于这种形式为中国的广大群众不习惯，无法进入普通老百姓的生活，因而有建立诗歌的民族形式的必要。解放初期，他正式提出

① 何其芳：《谈写诗》，见《何其芳文集》第四卷，62页，北京，人民文学出版社，1983。

建立中国现代的格律诗的想法①，他觉得，“一个国家，如果没有适合它的现代语言的规律的格律诗，我觉得这是一种不健全的现象，偏枯的现象。这种情况继续下去，不但我们总会感到这是一种缺陷，而且对于诗歌的发展也是不利的。这就是我主张建立现代格律诗的理由。”②可见，他是着眼于整个民族诗歌的发展，着眼于探索符合现代汉语规律的诗歌形式才提出这个问题的。这是何其芳的胸怀和抱负。在具体的理论阐释上，何其芳把现代格律诗与自由诗，与我国传统的五七言律诗加以对照和比较，提出现代格律诗最基本的两点：一是按照现代的口语写的每行的顿数有规律，每顿所占时间大致相等；二是有规律的押韵。

不无遗憾的是，何其芳关于现代格律诗的提倡在当时并没有引起诗歌理论界和创作界十分积极地响应，甚至得到一些不同意见和质疑。③ 但他的理论探索的意识和精神，他推动中国诗歌向前发展的情怀与执着态度令人动容。尽管现代格律诗没有形成一股较明显的浪潮，但从文学史的层面来看，从闻一多到何其芳，中国现代诗歌理论

---

① 何其芳的这个建议是1953年在北京图书馆的一次演讲会上的末尾提出来的，他当时演讲的主题是关于写诗和读诗，提倡现代格律诗问题是在谈“关于新诗的状况及其他”问题时顺便提出来的。在翌年的另一篇文章中，何其芳才真正认真阐释“现代格律诗”这个概念。参见何其芳：《关于写诗和读诗》《关于现代格律诗》，见《何其芳文集》第四卷、第五卷，北京，人民文学出版社，1983。

② 何其芳：《关于现代格律诗》，见《何其芳文集》第五卷，7页，北京，人民文学出版社，1983。

③ 何其芳提出现代格律诗的概念之后，因为当时正处于诗歌大跃进的时期，许多人就给他扣上“反对民歌”、“夸大五四新文学的传统”等帽子，受到批评围攻，但他并不妥协，对辩驳都进行了一一答辩。参阅何其芳：《关于诗歌形式问题的争论》《再谈诗歌形式的问题》，见《何其芳文集》第五卷，北京，人民文学出版社，1983。

与实践上有一个追求格律体的流脉，一直绵延不绝。从五六十年代的全民诗歌运动到天安门诗歌浪潮，再到新诗潮，甚至到今天的民间诗、打工诗的写作，都能看到当年何其芳提倡的“顿数相同，大致押韵”的格律诗的影子。我们不能因为一种理论在一段时间没有得到持续热烈的回应，就断定这个理论是无生命力的。我们反而应该反思，为何旧体格律诗受到那么多的贬抑，却至今流脉不绝，势头弥健？诗—语言—形式，是一个永远的命题、未了的命题。在这个永远的“未了”中，有何其芳焦虑的声音。

2. 探讨好诗的标准。什么是一首成功的诗作，好诗好在哪儿？这个问题一直困惑着包括何其芳在内的诗人和批评家。虽说“诗无达诂”，但一首好诗一般总是会受到认可的。何其芳不惮于这个问题的繁杂，在多年写诗和读诗的经验总结中，提出了“好诗”的标准：诗意和完美。他认为，一个好的诗篇，不论篇幅大小、题材如何、形式怎样，只要内容有诗意、形式完美，就是一首好诗。诗意是指诗所表达的思想感情，完美是指诗在传达这种思想感情时所使用的完整和谐的写作方式。①

这两个标准何其芳更强调前一个标准——诗意，他对诗意的阐述和理解也更深入，更有层次性。他认为诗意来自于优美动人的情感和事物。它首先是正确的进步的内容，表达丑恶和落后的情感和内容就

① 关于好诗的标准问题，何其芳在《关于的写诗和读诗》《谈写诗》等文章中都有涉及，但集中谈评价一首好诗的标准，是在1961年写的《〈工人诗歌选〉序》中正式提出来的。他说：“我想好的诗歌总要有诗意，总要写得完美。前者指内容，后者指形式。好像好的诗歌都应当具备这样两个基本条件。当然，第一个条件更根本。有诗意但写得不完美，还可以说是有缺点的好诗；根本没有诗意，那就不管写得怎样都不能算是好诗。”何其芳：《〈工人诗歌选〉序》，见《何其芳文集》第六卷，212页，北京，人民文学出版社，1983。

没有诗意；但是进步和正确的东西并不都感动人，并不都有诗意。何其芳认为正确的科学的东西必须通过文学性的手段表达出来才能表现出诗意，而文学性的手段主要是指形象和情感的方式，即诗人用感性的材料把他感受到的强烈的情绪表达出来，让人感觉到浓浓的诗意。为什么有的诗既有正确的内容，又有形象和情感，但就是不动人呢？在这里，何其芳提出诗意的第三个条件，那就是“独创性”。他认为独创性是有无诗意的重要条件，甚至是根本条件。一首诗表达的内容和情感是新鲜的，给人打开了一个新世界，改变人原来固有的生活经验和观念，有着强烈的艺术冲击力，让人感到诗意盎然。否则，一首诗内容再正确，再有形象性，但都是别人表达过的东西，也毫无诗意。

3. 写诗的条件。何其芳是一个“非天才”论者，他认为写诗并不是什么神秘和高不可攀的事情，写诗最重要的一个条件在于诗人的生活和对生活的感情，对生活的理解。感情深厚、理解深刻方能有好诗出现。何其芳甚至劝致力于写诗的青年“不要只是埋头写诗，读诗”，他认为诗人最重要的是投入生活和斗争中，“广阔地生活，深入地生活，到群众中去，到火热的斗争中去，而又从实践和科学的理论去学习掌握正确的立场、观点和方法，对于学习写作的人，这是最重要不过的事情。”①这是何其芳关于创作理论的一个重要思想，也是作为一个唯物主义者在文艺批评领域的方法论的体现。他强调诗人的思想修养，强调诗人精神世界的高尚性，但他并不忽视一般的文艺修养和诗的修养，以及写作经验的重要性。投入火热的生活固然重要，但你必须以一个诗人的眼睛去观察生活，必须以一个诗人的心去感受生活，

① 何其芳：《谈写诗》，见《何其芳文集》第四卷，61页，北京，人民文学出版社，1983。

只有这样，在概括集中、语言形象、感性思维能力等方面才能提高，加上多写多练，艺术性方面自然有所提高。

关于写诗是否有天才的问题，何其芳是不反对“诗有别才”的说法的。但他对诗歌才能的养成有独特的看法。他服膺“天才就是勤奋”的说法。他觉得中国式的天才说是讲一个人做的少而获得的多，付出较小的努力，得到较大的回报；而他理解的诗歌天才是一种对写作充满了持久的兴趣和热情，在持续不断的努力和勤奋的写作中获得愉快和灵感，进入迷狂状态而极具创造性的人。他说：“我们不能否认世界上有天才人物。但这种人物究竟是极少的。而且一个作家是否有天才或者很有才能，那只有用他的长期的辛苦的劳动和这种劳动的结果才能证明。”①何其芳破除诗歌神秘论，他的创作理论是建筑在他多年的写作实践基础上的，是他长期工作在文学一线细密观察而来的，既不同于理论家的悬空高蹈的概念推演，又有别于诗人创作谈式的随性空泛，因而有现实启发意义，也有历史概括性。

六、文学研究所须有自己的传统

1953年以后，何其芳参与运筹文学研究所的创建工程，同时把很大精力投入到古典文学研究上，取得了不凡的成绩。他系统地做过楚辞研究(《屈原和他的作品》)，参与过李煜词的研讨(《关于李煜词的讨论》)，探讨过《琵琶记》的价值矛盾(《琵琶记的评价问题》)，也曾编选《不怕鬼的故事》，组织多种理论、名著、读本丛书的编纂和各类文

① 何其芳：《更多的作品，更高的思想水平——在中国文学艺术工作者第二次代表大会上的发言》，见《何其芳文集》第四卷，447～448页，北京，人民文学出版社，1983。

学史研究，创办《文学研究》(后改名《文学评论》)、《文学遗产》等名刊，提升文学研究的质量，提倡正确对待文学遗产等等。文学研究所的奠基和发展，成为他的文章中最大的一篇“文章”。而他在文学研究上成就最高、影响最广的恐怕是他通过《红楼梦》研究和阿Q形象的分析，提出文学作品的“典型形象”问题，尤其是他提出的“共名说”。这个独创性的见解为文学研究打开了一扇窗子，在现实主义的核心理论即“典型论”上，为阐释文学名著敞开了一个新鲜而又深刻的观察角度，受到文学界的思辨、讨论和重视。这无疑是何其芳理论思维之创造性的一个突出的收获。

任何有生命力的理论都是来自于现实问题的激发，往往为了解决实践层面的问题而寻找一个合适的观察视野、解释框架和话语形式。何其芳关于典型形象的“共名”理论，也是在回应和质疑当时流行的用阶级和阶级性观点机械解释文学典型的观念而提出来的。何其芳首先遇到的是关于阿Q形象的解释问题。当时占主导地位的说法是鲁迅创造的阿Q这个人物是过去的落后农民的典型，鲁迅通过这个人物鞭挞了辛亥革命前后落后农民的封建思想。但是何其芳认为这种解释是有问题，而且不符合《阿Q正传》的思想意蕴的。这是一个矛盾：阿Q是个农民，阿Q精神又是消极可耻的，不能说阿Q代表了农民。为解决这个矛盾，何其芳考察了文学典型性与阶级性的关系。他发现那些特别富有典型性的文学形象，固然与他的阶级性相关，具有特定的阶级本性的特征，但他们的身上都有一种特别的典型形态，成为他之所以是他、与别人不同的鲜明的特点。比如，阿Q身上的“精神胜利法”，不只是落后的农民身上存在，在其他阶层身上也会出现，这种典型形象的典型特征，何其芳称之为“共名”。他说：“一个虚构的人物，不仅活在书本上，而且流行在生活中，成为人们用来称呼某些人的共名，成为人们愿意仿效或者不愿意仿效的榜样，这是作品中的人物所能达到的最高的成功的标志。”①所以，阿Q，是精神胜利者的共名；诸葛亮，是足智多谋、沉着克敌的战略家的共名；林黛玉，是多愁善感、弱不禁风的女孩子的共名；李逵，是鲁莽仗义、威猛豪爽的英雄好汉的共名……总之，成功的典型形象是社会生活和斗争实践中的某一类人的集体共用的名号，这就是典型形象的魅力，也是文学作品成功的标志。

何其芳的“共名说”在现实主义理论的核心部分，打破了以阶级斗争为纲的时代机械解释文学典型的僵化局面，它提供了一种新的理论解释的可能性，力图使文学研究更贴近文学写作的事实，更深入和有效地从文学自身的角度来考察优秀作品的内在魅力，避免了研究的简单化和粗鄙化。文学巨著《红楼梦》的研究工作在过分强调阶级分析的时代，曾一度陷入公式主义的泥坑，很难突破。比如贾宝玉和林黛玉的形象被解释为“封建统治阶级的叛逆者”之后，便停留在这个结论上不能再往前深入了，不能进一步解释这两个典型丰富复杂、充满矛盾、又引起广泛共鸣的性格特点了。何其芳用“共名说”就独辟蹊径地解决了这个问题。贾宝玉是个喜欢钻姑娘群的公子，他不爱仕途经济，专爱与女孩们厮混，他的这个特点如何与“叛逆性”联系起来，便是一个难题。但是，何其芳注意到，“贾宝玉的这个叛逆者的叛逆性不仅表现在他对于科举、八股文、做官等一系列的封建制度的不满和反对上，而且特别突出地表现在他对于少女们的爱悦、同情、尊重和一往情深，亦即是对于封建礼教和封建社会的男尊女卑的观念的大胆

① 何其芳：《论阿Q》，见《何其芳文集》第五卷，173页，北京，人民文学出版社，1983。

的违背上”①。这样，作为封建制度叛逆者形象的贾宝玉，与厮混在女孩堆里、行为乖张的怡红公子的形象便吻合起来，不仅两者不再割裂，反而相得益彰，互动互释，使得对贾宝玉的形象的认知更加丰富起来、立体起来。何其芳的“共名说”用一种巧妙的方式冲破了当时占主流和权威地位的“阶级论”，解决了机械阶级论所不能解决的问题，扩大了文学研究的阐释空间，在当时的背景下，“共名说”带有较强的理论突破意义和阐释学价值。

考虑到文学研究所的钱锺书写有《通感》，“通感”与“共名”对仗，堪称文学研究所老一辈学者在文艺学上两个光彩照人的创造。《管子》说：“物固有形，物固有名。”《荀子》说：“名定而实辨。”所谓“名”是与“形”或“实”相对应的，它的命名是作为人、事物相互区分指称的标志的。“共名说”由此扩大了文学作品中典型人物的社会学、心理学和生物学的内涵，在当时流行的对典型人物指认其阶级性之上，扩充和增添了指认其更丰富多彩、更有血有肉的人间性，并且把这种人间性作为“名”之所“共”的标志。也就是说，“共名”是指遍及诸阶级、阶层的人类性或人间性性格特征的。这就不仅为解释文学名著中的典型人物提供了有效的观察方式，还为分析文学作品中的那些并不十分典型、却有着比较复杂性格内涵的人物形象找到了一条可能性的途径。

20 世纪五六十年代的文学研究强调政治挂帅和阶级分析到了如此膨胀的程度，致使除了阶级分析和政治分析之外，没有更多的学理框架和分析话语供研究者使用，容易使研究者陷入主观主义和教条主义的窠臼。何其芳的“共名说”并不反对阶级分析，但他在阶级分析之

① 何其芳：《论〈红楼梦〉》，见《何其芳文集》第五卷，208 页，北京，人民文学出版社，1983。

外提供了更切近生活、切近艺术本身的分析方式，使得文学研究出现更新更广的诠释空间。《红楼梦》中的刘姥姥是一个可笑但却值得同情的艺术形象，当时有研究者认为她是一个被统治阶级嘲笑的憨厚的农民形象，也有的学者认为她是攀附富贵、取悦权势的帮闲的形象。何其芳运用他的“共名说”，分析了刘姥姥性格的复杂性，认为她作为一个农村的家庭妇女，来大观园“打秋风”，与大观园的女主人们周旋取乐，有女清客的意味，但她出现在大观园里，对上层社会见识不广，感到陌生，闹了一些笑话，这也是她性格的一个特点，谚语“刘姥姥进大观园”其实就是指的这个特点，因而，刘姥姥是那些生活在闭塞环境中，难以见识到更广阔的世界的人的“共名”。[①] 在另一篇文章中，何其芳重点分析了刘姥姥并非真的可笑，她早知道那是取笑她，但她也愿意凑那个热闹，才装作不知。“这样就不仅写出了这个穷亲戚的本来的忠厚和不得不如此的辛酸，而且使我们明确地感到，真正可笑的并非这个乡下老太太，而是贾府的那些饱食终日、无所用心的人了。”[②]何其芳的这些分析显然比那些只会搬弄一般的阶级论术语的批评文章，更能体贴人情物理，深入作品的腠理，点醒作品的神韵，刺激读者的趣味。何其芳的《论〈红楼梦〉》出版不久，北京有位依随寡母生活的女高中生，喜欢这种评论文字，却无钱买书，便把这篇长达八万言的长文一字一句地抄录下来，可见这种文字入人心之深了。

如果粗略总结一下，何其芳的文学研究大致有这几个突出的特点：

---

① 何其芳：《论阿Q》，见《何其芳文集》第五卷，184～185页，北京，人民文学出版社，1983。

② 何其芳：《论〈红楼梦〉》，见《何其芳文集》第五卷，249页，北京，人民文学出版社，1983。

第一，从解决问题开始入手，更多地着眼于“现在”。他明确说过：“我之所以有志于中国文学史，最初的出发点倒是为了现在的。一九四二年延安整风运动之后，由于工作的需要，我放弃了我所比较熟悉的创作，开始从事文学批评。后来深感到没有研究过我国的和世界的文学史，仅仅根据一些已成的文艺理论和当前的文学现状写批评文章，很难写得深入，很难对于理论有所丰富和发展。我又还感到我国文学史上的许多杰出的作品还不曾得到足够的估价，科学的说明；如果能在这方面研究出一些结果来，对于创作，对于文学爱好者，以至对于提高民族自信心，都会大有益处。”①因此，他的研究有着深切的人文情怀和现实针对性。既然现实性较强，他的文章中便有许多辩论性和争鸣性的文字，又有不免尖锐的批评。但应当指出，这些文字多是据理力争，以学理思辨见长，与所谓“大批判文章”是大相径庭的。自然，何其芳在批判胡风问题上发表过尖锐的意见，有过一些不适当的观点，据此有人对何其芳的理论研究颇有微词，说何其芳的文学研究是政治批判，没有多少学术含量。如果仔细读过他的《论阿Q》和《论〈红楼梦〉》等文章，我们便会对这位诗人学者的本色和情怀有真切的体验，对不计当时情境的这种偏见有更辩证的认识了。

第二，不囿于流行的或权威的成说，独立着手整理材料，发现问题并提出新论，把研究推向深入。20世纪五六十年代《红楼梦》研究曾流行“市民说”，认为曹雪芹所表达的思想与18世纪中国最先进的站在时代前沿的反封建的市民思想相一致，红楼梦的思想水平恰恰与“新兴市民思想”相吻合。对此，何其芳提出不同的看法。他花了很大

---

① 何其芳：《〈论红楼梦〉序》，见《何其芳文集》第五卷，383～384页，北京，人民文学出版社，1983。

的功夫研究思想史，在悉心阅读和分析了黄宗羲、顾炎武、王夫之、颜元、戴震等清代著名思想家的著作之后，对“市民说”提出怀疑。他认为，“清代这些思想家是否代表市民，这是我们研究清初和稍后的文学应该考察的一个方面，但他们的学说的性质和《红楼梦》的思想内容的性质并不一致。如果小说本身真是明显地反映了当时的市民的观点和要求，我们不能以这些思想家并不代表市民来否定；反过来，如果小说本身没有这样的内容，这些思想家就是代表市民也不能用来证明这部小说是市民小说。因此，最重要的还是要去分析作品。”①事实证明，“市民说”迎合了当时的主流思潮，机械地用套用思想史上尚属探索过程中的观点来解释与之并无真实联系的文学现象，是背离研究领域文史贯通的真谛的。而何其芳以独立研究的态度，力排众议，从作品分析入手，从梳理大量的原始文献资料入手，对文学史与思想史的演变脉络了然于心，由此看到文学作品发现人生的独特价值，得出的结论自有令人信服的力量，经得住历史的检验。

第三，何其芳的文学研究充盈着文学感觉，没有学究气和腐儒味，思路清晰流畅，表述也跳脱不俗，令人读之如沐春风。他是把文学批评的文章当作艺术品来经营的。连载于《文学知识》上的《诗歌欣赏》大都是三五千字的短章，内容是介绍和分析从古到今的诗歌经典和优秀的民族民间歌谣，是不折不扣的“赏析文字”。这些介绍性的文章虽然篇幅短小，没有多么惊人的理论架构，但却精粹洗练，清新可读，令人过目不忘。从李白、杜甫到郭沫若、闻一多，再到闻捷、未央，从藏族诗歌到东蒙史诗，再到云南赛歌，何其芳的笔触充满了对

① 何其芳：《〈论红楼梦〉序》，见《何其芳文集》第五卷，274页，北京，人民文学出版社，1983。

民族诗歌传统和诗歌写作方式的由衷欣赏，他或用抒情的笔调，或作钩沉的梳理，或取比较的方式，对一首首诗歌进行细致入微的分析或凝练集中的概括。他的文章语言优美，生动传神，具有很强的感染力，在当时受到读者的喜爱，即便在今天也是值得吟味、耐人诵读的篇什。

何其芳对现实主义问题的执着探讨、对诗艺的精心研讨、对典型理论颇富创辟的开拓，对我们今天来说，已成重要而丰厚的文化遗产。更可贵的是在那个运动频繁、风云变幻的时代，他能够有所担当地持守着通向文学研究和批评的学术性和多样性的大门，为文学研究的深入发展营造良好的学风和有效的途径。1956 年，在鲁迅逝世二十周年之际，他写下了纪念文章《论阿 Q》。文章最后一段文字表明了他鲜明的治学观点——

> 研究文学作品中的人物，正如研究生活中的问题一样，是不能从概念出发的。必须考虑到它的全部的复杂性，必须努力按照它本来的面貌和含义来加以说明，必须重视它在实际生活中所发生的作用和效果，必须联系到文学史上的多种多样的典型人物来加以思考。这样做自然要困难得多。……但是我相信，用这样的方法却可以从不圆满达到比较圆满。

这是何其芳研究成功的甘苦谈，是他倡导的、至今犹应记取的实事求是的研究路线和学术遗训，其关键在于解决研究的出发点，是一切从概念出发，还是一切从实际出发。其间的教训是非常深刻的。何其芳用“一个不能，四个必须”，从正反两个方面反复强调和晓示的是，研究必须从文学存在过和存在着的全部复杂的实际面貌、关系、案例、含义、经验和智慧出发，用它来检验、对证、质疑、颠覆、推进或更新原有的概念，无论这些概念是现成的、神圣化或僵硬化的，还是新近舶来、式样纷繁、炙手可热的。如此确立出发点，正是现代中国学术创新的根基所在、元气所存。不是不要概念，相反，要以开放的视野对各种概念究其源流和本质。只是不把概念作为出发点，任其束缚头脑，遮蔽实际。实际总是比概念丰富、复杂和生动的，概念只能不断接近实际，而无法穷尽实际。创造性的思想，产生于实际与概念的参差之处，引发于不疑中生疑，突破概念，悟透参差，才能放飞思想。如果从概念出发，概念就会成为金笼，关锁思想。欧阳修《画眉鸟》诗云："百啭千声随意移，山花红紫树高低。始知锁向金笼听，不及林间自在啼。"只有回到"山花红紫树高低"的全部复杂而生机蓬勃的实际，不为从概念出发的"金笼"关锁和束缚，思想之鸟才能发出百啭千声的思想创造的鸣啼。这就是我们从何其芳的学术遗训中获得的精神启迪。

第四辑　少数民族文学与文化

民族文学神异的美学空间*

在10—14世纪的文学史上，边疆少数民族地区的史诗，以其奇崛的想象、瑰丽的诗行、飞扬的情采、神异的咏唱，以“边缘的活力”丰富了中国文学的总体形态，拓展了中华文化的美学空间。这些在中原文学之外别有洞天的艺术创造，其精彩夺目如彩虹竟天，令观者莫不神驰目眩，对其研究多已成国际显学，足以令举世为之精神震撼不已。

《格萨尔王传》属于江河源文明，因其诞生于长江、黄河的源头。“寻找英雄”的时代，孕育出英雄史诗《格萨尔王传》。它叙述得最为出色的是降伏四大魔王，战争也是此部史诗的基本主题。崇拜高山神湖，给高原史诗增添了雄奇风貌。本质上说，历代说唱艺人创造了格萨尔，格萨尔是一个民族的伟大的记忆，亦是一个民族的伟大的梦。为之立传歌唱的并非某个具体人物，而是整个高原民族。自从出现这种活形态的超大型史诗，中国就跻身于世界史诗大国。

* 收入《中国古典文学图志》，北京，生活·读书·新知三联书店，2006。

英雄史诗《乌古斯传》，于回鹘漠北时期便有口头传唱，它讲述乌古斯可汗的神奇经历。史诗交织着创世神话、族源神话和萨满教仪式片断，以狞猛为美，以杀伐为尚，以苍狼为民族标志。遂使得青天旷野的马背民族，它的原始风俗、它的英雄气质，皆得到粗犷有力的呈现。诗人尤素甫·哈斯·哈吉甫在喀什写成巨型剧诗《福乐智慧》，熔叙事性、哲理性和戏剧性于一炉，全诗有一种智性之美，与中原的诗词体制相较，展示了另一种美学范式。《福乐智慧》为回鹘文明变迁留下一座宏伟的审美丰碑。

《蒙古秘史》为蒙古族书面文学之祖。蒙古民族的性格、命运，宏伟的建国远征事业，在这本秘籍中一一展示。以经典性的故事垂示祖宗教训，令人掩卷难忘，遂使此书成为民族必读的史诗性神品。此书中心人物是一代天骄成吉思汗，对其英雄形象的创造，显示了秘史把握复杂的外在和内在矛盾的美学魄力，以及汪洋恣肆的描写力度。《蒙古秘史》在叙写人物及战争上兼有历史编年和纪事本末之长，又在亦叙亦歌、绘声绘色中散发着浓郁的草原史诗的情调，是蒙古民族一篇慷慨激昂的“创世记”。文体形式上，散文叙事三分居二，韵语抒情三分居一，在兼采历史实录、口传文学、民间歌谣和祝赞词诸形式方面，可谓文备众体。《蒙古秘史》生气蓬勃，为草原的雄风豪情留下一座艺术的里程碑。

一、雄伟绚丽的吐蕃史诗《格萨尔王传》

中华文明作为融会多民族智慧的复合文明，在中原地区的智慧过早地理性化而造成史诗缺失的情形下，边疆少数民族地区的史诗想象却乘着罡风烈马，驰骋于高原、草原和山地，以奇异的形态增添了和丰富了中国文学的总体构成。当中原文化稳健地、按部就班地、有时难免是缓慢地发展的时候，边疆少数民族文学，尤其是口传文学，却潜流丰沛，异军突起，展现了另一种非常神异的美学形式和想象空间，为全部中国文学拓展了新的版图，增添了新的色彩。这种“边缘的活力”与中原文化的凝聚力相辅相成，形成了中华文明多元一体、千古不磨的生命力。在少数民族地区百余种神话史诗和英雄史诗中，最突出的“三大史诗”是藏族的《格萨尔王传》、蒙古族的《江格尔》和柯尔克孜族的《玛纳斯》，它们属于世界上最长的史诗之列，其中《格萨尔王传》在六十万行以上。它们使中国成为史诗的大国、富国，作为至今还是活形态的史诗，它们改写了人类史诗版图和发生学的成见，并且提供了有别于古希腊海洋城邦史诗、古印度森林史诗的新的史诗类型，即高原史诗、草原史诗和山地史诗，成为中国文学中最奇特绚丽的篇章之一。

《格萨尔王传》属于江河源文明，诞生于长江、黄河源头的高原上，流传于藏、蒙、土、裕固、纳西等民族地区。关于藏民族的起源，以“猕猴与罗刹女”的传说最为原始，后受佛教影响，说是观音菩萨派猕猴到雪国修法，允许他与罗刹女魔成亲，生下六猴而为西藏山南地区土著六部落。① 到了公元前 2 世纪，聂赤赞普开创“赞普王朝”，“其俗谓强雄曰赞，丈夫曰普，故号君长曰赞普”②。历三十二代传至松赞干布，迁都拉萨(逻娑)，统一吐蕃全境，创制藏文，制定“十善法律”，引进佛教，派大相禄东赞赴长安，迎娶文成公主，带去

① 此传说见于藏族文献《玛尼全集》《柱下遗教》《西藏王统记》《贤者喜宴》，说法略歧，受佛教或《罗摩衍那》的影响，或说神猴是观世音的化身弟子、猴力士哈奴曼。

② 《新唐书》卷二百一十六《吐蕃上》，6071 页，北京，中华书局，1975 标点本。

经史、佛经、佛像以及工艺、医药、历法等典籍，还有众多工匠，这已是公元7世纪唐朝贞观年间的事了。唐高宗又封松赞干布为驸马都尉、西海郡王，刻其石图像，列于太宗昭陵玄阙下。其后，唐、蕃之间接触频繁，和亲、攻掠、会盟均有。到公元841年，末代赞普朗达玛灭佛，随之遇害，赞普王朝覆亡。整个吐蕃在数世纪间四分五裂，佛教教派纷起。民族命运盛极而衰，乱离人不如太平犬的生存状况，是非常容易刺激人们思念盛世，在民间形成祈盼“极乐世界”，或寻找英雄、拯救民生的集体潜意识的。如此祈盼和寻找，为宗教和史诗提供了心理动力。“寻找英雄”的时代，孕育着英雄史诗《格萨尔王传》。

史诗叙述岭国百姓生活在饥荒、疾病、战乱的灾难中，备受四方妖魔侵扰，便吁请天界梵天王派神子下凡拯民于水火之中。格萨尔降生在一个部落首领的幼系家庭，母亲郭姆生下大鹏蛋，化作黑发红脸的男童，自称是“世界雄狮王”。从这种异生神话中，可见高原民族对大鹏、雄狮的崇拜。幼年格萨尔由于家族中上辈妯娌之矛盾和叔父晁通之陷害，与母亲被放逐到名叫“黄河川”的远地，辛苦谋生。后来回到岭国赛马夺魁称王，娶美女珠牡为妻，并举行煨桑祭神仪式，祈祷神灵保佑岭国。格萨尔射死煨桑时来犯的魔国寄魂牛。他依然放牛牧马，珠牡还得背水熬茶。这折射出游牧民族的生活方式和选举制度，英雄崇拜和尚武习俗。这一点与农业宗法社会的嫡长子继位制是很不同的，游牧民族需要体魄强壮的骑士作为她的领军人物。

在上天入地的雄奇壮丽的想象中，《格萨尔王传》叙述得最为出色的是降伏四大魔王的战役。在颜色象征上，崇白贬黑，象征着扬善锄恶的爱憎分明的价值观，白色象征善业和正义，黑色象征邪恶和凶残。格萨尔一再宣称要降伏一切黑色妖魔，弘扬白色善业，他在门岭大战时誓师说：“岭国的英雄们啊，你们可记得这样的谚语：白色善业的太阳不出来，黑色罪孽的迷雾不能消；冰雪若不被热气所融化，白色的狮子就捉不到；碧绿的海水里放不下钓钩，哪里尝到金眼鱼儿的好肉味？大家若不打开敌人的城堡，谁会获得你想要的财宝？”格萨尔在这里既有战神的威风，又有保护神的品格：“除了百姓的公敌，格萨尔并无私仇；除了黑发藏民的公法，格萨尔自己无私法。”人神共构，使他英雄盖世、所向无敌，又使他难免某些人间弱点和失策。

北方吃人魔王鲁赞强迫岭国每日缴纳人税，他头上长角，每日吃百个成人做早点，百个男童做午餐，百个少女做晚餐。他趁格萨尔闭关修炼之际，抢走其次妃梅萨。格萨尔北征，斗法诛灭魔王，却误饮了想独占他的宠幸的次妃梅萨的迷魂酒，耽留魔国十二年(有的文本作九年)。另一北方魔国的霍尔白帐王趁格萨尔北征未归之机，纵容乌鸦四处选美献媚，掠走了珠牡和大批牛羊、珠宝。在极其惨烈的霍岭大战中，格萨尔杀死霍尔王及其与珠牡所生之子，收服霍尔国的战将与人民。北方是威胁岭国生存的主要敌人所在之处，南方却似乎岭国的后院，那里的魔王只骚扰岭国的安宁和物资补给。当南方姜国威胁岭国盐海之时，格萨尔派先锋俘获抢掠盐海的姜国王子，自己与姜王萨丹对阵，乘姜王口渴到海边饮水，化作金鱼钻入其腹中，变为千辐轮，将其降伏。又有门国侵扰岭国下属的部落时，格萨尔按照天母授意，消灭它的辛赤王。以上是格萨尔史诗中，继《赛王称王》之后降魔史上最精彩的《魔岭大战》《霍岭大战》《姜岭大战》和《门岭大战》的梗概。

其后的征战中，《岭与中华》的情节值得注意：中华皇后是女妖，死后遗尸怪祟百出，扰乱人世。格萨尔应中华公主函邀来华降怪，设计焚毁女妖尸体，开通汉藏友好往来的金桥。这在格萨尔史诗中具有独特性，不是以征服敌国、获取兵器牛马绸缎珠宝为结局，而是以拯济危难、交通友好为宗旨，折射着史诗创造者向往中华民族共同体的潜隐意识。通过一系列降妖伏魔、除暴安良的战争，格萨尔平定高原，弘扬佛法，取回粮食、珠宝各类战利品，使黑发藏民喜庆升平。

战争是这部史诗的基本主题。与中原《诗经》多写出师仪仗，常以思乡怀人的角度写战争，带有一种“观德而不耀兵”的倾向大相径庭，它弘扬一种不同于农业文明的游牧文明尚武精神，对高山神湖的崇拜，呈现了高原史诗的雄奇风貌。而且征服四魔王、平定十八大宗、讨伐三十六小宗的一系列战役，每战必祭战神威尔玛，此外还有大鹏、玉龙、白狮、猛虎、青狼、野马、黄熊、岩雕等十三战神。史诗采取韵文与散文交错的说唱体，以散文交代故事情节，以韵文排比对话、抒发情感和渲染气氛，形成了歌、乐、画、舞的综合艺术形态。其中长度由十数行到数百行的赞词，多用于英雄赞、马赞、鞍赞、刀剑赞、弓箭赞、盔甲赞、帽饰赞、酒赞、茶赞，这些赞词多把精神的关注系于战争典礼。

比如珠牡的“马赞”：“你是真正的千里驹，/一有野牛的额头，/二有青蛙的眼圈，/三有花蛇的眼珠，/四有白狮的鼻孔，/五有白虎的嘴唇，/六有大鹿的下颌，/七有鹫鸟的羽毛，/集七种动物的优点于一身，/岭地的马匹怎能与你相比?”人马对话，没有游牧民族对马的品性形貌的精到体验，是做不出如此妙语如珠的比喻的。她终于使野马通人性，成为格萨尔驰骋疆场的神骏。这类赞词从不同角度烘托着尚武精神，烘托着《霍岭大战》中的名言：“英雄不能为国捐躯，虽死九次也无人赞颂。”这也印证了《旧唐书·吐蕃传》所谓，其俗“重兵死，恶病终。累代战殁，以为甲门。临阵败北者，悬狐尾于其首，表其似狐之怯，稠人广众，必以徇(示众)焉，其俗耻之，以为次死”①。

---

① 马学良等主编：《藏族文学史》，202～203页，成都，四川民族出版社，1994。

这种尚武精神，实可与中原礼乐文化刚柔相济、文质互补，共铸中华精神的博大与坚韧。

《格萨尔王传》的传世形态有两种：一为前代文人记录传抄本和木刻本，二为民间艺人说唱本。前者简述故事，多为分章本，如《格萨尔王传》贵德分章本、拉达克分章本，以及一些蒙文本《格斯尔可汗传》；后者直录艺人口才，叙事极繁而为分部本。这种版本情形，对辨析《三国》《水浒》等说唱成书的作品的版本繁简变异，极具借鉴价值。艺人说唱分部本，大体上以每个重大事件为一个叙事板块，而以主要人物的身世事迹将之相互贯串。格萨尔的"英雄诞生"、"赛马称王"，其后降伏妖魔、身经百战，完成人间使命后闯入地狱救母，安定三界，最终重返天国，这成为贯穿史诗的基本线索。

这条基本的叙事线索在不断伸展和丰富的过程中，与气氛甚是浓郁的藏区宗教信仰发生了诸多夹缠。作为本土原始宗教的苯教是它创始时期的底色，而渐成强势的藏传佛教成了它流传过程中的新变，苯教渗透在它的描写细节中，佛教在给史诗人物定性时成了公开的说教，因而在整个史诗中苯、佛并陈，并且逐渐强化了抑苯扬佛的倾向。岭国崇拜高山神湖，黄河源头的玛沁雪山是格萨尔的寄魂山，黄河源头三大湖是岭国三大部落的寄魂湖，仙鹤、乌鸦能够充当信使或侦探，马通人性，能对主人进忠言，这都与苯教的泛神而多神的信仰相通。即便是格萨尔煨桑祭神，也呼应着苯教法师祈祷山神、迎接战神、焚烧魔鬼草人的民俗仪式。前面讲到的以白、黑二色象征善、恶两端，也源于苯教的创世神话。说是苯教最高神创世时，生出白、黑两道光，白光生白人，白人获得幸福吉祥，创造日月，修筑神寺、道路、桥梁；黑光生黑人，黑人成了邪恶根源，带来魔鬼、雷电、火灾、风灾、旱灾以及人世间的不和、怨恨和愚痴，黑、白一出现就开始了善恶的战争。[1] 正如一位外国研究者所说:“光明与黑暗、白与黑、善与恶、神与恶魔、现实世界与虚幻世界、创造与毁灭等二重性,构成了苯教教义的基本内容之一。”[2]

但是这部史诗以活形态流行于佛教盛行的藏区,佛教徒尤其是藏传佛教最古老的宗派宁玛派对其进行了“掘藏”和整理,比如经过宁玛派喇嘛整理修改的木刻本《仙界遣使》《英雄诞生》《地狱之部》和手抄本《擦瓦绒箭宗》,就比较突出地宣扬了带有教派色彩的佛教观念。格萨尔甚至成了8世纪来藏传播金刚乘密法,并被宁玛派奉为祖师的印度高僧莲花生的化身了。

关于格萨尔的原型,有学人认为是《宋史·吐蕃传》中的唃厮啰(997—1065年),那是一个非常重要的吐蕃部落联盟的首领,相貌奇伟,财富势强,交好宋廷,官至保顺河西节度使、洮凉两州刺史,在青唐城(今西宁市)建立地方政权。又有邓柯岭仓(林葱)土司攀引格萨尔为祖先,续有家谱,已传四十九代,在邓柯县建有格萨尔庙,陪奉的还有三十英雄塑像。这些也许只是音影恍惚的一点引子,从本质意义上说,史诗中的格萨尔是历代说唱艺人融汇了整个民族的精神、气概、想象和追求而创造出来的,是一个民族的伟大的回忆和伟大的梦。它不是为哪个具体的历史人物立传,而是为一个高原民族立传。

高原民族赋予史诗以奇异的崇高感。它涉及游牧部落的政治、军事、社会、家庭、信仰、习俗和人间百相,在出入于天地人三界的绚丽想象中,展示了数以千计(有统计说是三千)的各式人物。其中给人印

---

① 丹珠昂奔等主编:《藏族大辞典》,39~40页,兰州,甘肃人民出版社,2003。

② 卡尔梅:《苯教历史及教义概论》,见降边嘉措《格萨尔论》,94页,呼和浩特,内蒙古大学出版社,1999。

象最深者，格萨尔是民族理想气质和神力救世的化身，岭国总管王绒察查根是公正无私、智慧老成的化身，珠牡是聪明贤惠尤其是美的化身，晁通是奸邪小人、惹是生非的化身。这些人物的性格或相互对立，有惹祸便有救厄；或相互补充，有御外便有安内；或相互升华，有英雄还须配美人。他们之间形成审美张力，使叙事结构不是以严密，而是以富有弹性和波折称著，风卷云涌，波澜壮阔，成为少数民族文学中最有旷野气息和崇高美的篇章，显示了说唱艺人惊心动魄的创造力。

藏谚云："岭国每人嘴里都有一部《格萨尔》。"这部史诗是漫长的千年间，一代复一代的民间说唱艺人创造、承传、扩充和传播而成，它的超大型和至今犹为活形态，都是民族的集体创造所致。不少说唱艺人都身怀绝技，流浪演唱，卖艺为生，阅历丰富。除了吟诵艺人和闻知艺人，能够按本吟诵，或闻而知之之外，还有掘藏艺人，能够发掘伏藏的故事，感知他人没有感知的故事；圆光艺人能够借助咒语，通过铜镜看到史诗故事的幻象；尤有影响的是神授艺人，少年时代大病一场，做个奇梦，仿佛得到史诗中的人物传授，或被菩萨掏空五脏六腑，装进《格萨尔》宝书，或自称是格萨尔神马踩死的青蛙转世，甚至说他背上还有马蹄印痕，便能唱上十几部、几十部。艺人演唱场合比较随意，牧场庄园、田头村落、大宅小屋不拘，仪式有时很庄重，艺人先设香案，供奉据传是格萨尔用过的弓箭刀矛，在格萨尔画像两旁悬挂三十英雄和珠牡等爱妃的画像，焚香祈祷，获得"神灵附体"而歌舞演唱。或艺人手持一帽（"仲夏"），指点帽顶为世界中心或是岭国，吟唱"帽赞"热场，然后引入正题。① 这都是人类精神学极有趣又极神秘的命

① 马学良等主编：《藏族文学史》，261～262页，成都，四川民族出版社，1994。前面谈史诗与宗教关系的一些材料也参用此书。

题，对它们的深入研究，有可能解开人类史诗发生学上的一些千古之谜。

二、从史诗《乌古斯传》到回鹘长诗《福乐智慧》

大漠之北的万顷草原上，继匈奴、鲜卑、柔然之后，于公元6—8世纪崛起了一个强大的游牧民族——突厥，它控制了整个蒙古草原几近二百年。在族源传说和图腾崇拜上，据史籍记载，突厥民族与草原上凶狠的动物狼因缘甚深。《隋书》卷八十四《突厥传》说：

> 其先国于西海之上，为邻国所灭，男女无少长尽杀之。至一儿，不忍杀，刖足断臂，弃于大泽中。有一牝狼，每衔肉至其所，此儿因食之，得以不死。其后遂与狼交，狼有孕焉。彼邻国者，复令人杀此儿，而狼在其侧。使者将杀之，其狼若为神所凭，欻然至于海东，止于山上。其山在高昌西北，下有洞穴，狼入其中，遇得平壤茂草，地方二百余里。其后狼生十男，其一姓阿史那氏，最贤，遂为君长。故牙门建狼头纛，示不忘本也。①

突厥军中的仪仗大旗是以金狼头为装饰的。这个曾在阿尔泰山南麓锻铁服役，被柔然可汗视若"锻奴"的部族，公元6世纪中叶，从首领阿史那土门(伊利可汗)开始，经过二三十年征战，建立了一个"东自辽海以西，至西海万里，南自沙漠以北，至北海五六千里"②的庞大的突厥汗国，并与北齐、北周两个中原王朝交战交和，互结和亲。它的勇猛、强悍的尚武精神，也渗透到至今犹存的数十块突厥君臣纪功碑

---

① 《隋书》卷八十四《北狄》，1863页，北京，中华书局，1973标点本。

② 《北史》卷九十九《突厥》，3287页，北京，中华书局，1974标点本。

铭中。这些碑铭除一碑用第二人称之外，余皆用第一人称，把碑主传记与训诫箴言相交织，自我张扬，敢作敢当。碑主被誉为突厥之“李靖、徐勋之流”的《暾欲谷碑》写道：“我，英明的暾欲谷，我的可汗听从了我本人——暾欲谷的话……突厥人民未曾到达过铁门关和称作天子的山。由于我们英明的暾欲谷使其到达那些地方。”突厥碑铭留下了民族史迹，并张扬民族性格。《厥特勤碑》宣称：“九姓回纥者，吾之同族也。”又自述其分裂为东西突厥的原因：“吾先人乃如是著名之可汗也，吾先人死后为可汗者，乃其弟其子。惟弟绝不类其兄，子亦决不肖其父，御极者率皆愚昧可汗、贼劣可汗……因伯克及众间不和，因唐家从中施用诈术及阴谋，因兄弟自相龃龉而使伯克及民众间水火，遂致突厥帝国崩溃，可汗沦亡，贵族子弟悉成唐家奴仆，其清白处女，亦悉降为婢妾。”《苾伽可汗碑》则夸说：“吾父可汗之军士勇武如狼，其敌人则怯懦如羊。”①其字里行间，散发着漠北草原刚劲凛冽之风，与中原诗教的温柔敦厚迥异其趣。

漠北回纥善骑射，在摆脱突厥统治后，于唐贞观二十一年(647年)建国，遣使请求“天可汗”唐太宗在其地界设置唐官，受唐册封。唐玄宗天宝四载(745年)，也就是杨玉环册封贵妃的那一年，突厥白眉可汗被回纥怀仁可汗击杀，其故地尽归回纥。其后回纥又出兵助唐，平定安史之乱，并上书唐廷，请求改名回鹘，“义取回旋搏击，如鹘之迅捷也”②。回鹘属阿尔泰语系突厥语族，乃维吾尔族祖先。

回鹘在漠北游牧时期，即口头流传着英雄史诗《乌古斯传》。今存回鹘文写本藏于法国巴黎国民图书馆，成于13—14世纪的高昌(吐鲁

① 韩儒林重译：《蒙古古突厥碑文》，见《突厥与回纥历史论文选集》，491页，北京，中华书局，1987。

② 《旧五代史》卷一百三十八《外国列传》，1841页，北京，中华书局，1976标点本。

番)地区。它讲述乌古斯可汗生而多力，青面红眼，斗杀独角兽为民除害。娶得天赐神女，生太阳、月亮、星星三子；又娶树神之女，生天、山、海三子。原始信仰中，自然崇拜观念突出，尤其是崇拜苍天和树神。同时也尚武好战。乌古斯可汗率部东征西讨，总有苍狼领路，无往而不胜。出征诏令，也有“让苍狼作为我们的战斗口号”之语。连克乌鲁木(伏尔加河畔)、女真、身毒(印度)、唐古特(西夏)、沙木(叙利亚)、巴尔汗(西辽)之敌，其后凯旋，祭天四十昼夜，遂把权力移交给六个儿子，并告谕他们：“三兄长是弓，弓射箭。”“三弟弟是箭，箭要服从弓。”①史诗交织着创世神话、族源神话和萨满教仪式片断，在以狞猛为美、杀伐为尚和苍狼为民族标志中，展示了青天旷野上一个马背民族的原始风俗和英雄气质。

漠北回鹘汗国于公元840年为黠戛斯所灭。《新五代史》卷七十四云：“回鹘，……唐尝以女妻之，故其世以中国为舅。其国本在娑陵水上，后为黠戛斯所侵，徙，天德、振武之间，又为石雄、张仲武所破，其余众西徙，役属吐蕃。是时吐蕃已陷河西、陇右，乃以回鹘散处之。”②回鹘诸部分三支迁徙，一支迁河西走廊，为甘州回鹘，成为裕固族祖先；一支进入吐鲁番一带，称高昌回鹘王国，信奉佛教，以回鹘文翻译了大批佛教和摩尼教典籍，其印刷品之精美，可同宋版图书相颉颃；一支远去喀什及中亚七河地区，建立喀喇汗王朝，10世纪中叶以后受伊斯兰文化影响渐深。喀喇汗王朝的东部首都是喀什噶尔，12世纪后半叶的回鹘哲理诗人阿赫马德·玉克乃克著《真理的入门》长诗，称“我的语言是完美的、纯洁的喀什噶尔语。它有着优美的

---

① 耿世民译：《乌古斯可汗的传说》，4～5页，乌鲁木齐，新疆人民出版社，1980。

② 《新五代史》卷七十四《四蛮附录第三》，916页，北京，中华书局，1974标点本。

风采”。西迁回鹘改变了自己的文明形态，由漠北时期的游牧文明转换为绿洲农业畜牧业文明。原先信仰萨满文化的这个民族，称汉族为“上秦”人、契丹为“中秦”人而以“下秦”人自居，由于地处丝绸之路要冲，除汲取中原文明之外，愈益深刻地接受波斯—阿拉伯伊斯兰文化、印度文化和古希腊文化的影响。

经过文明转型和多元文化的吸收，极大地培育和刺激了回鹘文化的创造力，并在11世纪前后，达到其文化创造的黄金时代。生于喀什并在喀什经文学院钻研过阿拉伯、波斯语文，后又漫游南疆及中亚十余年的穆罕默德·喀什噶里，于1072—1077年在报达(今伊拉克巴格达)编成百科全书式的《突厥语大词典》。全书收录突厥语词七千五百余条，援引了大量的民俗掌故、民谚民谣为词例，其中仅诗歌便援引二百余首，为突厥民族语言文学史上的丰碑，不仅对于文学，而且对于研究古代中亚地区诸突厥部落的历史、地理、文化、语言、民俗、社会，都提供了极其珍贵的文献资源。

堪与之配为双璧的，是诗人尤素甫·哈斯·哈吉甫于1069—1070年间(伊斯兰历462年)在喀什写成的八十五章共13290行的长诗《福乐智慧》。① 该诗人生于曾是唐朝安西四镇之一的碎叶，曾随父供职宫廷为乐师，又因躲避造成喀喇汗王朝分裂为东西二部的宫廷内讧，而潜入民间。五十余岁写成此诗之后，被提拔为喀喇汗王朝的喀什御前侍臣，享年七十岁左右。

《福乐智慧》，原名为《赐予幸福的知识》，是一部熔叙事性、哲理性和戏剧性于一炉的诗剧，展示了与中原的诗词体制极不相同的另一

① 麻赫默德·喀什噶里：《突厥语大词典》三卷(汉译本)，北京，民族出版社，2002。尤素甫·哈斯·哈吉甫：《福乐智慧》(汉译本)，北京，民族出版社，2000。

种美学范式。它主要写了四个人物：日出国王象征着公正和法度，月圆大臣象征着福乐，月圆之子贤明大臣象征着智慧，修道士觉醒象征着知足或来世。日出国王招聘大臣辅政，月圆自荐而被授任，他治国有方，国泰民安，临终把幼子贤明托付给国王。贤明智慧超群，继任大臣后，向日出国王陈述治国之道和施政方略，涉及为君、为臣、为将、为吏的必备条件，以及国君如何善待哲人、学者和农工商牧各业百姓。

日出国王获知贤明的宗亲修道士觉醒才识非凡，想请他出山辅政，贤明持御函三次上门邀请，却在宫廷上引发一场首先造福于民，还是看破红尘、隐居祈福的大辩论，最后觉醒还是归隐山林而终。长诗主张“人心是国君之本”、“法律才能治理国家”，尤其强调知识的政治功能和伦理价值。作为智慧化身的贤明是主要人物中着墨最多者，他与国王议政论道中几乎是问一句答九句，认为“智慧是明灯，给盲人赋予眼睛；它赋予哑人以语言，死人以灵魂”。全诗通过这种人物设置，反复强调“智慧是美德之本”、“人的高贵全在于知识”，从而使智慧成为道德的本体，全诗成为智慧和知识的赞歌。

全诗的抒写，散发着冰雪聪明的智性之美。代表正义和礼法的国王取名“日出”，借喻公正如“旭日之所临，无论优劣，它光芒普照，巨细无遗”。他会见月圆大臣时，坐三足交椅，并解释道：“三条腿的东西不会倾斜，三条腿的事物不偏不倚”，“三条腿的东西正而又直”。与之相映照，代表福祉的大臣起名“月圆”，意味着“幸福来临时，你声名卓著，好似新月日盈，光照寰宇。须知福运无常，莫对它倾心，它好似满月，会亏损而消逝”。幸福的特质是非永恒性的，用他的话来说：“世间有三物：流水、舌头和福运，总是反复无常，流转不停。”因此月圆在国王示意他就座时，却掏出一个圆球坐在上面，并解释此举是为了告知世人，欢乐与福运犹如滚动的圆球，行止不定，变幻无踪。

这类叙写，充满着哲人的理趣和象征的玄思，闪烁着广泛地接纳多种文化和民间幽默的回鹘人的智慧光彩。它也令人联想到宗教与人情，中学与西学。如佛典《大智度论》说："世界如车轮，时变如轮转，人亦如车轮，或上而或下。"白居易《放言》之二说："祸福回还车转毂，荣枯反复手藏钩。"西方命运和时机之神，一足踏轮，一手持球，用以表示命运和时机如走盘之珠。① 可见月圆大臣的行为体现了人类对命运的普遍体验。此外，诗中的一些格言谚语信手拈来，妙趣横生，发人深思。比如这句回鹘谚语："狮子若做了狗的首领，狗就会像狮子一样勇猛；狗若做了狮子的首领，狮子就会像狗一样无能。"它沉积着部落联盟中英雄崇拜的观念，对施政用贤也包含着深刻的智慧启迪。这些美妙的比喻，从一个侧面印证了德国考古探险家勒柯克考察高昌故城时记录下的一则谚语："阿拉伯语是知识，波斯语是糖，印度语是盐，而维吾尔语是艺术。"②

在中古文人诗中出现如此超大型的作品，若没有在内容和形式上广泛地吸收多元文化的丰富要素，加以化用和重新组合，是无法创作出来的。可以说，回鹘喀拉汗王朝作为东亚、中亚、南亚和西方文化的交叉路口和结合部，为《福乐智慧》的产生提供了极佳的开放性的历史文化语境。全诗正文八十五章，采取非常独特的结构。前十一章类乎序引和赞颂，首四章赞扬真主、先知及先知四伙伴之后，又颂扬春

① 钱锺书：《管锥编》，第3册，926～928页，北京，中华书局，1991。

② [德]勒柯克：《新疆的地下文化宝藏》，27页，陈海涛译，乌鲁木齐，新疆人民出版社，1999。

天和当朝君王。随之的六章，阐述对天体和人类价值、智慧、知识、善行的总体看法。第十一章则是诗人的解题和自述。这既化用了波斯、阿拉伯诗歌的通行体例，又清理了多种文化对自然、社会和人生的认知。

从第十二章展开人物情节之后，对知识和智慧极端推崇，不仅把它们推崇为认识自然和社会的手段，而且把它们推崇为判断人的社会价值和处理人际关系的价值手段，这分明带有古希腊爱智哲学的色彩。如苏格拉底认为“知识就是道德”；柏拉图有这样的美学命题：人之美，以智慧美为本质。但诗中四个主要人物都是口称真主的穆斯林，尤其是修道士觉醒，伊斯兰教苏菲派的色彩更浓。“苏菲”一语源于阿拉伯语 Sfu(羊毛)，缘于此派信徒身着粗羊毛衫以示俭朴。此派在公元 960 年前后，曾帮助喀什的木萨汗实现汗国的伊斯兰化，宣布伊斯兰教为国教。此派在伊斯兰教中倾于禁欲而带神秘色彩，长诗的作者曾是此派中人，因而借修道士觉醒之口，申斥“最凶恶的敌人莫过于欲念，时时处处它都把圈套布满”，他要凭借神秘的直觉把心灵的隐秘向真主敞开，“心儿相近，天涯变为比邻，亲近的真谛存在于人心”。不过这位觉醒又谴责人间罪恶，喻之为“牢狱”，宣称“这世界原是一个无底的泥潭，一生有如轻风般一闪即逝，如今我已经觉醒”，“人生仿佛是一场大梦，你做了什么，都有报应”，则带有浓郁的佛教文化的投影了。

《福乐智慧》描写君臣怡怡，勤政爱民，尊重公正，崇尚知识，重视教育，颇有几分建构西方理想国的意图。有意味的是，这种理想国与儒家的仁政思想有所契合。书中的散文体序言宣称：“此书极为尊贵，它以秦地(指中原汉族)哲上的箴言和马秦(指西域回鹘)学者的诗篇装饰而成。”长诗中强调“社稷因礼法而立”，“仁慈为怀，保护人民”。它使用了这样的比喻：“暴政似火，能焚毁一切；良法似水，使万物滋生。”儒家仁政思想对回鹘文化的浸润，折射着回鹘西迁之后漠北草原游牧文明转型为西域绿洲农业畜牧业文明的时候，民心对安居乐业的向往。当年史诗中那位青脸红眼厚毛、骑在马背上由苍狼引路而东征西讨的英雄乌古斯汗王，也变成性情儒雅、博学多闻、身材适中、相貌英俊的美髯公日出国王了。《福乐智慧》成为标志着回鹘文明变迁的一座宏伟的审美丰碑。

三、蒙古书面文学之祖《蒙古秘史》

蒙古民族于13世纪初崛起于漠北，以叱咤风云的军事强势，改变了中国以致几乎整个亚欧大陆的民族发展格局。这个强悍的民族大概从公元7世纪起，便有口传的祖先历史传说。它本是分布在大兴安岭北段的室韦诸部之一，唐代称蒙兀室韦。《旧唐书·北狄列传》记载：“室韦，我唐有九部焉。……那河之北有古乌丸之遗人，今亦自称乌丸国。武德、贞观中，亦遣使来朝贡。其北大山之北有大室韦部落，其部落傍望建河居。其河源出突厥东北界俱轮泊，屈曲东流，经西室韦界，又东经大室韦界，又东经蒙兀室韦之北，落俎室韦之南，又东流与那河、忽汗河合，又东经南黑水靺鞨之北，北黑水靺鞨之南，东流注于海。”①

漠北回鹘于9世纪中期崩解而南移、西迁半个世纪后，蒙古部众由山林西迁到斡难河(今鄂嫩河)上游的不儿罕山(今肯特山)，游牧于漠北草原。他们信仰萨满教，把天神“腾格里”奉为主宰一切的最高

① 《旧唐书》卷一百九十九下《北狄》，5357～5358页，北京，中华书局，1975标点本。

神。对天地山川、日月星辰以及火神致以神秘的敬意，认为上有九十九尊腾格里天神，下有七十七阶大地母亲。或如《元史·祭祀志》所说："元兴朔漠，代有拜天之礼。"由此产生许多亦唱亦诵的萨满祭词、神歌，化装狂舞，祈求降福禳灾，合歌、舞、乐三位于一体，成为蒙古族文学的源头。祭词神歌进一步向礼俗衍化，便出现了祝词、赞词。无论是新包建成、宴饮婚娶、庆寿育婴，还是送往迎来、游艺竞技，都免不了要来一番祝赞歌吟。尤其是对狩猎的运气和畜牧的繁盛，每以祝咒赞讽之词，献上一份"嘴上怎么说，日后怎么应"的期待。其中以赛马、射箭、摔跤这"好汉三项比赛"的赞词，最能抒发一个骑射民族的豪情，审美意味也浓。

骑射民族充满英雄情思，因而在早期口承传统中，英雄史诗相当发达。至今搜录的三百余篇(部)中短篇的英雄叙事诗，多属远古遗留，为国内外学术界经常涉及者也有百十篇之多。这些史诗多写婚姻征战，写婚姻，有抢婚、考验女婿、包办婚姻等类型；写征战，其内容则由民族复仇到财产争夺。史诗中，英雄与蟒古斯(魔王)的斗争，是善与恶、正与邪的斗争，神思超纵，惊心动魄，散发着原始而天真的狞猛之美和奇幻之美。长达一千五百诗行的英雄征战型史诗《阿拉坦·嘎鲁胡》中的同名英雄征战蟒古斯，以"布鲁棒"开打，他化雀躲过蟒古斯的棒击，坐骑化鱼隐入水底。英雄一箭射穿蟒古斯的胸膛，蟒古斯反身一掌把英雄打入地里三尺。英雄腰斩蟒古斯，但其肉变乌鸦，皮变毒蛇，血变蚊蝇。幸得英雄坐骑用人言告知，蟒古斯变形脱身，偷袭掳走英雄的妻室父母。于是英雄变作秃头牧童，牵着满身癞疮的驽马，进入魔窟与妻子相会，杀死蟒古斯藏魂的虫鸟，蟒古斯的肚子里却跳出千万个铁头少年，幸得英雄的儿子助战，才彻底除掉蟒古斯。[①] 史诗闪烁着原始的带神话意味的想象力的异彩，形体可以幻变，血肉可以化生新物种，动物可以作人言，灵魂可以另寄，死后可以复生，在离奇古怪的原始思维中折射着游牧民族的尚武精神、家园意识和正必胜邪的信念。

蒙古族始有文字，是1204年。成吉思汗以被俘的乃蛮掌印官塔塔统阿，掌管文字印信，并且“教太子诸王以畏兀儿字书国言”[②]。用古畏兀儿蒙文写成的最伟大的书，当推带有史诗气质的历史文学著作《蒙古秘史》。此书十二卷(或称《元朝秘史》，《永乐大典》本作十五卷)，二百八十二节。据书末关于成书时间、地点的记载：“此书大聚会着，鼠儿年七月，于客鲁涟河(畔)阔迭额阿剌勒地面处下时，写毕了。”[③]此“鼠儿年”，当是窝阔台继成吉思汗登基十二年后的庚子年，即1240年。该书的明清时代的传本，以汉字记古蒙语之音，附有旁译和书后概略的总译。原文近三十万言，采取散韵相间的文体，美丽动人的诗歌和引人入胜的故事大约占三分之一，极富文学性。可以

---

① 荣苏赫、赵承铣：《蒙古族文学史》第1卷，236页，呼和浩特，内蒙古人民出版社，2000。

② 《元史》卷一百二十四《塔塔统阿传》，3048页，北京，中华书局，1976标点本。柯劭忞《新元史》卷一百三十六也载：“塔塔统阿，畏兀儿人。通本国文字，乃蛮太阳汗尊之为傅，掌其金印及钱谷。太祖平乃蛮，培塔统阿怀印遁去。已而就擒，太祖诘之曰：‘乃蛮人民疆土悉入我矣。汝怀此安归?’对曰：‘臣之职也，将以死守，求故主归之耳。岂敢有他?’太祖曰：‘忠臣也。’问是物何用。曰：‘出纳钱谷，委任人才，一切用为信验。’太祖善之，侍左右。后文牍始用印，仍命掌之。又问畏兀儿文字，塔塔统阿奏对称旨，遂命教诸皇子以畏兀儿字书。”

③ 额尔登泰、乌云达赉校勘：《蒙古秘史》(校勘本)，1055页，呼和浩特，内蒙古人民出版社，1980标点本。该书据四部丛刊中的顾广圻本为底本校勘，以下引文多据此本。

说，《蒙古秘史》是蒙古族书面文学之祖。秘史之所谓“秘”，在于它如实而又富于诗意激情地记述了成吉思汗黄金家族的发迹史，包括历代祖先，最重要的还是成吉思汗的性格、品质、功勋、失策，以及黄金家族内部恩怨冤仇的关系，及其对整个蒙古民族的崛起所造成的复杂曲折和气势磅礴的影响。这就使得它成为具有“祖传家训”性质的皇室秘籍，由于“事关秘禁，非可令外人传写”，长期秘藏宫中，为一般修史者无缘得见。明朝洪武年间编修《元史》，大量照抄元代官修历史典籍而匆促成书，《太祖本纪》却只从成吉思汗上溯十世祖勃端叉儿和十一世女祖阿兰果火(即阿阑豁阿)。而《蒙古秘史》却具有更丰富的祖先谱系，从成吉思汗以前二十二代始祖写起，其始祖父母之名意译乃是苍狼、白鹿，透露了一个狩猎游牧民族遥远而神秘的图腾崇拜。该书卷一开宗明义云：“当初元朝的人祖，是天生的一个苍色的狼，与一个惨白色的鹿相配了。同渡过腾吉思名字的水来，到于斡难名字的河源头，不儿罕名字的山前住着，产了一个人名字唤作巴塔赤罕。”它以族源神话的碎片，揭示了这个民族以狼的刚猛和鹿的仁厚为融合两极的民族性格基因的原始信仰，全部黄金家族的发展史都在狼鹿合构的民族性格的发扬和调节中，放出灿烂夺目的光彩。如果我们参照《国语·周语》和《史记·周本纪》，记述公元前10世纪周穆王征犬戎，“得四白狼、四白鹿以归，自是荒服者不至”①，就可以知道狼鹿合构的图腾信仰，对于狩猎游牧文明是何等洪荒古老了。

蒙古民族的性格、命运和宏伟的建国远征事业，在这本秘籍中是以气势和滋味兼备的典型故事和场面来展示的。它以经典性的故事垂

① 上海师范大学古籍整理组校点：《国语》卷一《周语上》，8页，上海，上海古籍出版社，1978标点本。《史记·周本纪》及《匈奴列传》亦有此记载。

示祖宗教训，令人掩卷难忘，遂使此书成为民族必读的史诗性的神品。首卷以两千二百字叙述黄金家族二十二代祖先的谱系史事，却专门腾出三百余字记述第十一代女祖阿阑豁阿“五箭训子”的经典故事，晓示了民族振兴端赖团结的历史法则。阿阑豁阿在丈夫亡故后，又生三子，亡夫的二子猜测是她与仆人所生。她宴集五子，编织了黄白色神人自天窗门额入室，以光明透入她的肚皮的异生神话，说后生的三子“显是天的儿子，不可比做凡人，久后他每(们)做帝王呵”。并把五支箭分别教他们折，都一一折断，捆成一束轮流折，却总也折不断。于是她教训说：“您五个儿子，都是我一个肚皮里生，如恰才五支箭杆一般。各自一支呵，任谁容易折折。您兄弟但同心呵，便如这五支箭杆束在一处，他人如何容易折得折?”《元史》虽然记载金色神人趋卧榻的异生神话，却不录“五箭训子”的故事，两相对照，可见《秘史》以训谕后世为目的的文学化特征。

团结为上，是贯穿全书的潜在主题。而作为白鹿精神传人的女性，在化解纷争、团结立国上发挥了不可替代的作用。女性在《秘史》中的地位是崇高的，这是游牧文明异于农业文明的伦理观念。成吉思汗的母亲诃额仑含辛茹苦，抚育幼孤，支撑家门。成吉思汗幼时因争抢小鱼小鸟，结怨而射杀异母兄弟，诃额仑愤怒谴责他出生时右手握髀石般的血块(《元史·太祖本纪》称，“手握凝血如赤石”)的嗜杀品性。成吉思汗建国后，听信所谓皇弟合撒儿要夺权的妖言，准备连夜捉拿合撒儿。诃额仑白马轻车，夤夜驰援，“母怒下车，将合撒儿解了，与了冠带。盛怒盘坐，出两乳置膝上，问道：‘您见了吗？这是您吃的乳。合撒儿何罪？你自将骨肉残毁……’”这里的白鹿已带上一点苍狼的野性，但其目的还是以刚柔相济、以情动人的方式，去制止骨肉相残的分裂行为。为了坚持团结的训谕，《秘史》连圣主成吉思汗的缺点和失误，也不加以隐讳。这似乎透露了某种天道高于君权的秉笔直书的原则。

成吉思汗是此书中心人物，这一代天骄的英雄形象的创造，显示了此书把握复杂的外在和内在的矛盾的美学魄力，以及汪洋恣肆的描写力度。书中波澜壮阔地描写了他联合王罕、札木合消灭篾儿乞惕，配合金国消灭塔塔儿，会同王罕消灭泰亦赤兀惕，其后灭王罕，征乃蛮，28岁登上汗位，统一蒙古诸部，然后征金国以及撒儿塔兀勒等一系列战役，展示了一位雄才大略的军事统帅审时度势，纵横捭阖，敢于抗击命运，终至威震四方的胆略和才能。他推崇信义，憎恶卖主求荣之辈，广交“那可儿”(伙伴)，多方联合“安答”(结盟者)；重用“四杰”、“四狗”，形成一种祸福与共的富有凝聚力的道德准则，游刃有余地驾驭部族纷争错综复杂的局面。他对苍狼的刚猛加以战略家的提升，对白鹿的仁厚赋予道德人格的力量，既是一个叱咤风云的征服者，又是一个有血有肉的人。

难得的是作者写如此富有传奇性的英雄，也未忘幽默趣味，显示行文举重若轻的老到。比如，成吉思汗的父亲也速该的妻子诃额仑，是抢婚所得；而成吉思汗的妻子孛儿帖，则是他9岁时随也速该去相亲所定。路上遇到未来的岳父德薛禅，德薛禅用夸张的口气说：

> 也速该亲家！我夜里做了一个梦，梦见白海青抓着太阳和月亮，飞来落在我的手臂上。我把这个梦讲给人说：“太阳和月亮只是能望得见的；如今这个海青却拿着来落在我的手臂上，白海青降下来了。这是叫我看见甚么好预兆呢?”也速该亲家！我这个梦，原来是叫你带着你的儿子前来的预兆啊。梦做的好！这是甚

么梦呢？必是你们乞颜氏人的守护神前来指教的。（第63节新译）①

随之，也速该携子进了德薛禅家：

也速该一看他的女儿，果真是个脸上有光、目中有火的女孩子，正合了自己的愿。她比铁木真大一岁，有十岁了，名字叫孛儿帖。当夜住下，第二天向德薛禅求他的女儿。德薛禅说："多求几遍才许给啊，会被人尊敬；少求几遍就许给啊，要被人看轻。但女儿家的命运，没有老在娘家门里的。我把女儿许给你们，你把儿子留下给我做女婿，回去吧。"这样约定后，也速该说："我愿意儿子给你留下做女婿。我儿子怕狗。亲家，可别叫狗吓着我的儿子呀。"说着就把自己的从马当作定礼留下，把铁木真交给德薛禅做赘婿，自己回去了。（第66节新译）②

这番言行应酬的细节，为一般历史著作所不录，但它别具风趣地折射出蒙古族的日常生活和婚姻礼俗，使得《秘史》有可能成为透视古代蒙古社会各个方面的活生生形态的百科全书式的著作。那句"我儿子怕狗。亲家，可别叫狗吓着我的儿子呀"，非常幽默，又在打趣中透出几分亲昵和顺心。

立储之争，是成吉思汗晚年的大事。在他准备西征之时，也遂夫人提醒他要确定在"四子内命谁为主"。他从长子拙赤问起，却引起性烈如火的次子察阿歹指责拙赤是孛儿帖夫人被掠时怀上的"篾儿乞惕

① 札奇斯钦：《〈蒙古秘史〉新译并注释》卷一，62页，台北，联经出版事业公司，1979标点本。

② 同上书，65～66页。

种”，导致两人争执揪扯。诸大臣上前劝架，德高望重的阔阔搠思讲述父辈创业的艰辛和孛儿帖母亲的养育之恩，教训察阿歹不要伤了贤明母亲的心。在此过程中，成吉思汗沉观默察，表现出冷静地驾驭事态的能力，并借助重臣的话头，承认拙赤的长子地位，促使拙赤和察阿歹转心而表示团结效命，共同推戴三子窝阔台为尊。如此处理立储问题，表面看来是剑拔弩张，实际上消除了隐藏着的分裂的因素，为蒙古民族的可持续发展打下了基础。不仅如此，成吉思汗还为诸子的发展规划了气壮山河的蓝图，说拙赤、察阿歹“你二人不必并行，天下地面尽阔，教您各守封国”，于是才有了拙赤创建威震欧亚草原的钦察汗国，以及察阿歹创建察阿歹(又译作“察合台”)汗国的伟业。

据西方旅行家的记载，蒙古人极重贞操，“按他们的法律或习俗，凡是犯奸淫的男子或女子，是予以处死的”①。但作为乱世崛起的征服者，成吉思汗超越狭隘的血统观念，承认孛儿帖、拙赤地位的合法性，也折射了当时人们认可的习俗和这位征服者的雄才大略。寓政治才略和道德原则于形象逼真、丰富多彩的历史画面之中，这使《蒙古秘史》成为游牧民族自己记录自身生命历程的扛鼎之作，成为展示自己史诗时代的史诗性作品。

《蒙古秘史》在叙写人物及战争上兼有历史编年和纪事本末之长，又在亦叙亦歌、绘声绘色中散发着浓郁的草原史诗的情调，是蒙古民族一篇慷慨激昂的“创世纪”(Genesis)。文体形式上，散文叙事三分居二，韵语抒情三分居一，在兼采历史实录、口传文学、民间歌谣和祝赞词诸形式方面，可谓文备众体。它好像是上马控弓、下马挥笔而写就，雄放而不受拘束，但见万马驰骋之兴趣，少有描头画角的小家子

---

① [英]道森编：《出使蒙古记》，18页，吕浦译，周良霄注，北京，中国社会科学出版社，1983。

气。其间一些描写手法也运用得非常高明，如卷七写成吉思汗征伐乃蛮部落：

成吉思(汗)整治军马排阵了，自做头哨。……乃蛮军马却退至纳忽山崖前，缘山立住。……彼时札木合亦在乃蛮处。塔阳问："那赶来的如狼将群羊直赶至圈内，是甚么人?"札木合说："是我帖(铁)木真安答用人肉养的四个'狗'，……如今放了铁索，垂涎着喜欢来也。"……塔阳说："似那般呵，离得这下等人远者。"遂退去跨山立了。又问："那后来的军，如吃乳饱的马驹，绕他母喜跃般来的是谁?"札木合说："他是将有枪刀的男子杀了，剥脱衣服的……二种人。"塔阳说："既如此，可离得这下等人远者。"又令上山去立了。又问："随后如贪食的鹰般，当先来的是谁?"札木合说："是我帖木真安答，浑身穿着铁甲，似贪食的鹰般来也。……"塔阳说："但可惧。"又令上山立了。又问："随后多军马来的是谁?"札木合说："是诃额仑母的一个儿子，用人肉养来，……吞一个全人呵，不勾点心。怒时将昂忽阿的箭隔山射呵，十人二十人穿透。……生得不似常人，如大蟒一般，名字唤做拙赤合撒儿。"塔阳说："若那般呵，咱可共占高山上去立了。"又问："那后来的是谁?"札木合说"是诃额仑最少的子，名斡赤斤。……"于是塔阳遂上山顶立了。①

对于行军布阵、攻守厮杀，这里都未做正面的描写，而是通过反复的问答，把这些战争行为层次分明、节节递进地交代出来。侧面着

① 额尔登泰、乌云达赉校勘：《蒙古秘史》，1003～1005页，呼和浩特，内蒙古人民出版社，1980。

墨，却别开生面地呈现了乃蛮部落首领昏庸的畏缩、客人狡诈的恐吓。类似的手法在《左传·成公十六年》中已有所试："楚子登巢车以望晋军，子重使大宰伯州犁侍于王后。王曰：'骋而左右，何也?'曰：'召军吏也。''皆聚于中军矣。'曰：'合谋也。''张幕矣。'曰：'虔卜于先君也。''撤幕矣。'曰：'将发命也。''甚嚣且尘上矣。'曰：'将塞井夷灶而为行也。''皆乘矣。左右执兵而下矣。'曰：'听誓也。''战乎?'曰：'未可知也。''乘而左右皆下矣。'曰：'战祷也。'"这一见一释的间接表达方式，展示了晋楚两军对阵时按部就班的战前动态和仪式。钱锺书《管锥编》对比以上两节，又联想到西方典籍写敌家情状而手眼与此相类者，如荷马史诗中特洛伊王登城望希腊军而命海伦指名敌师将领，塔索史诗中回教王登城望十字军而命爱米妮亚指名敌师将领，皆脍炙人口之名章佳什。此外如苏格兰历史小说家司格特的《艾凡赫》(林纾译为《撒克逊劫后英雄略》)写壮士卧病城堡，美人为之指点窗外敌情。郭沫若的历史速写《楚霸王自杀》取法于此，写负伤的钟离昧躺在乌江亭长送他过江的船上，亭长遥望江边，为他描绘项羽反身杀入汉营，最后自刎的情景。钱锺书对比此类描写手腕，赞叹《蒙古秘史》上述片断，"有问则对，随对而退，每退愈高，叙事亦如羊角旋风之转而益上。言谈伴以行动，使叙述之堆垛化为烟云，非老于文学者安能办是?《左传》等相形遂嫌铺叙平板矣"；"足使盲邱明失色而盲荷马却步也"①。生气蓬勃的《蒙古秘史》，为茫茫草原上一代天骄的雄风豪情留下了一座永远的艺术里程碑。

① 钱锺书：《管锥编》第1册，210～211页，北京，中华书局，1991。

中华民族文化发展与西南少数民族*

一、文化共同体的学理通则

研究中华民族的文学，需要具有大眼光、大视野、大胸襟。只要我们拥有这三个“大”，就会发现，我们现在正面临文学、文化观念变革的重大契机，处在建设具有大国气象的现代人文创新体系的关键时刻。这里有两个根本问题需要解决：一是中国与外国进行学术文化对话时，应该采取何种文化姿态；二是如何处理中国国内的汉民族与少数民族文学和文化的关系，不仅要确立少数民族文学文化在整个中华民族文化中至关重要的地位，而且要确立研究少数民族文学文化的学术在整个中华民族的学术总体结构中至关重要的地位。

谁不主张现代中国的文学学术，应该在世界上发出自己的声音，建立我们拥有原创权的学理和话语呢？但是，要做到这一点，就必须重视，中华民族及其文学在世界上

* 原载于《民族文学研究》2012 年第 1 期。

都是非常独特的千古不磨的生命机制，这种独特性是我们开展学术原创的重要源泉。众所周知，中华民族是一个复合性的民族，拥有两个民族学上的层次，一个是56个具体的民族，一个是这56个具体民族又融合成更高层次的中华民族这么一个总体民族。这个总体民族的文化以无比巨大的包容力，把56个民族都包容在一个有机的民族整体里面。这一点，就是在整个世界范围内，都会以其体大而族多，堪称无与伦比。这和我们民族共同体形成的历史，存在着深刻的关系。

笔者自2001年在一次国际性会议上提出“重绘中国文学地图”的命题，十年来坚持不懈地探讨这个命题的基本原理。于2003年，在剑桥大学首次就这个命题，做了专门的讲演；到2006年为中央部级领导干部办“历史文化讲座”，系统地阐发这个命题的方法论要点。提出“文学地图”命题的基本宗旨，在于还中华民族的文学一个完整的版图，将少数民族文学所体现的“边缘活力”引入文学史的主流写作。要达到这个宗旨，应该树立“五大意识”：中华民族文学版图的完整性意识、中华民族文学版图的原本性意识、中华民族文学构成的多样性意识、中华民族文学发展的生命性意识以及在此基础上形成的中华民族大国文化的原创性意识。这里存在着一个关键，就是为占国土面积60％的民族地域文学争取应有的尊严和地位。有必要通过持续不懈的努力，逐渐达成一种学术共识：研究中华民族文学文化而无力整合少数民族资源，乃是知识结构的不可不弥补的缺陷。因为研究少数民族文学文化与汉民族文学文化的关系，就是研究中华民族精神谱系的发生、发展、构成和变异的过程，及其内在的动力机制。由于有数千年的历史因缘，离开少数民族，就讲不清楚汉族；离开汉族，同样也讲不清楚少数民族。它们之间已经是你中有我，我中有你，血肉相连，打断骨头连着筋。这种关系，是容不得忽视，更容不得阉割的。

正是由于漫长的历史造民族、历史造民族间的关系，中华民族共同体首先在形成方式和形成过程上，就跟西方民族存在着实质性的差别。西方的学者，包括当年的斯大林都认为，民族是在资本主义形成的过程中形成的，甚至现在西方的有些理论家还认为，民族是宗教改革以后，印刷术发展起来之后的“想象的共同体”。但是中华民族的形成，绝不是想象出来的，它是几千年经风雨，共患难，甚至不打不成交，逐渐形成你中有我、我中有你的复合形态的民族有机体。经过了上古三代到春秋战国的社会变动，众多部族、种族相互联盟和兼并，尤其是其中伴随着文化的创造、融合和认同，到了秦汉时代，就在华夏与四夷的互动融合中形成了我们的民族共同体的基础。当年中国社会科学院第二历史研究所的老所长范文澜先生，就不同意斯大林的那个观点，认为中国在秦汉时代就形成我们的民族模样了。唐朝有一部甚至影响了日本、朝鲜、越南的法律书《唐律疏议》说：“中华者，中国也。亲被王教，自属中国，衣冠威仪，习俗孝悌，居身礼义，故谓之中华。”中国近代著名学者章太炎在《中华民国解》一文中认为：“中国云者，以中外别地域之远近也；中华云者，以华夷别文化之高下也。”①这就是说中华民族的形成，首先成于“见贤思齐”式的文化认同，文化的涵盖力和凝聚力超过了种族的血缘隔离。种族灭绝，宗教战争，并非中国文化的常规。

在中国思想学术的现代转型中，“中华民族”作为一个现代民族国家名词的认定，经历了一个不断还原和渐次充实的过程。概念的提出，梁启超功不可没。梁启超1899年在《东籍月旦》中指出：“日本人

① 章太炎：《中华民国解》，见《章太炎全集》(四)，253页，上海，上海人民出版社，1985。

十年前，大率翻译西籍，袭用其体例名义，天野为之所著万国历史，其自序乃至谓东方民族。”①借鉴了“东方民族”一词的思路，梁启超1902年在《中国学术思想之变迁之大势》一文中说：“上古时代，我中华民族之有四海思想者厥惟齐，故于其间产生两种观念焉，一曰国家观，二曰世界观。”②梁启超最早使用“中华民族”一词，主要指的是汉民族。直到1905年，梁启超写《历史上中国民族之观察》一文，“中华民族”一词被使用了七次，依然认为“今之中华民族，即普遍俗称所谓汉族者”，因为“我中国主族，即所谓炎黄遗族”③。

辛亥革命以后，孙中山在1912年提出了“五族共和”，以民族平等、团结和融合相号召。同年，革命派领袖黄兴、刘揆一等发起“中华民国民族大同会”，后又改称“中华民族大同会”，其“中华民族大同”的理想，包容了汉族、满族、蒙古族、回族、藏族等民族。不过，“五族共和”的说法，对中国云贵川一带丰富多彩的少数民族形态，尚缺乏应有的关注。

中华民族的原本生存和发展状态，是多部族和民族（包括一批古民族和今存的56个民族）在数千年间不断地以各种态势和形式交兵交和、交恶交欢、交流交锋、交手交心、交通交涉、交好交合，上演的一幕幕惊天动地、悲欢离合的历史悲壮剧，从而衍生出灿烂辉煌、多姿多彩的审美文化创造，并最终形成了一个血肉相连、有机共生的伟

---

① 梁启超：《东籍月旦》，见《饮冰室合集》文集之四，83页，北京，中华书局，1989。

② 梁启超：《中国学术思想之变迁之大势》，见《饮冰室合集》专集之三十四，2页，北京，中华书局，1989。

③ 梁启超：《历史上中国民族之观察》，见《饮冰室合集》专集之四十一，1页，北京，中华书局，1989。

大的民族共同体。多民族的碰撞具有二重性。从经济上、军事上和家庭生活上看，它是个灾难，因为战火无情，会造成生灵涂炭、家破人亡、流离失所；但是在文化问题上，它往往越碰撞越你中有我、我中有你。在多民族碰撞融合中，北方草原民族的南下，展示了中华民族天翻地覆的强劲的力量；西南少数民族的迁徙，则在保存民族文化多样性上发挥了独特的功能。

在这种独特的民族共同体形成和发展过程中，有三方面的文化动力学原理值得注意：一是黄河文明与长江文明的“太极推移”原理；二是由“太极推移”衍生的“太极眼”、“太极环”以及民族迁徙中的“剪刀开合”的原理；三是汉族的“中原凝聚力”与少数民族“边缘活力”共构的“内聚外活”，类乎儒学“内圣外王”的文化动力学结构的原理。这三方面的原理互拓互蕴，互动互补，综合为用，共同激活、更新、增厚着中华民族文化千古不磨的生命力。

二、黄河文明与长江文明的“太极推移”原理

中国思想史上有一个重要的本体论概念，就是“太极”。这个概念来源于《周易·系辞》：“易有太极，是生两仪，两仪生四象，四象生八卦。”孔颖达疏：“太极谓天地未分之前，元气混而为一，即是太初、太一也。”①太极，就是“太一”，和老子所说的“一”相通：“道生一，一生二，二生三，三生万物。”②中国思想以“太极”为本体，极神秘，又极高明。因为它并非抽象的、凝止的理念，而是在永恒的存在

---

① [唐]孔颖达正义：《周易正义》卷七《周易系辞上第七》，见《十三经注疏》，82页，北京，中华书局，1980影印本。

② [汉]王弼：《老子》四十二章，见《诸子集成》(三)，26页，北京，中华书局，1954影印本。

与非存在之中，蕴涵着动与静两种潜能，在看似静止的地方，却以“反者道之动”，自生动能，一分为二、又分为三，摩荡推移，化生出现象界的万事万物。在此“一、二、三、万”的摩荡推移中，“互为其根”，发芽成长，开花结果。

极有意味的是，这“太极推移”竟然也是中华民族生命力千古延续的基本原因。中华文明为何五千年不曾中断？过去的解释，一般强调儒学思想造成中国社会秩序的超稳定结构，或者儒、佛、道三教的交融互补。这不妨说是部分原因。但问题恐怕不会这么简单和轻松。在中世纪，北方的沙漠草原地方兴起了一个草原帝国。草原游牧民族驰骋在从兴安岭一直到欧洲的大草原上，作为逐水草而居、善于骑射的马背上的民族，它们就像是上帝的鞭子，专门惩罚南边古老的农业文明。很多农耕民族在这个游牧民族的冲击下崩溃了，唯独中华文明根基依然牢固。难道游牧民族的骑兵来了，你抱手鞠躬，宣称“有朋自远方来，不亦乐乎”，他就翻身下马，向你打躬作揖吗？关键的问题在于，中华民族的文化分布有两条江河，一条黄河、一条长江，这跟中华民族文化生命力有很密切的关系。有个黄河文明，又有个长江文明，中华民族的腹地就大了，多民族碰撞融合的回旋余地也大了。因为在冷兵器时代，农业文明靠一道伟大的城墙很难挡住精锐的骑兵，平时能挡得住，还可以在长城沿线开关贸易，但是草原帝国一旦统一漠北，大举南侵的时候是挡不住的。长城挡不住，能够挡住的就是向被称为“天堑”的滚滚长江。

北方民族不善于水战，北方的曹操带了号称八十万大军南下要消灭孙权的势力，到了荆州他就打败仗，因为不善于水战。金朝国王完颜亮，想趁着南宋立足未稳的时候，率领四十万大军饮马长江，过江消灭南宋，但是给一个书生——虞允文，他是南宋诗词名家张孝祥、杨万里、范成大的同科进士——打败了。虞允文作为中书舍人到长江采石矶(现在南京附近的马鞍山)劳军，搜集了一些零零散散的船只，组成一万八千人的水上军队，就把完颜亮四十万大军的船队打败了。完颜亮一撤退回，就被他的部下杀掉了。这就维持了南宋半壁江山的偏安局面，后来虞允文也当了南宋的宰相了。

长江天堑作为一条地理鸿沟，发挥了巨大的文化功能。由于长江挡住北方的骑兵，入主中原的游牧民族滞留在黄河流域，总感觉住在巍峨的宫殿比起住帐篷舒服，仰慕中原衣冠文物，过两三代以后就中原化了。在中原易主的战乱中，黄河地区许多大家族就迁移到长江以南。比如说晋朝永嘉年间的衣冠南渡，河南谢氏家族、山东王氏家族就来到了南方，南宋的情形更甚，就把江南的经济文化发展得比北方还要繁华。北方少数民族滞留在黄河地区，日渐中原化；北方汉人把中原文明带到南方，又浸染了百越文化。然后在隋唐统一的这类情形下，实现南北民族大融合。长江文明和黄河文明之间就这样形成太极推移，你推过来，我推过去。于是，在“分久必合，合久必分”，不断南北融合的历史进程中，使中华民族越来越大，中华文明几千年不中断而与两条江河并流，并且拓展到关外、陇西、雪域、岭南、云贵山地，成为人类文明发展中的一大奇观。

真所谓“天地无言”，天地以地理限制了人类的行为方式和国家疆域的沿革，进而作用于人们的思维方式和想象方式。这就是中华民族共同体凭借黄河、长江两条江河，从而形成了“太极推移”的宏观动力学系统。德国的黑格尔讲过一句话，他说：“只有黄河、长江流过的那个中华帝国，是世界上唯一持久的国家。征服无从影响这样一个帝国。”①他看到了居住在黄河、长江的中华民族的巨大生命力，但是他

---

① ［德］黑格尔：《历史哲学》，122 页，王造时译，上海，上海书店出版社，1999。

没有能力对这种生命力的原因做出还原性的解释。中华民族独特的民族构成形态和生命力形态，需要中国学者对之进行还原与通解。

三、“太极推移”原理的连锁反应及“太极眼”效应

发生在中华民族主要居住区的南北“太极推移”，形成巨大的冲击波，深刻地影响了处在主要居住区之侧翼的其他地理板块，以及居住在这些侧翼板块的各民族部族的生存状态和文学文化形态；反过来，这些侧翼板块在承受、吸纳和化解主要板块“太极推移”的冲击波的时候，又对这股冲击波进行反弹，从而也不同程度，有时甚至非常深刻地影响了主要板块民族生存和文化发展的难易程度地、变动方式和最终走向。比如黄河、长江的上游就存在着一个高原文明：江河源文明。它处在两个或者多个文化板块的结合部，以其原始野性和强悍的血液，对中原文化构成了挑战和实质性的补充。它自身的文学也产生了异样的辉煌。

黄河文明很早就有了成熟的史学、儒学和诸子文化，属于早熟文明。人伦理性精神过早成熟，造成了神话传说和口传史诗过早地被历史化，或过早地被碎片化，巫风被过滤成祭祀礼仪。在黄河文明理性化的进程中，神话破碎了，呈现碎金状态，是片段性的、非情节化的神话，所以中原的史诗就很不发达。国门开放，发现西方讲文学史，从荷马的史诗讲起。中国人写文学史为了跟西方对应、接轨，就从早期的诗歌总集《诗经》里面选出了五首诗，《生民》《公刘》《绵》《皇矣》《大明》，说是“周朝的开国史诗”。但是这五首诗总共加起来是 338 行，还不及一首乐府歌词《孔雀东南飞》的长度，又如何与荷马史诗、印度史诗做比较？所以黑格尔说中国无史诗，就令人惭愧地觉得中国是一个“史诗的贫国”。

然而，如果把中华民族的高原板块、草原板块加在一起，情形就发生了根本的转变。中国至今还存在着少数民族的活形态的三大史诗，《格萨尔王传》《江格尔》《玛纳斯》。《格萨尔王传》据说是60万行，有的学者说可能有100万行。60万行以上是个什么意思？世界上五大史诗的总和都没有一部《格萨尔王传》那么长的篇幅。世界上五大史诗最古老的是巴比伦的《吉尔伽美什》，三千多行；影响最著的是荷马的《伊利亚特》和《奥德赛》，一两万行；最长的是印度的史诗《罗摩衍那》《摩诃婆罗多》，后者是20万行。因此60万行的《格萨尔王传》的长度，超过了世界上五大史诗的总和，而且中国南北少数民族不同长度的史诗或英雄叙事诗，还有数以百计。

《格萨尔王传》属于江河源文明，属于长江黄河的源头所产生的一种文明形态。江河源文明的特质是什么呢？它是高山文明，有高山崇高感，有原始性和神秘感。崇拜高山神湖，张扬尚武精神。同时，江河源地处在东亚文明、中亚文明、南亚文明的结合部，处在藏族文明、蒙古族文明的结合部，处在东西交通的要道丝绸之路一侧，这些就使它的文明形态带有混合形态，蕴含着丰富复杂的多种多样的文化基因。《格萨尔王传》的想象空间雄伟壮阔，可以说，它是中华民族几千年最具有高山旷野气息的超级史诗。其想象出入于天地三界，驰骋于高山神湖。写英雄则自天而降，赛马夺魁，降妖伏魔；写魔王则“吃一百个人做早点，吃一百个男孩做午餐，吃一百个少女做晚餐”，胃口极大，贪欲无限，凶恶至极；写美人则如朝霞彩虹，如雪山月光，灿若太阳，美若莲花。这些想象方式都具有高原民族的崇高感和力度。就以描写美人为例，中原民族喻之杨柳腰、樱桃口，与此对比，就未免显得纤巧文弱了。霍尔王派出选美的乌鸦说格萨尔的爱妃珠牡，“她前进一步，价值百匹好骏马；她后退一步，价值百头好肥羊”，这也是游牧民族才有的比喻。汉族地区说是“价值连城”，说绝世佳人是“一顾倾人城，再顾倾人国”，这都是平原地区以城池作为攻守的基本依靠所产生的比喻。由于江河源文化板块具有相对的稳定性，这些千年沉积的灿烂辉煌的史诗形式，对中国文学的总体结构形成了重要的拓展和补充，使中国文化可以毫无愧色地说是“史诗的富国”。

既然讲“太极推移”，就有必要寻找“太极眼”何在。值得注意的是，在这种南北太极推移的过程中，偏于西部的巴蜀以及偏在东部的太湖流域，发挥了特殊的关键作用。显然，巴蜀是一个“太极眼”。中华民族形成文化共同体以来的两千余年间，“分久必合，合久必分”，哪个实力强大的政治体拥有巴蜀，就很容易成为“大一统”的主导力量。秦始皇统一中国，很重要的原因就是在他登基前半个世纪，秦人就占领了巴蜀。巴蜀经李冰父子修建都江堰的开发，使秦国的土地和国力增加了一倍。他们利用巴蜀这个财富源泉，支撑战争，收买列国重臣，势如破竹地兼并山东六国，统一天下。两汉以后出现了三国，晋朝统一全国也是首先拿下了蜀国。原先曹操与孙权打仗，曹操进攻孙权，曹操必败；孙权进攻曹操，孙权必败，因为一者长于陆战，一者长于水战。但是一旦拿下蜀国和襄阳，晋朝已经过江了，而且雄居长江上中游，建楼船，练水师，一旦东吴有变，就顺流而下，统一全国。隋朝结束南北朝的分裂局面，也是由于隋据有巴蜀。南朝梁代发生了侯景之乱，西魏乘机占领荆襄、巴蜀，北周取代西魏之后又灭北齐。此时的南朝陈只有三峡以东的江南地，因此隋文帝篡夺北周帝位，消灭陈叔宝也就水到渠成了。

如果不拿下巴蜀，就发兵于江面开阔的长江下游，由于那里靠近南方朝廷的心脏区域，必有猛将重兵死守。北方骑兵贸然过江，无法扬长避短，反而以短击长，风险之大，可想而知。金与南宋对峙，金兵在西线遇到吴玠、吴璘的有效抵抗，一直未能进入巴蜀，这对南宋能够保持偏安局面起了重要的支撑作用。于是金兵就只能冒险从下游跨长江，金主完颜亮在采石矶对岸的和州屯兵四十万，结果被四川书生虞允文收集一万八千人就打败了完颜亮不谙水战的二十倍之众，导致完颜亮被部下暗杀，保住了南宋半壁江山。13 世纪蒙古帝国灭金之后，四十年才灭南宋。他们都到哪里去了呢？除了以秋风扫落叶之势西征，一直打到伏尔加河之外，在中国的土地上的蒙古大军向西打破襄阳、成都，忽必烈从陇西穿越两千里山谷，乘羊皮囊下金沙江，袭破大理国。当时的蒙古骑兵被罗马教皇称为“上帝的鞭子”，但蒙哥汗亲率十万大军进攻重庆合川钓鱼城的时候，被飞丸击中而死，使钓鱼城成了影响世界历史进程的“上帝折鞭”的英雄城。蒙古军是在占领襄阳、巴蜀、大理，实际上已从上中游渡过长江之后，回师东南，从而以摧枯拉朽之势灭宋。这就是说，元朝统一中国，也是印证了先得巴蜀、后成统一的历史通则的。巴蜀在支撑和改变国家命脉、完成统一大业中，发挥了无以代替的作用，它的太极眼功能在打江山、在武力优势的转移中尤为明显。

另一个“太极眼”则主要发挥文化、智库和粮仓的功能。这个太极眼在太湖流域的吴越之地。泰伯从黄河上游到长江下游开拓吴国，在中华文明腹地的黄河与长江之间出了一条对角线，从而产生了两大文明系统的“对角线的文化效应”。这条对角线的历史文化意义非常伟大、深刻，在带动了中华民族生生不息、壮大发展上，发挥了非常关键的作用。司马迁写《史记》三十世家，以《吴太伯世家》为第一篇，这很了不起，蕴涵着一种深刻的历史文化哲学。如果按照中原中心主义的正统观念，应该把《齐太公世家》放在第一，把《鲁周公世家》放在第二。但司马迁以《吴太伯世家》列在第一，把齐、鲁两个世家挤到第二、第三的位置。这就触及整个民族共同体如何发生、如何形成的本质问题。因为泰伯奔吴，是“华夏”变“蛮夷”。到了六百年后，吴通中原，又是“蛮夷”变“华夏”。这种双向对流，是中华民族共同体形成的一个缩影，互相发挥长处，互相给予智慧，互相产生一种碰撞力和亲和力。

其实，还在吴太伯以前三四千年，太湖流域就出现了马家浜文化、崧泽文化、良渚文化，成为原始稻作文明发源地。太伯开拓吴国以后，这里逐渐进入中国的核心版图，并且逐渐开发成中国的粮仓。所谓“苏湖熟，天下足”，中国后来的粮食赋税主要靠江南。元朝，国家征收的粮食三分之一产在江浙一带。明朝，南粮是北粮的一倍。到清代，南方供粮是北方供粮的四倍，到乾隆盛世，南方(长江流域)供粮是北方(黄河流域)的十倍。经济中心给文化的发展提供了优渥的物质支持。南宋以后，文化中心渐移江南。到了明代，据钱穆及苏州大学一些教授的统计，南北考进士的卷子，南卷占55%，北卷占35%，中卷占10%。如果中卷(广西、云南、贵州、四川、安徽等地)也当南卷看，南卷就占65%，大于北卷所占的35%。明代从洪武至万历的246年间，文魁(状元、榜眼、探花、会元)共244人，其中66个是江南一带的，占了四分之一。唐代的宰相是不能用南方人的。到了宋代以后，南方人的人数就上升了，以前主要是江西和福建人。到了明朝，宰辅189人中，南方籍占了三分之二，而其中南直隶35人、浙江32人，占了三分之一。到了近代之后，长江三角洲成为近代中国经济文化最发达的地方。许多大实业家、大文学家、大科学家都出在江南。这就告诉人们，太湖流域这个“太极眼”是以其经济和文化的优势，引导大局、辐射全国的。正如太极图中的“太极眼”一黑一白那样，中华民族太极推移中的“太极眼”也一阴一阳，一刚一柔，以不同的角色功能推动中华文明的“大一统”和繁荣富庶。所谓“对角线效应”，就是启动了江南与中原的互动，在太极推移中加入某种旋转的功能。

四、西南少数民族“剪刀形”迁徙路线的文化功能

由于太极推移的巨大冲击波及太极眼的不可替代的旋转功能，极其容易吸引人们的关注，这就可能冷落了或遮蔽了此外的一些文化板块的文化地位，及其对整个中华文明的重要贡献。这就使我们有必要对西南少数民族进行专门的考察。中华民族共同体发展至今，总人口已经将近 14 亿。汉族人口最多，约占总人口的 94% 。少数民族中人口最多的是壮族，约 1700 万。在一次国际会议上，一位荷兰学者问我，中国少数民族人口最多的有多少？我说，超过一千万。他大为惊讶，说他们一个国家的人口也不到这个数量。中国少数民族中人口在 100 万以上的，有壮、蒙古、回、藏、维吾尔、苗、土家、彝、布依、朝鲜、满、侗、瑶、白，这 14 个人口较多的少数民族中，竟有 8 个分布在中国西南地区。壮民族是百越部族的直系后裔，有人打个形象的比喻，壮族是粤人(广府人)的表亲，傣族人、掸族人的堂兄弟。他们自称“布僚”Bouxraeuz(我们的人)，属于俚、僚之部；包括中国西南地区及越南北部的壮族、布依族和岱—侬族，均统称为“僚人”。这些表亲、堂兄弟，实际上已经同汉族形成了基因重组、文化互渗、血肉相连的关系。由于贵州、云南、川西、湘西和广西这么一个多山、多峡谷的地理单元，处在中原两条江河“太极推移”的边缘地带，这里的山地峡谷中，就成为接纳中原移民和少数民族迁徙的文化走廊，是“太极推移”的冲击波和辐射能量的接纳地带。

有一个文化事件也许是中华民族共同体的幸事：西南少数民族在中国正史“二十四史”的第一史，也就是《史记》中就有了郑重的记载。《史记·西南夷列传》记载：“西南夷君长以什数，夜郎最大；其西靡莫之属以什数，滇最大；自滇以北君长以什数，邛都最大；此皆魋结，耕田，有邑聚。其外西自同师以东，北至楪榆，名为巂、昆明，皆编发，随畜迁徙，毋常处，毋君长，地方可数千里。自巂以东北，君长以什数，徙、筰都最大；自筰以东北，君长以什数，冉駹最大。其俗或土著，或移徙，在蜀之西。”①其后《后汉书·南蛮西南夷传》也记载：“西南夷者，在蜀郡徼外。有夜郎国，东接交阯，西有古滇国，北有邛都国，各立君长。其人皆椎结左衽，邑聚而居，能耕田。其外又有巂、昆明诸落，西极同师，东北至叶榆，有莋都国，东北有冉駹国，或土著，或随畜迁徙。自冉駹东北有白马国，氐种是也。此三国亦有君长。”②西南夷的部族名称繁多，“毋常处，毋君长”，说明它们还处在相当原始的发展阶段。

太史公所以用凝重的眼光观照西南夷，除了他和司马相如曾经负有抚定西南夷的使命之外，一个潜在的原因在于他看到了这块边远的土地和活动于其间的少数民族，对于整个中华民族具有特殊重要的意义。《史记·大宛列传》记载，张骞从西域归来以后向汉武帝报告说：“臣在大夏时，见邛竹杖、蜀布。问曰：‘安得此？’大夏国人曰：‘吾贾人往市之身毒。’身毒在大夏东南可数千里。其俗土著，大与大夏

① 《史记》卷一百一十六《西南夷列传第五十六》，2991页，北京，中华书局，1959标点本。

② 《后汉书》卷八十六《南蛮西南夷列传第七十六》，2844页，北京，中华书局，1965标点本。

同，而卑湿暑热云。其人民乘象以战，其国临大水焉。”①于是汉以求大夏道，始通滇国。《史记·西南夷列传》有与此呼应的记载：“秦时常頞略通五尺道，诸此国颇置吏焉。十余岁，秦灭。及汉兴，皆弃此国而开蜀故徼。巴蜀民或窃出商贾，取其筰马、僰僮、牦牛，以此巴蜀殷富。”②之所以如此不厌其烦地引用史籍，原因在于这些材料为我们敞开了一片新的视野：西南夷不是一个静止的名词，而是一批活跃的族群，他们通过“五尺道”，或“茶马古道”，沟通了中国与南亚、东南亚、藏区和中亚，既开展了财宝的贸易，又输入了新的文化因素，为波澜壮阔的中华民族的发展打开了另一条文化和商贸的通道。

在西南少数民族中，彝族和苗族占有举足轻重的地位。彝族是古羌人南下，在漫长岁月中与西南土著部落不断融合而形成的民族。在六七千年前，居住在西北河湟地区的古羌人，开始向四面扩展和离散，其中南下的一支，两三千年后在西南地区形成“六夷”、“七羌”、“九氐”，这里的六、七、九等数字，意味着部族众多而尚未统合，包括史书所谓“越巂夷”、“青羌”、“昆明”、“劳浸”、“靡莫”诸部族，在跟百濮、百越文化长期相处、融合中，形成彝族诸部。彝族的“彝”与西南夷的“夷”，音同而相通，因而1956年毛泽东在北京与彝族干部商议，将“夷”改为“彝”，意思是房子(彑)下面有“米”有“丝”，丰衣足食，兴旺发达，因此将“夷族”改为“彝族”。

与西部的彝族往南迁徙形成“剪刀式”迁徙路线的，是东部的苗族南迁。苗族的族源与黄帝时期的“九黎”、尧舜时期的“三苗”相关。大

① 《史记》卷一百二十三《大宛列传第六十三》，3166页，北京，中华书局，1959标点本。

② 同上书，卷一百一十六《西南夷列传第五十六》，2933页。

约五千年前，黄河中下游的“九黎”部落与黄帝部落发生战争，史称“涿鹿大战”。《世本》云：“蚩尤作五兵：戈、矛、戟、酋矛、夷矛。黄帝诛之涿鹿之野。”①九黎首领蚩尤被黄帝与炎帝联合擒杀之后，它的余部退入长江中下游，形成“三苗”部族。其后，尧、舜、禹等华夏部族安抚和战败“三苗”部族，将其一部驱逐到“三危”，即今陕甘交界地带。又经过很长历史时段的迁徙，“三苗”遗部逐步进入川南、滇东北、黔西北，形成西部方言的苗族。中原和长江中下游的“三苗”后裔，除了部分融入华夏之外，其余在商周时期迁徙为“南蛮”。汉水中游的“荆楚蛮”，分化重组为楚族，其余迁入鄂、湘、黔、桂诸省山地边区，成为东中部方言的苗族。有所谓“黄帝杀蚩尤，弃其桎梏，变为枫木，脂入地千年，化为虎魄”②，这与《苗族古歌》中人类起源于枫树存在着深刻的关系。其原始记载见于《山海经·大荒南经》：“有宋山者，有赤蛇，名曰育蛇。有木生山上，名曰枫木。枫木，蚩尤所弃其桎梏，是为枫木。”③

《苗族古歌》这部一万五千行的民间口传史诗，中部地区的古歌有《人类起源歌》，描述天上掉下枫树种，长在苗家鱼塘边，被砍伐后化为妹榜妹留(即蝴蝶妈妈)和燕子。蝴蝶妈妈与水沫成亲，生下十二个蛋，孵化出姜央(人祖)和雷、龙、虎、蛇众兄弟。④《跋山涉水歌》描述迁徙前后的情景：“古时候我们祖先住在远方，在那宽阔富饶的平原，在那

① [汉]宋衷注，[清]张澍辑并补注：《世本》卷一，续修四库全书本，十四页。

② 《唐韵》“枫”字注，见[宋]文莹撰：《湘山野录》卷中，36页，北京，中华书局，1984标点本。又见清潘永因《宋稗类钞》，第五卷，四库全书本。

③ 方韬：《山海经》，305页，北京，中华书局，2011标点本。

④ 潘定智、杨培德、张寒梅编：《苗族古歌》，贵阳，贵州人民出版社，1997年。

美丽的地方，故尤(‘故’苗语即祖公，‘尤’即蚩尤)他老人家，他有九万子孙，七万生在宽宽的平原，住在那美丽的地方……”(战乱后大迁徙)“沿着河水(都柳江)而上来，来到哪个寨子？来到肥沃的平地方，住在东方的天鹅坝……几年来发人满寨子，七万住在天鹅坝，养猪发展快得像老鼠，养鸭多得像河虾……他们建了一座大寨罗(祖庙)，把寨罗立在坝子下，雕一个木像记老人，以备子孙莫忘老人相，纪念故尤千万年……”贵州苗族聚居地的“苗王庙”所供祭的祖像就是“蚩尤”，将蚩尤与炎帝、黄帝并列为中华民族三大始祖，乃是破除华夏偏见，祛除遮蔽，将少数民族的始祖与华夏始祖平等对待的文化行为。

《苗族古歌》是在苗族祭祀家族祖先的“吃牯脏”大节和农历十月过苗年的隆重仪式上，由德高望重的老人、鬼师(巫师)或歌手在酒席上演唱的。宾主对坐，采用“盘歌”的形式问答，一唱就是几天几夜甚至十天半月。以雄壮苍凉的声调，演唱着从开天辟地到铸造日月，从万物繁衍到洪水滔天，从兄妹结婚到溯河西迁，内容包罗万象，展示了一个民族的族源记忆和神奇想象，以及古代社会制度和日常生产生活的遗迹，成为苗族古代神话的总汇和百科全书式的“民族经典”。它开篇的“开天辟地”①，据记录(本人略做文字整理)，就在创世神话中别开生面：

> 太古洪荒之时，云雾生育了科啼和乐啼两只巨鸟，孵化出白色泥的天，黑色泥的地。一个好像大簸箕，一个好像大晒席，两相叠合，连针都插不进去。云雾还生下了一群开天辟地的巨人

① 燕宝整理：《苗族古歌》，贵阳，贵州民族出版社，1993。田兵编选：《苗族古歌》，贵阳，贵州人民出版社，1979。

神。巨人巨兽前赴后继，各显神通，想将天地分开。东方的剖帕，举斧头猛力一砍，天地两分开。巨人往吾架起天锅，煮天煮地；巨人把公、样公，拍天捏地，使天伸地长。可是天还压着地，只能低头靠膝而坐。于是，长着八双手臂的府方，顶天踩地，天才高高升，地才低低降，风才来回吹，雨才飘洒落，树才往上长，人才挺腰杆。还有呢，老鹰飞来量天地；养优奋起造山川。又有许多神人，分头去疏导江河，平整山原，修筑江堤，填平大地，砌起斜坡，直到发现火种。于是，人类始祖姜央开始耕种田地，饲养家畜，生育后代。

但是，天地还有缺陷。苗族的先祖四公，也就是雄公、宝公、且公、当公，协力苦干，从东方运来金银，打造天柱，铸造日月。看见石头落入深潭，激起一轮浑圆好看的水圈，就按照水圈的样子，造出日月。再请工匠神，将日月挑到蓝天，他头顶太阳，肩扛月亮，袖子里掖着星星，腰杆上拴着银河。岂料走到滑脚坳，一个趔趄，日月滚落深潭。巨人雄天拾起日月送上天，日月从天掉下了山。冷玉又来送日月，乌云却来阻道。好汉固牢挥巨斧，吓跑了乌云。好不容易来到天门，雷公却把门不开。一番辩论，雷公总算打开天门，让日月星辰各就各位。谁料十二对日月同时出，造成人间大旱热难当。神弓手友禄和好汉桑扎射下十一对日月，仅留下一个太阳和一个月亮在天上，轮流照临人间。从此日月光明，乾坤安泰，人间一派祥和。

这则创世神话散发着人类童年的奇思妙趣。它不是由一个主神，而是由群神创世，平整土地就花了不少力气，扛着日月上天的时候，还在滑脚坳失足摔了日月，真是“地无三尺平”的黔中少数民族的开天辟地的想象。但其中也隐含着中华民族神话的某些共性，如天地始于混沌，以及后羿射日的影子。更为值得注意的是，由于原在北方的“九黎”、“三苗”以及“七羌”、“九氐”等部族，是分别从东线，由东夷、武陵、湘西迁至云贵高原，以及从西线沿金沙江和横断山脉峡谷迁入云贵高原，它们携带的人文地理行李和文化基因，就难免千差万别。沿东线者，多有鸟图腾基因；沿西线者，则多见虎图腾基因。《苗族古歌》称巨鸟孵出天地，应是东线南迁的苗族所想象，前面提到的他们由平原、溯江流、到山寨的迁徙路线就印证了这一点。而彝族的神话史诗《梅葛》，叙述格滋天神杀虎，以虎骨撑天，以虎眼造日月之类，则暗示着这个民族由西线往南迁徙。最终，两条剪刀形的迁徙路线在滇黔山地汇合，滇黔山地一带就成了这把“剪刀”的转动之轴，发挥着“剪刀轴”的效应。

五、“剪刀轴”效应引起整个中华民族的惊奇

既然已经说明西南少数民族除了土著的百濮、百越部族之外，迁入的少数民族沿东西两线南移，形成剪刀形的迁徙路线，那么我们就要进一步考察汇聚于滇黔山地的“剪刀轴”的文化功能。一方面它是中原巫风祭祀仪式和古歌古词的保存者，并且将这种保存与自己的部族民族信仰文化，以及百濮百越之地的风俗混合起来；另一方面，它所积累的华夷之争和南北太极推移的巨大压力，在“剪刀轴”上重新寻找释放的途径，开通了向藏区、南亚、东南亚进行商品贸易和文化往来的“五尺道”、“茶马古道”一类向外开放的特殊形式。“五尺道”、“茶马古道”，就像从剪刀轴延伸出来的弯曲回环的“剪刀柄”，南传佛教也就从此“剪刀柄”内渗。司马光《送张寺丞觐知富顺监》诗云：“汉家五尺道，置吏抚南夷。欲使文翁教，兼令孟获知。盘羞蒟酱实，歌杂

竹枝辞。取酒须勤醉，乡关不可思。”①接纳、积蓄、创造、开放，西南少数民族文化的上连“剪刀刃”、下连“剪刀柄”的“剪刀轴”效应，是一种运动着的文化交叉开合效应，以其特殊形态呈现了边疆少数民族文化的“边缘活力”。

中华民族共同体中少数民族文明与汉族文明之间，在竞争中依存，在依存中竞争，西南少数民族的史诗往往写始祖生下十几个兄弟，意味着各个部族、民族间的“兄弟情结”。汉族与少数民族文化间存在着共生性、互化性和内在的有机性，共同构成一个互动互化的动力学的系统。分别言之，也就是中原文明领先发展，它所产生的凝聚力、辐射力，加上少数民族的“边缘活力”，二者多姿多彩的合力，使中华文明生生不息，几千年发展下来都没有中断。唯有把握这种“内聚外活”的文化力学结构，才能在精微处梳理出中华文明及其文学发展的内在脉络。我在《中国古典文学图志》这本书中曾强调过，文学史写上歌仙刘三姐，比大谈某些二三流的汉语诗人更有价值。因为她可以沟通汉族和南方少数民族、书面文学和口传文学之间的关系，从而展开文学史的丰富层面和文学总体结构的完整性。② 如此强调的旨趣，在于将民族间的“兄弟情结”和“边缘活力”，作为主流文学史写作的重要通则。

这种“边缘活力”，从文学方面来说，首先体现在口头传统上。由于“边缘活力”采取“剪刀开合”的方式，它的功能也就表现为“叠加＋剪切＋新制”。中国开天辟地的神话，最著名的是取代女娲补天神话

---

① ［宋］司马光：《温国文正司马公文集》卷七，四部丛刊本，六页。

② 杨义：《中国古典文学图志》，26页，北京，生活·读书·新知三联书店，2006。

的盘古神话。经过仔细的考察可以发现，它是由南方少数民族在与汉族毗邻地区迁徙和聚居，叠加了许多文化成分，以多种方式加以剪切，并与自己的族源想象相结合而新制成的。这个神话在汉族开发南方的时代，最早进入文献记载。三国时徐整的《三五历纪》，以及题为南朝梁任昉撰的《述异记》记载，天地原本混沌得像一个鸡蛋，盘古生在其中，过了一万八千岁，天地开辟，阳清者(似蛋清乎)上升为天，阴浊者(似蛋黄乎)下降成地。盘古矗立其间，天每日增高一丈，地每日增厚一丈，盘古每日长高一丈，过了一万八千年，天离地九万里。盘古垂死化身，头和四肢变成五岳，血液和眼泪变成江河，眼睛变成日月，毛发变成草木；他嘘气成风雨，发声成雷霆，目光变为闪电；睁眼成白天，闭目是晚上；开口为春夏，闭口为秋冬；高兴为晴天，生气为阴天。① 中国神话的创世神，是以血肉之躯化为宇宙的，因而宇宙也洋溢着生命。

那么，盘古神话起源何地？《述异记》交代，盘古神话或出于古说，或盛行于吴楚之地，桂林建有盘古庙，南海建有盘古墓，南海中还有盘古国。所谓“南海中盘古国”的后人，“皆以盘古为姓”，而以盘

① [唐]欧阳询《艺文类聚·天部上》(四库全书本)卷一引：“徐整《三五历纪》曰：天地混沌如鸡子，盘古生其中，万八千岁，天地开辟，阳清为天，阴浊为地，盘古在其中，一日九变，神于天，圣于地，天日高一丈，地日厚一丈，盘古日长一丈，如此万八千岁，天数极高，地数极深，盘古极长，后乃有三皇，数起于一，立于三，成于五，盛于七，处于九，故天去地九万里。”[宋]张君房《云笈七签》卷二《混元混洞开辟劫运部》(涵芬楼翻明正统道藏本)引：“《太始经》云：昔二仪未分之时，号曰洪源。溟涬蒙鸿，如鸡子状，名曰混沌玄黄。无光无象，无音无声，无宗无祖，幽幽冥冥。其中有精，其精甚真。弥纶无外，湛湛空成。于幽原之中而生一气焉。化生之后九十九万亿九十九万岁，乃化生三气。”

古为姓，主要是属于信奉盘瓠的瑶族。这些等于说，盘古神话源于南方百越民族。瑶族把盘古视为民族始祖神，将盘古开天辟地的传说与本民族源起传说联系起来。南宋当过桂林通判的周去非的《岭外代答》说："瑶人每岁十月，举峒祭都贝大王于庙前，会男女之无实家者，男女各群连袂而舞，谓之踏瑶。"①这就是至今还流传于瑶族民间的农历十月十六日盘王的生日，祭祀盘王并唱盘王歌、跳长鼓舞的民俗。据广西来宾县瑶族《盘王歌》清咸丰九年抄本及口传材料的整理，瑶族《盘王图歌》云："大岭原是盘古骨，小岭原是盘古身；两眼变成日和月，牙齿变作金和银；头发化作草和木，才有鸟兽出山林；气化为风汗成雨，血成江河万年春。"这与《三五历纪》《述异记》关于盘古以血肉之躯化为宇宙万物的记载，如出一辙，可以相互参照。湖南零陵地区瑶族流传的一首歌谣唱道："盘古开天又辟地，又制青山又造田，先赐瑶人十二姓，后赐百姓造朝堂。"十二姓的说法，蕴含着部族分支之间的"兄弟情结"。

这种族源神话的"兄弟情结"，在瑶族流传着的始祖传说中，体现得相当充分。传说云：古时高王入侵，平王出榜招贤，谁能斩下高王首级来献，就把公主许配他。龙犬盘瓠听到这个承诺，就摘下金榜，渡海来到高王身边。盘瓠取得高王的宠信后，趁高王醉酒，咬下高王的头献给平王，因此功勋娶了三公主为妻。盘瓠想变成人，就叫公主架起蒸笼，蒸他七天七夜。蒸到六天六夜，公主担心蒸死了丈夫，偷偷揭开盖子看，盘瓠果真变成人了，只因时辰不足，头上、腿上还有许多黑毛未脱落，只好用布带裹头缠腿。盘瓠被平王派到会稽山为

① ［宋］周去非著，杨武泉注解：《岭外代答校注》卷十，423页，北京，中华书局，1999。

王，号称“盘王”。盘王和三公主婚后生下六男六女，平王各赐一姓，成为瑶族最早的十二姓。至今瑶族还保留不食狗肉的习惯。①

这则盘瓠族源传说，以蒸煮火候不足，头和腿上黑毛未脱净，解释少数民族用布带裹头缠腿的穿戴习俗；其余情节则与《后汉书·南蛮传》的记载大略相近。由于盘古、盘瓠音近，夏曾佑《中国古代史》认为：盘瓠为南蛮奉为其天地开辟之祖，而后华夏人误用以为己祖。其后闻一多、顾颉刚、杨宽、袁珂等学者均认从此说。近年来，壮学专家经过广泛的田野调查，证明盘古神话发祥于广西来宾，是壮族先民始创的族源传说。另外，湖南省沅陵、河南省桐柏及泌阳、贵州苗族、福建畲族，都有盘古神话遗迹和《盘王书》《盘瓠歌》。这些材料蕴含着古老部族迁徙的痕迹，以及盘古神话传播变异的过程。福建畲族《盘瓠歌》，开头便是“盘古开天苦嗳嗳，无日无夜造成来。……盘古开天到如今，一重山界一重人”，再说到“当初皇帝高辛王，出朝游睇好山场”的盘瓠故事，把创世神与民族始祖联系起来。在瑶、壮、苗、畲民族民间传统观念中，盘瓠、盘古，既是祖源的象征，也是社会组织中的“王者”和部族的始祖。

值得注意的是，瑶族在“叠加＋剪切＋新制”的过程中，开发了自己的族源记忆资源。瑶族《盘王歌》②讲述着一个经典的民族迁徙的故事：相传在古老洪荒的年代，瑶民乘船漂洋过海，遇上狂风大浪。船在海中漂流了七七四十九天，眼看就要船毁人亡。瑶民在船头许下大愿，祈求始祖盘王保佑子孙平安。瞬即风平浪静，瑶人的船只平安靠岸。靠岸之日，农历十月十六日，正好是盘王的生日。上了岸的瑶民

① 李筱文：《盘王歌》，10～15页，广州，广东人民出版社，2006。

② 同上书，31～32页。

就砍来树干，制成木碓，把糯米蒸熟舂成糍粑。大家唱歌跳舞，庆祝瑶人的新生和盘王的生日，这就成了世代相传的“盘王节”。这种水上风浪的叙写，折射着古老部族是从湘江、资江、沅江和洞庭湖一线南迁的，它使开天辟地的创世神话和颠沛流离的族源神话浑然一体，并且沉积为庄严神圣的民俗节日。至此可以明白，盘古神话最初是南方少数民族将族源神话提升为开辟神话，再反馈到汉族文献中；汉族文献剥除了族源部分，丰富了开辟部分，并且与中原的阴阳化生思想相融合，最终成为中华各民族共同认可的创世神话。盘古创世神话，启动于南方少数民族，完成于中原汉族，三国吴人徐整、南朝梁人任昉将之最早记入文献并非偶然，因为他们处在南方开发的两个关键时代。在这个时代，中国文化已经开始启动了西南少数民族的“剪刀轴”效应，南方和西南方古老部族释放出的文化信息，使中原汉族大感惊奇。其时志怪小说盛行，也是基于相似的原因。

六、“剪刀轴”对古老艺术形态的保存与改制

西南少数民族既然通过剪刀形的迁徙路线进入滇、黔、湘西、桂诸地，而剪刀形路线掠过的地域则是巫风极盛的楚国和与三星堆后裔有关的蜀国，那么这些迁徙的部族不可能不顺手捡拾一些楚、蜀之地的文化因素，叠加在自己的文化行李中。如果说楚、蜀之地毗邻中原，已经相当程度地接受中原文化的辐射，那么西南少数民族接受的就是“第二度辐射”了。

滇、黔、湘西、桂这块百濮、百越故地，接纳了许多由北方前来的部族，由于地理位置、建制沿革、民族习俗等诸多因素，在相当深的程度上受荆楚、巴蜀文化的影响。荆楚、巴蜀的文化虽有自身特点的创造，但它们很早以前就以自己的方式复制华夏文化。再加上后来

中原文明与草原文明发生“太极推移”，大量的中原世族迁入，文化基因的构成也就混杂了华夏与蛮夷。这就导致西南少数民族通过荆楚和巴蜀的中介，在自成一个地理单元的条件下，将自己的定居地变成了保留古老华夏文化因子相当多的一个大窖藏。尤其是滇、黔一带，巨岭恶瘴，道路阻隔，实在是“天高皇帝远”，政治文化治理上颇有一点为中央王朝“鞭长莫及”之概。因而它们从荆楚、巴蜀一带就便拈来的那点古老的华夏文化基因，在这个政治统制和干扰相对虚薄的地方，获得了一个天然储存地。凭借着多元文化结合部的优势，这里给我们留下很多有若银杏树那样的活形态的古老文化形式，贵州、云南的傩文化，就是这种古老文化的“银杏树”。

中国的傩文化，大抵以巴蜀出三峡，沿长江向东南倾斜，于江西抚州、安徽池州诸地集结，在一条西北略高、东南略低的斜线上往南推移，为五花八门的傩戏的密集区，终在黔地酿出一壶最酡最酽的董酒或茅台。傩戏、傩祭、傩面具所构成的傩文化，在多元宗教(包括原始自然崇拜)、多种民俗和多种艺术相融合中，出现了形形色色的傩俗、傩仪、傩歌、傩舞、傩戏、傩技、傩艺，种类繁多，特点各异，琳琅满目。傩戏的主要特点，在于角色都戴木制假面，扮作鬼神歌舞，表演神的身世事迹。以观众、演员、剧目和演出场所来划分，傩戏可以分为民间傩、宫廷傩、军傩和寺院傩四个门类。民间傩，指壮、苗、侗、仡佬、土家等西南少数民族的傩戏；军傩则以安顺一带的地戏，以及关索戏为代表。傩祭的坛场带有浓厚的宗教性，以面具祀神，表演傩戏，傩面具被人称为“戴在脸上的历史”。苗、瑶、侗、壮、布依、仡佬、土家、水、彝、佤、白、哈尼、纳西、门巴、基诺、藏等民族都保存有傩祭的习俗。藏族聚居区大寺院的跳鬼，包括北京雍和宫的正月跳鬼，属于寺院傩的门类。《清史稿·礼志》记载：

“乾隆中，定金川，宴瀛台。定回部，宴丰泽园。及平两金川，锡宴紫光阁。其时所俘番童有习锅庄及甲斯鲁者，番神傩戏，亦命陈宴次，后以为常。”①这是地方傩戏进入宫廷。比较而言，傩戏盛于黔，品类丰富，覆盖面最广，具有民族多、品种多、层次多、分布广、保存完整等特点。即以傩祭的坛场而言，据调查，20世纪末，贵州德江县有傩堂戏103坛，道真仡佬族苗族自治县有傩堂戏46坛，由此推断，贵州全省的傩堂戏当不下千坛，风气之盛，可见一斑。

那么，黔地的傩文化由何而来？我们只要将眼光转向它的北部周边，就会加深对这壶“酘醒的董酒和茅台”的接纳与创造功能的理解。贵州傩堂戏的开坛法事中，有这样的唱词：“我祖原是湖南、湖北人，来到贵州显威严。”德江傩堂戏唱词中又提到“五姓之人”。据《后汉书·南蛮西南夷传》载：巴郡、南郡蛮，原本有五姓：巴氏、樊氏、瞫氏、相氏、郑氏，皆出于武落钟离山。可见它们与巴蜀、荆楚的传承关系甚深。我们先看离黔地最近的湘西“五溪蛮”地区。辰州傩戏盛行于湖南怀化市沅陵县的七甲坪镇及周边地区，影响及于张家界、常德地区。这里的傩戏有傩堂正戏、小戏、大本戏之分。傩技表演上刀梯、过火槽、踩犁头。五溪蛮文化以神秘诡异的巫傩风气驰名已久。

王逸《楚辞章句·九歌序》云：“昔楚国南郡之邑，沅、湘之间，其俗信鬼而好祀。其祀，必作歌舞以乐诸神。”巫鬼古俗至今于沅陵尤其是七甲坪镇犹存，有“傩戏”、“辰河戏”、“阳戏”、“傩祀”、“巫祀”。清朝乾隆十年(1745年)《永顺县志》记载：“永俗酬神，必延辰郡师巫唱演傩戏……至晚，演傩戏。敲锣击鼓，人各纸面一：有女装

① 赵尔巽等：《清史稿》卷八十八《礼七》，2629页，北京，中华书局，1977标点本。

者，曰孟姜女；男扮者，曰范七郎。”清朝道光元年(1821 年)《辰溪县志》述及当时巫傩盛况：“又有还傩愿者……至期备牲牢，延巫至家，具疏代祝。鸣金鼓，作法事，扮演《桃源洞神》《梁山土地》及《孟姜女》剧。主人衣冠，随巫拜跪，或一日、三日、五日不等。其名有三清愿、朝天愿、云霄愿、白花愿之属。”毫无疑问，楚蛮文化当然会南注于黔地，因为它们的民族部族有许多相同、相通之处。

离滇、黔略远的安徽池州，已属吴头楚尾。池州傩流传于佛教圣地九华山麓方圆百公里的贵池、石台和青阳，尤其集中于贵池的刘街、梅街、茅坦等乡镇几十个大姓家族，有“无傩不成村”的说法。“傩仪”、“傩舞”和“傩戏”盛行，每年例行“春祭”和“秋祭”，“春祭”在农历正月初七(人日)至十五日，“秋祭”在农历八月十五日，扮演有戏剧情节、表演程式，又有角色行当的正戏。风格具有原始的古朴粗犷，被誉为“戏曲活化石”。

江西抚州南丰县三溪乡石邮村的傩舞，是江西傩文化中的佼佼者，保留了原生态的“起傩”、“跳傩”、“搜傩”、“圆傩”一类古老仪式。石邮村中有傩神庙，世代敬奉傩事，每年跳傩，家家户户设有傩案。傩班从古至今始终由八人组成，辈分最长者主事，称为“大伯”，其余称“二伯”到“八伯”。每逢正月初一至十六日，早出晚归，风雨无阻，平日禁跳。乐器仅鼓、锣各一面，鼓槌用竹片削成，弯成弓形，以弓背击鼓。傩舞，又叫“大傩”、“跳傩”，俗称“跳鬼脸”，意在祭祀和驱鬼逐疫。抚州本是百越之地，百越及吴楚之风，都会成为东线南迁的西南少数民族沿途捡拾的文化因素，叠加在自己的文化行李中。

由西线南迁的西南少数民族，沿途沾染的主要是蜀地傩风。川北阆州一带的傩戏分为傩舞、傩戏、致吉祥词三种方式。表演形式有独舞、双人舞、群舞、锣鼓伴舞。舞蹈语言简洁明快，以手、脚、腰的动作，表达人物复杂的、有时是滑稽的内心世界和思想情感，气氛热烈，舞风夸张、粗犷、朴实。又兼容了川剧、川北灯戏、巴渝舞的表演特点，动作夸张，场面壮观。傩戏伴奏多用鼓、锣、钹等打击乐器，偶用唢呐吹奏。无论是演出剧目、程式、唱腔，还是面具、服饰、道具、乐器，都极是原始。傩戏的演出，由各宗族按房头摊派男丁担任演员，演技父子相传，世代沿袭，剧目唱腔互不交流，因而能够长久保持着古朴、粗犷、原始的风格。南部傩戏吸纳了评书、川戏、民俗的精华，借鉴了木偶、京戏、川戏人物脸谱绘法，以跳神步法表演坛戏。

四川傩坛，供奉"三圣"，即川主、土主、药王为坛神，称为"三圣坛"。"川主"，一般认为是"灌口神"或"灌口二郎"，即秦国蜀郡太守李冰之子。"药王"，是唐朝悬壶济世的名医孙思邈。"土主"，是主管田蚕、五谷，驱赶虫蝗、瘟疫的田土保护神，或说是璧山县鸡公岭的土地神。傩坛的神灵，既联系着历史，也沾染着泥土；时或彰显乡土情缘，时或流露民族身份。芦山花灯表演的"花鼻子"(丑角)，扮相奇特，反穿的皮袄斜挎半边膀子。反穿皮袄是羌人的习俗，斜挎半边膀子是藏族的着装方式，唱词、念白却用了地道的汉语川音。诸多民族的文化因素于此"叠加"，相互交融成趣。芦山本是两三千年前青衣羌国的治所，《水经注》卷三十六云："青衣水出青衣县西，蒙山东，与沫水合也。县，故青衣羌国也。《竹书纪年》梁惠成王十年，瑕阳人自秦道岷山青衣水来归。"①秦灭蜀以后，与华夏民族杂居。每年农历八月十五日起，举办祭祀三国蜀汉名将姜维的"八月彩楼节"，家家户户几乎都请傩戏班子设坛作法事，为期十日。川人表演蜀将，自有一

---

① [北魏]郦道元著，陈桥驿校证：《水经注校证》卷三十六《青衣水》，822页，北京，中华书局，2007标点本。

份乡土情缘。庆坛中又加演灯戏，娱神又可娱人，“灯坛两开”，煞是热闹。西南少数民族西线迁徙的一支，乃是古羌部族，随身带着部族故地的文化行李，何尝不是理所当然？西南少数民族西线、东线南迁的“剪刀形”迁徙路线，“剪切”下了如此丰富多彩的巫风神思、祭礼仪式、民间演艺，将它们汇聚于黔地，能不使这壶文化盛筵上的“董酒和茅台”变得酞而酽吗？

滋味酞酽的黔地傩文化，有一个非常特别之处，还在于汉人的迁入。且不说楚将庄峤进入西南，建立古滇国，以及其后历代不乏汉族大姓迁入，逐渐西南夷化。就说明朝洪武年间，朝廷派兵平定云贵。农民出身的朱元璋颇知国情，认为“养兵而不病于农者，莫如屯田”。为了防范“诸蛮”叛乱，朱元璋命令择地建筑城堡，沿着平坝、安顺一线，设置屯、堡、卫、所，在贵州设有24个卫、26个守衙千户所，其中安顺有3个卫、2个守衙千户所，史料上称呼卫所军士为“屯堡人”。“屯堡人”融合祭祀、操练、娱乐为一体，以“跳神戏”演习屯武之事，创造了军傩，从而将中原的民间傩，与驻地民情、民俗结合，形成了以安顺为中心的贵州地戏。

安顺地戏的表演者青巾蒙头，战裙腰围，额前戴着“五色相”(文将、武将、少将、老将、女将五种脸谱)的假面，手持刀枪剑戟，以带点弋阳老腔的余韵，演唱着七言、十言韵文，边说边唱交代剧情，表演着征战格斗，一派古朴刚健，雄浑粗犷。其中的装扮、表演、唱腔，体现了“屯堡人”原籍与黔中少数民族文化因素的剪切、叠加和新制。诚有若《续修安顺府志》①所言：“跳神者首蒙青巾，腰围战裙，戴假面于额前，手执戈矛刀戟之属，随口而唱，应声而舞。”庄严得有趣的是，地

① 参见贵州安顺市志编纂委员会：《续修安顺府志》卷十六《礼俗志》，成都，巴蜀书社，2006。

戏面具已经具有神格和人格，由专门从事脸子雕刻的艺人制作。面具需要“开光”，先将脸子郑重地陈列在神龛上，杀一只大公鸡，取鸡血点在脸子上，然后由雕匠念动开光词，赋脸子以神性生命。所表演的三十来部大书，以封神榜神人、三国志英雄、瓦岗寨好汉和薛家将、杨家将、狄家将、岳家将为主角，全是金戈铁马的征战故事。

地戏由安顺一带的屯堡人(汉族)扩展到周围的布依、仡佬、苗等民族。这种又称“跳神”的地戏，演出于乡村院坝，不用戏台。每年演出两次，在新春佳节期间断断续续演出约半个月，叫“玩新春”；农历七月中旬稻谷扬花之际，演出5天左右，称“跳米花神”。在民间娱乐、祈求丰年的同时，饰演中增加了许多青面獠牙的人物，以加强驱邪逐祟的气氛。贵州地戏创自屯戍的汉人，成于多民族杂居的黔中。它渊源于原始文化，生长于民间文化，是一种由汉人与少数民族共同创造的辉煌而神秘的特种文化方式。西南少数民族聚居区域“剪刀轴”之地，古老的信仰和民俗犹存，使得这种“文化活化石”式的原始艺术获得了有利于保存的文化防腐剂，从而对人类文化的多样性做出引人瞩目的贡献。

傩戏是从原始傩祭中蜕变出来的一种“似戏非戏，非戏亦戏”的超戏剧形式。上古文献记载“百兽率舞”，透露了早期人类模拟群兽舞蹈，以原始傩的方式驱逐疫鬼的宗教行为。这种“超戏剧形式”，原本是一种“前戏剧形式”，滥觞于史前，盛行于商、周。《周礼·夏官司马》说：“方相氏，掌：蒙熊皮，黄金四目，玄衣朱裳，执戈扬盾，帅百隶而时难，以索室驱疫。”①宫廷特设的专职驱疫赶鬼的军官方相氏，作为宫廷傩礼的主角，头上蒙着熊皮，熊皮的头部装着四只金黄

① ［汉］郑玄注，［唐］贾公彦疏：《周礼注疏》卷三十一《夏官司马下》，见《十三经注疏》，851页，北京，中华书局，1980标点本。

的眼睛，穿着黑衣红裙，双手分别拿着戈矛和盾牌，率领百名隶卒，在宫中一个一个房间地搜索疫鬼，驱赶出宫。西周宫廷傩礼的仪式，威武而粗犷，没有戏场。《吕氏春秋·季冬纪》云："命有司大傩。"高诱注："大傩，逐尽阴气为阳导也，今人腊岁前一日击鼓驱疫，谓之逐除是也。"①《玉篇》说："傩，魑假借字，惊驱疫疠之鬼。"另一个南朝梁人宗懔《荆楚岁时记》更是深入楚地的民俗："十二月八日为腊日，谚语：腊鼓鸣，春草生。村人并击细腰鼓，戴胡头，及作金刚力士以逐疫。"②这种记述，说明傩文化已经走出宫廷，散落于南方民间。

旧时皇历上绘有芒神、春牛图，清末《点石斋画报》上有"龟子报春"、"铜鼓驱疫"，可以窥见傩文化变异的某些痕迹，但是已经节日风俗化了。唯有南方似乎还保留一点高诱注中所说的"击鼓驱疫"的仪式。湖南新化地区至今仍存留有腊月"击鼓驱疫"之俗。广州地区则推迟到立春前后，"击鼓驱疫"，祈求平安。清人屈大均《广东新语》卷六云："叶石洞为惠安宰，淫祠尽废，分遣师巫充社夫。遇水旱疠疫，使行禳礼。又遵洪武礼制，每里一百户，立坛一所，祭无祀鬼神。祭日皆行傩礼，或不傩则十二月大傩。傩用狂夫一人，蒙熊皮，黄金四目，鬼面，玄衣朱裳，执戈扬盾。又编茅苇为长鞭，黄冠一人执之，择童子年十岁以上十二以下十二人，或二十四人，皆赤帻执桃木而噪，入各人家室逐疫，鸣鞭而出，各家或用醋炭以送疫。黄冠倡，童子和曰，甲作食凶，胇胃食虎，雄伯食魅，腾简食不祥。揽诸食咎，伯奇食梦，强梁、祖明共食磔死寄生，委随食观，错断食巨，穷奇、

① ［战国］吕不韦编：《吕氏春秋·季冬纪》，114页，北京，中华书局，1986标点本。

② ［南朝梁］宗懔：《荆楚岁时记》，15页，北京，中华书局，1991标点本。

腾根共食蛊。凡使十二神追恶凶，赫汝躯，拉汝干，节解汝肉，抽汝肺肠。汝不急去，后者为粮。此乃古礼，虽孔子所不敢违也。”①古傩仪式是宗教的野生子、戏剧的远祖宗，在历代发展中融合了宗教文化和民间艺术。这种古老仪式在中原文化理性发达的时候几成绝响，它却化身旅行，远播南国，深入西南少数民族地区，并在这里生根发芽，长成大树。

少数民族是天生的舞者、歌者、原始戏曲的表演者，以贵州为中心的广阔地带，包括贵州全省、云南东都、四川南部、重庆南部、湖北西南部、湖南西部和西南部、广西北部，时至今日仍为傩祭和傩戏流行的地区，而且保存的傩戏最多、品种最全、特色最为显著。这一地区丰富多彩的傩戏群大致可以归纳为三类，即地戏、傩堂戏、变人戏。所谓“变人戏”，指的是彝族傩戏“撮泰吉”。“撮泰吉”是彝语，“撮”的意思是人，“泰”的意思是变化，“吉”的意思是游戏、玩耍，组合成词意谓“人类刚刚变成的时代”或“人类变化的戏”，简称“变人戏”。

“撮泰吉”本是贵州乌蒙山深处一个叫裸戛的村寨的傩戏。每年正月初三至十五演出时，举行“扫火星”仪式，演出程序依次为祭祀祖先、民族迁徙、拓荒耕种、买卖牲畜、交媾繁殖后代，最后为全寨逐户扫除火星。“撮泰吉”的主角是称为“神鬼”的老祖宗化身，面具突额大鼻，头饰包缠成尖顶状，身穿黑衣，缠绕白布带，表现初民裸体，以罗圈腿步态行走，说话抽气发音含混不清，带有未完全进化成人类的猿猴的特征，充满着稚拙的神秘感。尤有意味的是，演出队伍中有

---

① ［清］屈大均：《广东新语》卷六，216 页，北京，中华书局，1985 标点本。

彝族老爷爷“阿布摩”，据说已有1700岁，是智慧长者。他的配偶，老奶奶“阿达姆”，据说1500岁。苗族老人“麻洪摩”，据说1200岁，面部皱纹为斜竖状，胡须黑色。汉族老人“嘿布”，据说1000岁，面具为兔唇，画竖状白波浪条纹，表示年纪较轻。在一种超长寿的想象中，深山里的彝民将自己排行为老大，接近的苗民为老二，而似乎有点疏远的汉人为老三。这似乎有点像周民族将自己的始祖后稷，想象成帝喾的元妃所生，而被周人取代的殷民族的始祖，乃是帝喾的次妃所生，自尊中谈不上有何种恶意，倒是令人感到有些天真。如“撮泰吉”这样表现人类的起源，简直是傩文化中的绝唱，令人感受到西南少数民族从山地深处发出的声音的震撼。这就难怪中国戏剧家协会主席曹禺惊叹：巫风傩俗所负载的文化现象是我们民族的又一道“文化艺术长城”，随着研究的深入，“中国戏剧史或许将因此而改写”。

我们之所以大量采用傩戏这种民俗文化事例，原因在于它是出自人类本性的一种创造，证明了在任何情境中，人类都不会忘记他们拥有思想文化方式的创造权。在游牧文明与农业文明的“太极推移”中，西南少数民族以“剪刀形”的迁徙路线汇集到滇黔之地的“剪刀轴”上。他们在迁徙和汇集中，接纳了沿途和当地的多种多样的文化元素，在地方民俗“防腐剂”中浸泡保鲜，又在现实生活中创造提升，从而产生了为其他地方难以产生的艺术奇观和诡异的绝唱。这就是中华民族文化发展中难能可贵的“边缘活力”。前面所述的安顺地戏、彝族“撮泰吉”都证明了这种文化活力的存在。就以湖南省新晃天井寨龙姓侗族人的傩戏“咚咚推”来说，它以盘古大王和飞山太公为傩神，因演出时在“咚咚”(鼓声)、“推”(一种中间有凸出的小锣声)的锣鼓声中跳跃表演而得名。演员的双脚始终合着“锣鼓点”，踩着三角形跳动。据说就牛的身体而言，牛头和两只前脚是一个三角形，牛尾和两只后脚又是一个三角形。这就带有侗族农耕文化孕育出来的“咚咚推”的特征了。它的剧目有《关公捉貂蝉》《古城会》等以关公为主角的三国戏，又有源于本民族生产生活的《跳土地》《癞子偷牛》《老汉推车》。还有一出叫作《背盘古喊冤》的警世剧，从剧名就可知，本来是庄严的傩神的盘古大王，竟成了背着喊冤的道具了。这是何等吊诡的想象！其中有边缘文化的自由心态存焉。

我们当然不会忽视中原文化率先发展所产生的处于强势地位的凝聚力、辐射力和吸引力，“太极推移”需要一个圆形的“太极环”加以规范和约束，才不会造成能量的过度消耗和崩裂。但是也应该看到，强势文化一旦成为官方意识形态，它在冠冕堂皇的体系化的过程中，难免落入字正腔圆的八股调而僵化。在儒生读“六经”的时候，小民在读世界。读世界所产生的边缘活力，使这个文明储蓄了深厚的历久弥新、与时偕进的发展潜能。这就是中华民族文化发展的“内聚外活”的合力机制，从结构而言，有点类乎儒学的“内圣外王”。而西南少数民族这把以西南边远疆域为轴心，同时放射出两道夹形利刃的剪刀，在不断交错开合中产生独具一格的边缘活力，为整个中华民族文化的发展储存着又不断注入了那么原始，又那么新鲜，那么奇幻，又那么感人的文化基因。这一点，实在大有助于中华民族共同体“内聚外活”文化动力学结构的形成，大有助于我们的文学发展始终保持着充盈的生命力。拥有西南少数民族的煌煌中华，能说不是一种福分吗？

第五辑　方法论探讨与构建

现代中国学术方法综论*

一、以学术史材料作方法论文章

方法是人类面对世界时自信的微笑和沉着的出招。学有学法，兵有兵法，治世创业有治世创业之法，升天入地有升天入地之法。一句"我有法子"，就意味着人面对着千变万化、千头万绪的世界所提出的问题，有了应对的手段，其间牵动着感觉和理智，融合着知识和智慧，转化出计谋和方略，落实到工具和手段、程序和步骤，围绕着预设性和可行性、实践性和有效性，最终指向人类文明多姿多彩的成果的获取和创造。在人类文明的进程中，问题与方法不啻为人叩打世界大门的奇妙的指头、进入世界大门的通行证。

具体到学术研究领域，学术方法的思考、选择和设定，对于任何一个想有作为的学者都是至关紧要的。它是进入学术领地的一把钥匙、一张入门券。不少人在学术领地的

* 原载《中国社会科学》2005 年第 3 期。

门外探首探足，逡巡难进，饱尝未窥门径的苦恼，很重要的一点就是他没有找到合适的有效的学术方法的钥匙或途径。在腹笥便便却百般困恼的时候，迷津一经点破，豁然开朗，再回过头去看那总以为神秘莫测的学术之为物，简直平凡得就像一层薄薄的窗户纸。窗户纸未被点破，苍蝇撞窗，东撞西撞不得要领；一经点破，奋身飞出，别有风光，自然会感受到精神的怡悦。

这只点破窗户纸的神秘的指头在哪里？其实，20世纪中国的一批杰出的学者，早已经用他们的奇妙的手指，不知点破了多少学术难题的窗户纸，开拓了各有千秋的学术门径，操持着各有胜算的学术手段。他们行之有效的学术方法，就存在于他们成就斐然的学术经典或名著之中。所谓“学术”，分而言之，学为原理，术为方法。在20世纪早期，梁启超就引西方学者的话，强调“学者术之体，术者学之用，二者如辅车相依而不可离”①。这就是说，闪亮的“学”的铜币的另一面，就是精心设计的“术”的纹样，就看你能不能运用出色的智慧，把这个铜币正面看了又翻过背面看，在正反参详中窥破学术方法的玄机。

由此衍化出的基本旨趣可归结为一句话：以学术史的材料作方法论的文章。在这个学术史行列中，行进着严复、梁启超、王国维、吴梅、胡适、鲁迅、周作人、陈垣、陈寅恪、傅斯年、顾颉刚、钱穆、俞平伯、闻一多、朱自清、朱光潜、冯友兰、宗白华、郭沫若、吴宓、钱锺书、季羡林，以及与他们的学术有渊源关系的一些学者。对这批曾使中国学术发生现代性转型的学者的学术成就和学术方法进行

---

① 梁启超：《学与术》，原载1911年6月《国风报》第2年第15期，收入《饮冰室合集》文集之二十五(下)，北京，中华书局，1936。

逐渐深入的考察后，留下了一个深刻印象：一部学术史内蕴着一部弥足珍贵的学术方法开拓和嬗变的历史。这种系统而专门的学术方法的考察和融贯，前人似乎没有提到议事日程，因而有必要作一点交代。

“思想的过程”结晶出“过程的思想”，这种“过程的思想”可以通过某种可操作性的程序，开拓自己的道路，形成自己的成果。把这些“过程的思想”及其操作程序萃取出来，加以方法论的意义论定和功能规定，则可以在接触新材料、新思想的时候，释放出许多合理有效的学术思路。这样的学术思路和学术方法，在不同的学术领域具有可供选择的通约性，往往能够发挥着举一反三的效应。它由此产生了双重的超越：一方面超越了一般性的依靠概念演绎的方法论建构，从博大精深而又个性丰富的学术实践资源中，发现思想的出发点和学术入门的途径，从而以有血有肉的材料考察其中方法的特质、结构、分类、程序和功能，使我们在过程中领略方法的操作方式和操作这些方法的一代名家的风范。另一方面超越了学术史材料只能按照学者、学派的时间维度排比章节，论其文化背景、思想倾向和历史地位的学术史写作模式，以“横断学科”的方式，在学术成就最丰厚的一些典型事例上切取特定的横剖面或纵剖面，考察其间带着生命热气的学理轨迹和方法论脉络，从而弄清这些学术名家名作是以什么方法写成的，从何入手，如何入手，入手后如何运用材料形成问题，并且进而使之进入破解问题的途径、手段和过程之中。然后又组合多种剖面的方法论考释，进行分类贯通，形成具有不同程度的普遍价值的通则。这种从“过程的思想”到方法通则的学术实施过程，实际上是以学术史材料作方法论的文章的“方法之方法”。

禅门有个话头："鸳鸯绣出从君看，不把金针度与人。"①朱熹论为学功夫，说："子静(陆九渊)说话，常是两头明，中间暗。或问暗是如何？曰：是他那不说破处。他所以不说破，便是禅所谓'鸳鸯绣出从君看，莫把金针度与人'，他禅家自爱如此。"②元好问《论诗三首》之三说："晕碧裁红点缀匀，一回拈出一回新。鸳鸯绣了从教看，莫把金针度与人。"我在进行方法通论研究之初，并不曾存有金针度人、授人以做学问的诀窍的念头，更重要的是想金针度己，在反复端详那些鲜丽的学术鸳鸯绣样的时候，潜心揣摩其间的金针运行方法。至于发表讲演，或著述成书，是否有一点借针献人的作用，那已是另一回事了。比如我读王国维的《宋元戏曲史》、吴梅的《中国戏曲通论》、鲁迅的《中国小说史略》，以及胡适的《白话文学史》、周作人的《中国新文学的源流》，自然也注意到西方文学观念的输入，引起中国文学本体认知和文学价值重估的深刻的现代转型，促使著述者的文化视野和审美趣味的现代性的形成，在原本"自来无史"的小说戏曲等平民文学领域投下过的功夫和眼光，拓荒性地写出经典性的专门史文本，以及采取文学运动的思想收获和历史进化、历史循环的富有个性的观念，重新评估文言与白话、载道与言志等不同文学系统的价值和命运。

但是由于采取翻转铜币以"学"观"术"，或者从鸳鸯锦绣看"针法"的研究策略，这里更为注重的是考察这些名家名作是如何发挥方法论的中介环节的作用。首先是考察它们如何以现代的科学分析能力从复杂纷纭的文学现象中提取关键性的"文化因"，从历史连续性的承接与

---

① [宋]释普济，苏渊雷点校：《五灯会元》卷十四《青原下七世》，892页，北京，中华书局，1984标点本。

② [宋]朱熹著，[宋]黎靖德编，王星贤点校：《朱子语类》卷一百四《朱子一》，2620页，北京，中华书局，1985标点本。

中断中分离出文学范式，辅以锐意穷搜的史料学的分类处理，以及知识谱系学的轨迹跟踪，从而使其中的诸多学理判断都纲目严整、根本牢靠、脉络通彻，尽量避免那种找来几个时髦术语而不计中间环节就生硬地对丰富多彩的材料贴标签的做法。同时考察它们的话语原创的文化机制，考察它们是如何恰如其分地把握文学范式、熔铸学术名目，使原创话语深刻地联系着传统的语源语义而不失其根本，又开放地联系着外来的思想论证而注入现代性的内涵。

此外，由于这些名家名作往往是并置着进行比较考察的，这就造成一种特殊的语境，能够从方法论的角度揭示王国维的《宋元戏曲史》不同于吴梅的《中国戏曲通论》的学术生命力的秘密，也能够从钱锺书1932年发表对《新文学源流》的质疑性批评和1933年写成《中国文学小史序论》、1940年刊出《中国诗与中国画》的反复质疑中，提供一个不同于周作人的“载道言志循环起伏”模式的另一种文学史叙述法。经过以上的处理，“学术方法通论”的第一个层次，是在不同名家的同类著作中求“通”，会通它们从萃取“文化因”、“文学范式”到进行话语原创的一些行之有效的学术方法通则。

学术方法通论的第二个层次，是在不同的学科和学科分支之间求“通”。我们主要是会通文学、历史学、考古学、哲学、文化人类学和思维科学。现代学科对各自的研究对象、研究规范、术语形态和学理体系的严密界定和严格分工，使学术趋于专门化和职业化，使人类知识在各个领域取得了许多突破性的深刻、透彻、条理整然的成果。德国思想家马克斯·韦伯(Max Weber)早在20世纪初就感叹：“学术已达到了一个空前专业化的阶段，而且这种局面会一直继续下去。”①专

① ［德］马克斯·韦伯：《学术与政治》，23页，冯克利译，北京，生活·读书·新知三联书店，1998。

业化的学术在坚实精进的同时，则有可能对人类知识的完整性实行阉割。因而做了60年的历史和文化研究的钱穆又有另一番感慨："文化异，斯学术亦异。中国重和合，西方重分别。民国以来，中国学术界分门别类，务为专家，与中国传统通人通儒之学大相违异。"①其实，讲专门和讲会通，是中西学术内部长期存在的张力，只不过在由古至今的时间过程中，中国与西方存在着不同的起点和历程。两种集体潜意识，在其起点上一者重分析，一者重融通，但它们应该采取开放的发展的态度，由分析走向融通，由融通走向分析，建立融通与分析互动互补的文化创造机制。

在这种文化创造机制中，文学应该向史学取法凝重，史学应该向文学取法灵动，在不同的学科立足点上进行学术方法的科际借鉴和移植，把对人的精神关怀和对历史文化制度的重视结合起来，使各自的学理建设做得既博大又精深。从事文学研究，尤其是侧重于审美体验的人，读一读陈垣的历史学著作，当会为他的史源学、年代学、文献学和校勘学的硬功夫而震撼。他使用材料讲究探本求源，竭泽而渔，早年以十年时间博览文津阁《四库全书》，做了目录学上的考订功夫，甚至连《四库全书》哪部书最大，都带领人员去清点。对于那部"考究元代政教风俗语言文字必不可少之书"《元典章》，则用新发现的元刻本对校清刻本，并参以他本，校出讹误衍脱颠倒妄改之处一万两千余条，挑选千余条，归纳其致误类型，撰成《元典章校补释例》六卷五十目，进而概括出校勘学的四种方法论通则，即对校法、本校法、他校法和理校法，被胡适称为"中国校勘学的一部最重要的方法论"②。此

① 钱穆：《现代中国学术论衡》，1页，长沙，岳麓书社，1986。

② 胡适：《元典章校补释例序》，收入陈垣《校勘学释例》，1页，上海，上海书店出版社，1997。

外如他的“古教四考”《元也里可温教考》《开封一赐乐业教考》《火祆教入中国考》《摩尼教入中国考》，以及《元西域人华化考》等著作，都在遍考典籍、碑铭和敦煌文献的基础上，精思博识，廓清了千百年间隐晦无人能道的古宗教和民族关系史的疑难问题。文学研究倘能从这里汲取经验和方法，是可以打开自身的文化学和民族学的巨大空间，从而使这门讲究灵动的学科变得开阔而坚实的。

学科之间的能力和方法的移植借用，往往能够产生在原先学科相对封闭的状态中，难以想象的综合效应。因为相对封闭的学科壁垒，在师门传授、近亲繁殖中往往强化某种思维方式或学术方法的优势，使之精益求精，却也可能忽视了，甚至压抑了另外一种思维方式或学术方法的潜能。当新的能力和方法从其他学科移植过来的时候，它可能以其新锐的角度、眼光、体例和程序，解放了原先被忽视、被压抑了的潜能，开发出学科格局的新模样、新气象。

郭沫若本是张扬创造、推崇灵感的诗人，当他避祸日本十年而接触甲骨文和青铜器铭文的时候，就带着强烈的创造冲动，以唯物史观的新颖方法重铸了对这些古老文字器物研究的格局。他在《卜辞通纂》①中跨越了从古文字学到社会形态史的巨大跨度，主体部分采录800片甲骨，按干支、数字、世系、天象、食货、征伐、畋游、杂纂8类编排，形成由工具性、历史性到社会性、思想性的层层递进的分类学内在逻辑。而且全书的图录与文字前后映照，每片甲骨都有考释，每个分类都有小结，又有《序》《述例》《后记》阐发自己的构思和发现，从而组合成一种广泛地涉及字形字义、原始信仰、仪式制度、思维方式、生存状态和社会制度，力图复原殷代社会尽可能多的侧面的

① 郭沫若：《卜辞通纂》，北京，科学出版社，1978。

学术操作体系。这种操作体系既是实事求是，又是才华横溢的，并非那些株守门户的学者所能做到的。

郭沫若能创出学术的大模样，缘于他有一种长于把握中介环节的能力。他一经接触德国学者亚多尔夫·米海里司的《美术考古一世纪》①，便被其中的美术文化遗物的"样式分析"和全体意识所吸引，从而创造性地形成自己研究殷周青铜器铭文的断代学和图像学的方法。他首先选定铭文标出年代的器物为标准器，然后以标准器的人名事迹线索、文辞体裁、文字风格和器物花纹形制为标尺，对未知年代的器物进行比较断代。其中，借鉴美术考古学"样式分析"而创造的青铜器图像学的断代和分类方法尤为独到，它把历代青铜器形制和花纹的演变资料制成参考图谱，较其正变异同，对不同年代和国别的信仰(包括图腾)和审美形式进行辨析与推断，从而使头绪淆乱的青铜器物的年代学和地域学的认定，有了可资遵循的科学规范。

这种方法论的规范被非常出色地运用在《两周金文辞大系》②的体例上，上编仿《尚书》体，按时间排列，把137件王臣器按编年史顺序，系于从武王到幽王的西周各王的名下；下编仿《诗经·国风》体，按空间排列，把114件东周列国器物，排比成以长江下游的吴国为起点，溯江而上，于江河间顺流而下，更沿黄河溯流而上，走了"之"字形，经30国而止于秦。结构本身就蕴含着深刻的历史文化意义，西周王臣器和东周列国器的编排方法，意味着两周之间礼制分崩、权力下移的历史趋势。北方列国器物属于周文化系统，南方列国器物带有浓郁的商文化的色彩，南北之辨在很大程度上是商、周之辨，而且这

① [德]米海里司：《美术考古一世纪》，郭沫若译，上海，上海书店出版社，1998。

② 郭沫若：《两周金文辞大系》，东京，文求堂书店，1932。

种南北区分在春秋以后趋于划一，透露了趋向秦汉大一统的某种文化消息。在美术纹饰规制的精微体验中感受到时代消息和大地气息的萌动，这种文学素质的介入使史学体例平添许多活力，从而真切地触摸到人、社会与历史的脉搏了。当然这种活力还有待于融入历史学科的潜心积学、深研精思。

二、途径、工具及方法论的灵魂

学术方法通论的第三个更高的层次，是指向和进入总体方法，甚至元方法，对方法论进行更深入的哲学思考。于此有必要对人类的方法论思想做出一些必要的历史反思。从总体意义上说，方法是人看世界的眼睛，以及应对和改造世界的手足，直至作为手足功能之延长的工具。总体方法是由具体方法集合而成的，是它们在本质上的集合。总体方法变了，人所看到的世界图像，包括看见哪些图像，以及被看见的图像的特质、结构、关系、功能和演化的方式，都发生了深刻的变化。刀耕火种时代，有刀耕火种时代认识和改造世界的方法；电子信息时代，有电子信息时代认识和改造世界的方法。这就表明，方法既存在于历史过程中，其自身又是能够不断地展示新维度、新层面的存在。

凡事都应究其本原，本原中存在着作为出发点的本质。在本原上，中国人对方法的认识，浑融多种学科而强调价值判断；西方人对方法的把握，则往往侧重分析思维，潜蕴着追寻途径的欲望。比如《说文解字》就把方法与价值判断，甚至与刑律断案相联系："灋(法的古字)，刑也。平之如水，从水；廌，所以触不直者去之，从去。"①

① ［汉］许慎撰，［清］段玉裁注：《说文解字注》，470 页，上海，上海古籍出版社，1988 影印本。

这里以水、以神兽比喻执法，解释方法，强调公平地考究功过、是非、曲直的价值准则。《墨子》卷七《天志中》则强调方法考究的主体能动性和标准化尺度："匠人亦操其矩，将以量度天下之方与不方也。曰：中吾矩者谓之方，不中吾矩者，谓之不方，是以方与不方可得而知之。此其故何？则方法明也。"①以人丈量天地而明辨其方圆，这就使方法始终存在于人与世界相互作用的动态的历史过程之中。与此相对照的是西方世界讲方法（method），语源是希腊文的 μεζά（沿）和 όδόζ（途），为"遵循某种道路"之义。一者重以主体的以规矩丈量天地，一者重以外在的取途径以供遵循，本原上的差异，潜在地影响了中国与西方的方法论发展的方向和形式。

尽管本原和发展过程上存在着差异，但无论中国和西方，对于方法的认识和运用都非常重视它的工具性，或者说，在其主流发展中都以"工具性"作为关键词。孔子说；"工欲善其事，必先利其器。"②工具的发展，是为了事半功倍的目的。荀子认为："假舆马者，非利足也，而致千里；假舟楫者，非能水也，而绝江河。君子生非异也，善假于物也。"③在行为与目的之间，假借工具而改变行为方式，是可以增加达到目的的手段和能力的。荀子的比喻，到了毛泽东的手中，就增加了现代实践哲学的意味："我们不但要提出任务，而且要解决完成任务的方法问题。我们的任务是过河，但是，没有桥或没有船就不

---

① ［清］孙诒让编，孙启治点校：《墨子间诂》，见《诸子集成》（四），128页，北京，中华书局，2006影印本。

② ［宋］朱熹：《论语集注》卷八《卫灵公第十五》，见《四书章句集注》，163页，北京，中华书局，1983标点本。

③ ［清］王先谦：《荀子集解》卷三、卷四，见《诸子集成》（二），2～3页，北京，中华书局，2006标点本。

能过。不解决桥和船的问题，过河就是一句空话。不解决方法问题，任务也只是瞎说一顿。”[①]桥或船的说法，表明解决问题的方法往往不是唯一的，而是具有多样性的，应根据具体的条件进行调整、选择、变通或并用。条件制约着方法，方法改造着条件。

众所周知，劳动使人走出了一般的动物界，其中的关键是人在劳动中制造了工具。一有了工具，就有了方法，因此方法与工具在人类发展史上结下了不解之缘。古希腊亚里士多德的后学，把这位大思想家的《范畴论》等六篇论文，辑录成逻辑科学和方法论的专书，取名《工具论》，是很有一些道理的。两千年后，到了公元17世纪，近代方法论的开拓者英国的培根，参照这条思路撰成方法论著作《新工具》。他把重三段论推理的亚里士多德翻转了半面，主张感觉是知识的源泉，只有归纳法才能使人获得真正的知识。与他双璧交辉的法国的笛卡尔，却把他再翻转了半面，把自己的著作径称《方法论》(原题《更好地指导推理和寻找真理的方法谈》)，痛斥感觉欺人，只有理性演绎法才能得到真正可靠的知识。他们选择了不同的方向和维度，一者重实验和归纳，一者重理性和演绎，从而使方法论处在运动和竞争的状态，把它做大了，做活了，做得引人注目了。反复翻转半面，就在翻转中给新的思维方式腾出了创新的空间，这实在是方法论创新的极佳方法。

这种方法工具说，在一二百年后还得到了以辩证法大师而驰名的德国黑格尔的呼应和发挥。黑格尔认为：“在探索的认识中，方法也就是工具，是主观方面的某种手段，主观方面通过这个手段和客体发生关系。……在真理的认识中，方法不仅是许多已知规定的集合，而

① 毛泽东：《毛泽东选集》卷一，139页，北京，人民出版社，1991。

且是概念的自在和自为的规定性，这种概念之所以是中名词(逻辑推理的格中的中项)，只是因为它同样也有客观东西的意义。……绝对的方法(即认识客观真理的方法)不是起外在反思的作用，而是从它的对象自身中采取规定的东西，因为这个方法本身就是对象的内在原则和灵魂。"这段对方法在主客体之间的工具作用的思辨，被列宁摘入他的《哲学笔记》。① 他感受到这段话的深刻，但没有对这段话做出直接的评议，这也给人们反省这段话留下了思想的空间。

值得反省的是，黑格尔称"方法本身就是对象的内在原则和灵魂"。这也就是说，方法即便是介于主体和客体之间的工具，它也是活的工具，是有"内在原则和灵魂"的活的工具。它不是静止的中介，而是运动着的传导着生命认知的中介。它以中介的身份穿针引线，畅气通神，作为我们要着重讨论的学术方法，引导着主体和客体、思想和材料的本质要素互识、互动、互化，思考着从何入手、如何入手，以及入手后的种种思想联动和生命贯注。它的生命存在于这种活生生的动态的中介性之中。之所以称方法是人看世界的眼睛，而且是人以科学的方式改造世界的手足，以及作为手足之延长和功能之强化的工具，就是因为它内在贯通着一条感应神经。

对此，朱熹似乎感觉到了，他把方法与道联系起来："或问(《孟子·离娄下》)君子深造之以道一章。曰：深造之以道，语似倒了，以道字上方是。盖道是造道之方法，循此进进不已，便是'深造之'，犹言以这方法去深造之也。今日深造之以道，是深造之以其方法也。以

① ［德］黑格尔：《逻辑学》下卷，532～537 页，杨一之译，北京，商务印书馆，1976。列宁引文见其《哲学笔记》，207～208 页，北京，中共中央编译局译，人民出版社，1956。

道是工夫，深造是做工夫。如博学、审问、慎思、明辨、力行之次序，即是造道之方法。若人为学，依次序，便是以道；不依次序，便是不以道。如为仁而克己复礼，便是以道；或不克己复礼，别做一般样，便是不以道。能以道而为之不已，造之逾深，则自然得之。”①这里强调方法应该“以道”，“以”是常用的多义词，带有因由着道、依恃着道、运用着道、遵循着道和旨归于道的多重意义。“道”在朱熹的字典中，是一个与“理”相连用而又相分别的术语。它继承了《易经》的道器之辨，认为“道非器不形，器非道不立”，“心生道也，……此心之灵，其觉于理者，道心也；其觉于欲者，人心也”，因此要“离物以求道”，“遗器而取道”②。这里的“道”字和理一样，具有本体论的意蕴。但道字之用更为方便，与理字有所参差，即所谓“道训路，大概说人所共由之路。……问道与理如何分？曰：道便是路，理便是那文理。……道字包得大理，是道字里面许多理脉。又曰：道字宏大，理字精密”。训为“路”的道字，内蕴着许多理脉和次序，就带有门径或方法论的意思了。由本体论到方法论，因而“道字看来亦兼体用，如说其理则谓之道，是指体言；又说率性则谓之道，是指用言”。③ 应该看到，赋予方法“以道”之说，与赋予方法“内在原则和灵魂”之说相契合，这就使方法论与本体论一脉相通地联系起来。其价值在于使人不可狭隘地把方法等同于雕虫小技，而应该在文化总体运行中思考方法，并且在方法论思考中指向文化发展的本原、趋势、基本原则和总体特征。这也可以为方法通论进入总体方法或元方法的层次提供思想

① ［宋］朱熹著，［宋］黎靖德编，王星贤点校：《朱子语类》卷五十七《孟子七》，1343页，北京，中华书局，1985标点本。

② 同上书，卷六十二《中庸一》，1487页。

③ 同上书，卷九十五《程子之书一》，2421页。

的支持。现代中国学术面临的总体方法或元方法是双构性的，它以世界视野和文化还原二者作为富有内在张力的基本问题。这也是它的总体方法的“内在原则和灵魂”，或者所要“以”之的“道”。二者缺其一，就会发生严重的“失魂”或“失根”的倾斜。只有把世界视野和文化还原相结合，才能使学术踏实明敏、登高望远，在反思自己自何而来、向何而去的基础上，明古今之变，察中西之机，外可以应对全球化的挑战，内可以坚持自主性的创造。这样的学术才是有大国气象的学术，才能找到自己的生长之机、创造之魂，才能在克服抱残守缺或随波逐流的弊端中，实现一种有根的生长、有魂的原创。

世界视野对于现代学术之所以具有元方法的价值，在于它赋予学术方法的移植、调整、重组和运用以新鲜广阔的精神空间。胡适提倡文学革命，在于他以留学生的经验，能够以“历史进化的眼光”省察到欧洲诸国，如意大利的但丁、德国的路德曾经以俚语的“活文学”取代拉丁语的“死文学”，开本国新文学之先机。这是在文化过程的层面上建立自己的世界视野。在术语操作层面上，他不妨就便地撷取 20 世纪第一个十年间风行美国、被称为一代“诗宗”的意象主义诗派领袖庞德和罗威尔等人的主张。胡适在 1916 年 12 月留美日记中，录有《纽约时报》上刊发的《印象主义诗人的六条原理》的英文原文，认为“此派所主张，与我所主张多相似之处”①。这六条原理主张使用通俗语言，诗歌采用自由格式和新的节奏韵律，主题选择绝对自由，意象应确切地表现细节，诗风要清晰、坚实，把凝练作为诗歌最重要的本质。这六条原理都被胡适用以针对中国旧文学的弊端，加以变通组合，创设

① 胡适：《藏晖室札记》，第 15 卷，1071 页，上海，亚东图书馆，1939。

出《文学改良刍议》中从“须言之有物”到“不避俗字俗语”的“八事”。①这“八事”的针对性和新锐感，对于当时沉闷的文学界，其震撼作用确如《新青年》的主编陈独秀之“以为今日中国文界之雷音”②。

对于胡适“八事”与意象主义“六原理”的关系，在纽约留学的梁实秋已于1926年有所揭破：“我以为白话文运动的导火线即是外国的影响。近年倡导白话文的几个人差不多全是在外国留学的几个学生，他们与外国语言文字的接触比较的多些，深觉外国的语言与文字中间的差别不若中国言语文字那样的悬殊。同时外国也正在一个文学革新的时代，例如在美国英国有一部分的诗家联合起来，号为‘影象（即意象）主义者’，罗威尔女士佛莱琪儿等属之，这一派唯一的特点，即在不用陈腐文字，不表现陈腐思想。我想，这一派十年前在美国声势最盛的时候，我们中国留美的学生一定不免受其影响。试细按影象主义者的宣言，列有六条戒条，主要的如不用典，不用陈腐的套语，几乎条条都与我们中国倡导白话文的主旨吻合。所以我想，白话文运动是由外国影响而起。”③这种外国文学过程和术语的参照移植，以其时空情境的巨大的异质性，在中国文学情境中引发了强烈的纳新和排异的反应。由于五四新文学群体的毫不妥协的奋战，那借鉴而来的“雷音”，终于打开了中国文学和学术的新局面。

视野可以使方法增值。新视野的敞开，使胡适敏捷而明智地把自己的研究重心和研究方法，转移到最容易增值而以往的研究又非常薄弱的古典小说领域，既为倡导白话文提供历史的依据，又为新学术提

---

① 胡适：《文学改良刍议》，载1917年1月《新青年》第2卷第5号。

② 陈独秀：《复胡适》，载1916年10月《新青年》第2卷第2号。

③ 梁实秋：《现代中国文学之浪漫的趋势》，见《浪漫的与古典的·文学的纪律》，8页，北京，人民文学出版社，1988。

供方法论的范例。从 1920 年到 1933 年，他在 14 年间以“序言”、“导论”的方式，为 12 部古典小说写了 30 万字的考证文章。在诸多考证文字中，影响最著的是《〈红楼梦〉考证》，以致在他逝世时有人写了这样的挽联：“先生去了，黄泉如遇曹雪芹，问他红楼梦底事？后辈知道，今世幸有胡适之，教人白话做文章。”① 在胡适的“新红学”研究中，现代世界视野笼罩着并渗透到学术思考的各个层面，包括研究领域的选择、研究思路的确定、研究资源的开发。

首先，胡适破除视小说为“小道”的旧观念、树立小说为“文学正宗”的观念，使他对上海亚东图书馆“新版标点古典白话小说”的事业赋予极大热情。在把商业行为与文化事业行为相结合中，以《红楼梦》这类小说名著作为专门的研究领域，“这种工作是给予这些小说名著现代学术荣誉的方式，认定它们也是一项学术研究的主题，与传统的经学、史学平起平坐”②。

其次，在新领域的拓荒工作中，他选择的入手处是把实证主义的史学方法和文学方法移植并用，以揭破《红楼梦》作者和版本的谜团。他打破了旧红学的索隐派把这部杰作曲解为影射清顺治帝与董鄂妃之事，或附会为写康熙朝宰相明珠的儿子纳兰性德之事，或以排满意识误读为“康熙朝的政治小说”等等奇谈怪论，考定该书作者是江南织造曹寅之孙曹雪芹，还原出《红楼梦》是一部“自然主义的杰作”，只是老老实实地描写这个大家族“坐吃山空”、“树倒猢狲散”的自然趋势，因而是一部作者“将真事隐去”的自叙的书。③ 所谓自然主义和自叙传，

① 胡明：《胡适传论》，463 页，北京，人民文学出版社，1996。

② 胡适口述，唐德刚译注：《胡适口述自传》，258 页，北京，华文出版社，1992。

③ 胡适：《〈红楼梦〉考证》，见《胡适红楼梦研究论述全编》，103～108 页，上海，上海古籍出版社，1988。

都是五四新文学运动接纳西方思潮的流行观念，胡适想以此来演示“大胆的假设，小心的求证”的科学方法。

其三，研究领域和研究方法的开拓，使清代的一批文集、方志、谱牒、笔记等文献资源，顿然被照亮而获得新的意义。在顾颉刚、俞平伯的协助下，查阅《江南通志》《八旗氏旗通谱》《曹楝亭全集》，以及借阅《雪桥诗话》及《续集》，终于考明曹雪芹的家世。又通过搜集《石头记》脂评本和各种《红楼梦》早期刻本，终于发现“曹书高续”的成书秘密。

三、世界思潮与本土血脉的双构性

方法论既然是一个历史范畴，它的双构性也就是一种动态的双构性，它会随着历史时段的向前推移出现不同侧面消长、起伏、隐显或交融的现象。这一点已为培根和笛卡尔的例子所证明，他们分别强调的归纳法和演绎法是双构性的，但又是在历史行程中彼此消长起伏的。现代中国学术方法论也不缺乏这种交替性或层面性的消长起伏的经验。

早在胡适发难文学革命和开创新红学派之前的十年左右，身为留日学生的鲁迅就曾经提出过关于“世界之思潮”和“固有之血脉”的双构性文化方法论的构想：“明哲之士，必洞达世界之大势，权衡校量，去其偏颇，得其神明，施之国中，翕合无间。外之既不后于世界之思潮，内之仍弗失固有之血脉，取今复古，别立新宗，人生意义，致之深邃，则国人之自觉至，个性张，沙聚之邦，由是转为人国。”①双构

① 鲁迅：《文化偏至论》，见《鲁迅全集》第1卷，56页，北京，人民文学出版社，1981。

性的文化命题在这里表达得非常精彩，它既以血脉、思潮的表述，暗示着何者为内质、何者为新机，又主张于内外古今之间比较权衡，去芜存菁，在凝聚化合中创造出一种新的文化精神和文化体制。在这番表述中，保存固有血脉和接纳世界思潮的重要性是并列而言的，但是由于一个文明古国要走出封闭、跨越沉沦，进行根本性的改弦更张，它在戊戌变法到五四新文化运动的觉醒初期，当务之急还是不遗余力地打开自己的现代世界视野。相对而言，文化还原的意识还处在非主流的，甚至受到压抑的，但依然取得坚实成果的位置。

对于一个伟大的文明古国，不应该长时期地简单化地以“激进”、“保守”一类上纲上线的术语，来处理世界视野和文化还原的双构性方法论问题。因为，(1)这是用源自西方的单边主义价值观，来看待应该多元共存的世界文化结构；(2)它忽视了一种本土文化经验在充分掌握现代世界视野后，还存在着深度开发自身的经验和智慧，使之成为他者文化的世界视野的必要和可能。世界就是这样奇妙，别人的经过现代化的本土经验，可以成为我们的世界视野；我们的本土经验经过现代化的开发和改造，也可以成为别人的世界视野。道理就是那么简单，在我们把别人当成“老外”的时候，别人也把我们看作“老外”，就看你这“老外”的风采和智慧如何了。唯有超越那种过度讲究激进、保守的偏见浅识，在深思远虑的双构性方法论中，认识世界视野的相对性和文化还原的必行性，我们才能充分拓展精神空间，解放自身的学术创造的能力、手段和资源。

应该看到，世界视野和文化还原的双向对质与融合，存在着现代学术博大精深发展的极其重要的动力学原理。没有文化还原的世界视野，是空泛的世界视野；没有世界视野的文化还原，是盲目的文化还原。我们所以特别推重陈寅恪在八面来风时代的学术风骨，就因为他不仅倡导“独立之精神，自由之思想”，而且把王国维古史研究中取地下出土之新材料，补正纸上文献之材料的“二重证据法”演绎为“三参证法”，强化了世界视野和文化还原的双构性方法论的可操作性。这“三参证法”是：“一曰取地下之实物与纸上之遗文互相释证”，“二曰取异族之故书与吾国之旧籍互相补正”，“三曰取外来之观念与固有之材料互相参证”。① 也许他随之而讲的“吾国他日文史考据之学，范围纵广，途径纵多，恐亦无以远出三类之外”，未免有点绝对化，因为将出土文物、文史材料与自然科学、现代技术手法相对质，以厘定古史的关键年代，就是20世纪末夏商周断代工程“远出三类之外”的重要方法。

而且有前沿消息说，分子生物学或DNA研究已开始试用于人类进化史研究领域，“从距今4万年以前的尼安德特人骨中成功地提取并缀合起(sequencing)线粒体DNA的惊人之举，它对人类进化研究贡献至巨，并使我们对人类进化的理解开始置于分子生物学的水平之上”②。此类前沿进展都是值得刮目相看的。尽管如此，陈寅恪的“三参证法”以文化还原撑起世界视野的脊梁，依然具有不容置疑的方法论价值。

有一点是可以肯定了，没有世界视野，文化还原就不可能在现代意义上获得实质的突破和深入；反而言之，没有文化还原，世界视野也不可能在中国化的过程中真正生根发芽。它们二者是相互赋予生命的。比如说公元5世纪后期的南朝谢赫论绘画“六法”，次序为：(1)

---

① 陈寅恪：《清华大学王观堂先生纪念碑铭》《王静安先生遗书序》，均收入《金明馆丛稿二编》，246～247页，北京，生活·读书·新知三联书店，2001。

② 《当代考古学前沿的集中展示》，载《中国文物报》2005年1月4日。

气韵生动，(2)骨法用笔，(3)应物象形，(4)随类赋彩，(5)经营位置，(6)传移模写。① 孤立地谈论这“六法”，我们也许可以像宋人郭若虚那样揣摩着：“六法精论，万古不移。然而骨法用笔以下五者可学，如其气韵，必在生知，固不可以巧密得，复不可以岁月到，默契神会，不知然而然也。”②或者像清人黄钺那样言说着：“六法之难，气韵为最，意居笔先，妙在画外。”③甚至可以从典籍文献中对“气”字、“韵”字和“气韵”二字组合成词的过程，作一番探源溯流的功夫。但是对气韵的理解，总难免有一点音影模糊，可意会而难言传的缺憾。

进一步放大而观之，可以联想到古希腊亚里士多德关于悲剧有六种因素的说法，也可以说是西方的悲剧六法吧：“总的来说，一部悲剧有六个部分，即情节、性格、言词、思想、形象和歌曲，其中两个属于模仿的媒介，一个属于模仿方式，其余三个属于模仿对象。悲剧艺术的成分尽在此六因素中。”④中国古代的“六法”和古希腊的“六因素”几乎采取了互为逆反的排列顺序。顺序就是意义，它关涉到一种文化的精神的第一关注点、第一关注后价值权衡的轻重，以及对价值评估的实施程序。古画论首重气韵，而把古希腊作为其艺术论之核心的模仿说置于末位。在古希腊“六因素”的视野中竟然看不见气韵，甚至气韵类似物的影子，它所强调的是“在这六因素中，最重要的是对

① 谢赫：《古画品录》，见《中国画论》，1页，合肥，安徽美术出版社，1995。

② 郭若虚：《图画见闻志》，见《中国画论》，316页，合肥，安徽美术出版社，1995。

③ 黄钺：《二十四画品》，收入《壹斋集》，清咸丰九年刊本。

④ [古希腊]亚里士多德：《诗学》(六)，节录入《文学批评理论——从柏拉图到现在》，42～43页，北京，北京大学出版社，2003。

故事中事件的组合布局。悲剧从本质上来说不是对人物的模仿，而是对行动、生活、幸福和苦难的模仿。……所以悲剧的最终目的是行动，即情节和布局，而目的总是首要的事”①。比较是深化学术思维的极好手段，这番比较表明，中西文艺思想原本存在着不同的第一关注点，存在着文化特质和思维程序的差异，从本体认知、审美标准到表现形态都存在诸多对质性和对行性，因而它们的智慧积累是可以在不同的区域分出厚薄的。这种情形适可表明，文化还原对于通过对话以充实现代世界视野和完成世界视野的完整性，是非常重要的、势在必行的。

尚可质疑的是，拿中国的画论和古希腊的悲剧论相比较，是否有点比拟不伦？要对此做出解释，有必要引用德国近代哲学家斯潘格勒(Oswald Spengler)的名著《西方之衰落》的一个观点。他从文化形态学上，阐明每一种独立的文化都有其基本的象征物，具体地表象它的精神，因而埃及金字塔里的甬道、希腊的雕像、近代欧洲的最大的油画家伦勃朗的风景画，是领悟这三种文化的最深的灵魂之媒介。在这类文化精神象征物中，古希腊还应加上作为其美学实践之开端的史诗和悲剧，古代中国则应该数上诗、画和书法。因而美学家宗白华在引用《西方之衰落》的上述观点之后说：“用心灵的俯仰的眼睛来看空间万象，我们的诗画中所表现的空间意识，不是像那代表希腊空间感觉的有轮廓的立体雕像，不是像那表现埃及空间感的墓中的直线甬道，也不是那代表近代欧洲精神的伦勃朗的油画中渺茫无际追寻无着的深空，而是‘俯仰自得’的节奏化的音乐化了的中国人的宇宙感。”②

① [古希腊]亚里士多德：《诗学》(六)，节录入《文学批评理论——从柏拉图到现在》，42～43页，北京，北京大学出版社，2003。

② 宗白华：《中国诗画中所表现的空间意识》，见《美学与意境》，245～248页，北京，人民出版社，1987。

最能代表宗白华的美学论文，在中西对话中别具只眼地采取了文化还原和生命体验的方法论策略，在世间纷纷说“西化”的时候，表现出心得独到的实质上是“化西”的学理特征。为了跳出某些僵硬的思想体系的束缚，回归悟性的自由，他提倡“美学的散步”的学术方式，认为“散步是自由自在、无拘无束的行为，它的弱点是没有计划，没有系统。看重逻辑统一性的人会轻视它，讨厌它，但是西方建立逻辑学的大师亚里士多德的学派却唤做‘散步学派’，可见散步和逻辑并不是绝对不相容的。中国古代一位影响不小的哲学家——庄子，他好像整天是在山野里散步，观看鹏鸟、小虫、蝴蝶、游鱼，又在人间世里凝视一些奇形怪状的人：驼背、跛脚、四肢不全、心灵不正常的人，很像意大利文艺复兴时大天才达·芬奇在米兰街头散步时画下来的一些‘戏画’，现在竟成为‘画院的奇葩’。庄子文章里所写的那些奇特人物大概就是后来唐、宋画家画罗汉时心目中的范本。”①散步美学的表达方法也是散步的，从从容容地造访着不同时代、不同国度的亚里士多德、庄子、达·芬奇，无拘无束地游戏于不同领域、不同趣味的自然界和人间世，却又不落形迹、随任自然地释放出不阿流俗的生命体验，体验出中国艺术融合着庄子的超旷空灵和屈原的缠绵悱恻的意境，还原着中国艺术的精神特征。

在宗白华心目中，绘画留空白以蕴道，宋、元画家“以追光蹑影之笔，写通天尽人之怀”，在这一片虚白上幻现的一花一鸟、一树一石、一山一水，都负荷着无限的深意、无边的深情。甚至画家在山水中设置一座空亭，竟然也可以成为山川灵气动荡吐纳的交点和山川精

---

① 宗白华：《美学的散步》，见《宗白华全集》第3卷，284～285页，合肥，安徽教育出版社，1996。

神聚积的处所。这从哲学上说，既是庄子的“唯道集虚”，从美学上说，又是谢赫的“气韵生动”。它提供了一种散步美学的个人性方式，而且步向了作为艺境的本体存在的“造化与心源合一”的生命本原，这很值得注意。

文化还原是一种非常讲究悟性，也非常讲究学力的艰苦事业。散步固然重要，散步可以在阻力较少的情形下图个轻便地摆脱僵化的教条的束缚，但是要还原得有规模、有力度，还须集中全部的注意去扎硬寨，打硬仗。从散步到扎硬寨，这表明文化还原的形式是多种多样的。除了宗白华的散步式的学术，我们还可以举出钱穆的大纲式的学术。散步式的学术重性情，大纲式学术重模样，前者如学术中的音乐，后者如学术中的建筑。钱穆的著作多以大、概、导、通、史等大模样的词语为书名，也好在前面加上“中国”或某个大的历史断代的字样。如《国史大纲》《文化史大义》《国学概论》《中国学术通论》《中国文化史导论》《先秦诸子系年》《中国近三百年学术史》等等，从题目就可以感受到他侧重于以编年学和文化学为经纬，做一种有模样、有魄力的文章。

钱穆提倡一种唯文化史观，认为文化是历史发展的原动力，决定着或规定着历史的形态，左右着民族国家的盛衰荣辱。他非常强调：“历史与文化就是一个民族精神的表现。所以没有历史，没有文化，也不可能有民族之成立与存在。如是，我们可以说：研究历史，就是研究此历史背后的民族精神和文化精神的。我们要把握这民族的生命，要把握这文化的生命，就得要在它的历史上去下工夫。”①从这种宏观的历史把握出发，他在治学方法论上是提倡以博识驾驭专攻，非

① 钱穆：《中国历史精神》，6页，香港增附三版，1964。

常重视以会通为要旨的学术步骤："治史者贵能上下古今识其全部，超越时代束缚。故首当虚心耐烦，先精熟一时代之专史，乃能深悉人事繁赜之一般。而对于各方面事态之互相牵涉影响，及其轻重大小，先后缓急之间，亦渐次呈露。如是，其心智始可渐达于深细邃密，广大通明之一境。然后再以通治各史，自知有所别择。然后庶几可以会通条理而无大谬。能治通史，再成专家，庶可无偏碍不通之弊。"①

"对其本国已往历史有一种温情与敬意"，是钱穆史学进行文化还原的基本态度，其旨趣可同陈寅恪的"了解之同情"略似。以此态度著书，《国史大纲》在模样的宏伟和严整上最是典型。卷首有两万言的《引论》，推崇"中国为世界上历史最完备之国家"，具有"悠久"、"无间断"、"详密"三大特点。又对中国近世史学的传统记诵派、革新宣传派、科学考订派评说优劣利弊，并综合诸派之长，形成"以记诵考订派之功夫，而达宣传革新派之目的"的思想方法，从而把实施"于国家民族之内部自身，求得其独特精神之所在"，作为"治国史之第一任务"。随之又有《书成自记》，交代成书过程，以及原则体例："治通史必贵有'系统'，然系统必本诸'事实'。见仁见智，系统可以相异，而大本大原，事实终归一致。不先通晓事实，骤求系统，如无钱而握空串，亦复失其为串之意。"全书分 8 编 46 章，章又分节，行文采取大字体下排双行小字体的形式，"大书以提要，分注以备言"，形成一部近代章节体兼容传统纲目体的通史著作。

对于历史的本质及其过程性，钱穆自有独特的见地。他认为："历史上之过去非过去，而历史上之未来非未来，历史学者当凝合过

---

① 钱穆：《略论治史方法》，见《中国历史研究法》，154～155 页，北京，生活·读书·新知三联书店，2001。

去、未来为一大现在，而后始克当历史研究之任务。”①他的通史研究力图贯通时间的连续性，来表达他经世致用的“现在性”。因此格外重视蕴藏于头绪纷杂的历史现象之中的文化血脉：“研究历史，所最应注意者，乃为在此历史背后所蕴藏而完成之文化，历史乃其外表，文化则是其内容。”②历史似乎在与人们捉迷藏，鲁迅在 20 世纪初提出的关于“世界之思潮”和“固有之血脉”的双构性文化方法论的构想，前者在五四新文化运动中得到胡适的张扬，后者在 40 年代西南联大的通史讲席上听到钱穆的回响。由此可知，文化大于政治，它在许多方面联系着政治意识，又超越着政治意识。

具体到了《国史大纲》，它对文化血脉的把握，泛化到了政治、经济、社会、学术诸领域。它主张：“当于客观中求实证，通览全史而觅取其动态，若某一时代之变动在‘学术思想’（例如战国先秦），我即着眼于当时之学术思想而看其如何为变。若某一时代之变动在‘政治制度’（例如秦汉），我即着眼于当时之政治制度而看其如何为变。若某一时代之变动在‘社会经济’（例如三国魏晋），我即着眼于当时之社会经济而看其如何为变。‘变’之所在，即历史精神之所在，亦即民族文化评价之所系。”由于采取“通览全史而觅取其动态”的文化还原的方法论策略，《国史大纲》虽然在社会形态和非专制政体等问题上存在着许多可议之处，但它的不少论述颇具卓识，为理解中国历史和文化的行程和特质提供了一系列发人深省的见解。

---

① 钱穆：《世界局势与中国文化》，234 页，台北，东大图书公司，1977。

② 钱穆：《中国历史研究法·序》，1 页，北京，生活·读书·新知三联书店，2005。

四、“双构四点一基础”的方法论总纲目

至此，我们庶几可以，而且应该谈论现代中国学术方法的总纲目了。不妨这样设想，学术方法论的纲为“双构”，目为“四点”。前面着重讨论的方法论上的世界视野和文化还原的双构性，是派生出众多具体可行的学术方法的元方法。二者之间是互动的，现代世界视野可以激活和开拓文化还原的领域、思路、手段和程序，文化还原可以推进现代世界视野的充实、深化、多样和完整。在这种意义说，现代世界视野是天，文化还原是地，它们共同建构一个富有生命力和创造力的精神空间，其共构的效应就是天地交泰，化生万物。

在双构性的精神空间中，方法论的运作，存在着四个功能性的点：一、立足点，立足于中国文化的本原；二、着眼点，着眼于参与世界文化的深层对话；三、关键点，关键是推进学理的原创；四、归宿点，归宿于建立博大精深又开放创新的现代中国的学术体系和体制。这四个功能点，不是孤立、静止的，而是相互作用、相互化生、相互深化和相互推移的，形成了有点类似于春种、夏长、秋收、冬藏的生命过程的运行体制。作为现代中国学术方法总纲目的“双构四点”，共同组合成一个非常开放又相对完整的学术方法工作系统和结构，以及系统和结构各个部分相互作用的过程和方式的机理，打一个比方，它就是现代中国学术方法的上下四方的“六合”。

学术方法四个功能点的相互作用和推移，要求我们从机理层面去把握和理解它们间的综合性的功能。孤立的一点是一步死棋，综合两点或数点才成活棋，学术方法死活之间的这种机理不可不辨。首先，在处理学术的立足点和着眼点的死活之法，不可不辨融会贯通的机理。融会贯通，本是中国学术的一种传统。朱熹有言：“举一而三反，

闻一而知中，乃学者用功之深，穷理之熟，然后能融会贯通。”①随着近代以来的西学东渐、旧学更新，传统的价值体系和知识体系的结构崩解而重组成新学科，外来思潮冲击着和质疑着传统价值和知识的现代合理性。这就给人们在选择现代学术的立足点和着眼点上，提供了如何融会贯通的新的挑战和机遇。胡适主张：“为学要如金字塔，要能广大要能高。”②他曾经告诫自己：“学问之道两面而已，一曰广大(博)，一曰高深(精)，两者须相辅而行。务精者每失之隘，务博者每失之浅，其失一也。余失之浅者也，不可不以高深矫正之。”③大量的外来思潮和知识的涌入，容易使人在广泛接纳而未及消化中，变得脚跟轻浮，因而胡适之言具有自警和警世的价值。

聪明的梁启超也是有这份自知之明的，他不止一次地反思：“若启超者，性虽嗜学，而爱博不专；事事皆仅涉其樊，而无所刻入；何足言著述?”④因此在20世纪20年代他从政坛退学界之后，虽然未能戒除心多旁骛，但主要精力逐渐集中在学术思想史和历史方法论的研究上。因为在他看来，“学术思想之在一国，犹人之有精神也；而政事、法律、风俗及历史上种种之现象，则其形质也。故欲觇其国文野强弱之程度如何，必于学术思想焉求之”⑤。他在这方面建立自己的

---

① [宋]朱熹著，[宋]黎靖德编，王星贤点校：《朱子语类》卷二十七《论语九》，679页，北京，中华书局，1985标点本。

② 胡适：《读书》，原载《京报副刊》1925年4月18日，收入《胡适文存》三集卷二，上海，亚东图书馆，1930。

③ 胡适：《藏晖室札记》1915年2月3日条，上海，亚东图书馆，1939。

④ 梁启超：《墨子学案·序》，见《梁任公近著第一辑》下卷，160页，上海，商务印书馆，1923。

⑤ 梁启超：《论中国学术思想变迁之大势》，见《清代学术概论》，3页，北京，中国人民大学出版社，2004。

学术优势，从而以断代专史的形式写成《清代学术概论》《先秦政治思想史》《中国近三百年学术史》，以及《中国历史研究法》及其《补编》。

这些专史著作的出现，折射着梁氏在学术方法由博入专的过程。1922年他把在南开大学讲授的《中国历史研究法》整理出版，强调的是通观博览之学，提倡“以生人本位的历史代死人本位的历史”，主张把“帝王教科书”解放、改造为“国民资治通鉴”或“人类资治通鉴”。当然，在史料的搜集和鉴别上，列举了辨伪书的12条标准、证真书的6条标准，以及辨伪事的7条标准，也是非常讲究“史料为史之组织细胞，史料不具或不确，则无复史之可言”的。1926年他在清华学校讲《中国历史研究法补编》，就进一步强调“专史没有做好，通史更做不好”，侧重于详细讲述研究专史如何下手。他系统地列述了人的专史、事的专史、文物的专史、地方的专史、断代的专史。仅文物的专史下属的文化专史，就罗列了语言史、文字史、神话史、宗教史、学术思想史、道术史、史学史、社会科学史、自然科学史、文学史、美术史等11项。以致他说，这部书又可叫作《各种专史研究法》。实际上，梁启超讲专史，是为了寻找坚实的学术立足点，他讲通观，是为了在学术着眼点上注入现代意识，并且在二者的结合上加以融会贯通。

其次，在处理着眼点和关键点之间的机理时，有必要在强烈的文化对话欲望中注入自觉的原创意识。对话是一种高明，原创是一份自信，没有原创地一味拾人牙慧，最后连自己是什么也说不清楚了。然而只要自我意识觉醒了，异质文化间的对话碰撞，适可成为原创精神迸发的极好契机。王国维青年时代东渡日本，借研习日、英、德文的机会，广泛涉猎西方哲学、教育学著作，对康德、叔本华的哲学尤有心得。由此而以理性的思辨，批判了宋明理学“未有天地之先，固有先是理”的基本命题，对理的先验性概念作了逻辑学上的理由和理性的分析。他认为："理之广义解释，即所谓'理由'是也"，"天下之物，绝无无理由而存在者，其存在也，必有所以存在之故，此即物之充足理由也"。

这种解释已不完全局限于康德、叔本华的思路，而是基于自古希腊以来的西方哲学的多元化用，用以重新审视中国的程朱学说："朱子之所谓'理'，与希腊斯多噶派之所谓'理'，皆预想一客观之理，存于生天、生地、生人之前，而吾心之理，不过其一部分而已。"他进而认为："以理之一语为不能直观之概念，故种种谬误，得附此而生也。而所谓'太极'，所谓'宇宙大理'，所谓'超感的理性'，不能别作一字，而必借'理'字以表之者，则又足以证此等观念之不存在于直观之世界，而惟寄生于广漠暗昧之概念。易言以明之，不过一幻影而已矣。"因此他对理作了客观事物的规律性的理解，明确地指出："理者，非具于物之先，而存于物之中，物之条分缕析者即是也。"①尽管王国维的哲学研究和古史研究，属于他的学术生命发生转折的不同阶段，但是不应该否认，他的中西对话的早期哲学训练，以及由此清理出的对事物客观规律及其存在的充足理由的认识，也是不可避免地对他日后的古史研究的方法论的形成，发生了潜在的、深刻的建构作用，从而使他的原创精神的迸发获得了一种形式的载体。

人之知识结构，自有一种内在机制，前之所立者，后或为用，前之所蓄者，后或迸发。只是它们运用和迸发的契机和采取的方式，换了一副新的面目，要花费人们辨认的功夫而已。只要仔细寻索，也可以承认，王国维早年哲学对话中对客观因果和充足理由的重视，激活

① 王国维：《释理》《国朝汉学派戴阮二家之哲学说》，均载1904年《教育世界》，收入《静安文集》，上海，商务印书馆，1905。

了他原创性地考释殷墟卜辞的潜能。比如《殷卜辞中所见先公先王考》对“王亥”的考证，他从《殷虚书契前编》和《后编》等书中，发现卜辞记载祭王亥事十处，“观其祭日用辛亥，其牲用五牛，三十牛，四十牛，乃至三百牛，乃祭礼之最隆者”，从而推原因果，判断其“必为商之先王先公无疑”。为了寻找充足理由，他首先查对正史。《史记·殷本纪》和《三代年表》所记殷商先祖中没有王亥，只是本纪提到“冥卒，子振立；振卒，子微立”，《索隐》说，“振”字在《系本》中作核，《汉书·古今人表》作垓。这就接触到与亥字可以通假的核、垓，因形近而讹变为振的踪迹。

王国维不同凡响之处，是他以甲骨文为依托，沟通了怪异不雅驯之书和历史书，从中发现某些历史因素的痕迹，用以证史。他把《山海经·大荒东经》中的王亥仆牛，与郭璞注引古本《竹书》称“殷王子亥”、今本《竹书纪年》称“殷侯子亥”关联为证。并且把仆牛、服牛，即中原地区最早驯服使用牛，作为农耕文明的一个重要命题，举证于《吕氏春秋·勿躬篇》《世本·作篇》《路史注》，尤其是《楚辞·天问》《管子·轻重戊》，证明王亥服牛，他不仅是殷人先祖，而且是制作之圣人，有如“禹抑洪水，稷降嘉种，爰启夏周”一样，遵循了“古之有天下者，其先皆有大功德于天下”这条历史价值通则。① 这里的突出的原创性，不仅仅在于认定几个甲骨古字和人名，这是以往的金石学、文字学也做到了的；而且更带本质性的在于，它不是孤立地，而是系统地使甲骨文字人事的考证进入中国古史知识的框架系统，对之进行检验、印证、补充和订正，证明《史记·殷本纪》对商代列王及其

① 王国维：《殷卜辞中所见先公先王考》，见《观堂集林》卷九，418页，北京，中华书局，1959。

先祖的记载，是一种有瑕疵和缺陷、但大体可信的实录。这就不仅为认识甲骨文，而且为认识中国历史，开辟了一条新的途径和一个新的境界。自方法论而言，它发挥了四两拨千斤的高效应。

潜在的对话意识，使王国维处理学术问题的时候极能把握关键。一部《人间词话》，就把握住中国诗词之学的关键词——境界。篇幅不长，却赢得俞平伯称许“此中所蓄几乎是深辨甘苦惬心贵当之言，固非胸罗万卷者不能道”①。王国维一生，集中阐释的古代文论的术语就是这个“境界”，却使境界一词引人瞩目地生长入现代文论的知识体系。这也给人一个深刻的方法论的启示：对古代文论术语的现代阐释，不能眉毛胡子一把抓，而要选择关键作重点的纵深的突破，遵循着“与其伤其十指，不如断其一指”的通则。非常值得注意的是，感悟思维作为富有中国文化特色的思维方式，较之境界、意境、意象、神韵一类词语具有更深刻的关键性，或者说，境界、意境、意象、神韵都是感悟思维导致的审美状态和审美结果。悟字从心，它是古代中国融合着主客体的心本思想或道源思想的表现形态。因此钱锺书说：“‘悟’而曰‘妙’，未必一蹴即至也，乃博采而有所通，力索而有所入也。学道学诗，非悟不进。”②

感悟思维被强化、深化和普遍化，是与佛教输入后，同道家的虚无玄妙之辨、心斋坐忘之术，儒家的心性之学，玄学的以无为本、以心悟为归的思辨趣味相诘难、相融合的中国化过程，有着深刻的关系。在东晋南朝即有高僧竺道生提倡顿悟，“生公说法，顽石点头”。

① 俞平伯：《人间词话·序》，见《俞平伯全集》第2卷，101页，石家庄，花山文艺出版社，1997。

② 钱锺书：《管锥编》(补订本)，98页，北京，中华书局，1984。

到了唐朝，禅宗讲究定慧双修，使顿悟、渐悟成为南北禅宗的修炼妙门。尽管唐人写诗，已是悟性发越，但是由于儒家诗教森严，感悟作为自觉的意识只好绕道于虞世南的《笔髓论》、孙过庭的《书谱》、张彦远等人的书画论，从传统意识形态相对薄弱的环节渗透到书画琴棋这些士人日常生活艺术化的趣味之中。至宋朝苏轼的后学以及江西诗派的讲“活法”，掀起了一股以禅喻诗的思潮，终于衍化成严羽《沧浪诗话》挑战文人儒者的诗教和世之君子的宋诗末流，而提倡“妙悟说”。并且从“诗辩”、“诗体”、“诗法”、“诗评”、“考证”诸方面，进行了相当有层次的论说。根据他的“诗有别材”、“诗有别趣”的说法，可以说他展开了传统诗学系统的一种“别学”。

应该看到，感悟作为一种澡雪精神而达到浑无俗趣杂念的澄怀观道的状态，调动潜能而以毫无滞碍的心灵直觉，透视宇宙万象的意义和趣味，激活想象而启示天风海雨、镜花水月般的意象纷至、境界敞开的具有高度超越性的思维方式，它是传统诗学的一种精髓而非全部。它本身也存在着禅悟和诗悟的异同转化之辨，存在着发源于超旷、贯通于雄浑因而并非一味妙悟的风格学形态。这就必然引起明清两代的诗论家对《沧浪诗话》的“妙悟说”，进行兴致不衰的推崇、质疑和借题发挥，并从格调、神韵、性灵、肌理等不同的角度对它的可能性，作了正面的或反面的引申、辩驳和补充。总之，感悟已经成了唐宋以降千余年间诗学和艺论的波澜曲折、终不可遏的命题。然而在20世纪西方思潮的冲击下，感悟在理论观念形态上受到冷落，却在精神趣味的层面上转移和渗透为知识界的潜意识和类本能，依然对现代学术的原创能力发挥着不可替代的内在作用。因此，深入地研究感悟思维的本质、功能、特征和程序，也就成了激活中国智慧以丰富人类智慧方法论上的关键点。

其三，在处理关键点和归宿点的机理时，应该把握住“话语原创”这个从学理论证到体系建立的中介环节。原创性的话语作为富有文化内涵的学术亮点，它是一种理念和智慧的载体，本身就内蕴着价值配置、精神特质和思维取向。在文化思潮涌动中，发亮的原创性话语成了学者、学术、学派的徽记。赫胥黎宣传和发挥达尔文学说的那部系列讲演集 Evolution and Ethic，按照当时的日本汉字译名是可以直译为《进化论与伦理学》的。但深切地感受到 19 世纪末国际强权竞争中的深重的民族危机的严复，偏要以“一名之立，旬月踟蹰”的苦心，把中国的“天”的观念介入其间，把它改译为《天演论》，并配以“物竞天择，适者生存”等一系列话语。灌注于其间的那种浓郁的民族危机意识，甚至命运意识，若用“进化论”一类译名表达出来，是难以有如此强烈的震撼人心的效应的。他以此为徽记，曾经别署“天演宗哲学家”，并且赢得了晚清“五十年来介绍西洋哲学的，要推侯官严复为第一”[①]的令名。话语原创，是一切要屹立于世界民族之林而思有所作为者的权利和能力所在，并不是哪一个持有话语霸权的民族才有这种权利和能力。问题在于当我们把这种真正有价值的原创话语建构出来了，持同一语言的学人要尊重它、珍惜它、认同它，而不要抱着一种似自傲实自卑的畸形心理漠视它，甚至压抑它。也不可不计它的原创性的特质，如把“天演论”简单地回译为“进化论”一样，把它的亮点淹没在另一话语体系之中。原创话语也需有尊重话语原创的知识界的土壤。回顾 20 世纪的文化精神史，青年鲁迅 1908 年倡导“第二维新之声”，提出“首在立人”的原创话语，就在天下纷纷言立宪、言排满的

① 蔡元培：《五十年来中国之哲学》，见《最近之五十年》第二编，1 页，上海，申报馆，1923。

时际甚乏知音，使他陷入荒原般的悲哀和寂寞。孔子也说过“立人”：“夫仁者，己欲立而立人，己欲达而达人。”①这里的“人”是与己相对而言的他人，“立”是指“立于礼”。鲁迅的“立人”则注入了不可同日而语的现代意识：“将生存两间，角逐列国是务，其首在立人，人立而后凡事举；若其道术，乃必尊个性而张精神。”②它外之以国际竞争的紧迫感，内之以个性精神的自觉，作为立人思想的现代性诉求。

在“立人”话语原创中，有两点值得注意：一是它主张“掊物质而张灵明，任个人而排众数”。以往的研究者简单地把这句话纳入哲学基本问题“物质—精神”二元对立的框架中，对鲁迅的这一思想有点爱莫能助地宣判为“唯心主义”。但是，鲁迅并非哲学家，而是社会文化的观察者和批判者，他思考的并非物质或精神何为第一性的哲学问题，而是物质文明、制度文明和精神文明的协调发展的问题。在他看来，“至19世纪，而物质文明之盛，直傲睨前此两千余年”，它给人民生活带来极大的利益，却也滋生“物质万能”、物欲横流的现象，使人的“性灵之光黯淡”。制度革命本意在民主，其无节制的发展，却“顾于个人特殊之性，视之蔑如”。鲁迅的这一思想难免带点乌托邦的意味，但具有明显的超前性，它在表达三种文明应协调发展的同时，格外强调个性的尊严、精神生活的光耀和人生意义的本质。

二是它推出了“摩罗诗力”这种独特的表述方式。英国的拜伦、雪莱，直至匈牙利的裴多菲这一流的诗人被称为浪漫派，这个日本汉字译名曾被梁启超等人使用过，作为留日学生的鲁迅不会不知道。知道

① [宋]朱熹：《论语集注》卷三《公冶长第五》，见《四书章句集注》，92页，北京，中华书局，1983标点本。

② 鲁迅：《文化偏至论》，见《鲁迅全集》第1卷，57页，北京，人民文学出版社，2005。

了却不从俗，却偏偏采用了英国桂冠诗人骚塞(R. Southey)含沙射影地称拜伦为“撒旦派”诗人这个怪名词，又偏偏转用为早期佛教翻译的梵语 Mara 的音译“魔罗”(即摩罗)，这就以反讽手法把这派诗人称为“恶魔诗派”了。① 话语的独创内含着价值的规定，不用浪漫派而特称“摩罗诗人”，旨在引导人们不必欣赏浪漫派风花雪月的才情，而要推崇他们“争天拒俗”的叛逆性或恶魔性。话语原创中的这种否定性思维，对于传统的温柔敦厚的诗教具有明显的异端性，它从改造文化思维方式的层面上，为反抗黑暗、再造文明提供了深刻的精神动力。

即便对学术方法论的总纲目“双构四点”进行如此仔细的清理，我们也不能说这些纲目是万能的。学术研究首先是一种锲而不舍、持之以恒的艰苦磨炼，非从读书破万卷的深厚扎实的材料文献功夫开始不可。材料文献是米，方法只是巧妇的烹饪术，缺乏材料文献之米的巧妇，是难为无米之炊的。材料文献无疑是学术方法不可或缺的基础，在这种意义上说，傅斯年称“近代的历史学只是史料学”，“一分材料出一分货，十分材料出十分货，没有材料便不出货”②，是非常发人深省的。冯友兰在谈论中国哲学史史料学时，提出了搜集史料要“全”，审查史料要“真”，了解史料要“透”，选择史料要“精”③，这全、真、透、精四字诀，同样值得认真记取。因此，学术方法论的总纲目还须加上材料文献的基础，汇总成“双构四点一基础”才算得完

① 鲁迅：《摩罗诗力说》，见《鲁迅全集》第 1 卷，66 页，北京，人民文学出版社，2005。

② 傅斯年：《历史语言研究所工作之旨趣》，载 1928 年 10 月国立中央研究院《历史语言研究所集刊》第 1 本第 1 页。

③ 冯友兰：《三松堂全集》第 6 卷，312～313 页，郑州，河南人民出版社，1989。

整。说是完整，也是相对的，学术方法论在本质上是开放的、发展着的，是一个充满着个性选择和创造的世界。

记得金圣叹评点《西厢记》，书前有九九八十一则《读法》，第二十四则云：

> 仆幼年曾闻人说一笑话；昔一人苦贫特甚，而生平虔奉吕祖。感其至心，忽降其家，见其赤贫，不胜悯之。念当有以济之，因伸一指，指其庭中磐石，粲然化为黄金，曰：汝欲之乎？其人再拜曰：不欲也。吕祖大喜，谓：子诚如此，便可授子大道。其人曰：不然，我心欲汝此指头耳！仆当时私谓此固戏论耳，若真是吕祖，必当便以指头与之。今此《西厢记》便是吕祖指头，得之者处处遍指，皆作黄金。①

金圣叹是主张方法论的普遍性的，此处所谓得此指头，遍指皆作黄金的说法，与他评点《水浒传》所说的“真能善得此法”，“即得读一切书之法”，“便以之遍读天下之书，其易果如破竹也”②，是一脉相通的。破竹、变金之说，未免对方法论有点神化了，即便它能指破迷津，甚至能达到事半功倍之效，也须因事因人而变通。世界上没有两只指纹相同的指头，不然，何必要一门指纹学？

---

① 金圣叹：《读第六才子书〈西厢记〉法》，见《金圣叹全集》（三），14页，南京，江苏古籍出版社，1985。

② 金圣叹：《第五才子书施耐庵水浒传》序三，见《水浒传会评本》，11页，北京，北京大学出版社，1987。

文学地理学的渊源与视境*

好端端的文学研究，为何要使它与地理结缘呢？说到底就是为了使文学研究“接上地气”，通过研究文学发生发展的地理空间、区域景观、环境系统，给文学这片树林或者其中的特别树种的土壤状况、气候条件、水肥供给、种子来源，以一个扎实、深厚、富有生命感的说明。“地气”是古代经籍中论述地理环境对物产、生物影响的非常重要的概念。汉代郑玄将这个概念引导到“民性”的领域，进入了人文地理的范畴。中国古人凭着经验和智慧，发现人类居住的地球表层的山川水土的差异，影响了生物存在和器物制造的品质，又体验到山川水土上氤氲着一种“气”，与人类呼吸相通、生命相依。地理环境以独特的地形、水文、植被、禽兽种类和气候形态，影响了人们的宇宙认知、审美想象和风俗信仰，赋予不同山川水土上人们不同的禀性。早期人类的生产生活方式，受地理环境制约较多，又以为“万物皆灵”，崇拜自然物象，特殊地域的万有物象就在冥

* 原载《文学评论》2012 年第 2 期。

冥中嵌入其心灵深处，形成原始信仰。早期人类携带原始信仰这份文化行李，习惯成自然地走向文明。水乡居民擅长龙舟竞渡，草原民族喜好驰马射雕，莫不如此。这自然也渗透到他们的审美体验和文学创造之中，这也就是“地气”连着“人气”。

有鉴于此，经过长期研究实践的选择，笔者在2001年就提出“重绘中国文学地图”的命题，开始把文学地理学引入研究的前沿，这成了我近年研究的一个中心课题。如今已有不少同道，使人文地理学跟文学和文学研究结缘，推动文学地理学的研究，这也成了近年学术研究进展上一个有重要开拓价值的领域。因此，有必要深入文学地理学学理探讨，接通地气，深入脉络，以阐明文学生成的原因、文化特质、发展轨迹，及其传播交融的过程和人文地理空间的关系。

一、在三维耦合中回归文学生命意义现场

中国人最早发明“地理”一词，是两千年前的《周易・系辞上》：“《易》与天地准，弥纶天地之道。仰以观于天文，俯以察于地理。”孔颖达疏：“地有山川原隰，各有条理，故称理也。”①这就是“地理”一词的起源，它是与“天文”相耦合的。“上知天文，下知地理”，是中国人形容的大智慧，也就是《周易・系辞》所讲的弥缝补合、经纶牵引天地之道。而蕴含着文学的“人文”，最早则出现在《周易・贲卦》的“彖辞”：“刚柔交错，天文也。文明以止，人文也。观乎天文，以察时变；观乎人文，以化成天下。”②这里的人文，也是与天文相耦合。我

① ［唐］孔颖达正义：《周易正义》卷七《周易系辞上第七》，见《十三经注疏》，77页，北京，中华书局，1980标点本。

② 同上书，37页。

们研究文学地理学，就是要实行“第三维耦合”，即地理与人文的耦合。耦合，本来是物理学上的术语，指两个或两个以上的体系或两种运动形式间，通过相互作用而彼此影响，以致联合起来的现象。第三维耦合的意义，是使人文之化成、文学之审美，与地理元素互动、互补、互释，从而使精神的成果落到人类活动的大地上。“文明以止”的“止”字，在甲骨文中是脚印状，脚踏实地，才有文明的居止处。唯有落地，才能生根。天文和地理的第一维耦合，与天文和人文的第二维耦合，形成一个支架，尖角指向苍天；人文与地理的第三维耦合，则是这个支架的底盘，落实在地，共同形成了三维耦合的等边三角形。

首先，我们应该认识到，地理是人类生存活动的一个场所，地理如果没有人就没有精神，人如果没有地理就没有立足的根基。人们追求“诗意地栖居”，“诗意”属于人文，“栖居”联系着地理。中国是一个诗的国度，又拥有广阔的幅员，在人文地理学的研究资源上得天独厚。但是以往的一些研究不太注意这个思想维度，甚至忘记这个思想维度，总喜欢从一些空幻的虚玄的概念出发，就像鲁迅所讽刺的那样“想用自己的手拔着头发要离开地球”①，离开发生在地球上的时代、社会、文化和人群。其实，讲文学地理学就是要确确实实地使文学回到自己生于斯、长于斯的这块土地上，体验“这里”有别于“那里”的文化遗传和生存形态。人文地理学就是研究“这里”的人学。

时间和空间作为物质存在的方式，其基本特征表现为时间是在空间中展开和实现的。没有空间，时间的连续性就失去它丰富多彩的展示场所。只有地理的存在，才能提供广阔的空间来展开我们人生这本

① 鲁迅：《论“第三种人”》，见《鲁迅全集》第4卷，440页，北京，人民文学出版社，1981。

书的时间维度。探讨文学和地理的关系，它的本质意义就在这个地方，就在于回到时间在空间中运行和展开的现场，关注人在地理空间中是怎么样以生存智慧和审美想象的方式来完成自己的生命的表达，物质的空间是怎么样转化为精神的空间。我讲重绘中国文学地图的时候，就说：我们要在过去的文学研究比较熟悉、比较习惯的时间这个维度上，增加或者强化空间的维度，这样必然引导出文学地理学的研究。

地理学(Geography)，在古希腊的词源就是“大地的描绘”的意思，包括描绘和分析发生在地球表面的自然生物和人文现象的空间变化，探讨它们重要的区域类型和相互关系。地理学分为自然地理、人文地理和区域地理三个分支：(1)自然地理包括地貌、气候、水文和由此所引起的生态环境资源保护。这当然是文学描绘和吟唱的对象，比如中国魅力独具的山水田园诗。它在山光水色中，呼唤出山水之魂。(2)跟文学关系更密切的两个分支是人文地理和区域地理。人文地理包括历史地理学、社会文化地理学、政治地理学、经济地理学、人口地理学和城市地理学，这些都从不同的角度设定了、至少是影响了人类的生存方式和思维方式。(3)区域地理赋予文学以乡土的归属，比如世界上的大文化区、国家区域的划分、城市和农村的差异，这些组合都属于区域地理所要解决的问题。它使得特定区域的人们生活得像模像样、有滋有味，有许多家族的大树，有许多人伦的芳草。唐代杜佑《通典》卷一百七十一说：“凡言地理者多矣，在辨区域，征因革，知要害，察风土。”①这是区域地理研究的起码内容。

由于人类生活在地理环境中，越来越丰富地出现了和拥有了很多

① ［唐］杜佑：《通典》卷一百七十一，四库全书本，二页。

物质的和精神的、社会的和个人的、客观的和主观的因素，这些因素是千姿百态、错综复杂的，它们又相互作用，相互影响，相互制约，处在不断的发展和变化之中。西方地理学家曾经把位置、空间、界限，看作支配人类分布和迁移的三组地理因素。中国地理学家竺可桢也研究过“地理与文化”、“气候与人生”、“天时与战争”等命题。一旦把人文综合于地理之间，它就成了复合的概念结构。研究文学的发生发展，从时间的维度，进入到具有这么多种多样因素的复合的地理空间维度，进行“再复合”的时候，就有可能回到生动活泼的具有立体感的现场，回到这种现场赋予它多重生命意义，就可以发现文学在地理中运行的种种复杂的曲线和网络，以及它们的繁荣和衰落的命运。所以文学进入地理，实际上是文学进入到它的生命现场，进入了它意义的源泉。

二、史地的原生知识结构与诗学双源

那么中国人在几千年的历史中，是怎么样把握和认识人文地理的广阔空间，怎么样把握和认识这个生命的现场和意义的源泉呢？研究任何一门学问，都要从根本处入手。只有对文学与地理关系的历史轨迹，进行一番追本溯源，才可能达到《论语》所说“君子务本，本立而道生”的根本处。

在中国，“地理”向来是经史子集四部中“史部”的分支，这种“以史为干，以地为支”的原生知识结构，使“中国地理学”带有浓郁的人文色彩。“言其地分”、“条其风俗”，成为地理学的基本思路，并将之与圣人的学统联系起来，有所谓“凡民函五常之性，而其刚柔缓急，音声不同，系水土之风气，故谓之风；好恶取舍，动静亡常，随君上之情欲，故谓之俗。孔子曰：移风易俗，莫善于乐。言圣王在上，统理人伦，必移其本，而易其末，此混同天下一之乎中和，然后王教成也。”①剔除其间的圣王教化说教，可以看出其在地理认知中强调“观风俗”，形成非常深厚的“风俗地理观”。

早期文献是史地纵横，文学蕴含于其间，而蕴含则是以“风俗”作为萃取剂的。众所周知，中国诗歌有两个源头，一个是《诗经》，一个是《楚辞》。《诗经》的搜集，《汉书·艺文志》根据刘歆《六艺略》，提出了“采诗说”：“《书》曰：‘诗言志，歌咏言。’故哀乐之心感，而歌咏之声发。诵其言谓之诗，咏其声谓之歌。故古有采诗之官，王者所以观风俗，知得失，自考正也。”②这里也隐含着一个“风俗地理观”。如此采诗，自然采来了不少平民的或泥土的声音。那么，朝廷乐师又是如何对之结构和编撰，最终经孔子删定呢？《诗经》分为三体：十五国风，大小雅，以及颂。这个顺序，就是由地理的民俗，通向士人阶层，通向朝廷的政教，一直通向宗庙的祭祀，穿越了原野、朝政、天国三界，而这一切是以地理作为基础的。十五国风开始于“周南”和“召南”，周公、召公在汉水、汝水、长江流域这一带，推行其政治教化，从现实的政治升平而开始，然后再回到地理的方国。先回到卫国，卫、邶、鄘，这是过去殷商王朝的核心地带。然后回到洛水流域，它先从中原要害地方，商、周两朝最核心的地方开始十五国风，然后扩散到周围，扩散到郑、齐、魏、唐，唐就是晋，现在的太原一带；还有秦、陈，陈就是现在的河南淮阳、安徽亳州一带。从地理的核心转到周边，最后回归到豳（今陕西彬县），豳在岐山之北，是周人

① 《汉书》卷二十八上《地理志第八上》，1640页，北京，中华书局，1962标点本。

② 同上书，卷三十《艺文志第十》，1708页。

的祖先公刘崛起之地，所谓“笃公刘，于豳斯馆”，“于胥斯原，既庶既繁，既顺乃宣，而无永叹”，① 是周朝开国的地方。《诗经》的十五国风，隐藏着一种潜在的地理意识，由中心到边缘，由现实到历史，以漩涡式的地理运转脉络，总揽西周初期到春秋中期五百年之间中原诸国民间的吟唱，颇多“饥者歌其食，劳者歌其事”②的人间声音。《诗经》的诗歌，跳动着两三千年前中国人的精神脉搏，其十五国风以螺旋式的地理结构，牵引着中国人文对中心与边缘、历史与现实的结构性想象和安排。

作为另外一个诗歌源头的《楚辞》，崛起在长江流域，楚人多才，奇思妙想，产生了屈原的《离骚》《九歌》这样的千古绝唱。它用楚国的语言、楚国的声韵、楚国的地名、楚国的名物，展开了富有神话色彩的想象，与天地鬼神进行令人心弦颤动的对话。楚国疆域，本是三苗迁移居住之地，这里的巫风祭祀歌舞，自然会刺激长期被流放的屈原，孕育着他神异奇诡的想象力。对此，一千年后的流放文人刘禹锡身临其地，犹有同感。《新唐书·刘禹锡传》说：“禹锡贬连州刺史，未至，斥朗州司马。州接夜郎诸夷，风俗陋甚，家喜巫鬼，每祠，歌《竹枝》，鼓吹裴回，其声伧伫。禹锡谓屈原居沅、湘间作《九歌》，使楚人以迎送神，乃倚其声，作《竹枝辞》十余篇。于是武陵夷俚悉歌之。”③清人舒位亲临其地，也作《黔苗竹枝词》一卷说：“夫古者轩采

① ［唐］孔颖达撰：《毛诗正义》卷十七《毛诗大雅》，见《十三经注疏》，542～543页，北京，中华书局，1980影印本。

② ［汉］何休注，［唐］徐彦疏：《春秋公羊传注疏》卷十六，见《十三经注疏》，2287页，北京，中华书局，1980影印本。

③ 《新唐书》卷一百六十八《刘禹锡传》，5129页，北京，中华书局，1975标点本。

风不遗于远，而刘梦得作《竹枝词》。武陵俚人歌之，传为绝调。”①南楚夜郎之地，多民族聚居而巫风歌舞极盛，对于孕育疏野奇幻的歌诗的产生，长期存在着野性的活力。

因而《楚辞》旷世独步，与《诗经》双峰并峙，成为另一个独立的诗歌想象和语言表达的系统。中国文学是有福的，它开头的时候就和地理空间结下不解之缘，出现了代表着黄河文明和长江文明两个各具千秋的诗性智慧的系统，这样我们去采风，去发掘民间资源、发掘人文地理资源，以及展开我们的想象方式，就有了两个源头。“诗学双源”是中国文学的根本性特点，单源容易枯竭，双源竞相涌流，“双源性”赋予中国诗歌开放性的动力。这就是地理赋予文学生命现场和意义源泉，即地理造福于人文之所在。

三、经史、文史的耦合与神话的地理思维

双源的或多源的地理空间，是一种开阖自如的空间。文学地理学既要敞开空间，拆解空间，又要组合空间，贯通空间。有分有合，在动态中分合，是空间不至于流为空洞，而充满生命元气的基本原则。考察其组合、贯通的形态，需从中国人的基本思维方式入手。中国人最发达的思维方式一个是诗，另外一个是史。诗中有史，史中有诗，形成整个民族文化的优势。比如清朝章学诚讲“六经皆史”。为何讲六经皆史？就是因为中国经典文化中有一个潜在的对话性结构，可以从历史记载中，提炼出治国平天下和修身养性的基本法则；又可以从治国平天下和修身养性的基本法则，认识历史发展的生命力。二者之间形成对话性的张力，“经”不做凭空说话，而是以“史”来说话，“经”与

① ［清］舒位：《黔苗竹枝词》一卷，《香艳丛书》本，一页。

“史”共构了“文化的双源性”。在传统中国的经、史、子、集的原生知识结构中，经、史居于核心位置，有所谓“博通经史，学有渊源”，其中经是核心中的核心。但由于经过分关注“一字褒贬”的微言大义，反不及“据事直书”的史更能接通“地气”，更能与地理结缘。

《国语》和《战国策》一类古史，记录东周时期各国的政治外交和士人的游说活动，都是以政治地理上的邦国(大者称邦，小者称国)作为编撰的框架。《国语》共 21 卷，依次是周语 3 卷、鲁语 2 卷、齐语 1 卷、晋语 9 卷、郑语 1 卷、楚语 2 卷、吴语 1 卷、越语 2 卷。编撰者虽然还尊重春秋时期尚未完全颠覆的尊卑亲疏、内中国而外蛮夷的次序，但晋国 9 卷远多于鲁国 2 卷，透露了鲁国重经而晋国重史的文化倾向。南方蛮夷之国分量不少，说明这些国家的霸主地位不容忽视，其中《越语》写范蠡崇尚阴柔，持盈定倾，功成身退，带有萌芽状态的黄老道家色彩。《战国策》也采取国别史体的结构方式，记载战国时期谋臣策士，主要是纵横家的政治主张和纵横捭阖的言行策略。全书 33 卷，依次为“二主并立”的所谓“东周策”、“西周策”各 1 卷，秦策 5 卷，齐策 6 卷，楚策 4 卷，赵策 4 卷，魏策 4 卷，韩策 3 卷，燕策 3 卷，宋、卫二国合为 1 卷、中山国 1 卷。《国语》《战国策》的分卷方式，标示着由春秋到战国的政治局面和礼制状态的变迁，春秋尚顾及礼制，而战国全然崇尚强力。而且由于此类简帛来路芜杂，反而透露了对春秋蛮夷霸主，以及对战国纵横家的略带异端的姿态。地理结构引导文化下行，使之接触更多的旷野气息。

然而，只有分别邦国的编撰体制还不够，还要有综合邦国为一体的编撰体制。所谓“地气”，既有一地之中，地与人的气息相通；又有此地与彼地之间，异地气息相通，这才是中国人言“地气”的博大浑厚之处。提到综合邦国的编撰体制，首创者当是《春秋经》。历史学家钱穆先生认为《春秋》出自孔子，自然没有异议，他以史学方式展示“全体的人文学”。《春秋》的贡献是什么呢？第一它是历史编年之祖；第二它转官方史学为民间史学，开平民舆论的自由，孔子没有很高的贵族身份，是以平民舆论褒贬历史；第三是它有一种“大一统”的思想，虽然以鲁国历史为底子，但是包含了各个国家的国别史成为一种通史，主张联合华夏各个国家来抵抗外来的一些夷蛮，“内诸夏而外夷蛮”的大一统观念贯穿始终。① 但是《春秋经》重微言大义而记事过简，检阅《论语》《礼记》《大戴礼记》《孔子家语》诸书，孔子与二三子论史，要从容有趣得多。因此宋朝王安石“黜《春秋》之书，不使列于学官，至戏目为‘断烂朝报’”②。毕竟它连通地气的笔墨较少。孔子整理《春秋》，出以布衣论史、追求大一统，已经开启编年史的意识，可以启发我们，人文地理的区域文化意识与民族国家统一的意识是相辅相成的，文化完整性是贯穿于区域文化的脉络。因此《春秋》三传中有一部《左传》，说是左丘明所著，分国别的《国语》说是《左传》的外传。这就形成了一根三株，枝叶婆娑的经史互动、互补、互释的景观。

应该看到，中国人文思维在地理维度上的优势，具有极强的渗透性，令人颇有无所弗届之感。这种渗透性既弥漫于上面所述的经史耦合，又促成了神话与史地的耦合。神话思维本是天马行空，鲲鹏翱翔，无所拘束，但中国神话却沾泥带水，富有地理因缘。先秦出现的《山海经》，全书十八卷，约三万一千字，是记怪述异的鼻祖。太史公好奇，但在《史记·大宛列传》还说：“《禹本纪》《山海经》所有怪物，

① 钱穆：《孔子与论语·孔学与经史之学》，213～215页，北京，九州出版社，2011。

② 《宋史》卷三百二十七《王安石传》，10550页，北京，中华书局，1977标点本。

余不敢言之。”①正史的“艺文志”或“经籍志”有时候把它列入地理书，有时候把它列入小说书，属于孔子“不语怪力乱神”的一个另类的精神空间。那么这本书采取什么编撰体例呢？它采取了南、西、北、东的地理方位顺序，先写《南山经》《西山经》《北山经》《东山经》《中山经》这些所谓“五藏山经”，以南方居首，据此我们推测，《山海经》可能是古代楚人或巴蜀人所作。全书用山川的走向，陆地和海洋的分布来结构“山经”、“海经”、“大荒经”、“海内经”，记载了五百多座山、三百条水及一百多个邦国(部落或部落联盟)，展示奇奇怪怪的神人怪物二三百种，还有巫术神话的一些片断，反映了我们中国人的神话思维有异于西洋神话的“地理思维”。

西方神话的主神高居天上，而中国神话的众神联系地理的脉络，是一种地理式的原始思维、附着于土地的神话思维。所以乡村有土地神，城市有城隍神，都是分布最广的掌管一方水土的神祇。中国的神话思维、历史思维和文学思维都渗透了地理因素，地理神经很发达。《尚书》中的《禹贡》，用1193个字记载九州的山川物产，使中国地理观念和地理区域的形成，跟一个伟大的“中国故事”——大禹治水联系起来，所以篇名叫《禹贡》。通过大禹治水的故事，古代中国将地理与神话紧紧地捆绑在一起。《尚书·禹贡》前有小序：“禹别九州，随山浚川，任土作贡。禹敷土，随山刊木，奠高山大川。”②刘歆《上山海经表》也说：“禹别九州，任土作贡，而益等类物善恶，著《山海经》，皆圣贤之遗事，古文之著明者也。”③两相对照，可见中国神话的地理

① 《史记》卷一百二十三《大宛列传第六十三》，3179页，北京，中华书局，1959标点本。

② ［汉］孔安国传，［唐］孔颖达疏：《尚书正义》卷十九《君牙第二十七》，见《十三经注疏》，246页，北京，中华书局，1980影印本。

③ ［汉］刘歆：《上山海经表》，见《全汉文》卷四十，410页，北京，商务印书馆，1999标点本。

思维。幻想世界有神话的地理，现实世界有历史的地理，二者的耦合，颇有点类乎“太虚幻境”对应着“大观园”，曹雪芹是很能把握中国人思维方式的玄机的。

在历史地理上，首先应该提到班固著《汉书》开辟了一种体例叫作《地理志》，由此“二十四史”有十六部设立了《地理志》。宋以后尤其是南宋以后，出现很多“地方志”，地方的郡县之志。一直到民国，一千多年间，中国的“地方志”的数量，现在可以统计的有八千多种。这是一大笔文化遗产，国家图书馆的文津馆就是“地方志”的大总汇。由此可以知道，中国人对人文地理的认知是源远流长的，积累了非常丰富的文献资源和思维成果，涵盖了中央和地方，中原和边疆，地域和民族，甚至南方和北方的地理文化分野。我们可以从浩如烟海的材料中，追踪人文地理承传和演变的脉络，寻找中国人的生活方式、民俗信仰的形态。

在中国，人文地理材料的丰富性和历史编年的准确性，可以说是人类文化史上的“双绝”。编年史的准确，使得从周共和元年即公元前841年，从司马迁《史记》的《十二诸侯年表》就留下一个传统，直到现在每年的重大事件，都记录在案。要是到别的国家，比如印度，一个作家的生卒年限可能相差几百年；而我们在脂砚斋评点中发现的材料，由于曹雪芹的卒年相差一年，就养活了很多搞考证者。所以说编年史的准确性和人文地理材料的丰富性，是中国对人类文化史可以称得上“双绝”的重要贡献。这就给复原文学地理学的经度和纬度、探讨它的学理体系，提供了第一流的历史文献资源。

四、文学地理学四大领域与区域类型的“七巧板效应”

在中国“天文—人文—地理”的三维耦合（属于元耦合），以及文与史、经与史、神话与文史的多重耦合中，文学地理学的研究收获了第一流的历史文献资源。以浩如烟海的文献资源为根基，结合“取之不尽，用之不竭”的古今文学资源，文学地理学的研究敞开了四个巨大的领域：一是区域文化类型，二是文化层面剖析，三是族群分布，四是文化空间的转移和流动。既然称为文学地理学，就包含着人文与地理两个互动而相融的板块。因此，从地理方面出发，就有区域类型问题；从人文方面出发，就有文化和族群的问题；从二者互动出发，就有空间转移和流动的问题。因此，区、文、群、动四大领域在交互作用中成为动态的浑然一体，而且都有必要从中国的经验和智慧中提出问题，深入考究，才能把学问做大做深，才能做出学理体制上的创新性。

首先是区域文化类型，它是四大领域的基础。区域类型的形成，在文明起源的多元性基础上，与政治区划关系极深。“区域”一词最早见于战国时期的《鹖冠子》，它介绍了郡、县、乡、扁、里、伍等政治建制之后说：“天子中正，使者敢易言尊益区域，……故四方从之，唯恐后至。”①秦汉建立统一王朝之后，区域划分成为分级治理的需要，“区域”一词，自此流行。

“区域”的形成，虽然与“禹会万国”的早期部落、《禹贡》九州的地理划分、封建王朝的州郡制度有关。但是，更有本质意义的是春秋战国时期在西周分封基础上，大国对缝隙间的部落和部落联盟的兼并聚合，诸子推动地域文化建构，成了中国区域文化生成的第一个原因。既然是“区域文化类型”，它需要的就不仅是王朝政治区域划分，更重要的是族群、风俗、民性、信仰的沉积。西周初期，分封了很多同姓

---

① ［战国］鹖冠子撰，［宋］陆佃解：《鹖冠子》卷中，四库全书本，十一、十二页。

国和异姓的诸侯国，这就是《左传》鲁僖公二十四年记载："周公吊二叔(管叔、蔡叔)之不咸(和)，固封建亲戚，以藩屏周。"①于是在公元前11世纪，周武王和周公先后分封了七十一个国家，除了十几个是异姓的国家之外，其他的都是同姓的国家。有如《荀子·儒效篇》所说："兼制天下，立七十一国，姬姓独居五十三人。"②

这些诸侯国经过春秋战国时候的扩张兼并，只留下了屈指可数的一些邦国，这就沉积下文学的区域类型。重要的区域类型有秦、楚、齐、鲁、燕、三晋(韩、魏、赵)、吴越这些人文地理板块。其后又开发了岭南、塞北、西域、关东、藏区、大理和闽台这些区域类型。在区域文化类型的丰富性上，中国在世界上是首屈一指的，形成了一块块色彩丰富的，具有独特的环境板块、历史传承和群体行为方式的区域文化"七巧板"或"马赛克"。"区域文化类型的七巧板"使得我们的思想文化的底蕴非常深厚、多姿多彩。

对于丰富多彩的"区域文化类型的七巧板"，《汉书·地理志》"言其地分"、"条其风俗"，力图把握其各自的人文地理特征。除了前面所述的楚地重巫风、鲁地"其民有圣人之教化"、燕地有"宾养勇士，不爱后宫美女，民化为俗"的"燕丹遗风"等等之外，又点出"赵、中山地薄人众，犹有沙丘纣淫乱余民。丈夫相聚游戏，悲歌忼慨，起则椎剽(杀人抢劫)掘冢，作奸巧，多弄物，为倡优。女子弹弦跕躧，游媚富贵，遍诸侯之后宫"③。致使战国末年，秦、楚、赵三国都有出自

① 杨伯峻编注：《春秋左传注》，420页，北京，中华书局，1990标点本。

② ［清］王先谦：《荀子集解》卷四，见《诸子集成》(二)，73页，北京，中华书局，2006影印本。

③ 《汉书》卷二十八下《地理志第八下》，1655～1662页，北京，中华书局，1962标点本。

邯郸歌舞女伎的王后，相当深刻地影响了当时的政治。由于地域人文构成的差异之存在，当这些差异的人文因素在不同的时段作用于中心人文结构时，就出现了丰富多彩的“七巧板效应”。

中国思想文化的源流是非常丰富复杂的，并非单线汲取、单源发展的，其底蕴深厚，流派迭出，式样多姿多彩，跟区域文化的交替汇入、相互作用极有关系。比如周公长子伯禽分在鲁国，鲁国原来是东夷之地，东夷民族很容易跟华夏民族融和。到了汉以后，山东、江淮一带的东夷民族到哪里去了？都融为华夏，都汇合到中华民族里面来了。周公的后代封于鲁国，到了春秋时期礼崩乐坏，唯有鲁国保存下来的周公礼乐最是完整。鲁昭公二年(公元前540年)，孔子十二岁的时候，晋国上卿韩宣子出使鲁国，“观书于大史氏，见《易象》与《鲁春秋》”，就感叹说：“周礼尽在鲁矣。”①各诸侯国往往到鲁国学习周礼和古代文献，鲁国就以“礼仪之邦”驰名。所以孔子在鲁国创立儒家学派，是得天独厚，以周礼作为他思想的轴心。

但是孔子的远祖是宋国贵族，殷王室的后裔。孔子十九岁娶宋人亓官氏之女为妻，一年后生子，鲁昭公派人送鲤鱼表示祝贺，孔子感到荣幸，就给儿子取名为鲤，字伯鱼。所以孔子与奉祀商朝的宋国，渊源很深。鲁国民间的和官方的文化，加上周边的由杞国传下来的夏文化、由宋国传下来的商文化，使孔子的儒学既能够在鲁的本土区域生根，又渊博丰厚而能传之久远，演变成为古代中国主流的思想文化体系。

孔子再传之后最有名的两个大儒是孟子和荀子。孟子是邹人，邹

① 杨伯峻编注：《春秋左传注》，1227页，北京，中华书局，1990标点本。

是鲁国的附庸国，《左传》讲，鲁国打更而敲击梆子，邹国都能听得到声音，如此邻近，所以邹国的思想也就是鲁国的思想。孟子在邹接受了子思一派传下来的思想，他的儒学思想就比较纯粹。曾子、子思、孟子这一条线索是通向后来的宋学，即程朱理学一脉的。还有另外一条血脉就是孔子的弟子卜商(字子夏)，居西河传学。黄河从甘肃、宁夏流到内蒙古，转为由西往东流，这段黄河叫“北河”；然后拐个弯，从山西、陕西中间流到风陵渡，这段黄河就叫“西河”，即《禹贡》所说的“黑水、西河惟雍州”的西河，以后就进入黄河中下游了。子夏到了西河，即魏国西部，相当于现在山西的临汾地区，现在那里还有子夏讲学的古迹。当时魏文侯是战国时候第一个准霸主，拜子夏为老师。子夏在那里为《诗经》作序，讲授《易经》《春秋》和《礼》，所以儒家的文献学从子夏这条脉络往下传。子夏传学前后，晋国一分为三，赵国首都是在邯郸，荀子是赵人。晋国的荀氏，到晋文公时期的荀林父，就分成三支。晋文公跟少数民族(狄人)在山区作战，除了车战的三军之外，还组织了步兵作战的“三行”，因为车战无法在山里展开兵力，得用步兵。荀林父是中间这个步兵行列的统帅，以官名为姓氏，就是“中行氏”；荀氏还分出“知氏”一支，这两支都是当时晋国势力最大的六卿之一。知氏和中行氏，后来被韩、赵、魏给灭了。剩下的一支是“荀氏”，在三家分晋之后，居住在赵国。

荀子五十岁才到齐国临淄的稷下，三次当稷下学宫的祭酒，是稷下学派的领袖。荀子五十岁才到稷下，意味着他的思想主要是在赵国形成根基的，在这种环境中成长的荀子，学问脉络虽然属于儒学，但是难免把儒学法家化，因此荀子学说的核心概念叫作“礼法”。他晚年向韩非和李斯传授帝王之术，又经过稷下将本来法家化的儒学，染上黄老化的某些色彩了。所以子夏、荀子这条学脉是通向汉朝的儒学，即“汉学”的。荀子的儒学是“三晋儒学”，不同于邹鲁之纯儒，乃是一种“杂儒”。中国儒家最大的两个学派，“汉学”与“宋学”，在某种意义上说，就是由于区域文化对儒学注入不同文化因素所造成的。三晋的文化和邹鲁的文化分别作用于儒学，就衍变形成儒学里面的汉学和宋学。

五、文化层面剖析与“剥洋葱头效应”

文学地理学的四大领域之二，就是文化层面剖析。深入区域文化类型之后，随之而来的问题，就是追问何为文化，文化何为。文化以特定的思想价值观念，渗透到人间的各种现象和生活方式之中，赋予人间现象和生活方式以意义、以特色、以思维方式。其渗透的特点就像盐溶于水，看不到盐在何处，但是饮水自知咸滋味。因而随着这些观念、现象、方式、意义和滋味的不同，文化就分离出许多层面。文化之内有许多“亚文化”的构成，比如说有官方文化、民间文化、日常生活文化、山林隐士的文化；有雅文化层面、俗文化层面；又有城市文化、乡土文化。文化、亚文化还可以再分层，如剥洋葱，层层深入，层层具体。城市文化里也可以分出很多层面，比如官僚府邸文化、平民市井文化，现代则有洋场、租界、大宅院、大杂院、贫民窟等等文化形态。文化层面就像“洋葱头”或“千层饼”，各个层面存在着不同的文化功能，文化层面剖析就是剥“洋葱头”或揭“千层饼”，揭示其中的结构功能差异。

比如城市地理学，就应该注意其中存在着不同功能的区域。城市功能使其文化松动为“洋葱头”、“千层饼”，层层的甜酸苦辣，自有区别。非均质性，是其特征。北宋词人晏殊的府邸文化功能与柳永的市井文化功能就有很大的区别，甚至对立。晏殊十四岁以神童召试，赐同进士出身。一生富贵优游，官居“太平宰相”。其词擅长小令，多吟咏官僚士大夫的诗酒风流和闲情逸致，表达舞榭歌台、花前月下的娴雅自适。就以这首《浣溪纱》来说：“一曲新词酒一杯。去年天气旧亭台。夕阳西下几时回？无可奈何花落去，似曾相识燕归来。小园香径独徘徊。”词的境界非常温馨，小园——还有一个后花园，香径——布满花草的小径，他在那里徘徊，在那里咀嚼着“无可奈何花落去，似曾相识燕归来”。有这份清闲的沉思，笔调自然就闲婉蕴藉，想想宇宙，想想人生，闲适中流露出索寞怅惘的心绪，旷达中渗透着无可奈何的人生哲理。难怪《宋史》本传说他“文章赡丽，应用不穷。尤工诗，闲雅有情思”①。

与此形成巨大反差的是，柳永词却多有世俗滋味。他到五十一岁才中进士，仕途坎坷，生活潦倒，长期混迹于烟花巷陌中。他的音乐才能和歌词艺术赢得了歌妓们的喜爱，流传于当时的国内外，最终却贫病而死，停尸僧寺。晏殊的“小园香径”和柳永的“烟花巷陌”，府邸文化和市井文化，这份清闲和那份热闹，代表着宋朝城市文化的两个截然不同的层面。它们存在着不同的城市地理空间秩序和功能，是“同葱不同瓣”，臭味互异。

文化分层的方式和标准，也有许多维度。从地理方位上看，有中心文化和边缘文化；从社会地位上看，有主流文化和非主流文化；从政治经济构成上看，有城市文化和乡村文化等等。如果从微观的文化学着眼，老舍《四世同堂》讲了一句经过现实考察得来的话：“在这样一个四世同堂的家庭里，文化是有许多层次的，就像一块千层糕。”他

① 《宋史》卷三百一十一《晏殊传》，10197 页，北京，中华书局，1977 标点本。

注意到具体而微的社会细胞的内部空间面貌的丰富性。美国《星期六文学评论》曾经载文说：“老舍的《四世同堂》不只是第二次世界大战以来中国出版的最好小说之一，也是在美国同一时期所出版的最优秀的小说之一。”评论家康斐尔德认为：“在许多西方读者心目中，《四世同堂》的作者老舍比起任何其他的西方和欧洲小说家，似乎更能承接托尔斯泰、狄更斯、陀思妥耶夫斯基和巴尔扎克的‘辉煌的传统’。”

抗战时期北平小羊圈胡同的祁家宅院，以为用石头顶住大门，就可以过安稳的日子了。但在社会文化和民族灾难中，祁老头和他的儿子、三个孙子及重孙子，都处在不同的文化层面。四合院外面杂乱的胡同，文化层面就更加混杂和丰富。以几个家庭众多小人物屈辱、悲惨的经历，京腔京味十足地写出了北平市民在八年抗战中惶惑、偷生、苟安的社会心态，发掘着在国破家亡之际沉重、痛苦而又艰难的觉醒历程。家庭小说是中国现代小说的大宗，而对家庭内在文化层面的考察，使老舍的创作进入现代家庭小说新的深度。

在文化层面的剖析上，以往文化史比较注重雅的书面文化，而对通俗的民间文化，五四以后观照比较多一点，但是这个问题还是没有彻底解决，没有从文化本体论上加以解决。这就使得“文化的洋葱头”，有待更为深入地接通“地气”。应该强调，对于民间文化、口传文化的价值和功能的认识，必须还原到本体论的高度。根据牛津大学一个研究室的DNA研究，人类会说话的基因变异发生在十二万年前，人类会说话已经十二万年了。人类会写字才五千年，中国发现的甲骨文才三千多年，而且在古代百分之九十九的人都不能够用文字著书立说。大量的民族记忆和民族想象存在于哪里呢？存在于口头上，所以口传系统是个非常重要的本源性系统。如果只是研究文字记录下来的文献，所研究的就是水果摊上的水果；如果加上民间口传的传统，就研究了这棵果树是怎么生根发芽、枝繁叶茂之后结出果子，研究文化生成的完整的生命过程。

文字的传统是有限的，文字的尽头处，就是口传。在口传系统上，歌仙刘三姐是以往文学史所缺载的，因为她是民间歌手，是口传文学。我在《中国古典文学图志》一书中就指出，文学史写上刘三姐，比大谈二三流的汉语诗人更有价值。原因在于写上这一笔，可以沟通汉族和南方的少数民族、书面文学和口传文学之间的关系，从而展开文学史的丰富层面和文学结构的完整性。① 广西许多地方志，还有明清时代的一些笔记，都记载过刘三姐，除了“刘三姐”这个称呼之外，有的叫“刘三妹”、“刘三娘”，回到我的电白老家，还可以发现有叫“刘三婆”的，从叫妹、叫姐、叫娘、叫婆，刘三姐逐渐老了，这些都属于“歌仙刘三姐”系统。根据这些地方志和笔记的记载，刘三姐生于唐朝中宗(武则天的儿子)年代，大概比诗仙李白小三岁，歌仙是诗仙的“妹妹”。据说她是著名的刘晨、阮肇“天台遇仙”故事中，那位刘晨先生的后代，民间传说这么会拉亲戚。广东阳春县一个山崖上有个“刘仙三姐歌台”，歌台铭文落款是五代后梁，已经一千多年了。

到了明清时期对刘三姐的记载更多。清朝初期“岭南三大家”之一的屈大均，自问“《广东新语》一书，何为而作也？……予举广东十郡所见所闻，平昔识之于己者，悉与之语。……言地者，言其一撮土，而其广厚见矣。”②他对于文化接通“地气”，独有心得。因而在《广东新语》卷八《女语》中，他以远比前人更多的笔墨记述这个岭南传说：刘三妹“相传为始造歌之人”，千里内闻歌名而来学歌、对歌者络绎不

① 杨义：《中国古典文学图志》，26页，北京，生活·读书·新知三联书店，2006。

② [清]屈大均：《广东新语·自序》，1页，北京，中华书局，1985。

绝，她“往来两粤溪峒间，诸蛮种类最繁，所过之处，咸解其言语”，被称为“歌仙”。无论平民百姓，还是瑶族、壮族或者山里的少数民族，凡是做歌的人，都要先买一本歌词供奉刘三妹，放到她的祭台上，让祭台管理人员收藏。然后谁要求歌，不准带出去，只能在那里抄录，所以在刘三姐庙里，这些歌词已经积累几箩筐了。又记载刘三姐跟邕州(现在的南宁)的白鹤少年张伟望在山崖上唱歌，对歌七天七夜，“俱化为石，土人因祀之于阳春锦石岩”。有的记载却说，二人成仙飞去，时在唐玄宗开元十三年。推算起来，唐玄宗开元十三年，刘三姐二十一岁，李白二十四五岁刚从四川出来，“仗剑去国，辞亲远游”，在洞庭湖、扬州的长江一带漫游，过三年之后才有《黄鹤楼送孟浩然之广陵》。

清朝康熙年间的文坛领袖王渔洋在《池北偶谈》卷十六中说，同榜进士吴淇，“为浔州(今广西桂平县)推官，采录其歌，为《粤风续九》。虽侏儒之音，时与乐府子夜诸曲相近，因录数篇。”《粤风续九》，就是以两广地区“粤风”续写《九歌》。其中记录了刘三妹的故事，录有刘三妹对歌七首，比如《相思曲》：“妹相思，不作风流待几时？只见风吹花落地，不见风吹花上枝。”《蝴蝶思花歌》：“思想妹，蝴蝶思想也为花。蝴蝶思花不思草，兄思情妹不思家。”很俗白，很新鲜，是山野间的吟唱，跳出了文人写作陈陈相因的方法。此外还录有傜歌四首、俍歌二首、僮歌一首、蛋歌三首、俍人扇歌一首，并且介绍“担歌者，侗人多以木担聘女，或持赠所欢，以五采齘作方段，齘处文如鼎彝，歌与花鸟相间，字亦如蝇头。布刀者，侗人织具也，书歌于刀上，间以五采花卉，明漆沐之。又有师童歌者，巫觋乐神之曲，词不录”①。

① ［清］王士祯：《池北偶谈》卷十六《“谈艺”六》；《渔洋诗话》卷下也有此材料，见《清诗话》，218页，上海，上海古籍出版社，1978标点本。

作为文坛宗师，王渔洋转录时的好奇心，也许大于取法之心，但是这确实是“人文的洋葱头”在“地气”的催生下，生长出来的青翠可喜的苗叶。对于如此“天籁”之音，要不要进入文学史？如果把民间口头传统也载入文学史，比起只记一些文人或锦心绣口的或酸溜迂腐的，毕竟天地很窄的诗词的文学史来，就会敞开一个更加令人心旷神怡的“天苍苍，野茫茫”的宏大空间，文学史能够动员的资源就会非常生机勃勃、烟波浩渺。

六、族群划分与“树的效应”

文学地理学四大领域之三，是族群的划分与组合。中华民族是一个多民族的国家，有许多古民族，又有五十五个现代少数民族。经过严格的科学鉴定，很多民族都有自己居住的区域，生产生活的方式，民族信仰的习惯和自己的行为方式、语言系统。这些文化群体曾经相互对峙又相互吸引、相互融合，在长期的发展中越来越深地变得你中有我、我中有你。汉族与少数民族之间，也是一种耦合结构。讲中国文学，不讲少数民族就讲不清楚汉族，不讲汉族也讲不清楚少数民族，那是“失耦合”的偏枯式的研究方式，因为我们 DNA 都混在一起了。北方的汉族和北方的少数民族 DNA 的接近程度，超过了北方的汉族和南方的汉族；同样，南方的汉族和南方的少数民族 DNA 的接近程度，超过了南方的汉族和北方的汉族。这就既是血脉相连，在文化上也是你中有我，我中有你，打断骨头连着筋，从而形成了一个多元一体的国家民族的总体构架。因此，民族群体文化“同树异枝”，是文学地理学可以进行大开发的重大问题。

就以中华民族的史诗传统而言，汉族由于文化理性早熟，生活态度务实，主流思想“不语怪力乱神”，留存下来的史诗是很不发达的。

以往写文学史是为了跟西方接轨，从史诗写起，一些老先生从《诗经》里面找了五首诗，《大雅》中的《生民》《公刘》《绵》《皇矣》和《大明》等五篇，说是“周朝的开国史诗”。但是，这五首诗加起来三百三十八个字，怎么和《荷马史诗》比？西方学术界认为中国没有史诗。比如德国的黑格尔认为，在东方各民族中，只有印度和波斯才有一些粗枝大叶的史诗，“中国人却没有民族史诗，因为他们的观照方式基本上是散文式的，从有史以来最早的时期就已形成一种以散文形式安排的井井有条的历史实际情况，他们的宗教观点也不适宜于艺术表现，这对史诗的发展也是一个大障碍”①。

要打破这种“西方中心主义”的傲慢，最好的方法是拿出事实。如果考虑到少数民族文化，中国就无可怀疑的是“史诗的富国”。少数民族最是宏伟绚丽的史诗，为藏族的《格萨尔王传》，蒙古族叫《格斯尔可汗传》。《格萨尔王传》作为活形态的史诗，至今仍有数以百计的民间艺人能够演唱，有若藏族谚语所云：“岭国每人嘴里都有一部《格萨尔》。”《格萨尔王传》以其六十万行的超长长度，建构成了古代藏族社会的一部包罗三界、总揽神佛而气象万千的百科全书。虽然每个歌手传唱的细节有所不同，但都有一个共同的故事梗概：古远时候，藏区妖魔横行，天灾人祸使黎民百姓苦难深重。梵天王派其少子下凡，做黑头发藏人的君王——即格萨尔王。他具有神、龙、念（藏族原始宗教里的一种厉神）三者合一的半人半神的英雄品格，将阻挠他降临人间的妖魔鬼怪杀死。五岁时，他与母亲移居黄河之畔。十二岁时，在部落的赛马大会上获胜称王，娶最美的少女珠牡为妃。格萨尔从此施

① ［德］黑格尔：《美学》第三卷下册，170页，朱光潜译，北京，商务印书馆，1981。

展天威，降伏了入侵岭国的北方妖魔，战胜了霍尔国的白帐王、姜国的萨丹王、门域的辛赤王、大食的诺尔王、卡切松耳石的赤丹王，南征北战，东讨西伐，先后降伏了几十个“宗”(藏族古代的部落和小邦)。格萨尔又入地狱，救出母亲郭姆、王妃珠牡，同回天界。其基本结构有若歌手们所概括：“上方天界遣使下凡，中间世上各种纷争，下面地狱完成业果。”

六十万行的《格萨尔王传》，篇幅超过世界五大史诗的总和。世界五大史诗最古老的是古巴比伦的《吉尔伽美什》，以三千行的楔形字写在泥版上；影响最大的是荷马史诗《伊利亚特》《奥德赛》，二三万行；最长的是印度史诗《罗摩衍那》《摩诃婆罗多》，后者是二十万行。中国少数民族三大史诗，还有蒙古族的《江格尔》、柯尔克孜族的《玛纳斯》，都是二十万行左右的英雄史诗。这三部史诗都是跨国界共享的国宝。可以说，公元前一千年，世界上最伟大的史诗是荷马史诗；公元后第一个千年，世界上最伟大的史诗是印度史诗；历史将会证明，公元后的第二个千年，世界上最伟大的史诗是包括《格萨尔》《江格尔》《玛纳斯》在内的中国史诗。中国文学干枝参天，那种固执于“有干无枝”的研究方式，面对已成“国际显学”的少数民族文学瑰宝，理应反省自身研究视野和知识结构的缺陷。《老子》三十三章云：“知人者智，自知者明。”①对于文学史研究现状，当以此共勉。

中国学人应该形成一种共识：中华民族的文化和文学，是汉族和少数民族共同创造的，文学史应该将这种整体风貌和深层脉络描绘出来。如果把少数民族的神话、想象和民族记忆、民族创造都计算进来，中国就毫无疑问地是一个史诗大国、富国、强国。少数民族给中

① 朱谦之撰：《老子校释》，133页，北京，中华书局，1984。

华民族增加很多辉煌的文学样式和文学经典，可惜古代中原主流文化把自己看得太了不起，把少数民族的创造看作“蛮夷之音”，并没有将“见贤思齐”①的理念穿透华夷界限。公元 11 世纪，也就是欧阳修、苏东坡在写几十字、百余字短小精粹的宋诗、宋词的岁月，维吾尔族的诗人尤素甫·哈斯·哈吉甫，在喀喇汗王朝(即黑汗王朝)的喀什，历时十八个月写成回鹘文长篇诗剧《福乐智慧》(直译为《赐予幸福的知识》)，凡八十五章一万三千多行，时在公元 1070 年前后。② 值得深思的是，该书《序言之一》直言不讳地承认：“此书极为珍贵，它以秦地哲士的箴言和马秦学者的诗篇装饰而成。”它并没有回避受了辽(秦地)、宋(马秦)文化的影响，实践着的正是“见贤思齐”的理念。这种文化交融的非对等性，是值得反思的。

一万三千多行是什么概念呢？意大利但丁的《神曲》就是一万三千行。这个维吾尔诗人跟李白一样，也生在碎叶，由于躲避政变到了民间，五十岁之后到了喀什去当御用侍臣，写了此部韵文巨著。《福乐智慧》熔叙事性、哲理性、戏剧性三性于一炉，展开了跟中原的诗词体制完全不同的另外一种美学范式。它主要写四个人物，一个国王叫日出国王，他象征公正和法律；一个大臣叫月圆，他象征福乐；月圆大臣的儿子叫贤明大臣，他象征智慧；还有个修道士觉醒象征知足或来世。四个人物互相辩论治理国家的方针政策和人生哲理。最后，修道士，一个伊斯兰教某教派的修道士，超脱世俗的政治辩论，归隐于山林。它主要的中心思想是：人心是国家之本，有法律才能治理国

---

① ［宋］朱熹：《论语集注》卷二《八佾第三》，见《四书章句集注》，73 页，北京，中华书局，1983 标点本。

② 尤素甫·哈斯·哈吉甫：《福乐智慧》，北京，民族出版社，1986。

家，而且智慧是人间的明灯。它是崇拜智慧的，智慧是美德的根本，人的高贵全在于有知识。这么一个主题，使长诗成为智慧和知识的赞歌。里面还有许多格言、谚语，随手拈来，很是深刻。比如说："狮子如果做了狗的首领，狗就会像狮子一样勇猛；如果狗当了狮子的首领，狮子就会像狗一样无能。"讲究施政用贤，崇拜英雄。所以，德国有一位考古探险家在考察高昌古城时讲过一段话：阿拉伯的语言是知识，波斯的语言是糖，印度的语言是盐，维吾尔的语言是艺术。

我们不妨给不容假设的历史来一个假设，如果中原人士在公元11世纪以后，能够接受边疆少数民族的诗的智慧，中国的诗歌的局面就会完全改观。可惜到了宋以后的元代、明代，士大夫文人依然整天讨论"宗唐"还是"宗宋"，在唐诗和宋诗的有限性差异中翻跟斗。他们并没有超越中原中心主义，去思考能否学一学维吾尔人的《福乐智慧》，能否从少数民族的史诗思维汲取点什么。汉族士大夫高雅得很，那么短小的诗，喝喝酒就能作。喝酒把情绪提起来之后，诗思泉涌，可惜涌出的泉水只能斟满一小杯。酒劲一过，或者酒劲过猛，就写不出来，这就是中原式的"诗酒风流"。如明清之际的小说《平山冷燕》所倾慕的："富贵虽不耐久，而芳名自在天地。今日欧阳公虽往，而平山堂一段诗酒风流，俨然未散。吾兄试看此寒山衰柳，景色虽甚荒凉，然断续低徊，何处不是永叔之文章，动人留连感叹。"①

族群划分的另一个关键，是家族问题，这是古代中国独特的人群文化聚落。《孟子·离娄上》说："人有恒言，皆曰'天下国家'。天下之本在国；国之本在家；家之本在身。"②这三个"本"的链条很重要，

① ［清］荻岸山人编次：《平山冷燕》第十三回"观旧句忽尔害相思"，北京，中华书局，2003。

② ［宋］朱熹：《孟子集注》卷七《离娄章句上》，见《四书章句集注》，278页，北京，中华书局，1983标点本。

家族在"国"和"身"之间，扮演着关键的本位环节。宗法社会的人们往往聚族而居，因此在中国地名中，以姓氏族群命名的村落或城市相当多。如张店、李村、宋庄、吴镇，又如丁家村、许家屯、冯家堡、穆家寨，由此还要建祠堂、修族谱、认同宗，因而组合成独特的人群文化聚落，聚落中存在着独特的文化人群秩序。难怪钱穆先生在《中国文化史导论》中说："中国文化，全部都从家族观念上筑起。"①古代的家族作为一种制度，不单是一个血缘的单位，而且有着经济、政治的功能，攀龙附凤、沾亲带故、裙带关系等等均由此而发生，蕴含着某种经济政治的潜规则。还有家学、家风，延续着一种独特的家族文化传统。因此，研究中国文化而不研究家族问题，是很难把握它的深层奥妙的。

七、空间流动与"路的效应"

文学地理学四大领域之四，是空间流动。"动"，就是对事物原本的状态和位置进行推动和变动。有所谓"应时动事"，动是生命的表现。秦始皇琅琊台立石刻文，就用了这句话。在文学地理学中，无论是区域文化类型、文化层面剖析、族群的区分和组合，只要它们中的一些成分(比如个人、家族、族群)一流动，就能产生新的生命形态，就能产生文化、文学之间新的选择、新的换位、新的组接和新的融合，就可以在原本位置和新居位置的关联变动中，锤炼出文学或文化的新品质和新性格。

人要动，就要不畏长途，上路寻找新的发展机遇。不妨考察一下广东、江西、福建、台湾一带独特的客家民系。秦汉以后两千多年

① 钱穆：《中国文化史导论》，50页，北京，商务印书馆，1994。

中，中原汉人走上南迁之路，在唐宋以后就形成具有自己特色的方言和文化的族群。近年因为客家土楼围屋成了世界文化遗产，以及台湾和闽粤的客家关系问题，我们对之有了更多了解。梅县客家诗人黄遵宪在《己亥杂诗》中说：“筚路桃弧辗转迁，南来远过一千年。方言足证中原韵，礼俗犹留三代前。”①筚路，是用竹子和荆条编成的车，筚路蓝缕来自楚国祖先艰苦的南迁和开拓。客家民系的祖先也像楚人祖先那样，开辟草莱，辗转迁移到南方，而且“南来远过一千年”了。这里以一千年为时间刻度，意味着客家移民在晚唐五代就开始形成民系。“方言足证中原韵”，客家民系的方言保存着唐宋时代的中原音韵，客家人素有“宁卖祖宗田，莫忘祖宗言”的祖训，没有受金元以来入主中原的胡人语言文化过深的影响。比如保留了入声字，就是某种没有胡化的语言活化石的见证。客家语言、广东语言都有入声字，方言足证中原韵，证明他们来自中原；“礼俗犹留三代前”，古老的三代就是夏、商、周，最近的三代就是元、明、清，那些以前的古老礼俗还有保留。这种族群迁移，既可以携带上原来的民风民俗，保存了某些中古时期的中原汉族文化，又可以在新居住地混合了百越族文化，开拓新的民风民俗。客家民系进入了赣南、粤北、闽西的山区，中原人士变成了山里人，成了“丘陵上族群”，形成了一种刚直刻苦的性格。迁移人群的探路，能坚定意志，能登高望远，见多识广，能磨炼体魄、耐力和心魂，这就是“路的效应”。

空间的流动，往往可以使流动主体的眼前展开两个或者两个以上的文化区域和文化视野，这种“双世界视景”，在对撞、对比、对证

① [清]黄遵宪撰，钱仲联笺注：《人境庐诗草笺注》卷九，810页，上海，上海古籍出版社，1981标点本。

中，开发了人们的智慧。比如当年的“右派”重回文坛，他就拥有两个世界：“右派”世界、作家世界；农村孩子到城市上大学或打工，他也拥有两个世界：农村世界、城市世界；中国青年学者出国，他的两个世界是：中国世界、外国世界。两个世界的对比，可以接纳、批判、选择、融合的文化资源就多了，就能开拓出一种新的精神境界和思想深度。空间流动的一加一是大于二的，是超越二的，可以进入一种新的维度丰富的思想层面。思想在流动中发酵，这就是“双世界效应”。

鲁迅曾经将《离骚》中的“路漫漫其修远兮，吾将上下而求索”，作为其小说集的题词，可见其对屈子的景仰及对探路的坚毅。“路”，在鲁迅心目中，是人类的前途所在。1919 年 12 月，在北京当教育部科长兼管北平图书馆的鲁迅，奔波几千里回绍兴，准备把自己的祖屋卖掉，带着母亲和发妻朱安到北京定居。这次回乡的观感，他写成了三篇小说，《故乡》《在酒楼上》和《祝福》。此时之鲁迅已然不能简单地看作“当年绍兴的周树人”了，他已经承受了多种“双世界效应”，或者叫作“多元世界效应”。自从家道中落，饱受世态炎凉之后，他走异路，逃异地，去寻求别样的人生，到了南京读到《天演论》，到了日本接触到了尼采、易卜生、拜伦、裴多菲的思想和文学，又在北京感受过新文化运动，还在《新青年》上发表了《狂人日记》。他在这么多姿多彩的地理区域和文化领域里流动，再回过头来看自己的家乡，他的“故乡观”就发生了本质性的变化。

他冒着严寒回到相隔两千里、别了二十年的故乡，天气阴晦，冷风吹到船舱里面来，远远看到几个萧索的荒村，心不禁悲凉起来，这就是我二十年前的故乡吗？他带有南京、东京、北京，中土、东洋、西洋文化这么巨大繁杂的思想文化框架，反观他萧索、荒凉的故乡，就不可能不充满着何为故乡、人生何从的疑虑，充满着痛苦的人生意义的追寻。经他母亲的提起闰土，到底“月是故乡明”，他就想起在深蓝的天空底下，一轮金黄的圆月，闰土拿着一把叉去刺偷吃西瓜的小动物，这个生动活泼的画面占满了他对故乡的童年记忆。但是见到现实的闰土，这个幻想就打得粉碎，多子、饥荒、苛税、兵匪、官绅，都把这个闰土折磨成木偶人了。更何况在老实到了麻木的“木偶人”闰土的周围，叽叽喳喳地跳出了一个想引领市井风骚的小脚如“细脚伶仃的圆规”一般的“豆腐西施”，这个绰号好得令人心酸。这篇小说作于鲁迅的“不惑之年”，但二十年风尘使故乡黯淡、青春消磨，不惑之年的鲁迅又疑惑起来了。叙事者在悲凉中陷于绝望，但还要反抗绝望，去寻找希望。离乡，就是离开月下少年、豆腐西施、沧桑闰土这些支离破碎的故乡图像。因而离乡的航程中又升起这轮明月，朦胧之中看到海边碧绿的沙地上，深蓝的天空悬挂着金黄的圆月，牵引出一句至理名言：希望本无所谓有，无所谓无，正如地上的路，其实地上没有路，走的人多了，也就成了路。①

路是地球上人造的血管，人员、物质、资讯都从路上流过。然而将路比喻人生，就很容易感受到卢梭所说的：“人是生而自由的，却无往不在枷锁之中。”②这就是中国古乐府诗中，为何多见“行路难”的感慨的原因。李白写过《行路难》三首，大呼“大道如青天，我独不得出”；又咏叹着“欲渡黄河冰塞川，将登太行雪暗天。闲来垂钓坐溪上，忽复乘舟梦日边。行路难，行路难，多歧路，今安在。长风破浪会有时，直挂云帆济沧海”。《乐府解题》曰：“《行路难》，备言世路艰

① 鲁迅：《故乡》，见《鲁迅全集》卷一，476～485页，北京，人民文学出版社，1981。

② ［法］卢梭：《社会契约论》，8页，何兆武译，北京，商务印书馆，1980。

难及离别悲伤之意，多以‘君不见’为首。”①鲁迅当然也感受到行路难，但他的精神取向是反传统“行路难”。当鲁迅将离乡二十年来所经历的多重世界与故乡的古老世界叠印在一起的时候，他的“故乡观”在新的世界观的撞击下发生破裂和爆炸，炸裂成一种在荒芜处寻路、开路，而不避艰难困苦的意志。

老子言“道”，鲁迅言“路”，在字义上，道与路相通，但是道更玄妙，而路更踏实。路联通了世界上一切秘密，路通向人类的希望。人生在世，总在路上，如鲁迅所谓“过客”，以探索追求来实现生命的价值，来托起心中那轮“碧蓝天空上金黄的圆月”。年届四十不惑的鲁迅，在这一点上是不需疑惑的：这篇小说是一曲非常深刻、非常悲凉又非常伟大的荡气回肠的东方乡土抒情诗，又是一首理智新锐而意志坚毅的反《行路难》。文学地理学的“路的效应”，在鲁迅此行中体现得极其充分。

文学地理学是一个极具活力的学科分支，是一片亟待开发的学术沃土。它使文学研究“接上地气”，接上中国历史文化和现实生活的第一流资源，敞开了区域文化类型、文化层面剖析、族群分布，以及文化空间的转移和流动四个巨大的空间，于其间生发出“七巧板效应”、“剥洋葱头效应”和“树的效应”、“路的效应”。“一气四效应”，乃是文学地理学在辽阔的文化空间中，为我们的研究输入的源源不绝的学理动力。

---

① ［宋］郭茂倩编：《乐府诗集》卷七十，997页，北京，中华书局，1979。

中国叙事学的原理与方法*

一、作为人类智慧方式的叙事

20 世纪 60 年代以后，西方兴起一门新的学问，超越叙事的体裁，超越神话、史诗、小说、历史，甚至现在的媒体叙事等等具体的叙事方式，将叙事进行抽象化和普遍化，作为人类的一种智慧方式，人类的一种精神现象来进行研究。称之为 Narratology（叙事学）。西方有的学者甚至说，自 20 世纪 60 年代以后，文学理论的每一个重要的进展，都和叙事学有关系。他们使用这么一种超越性的理论方法，对文学进行比较深层次的形式分析以及内在本质的分析，从中寻找共同性的原理和形式因素。

我本人是研究中国现代文学的，20 世纪 80 年代写过一部《中国现代小说史》，三卷本 152 万字，为此读过两千种现代叙事文献。接着就想以此为基础，写一部《中国小说学》。准备材料的时候，读了一些西方新理论的书，注意到

* 1995 年 5 月讲演记录稿，2011 年 10 月 26 日在澳门大学整理重讲。

西方叙事学的进展。因此就放弃原来小说学的设想，想撰写一部“中国叙事学”的书。这是对自己原来的知识结构的挑战。因为要搞出“中国特色”，而不是一门心思地贩卖西方的理论，就不仅要熟悉中国现代文学，而且必须清理古代的神话、小说、戏剧和历史文献。做学问，必须从清理文献开始，才能立稳脚跟，才能保持充足的后劲。于是，我就启动了《中国古典小说史论》这个项目，又经过了四五年的苦读，我读过的现代和古代的叙事文献大概有三千种左右。这么多的文学现象和文献积累，如果不来一番认真的清理，是会把脑袋搅成一团乱麻的。

于是我在原来阅读现代小说、古典小说的两步走的基础上，开始走叙事学研究的第三步。1992 年我到牛津大学，当客座研究员，读了一批西方的叙事学著作。做研究工作，是要设计一下自己的研究步骤、研究方法、研究角度的，不然就会在茫茫的学术领域陷入“瞎子摸象”的尴尬。由于我遵循着预先准备好的研究“三步骤”，进入叙事学领域就能利用原来十几年建立起来的学术优势，就感到眼界开阔，内心充实。研究者应该建立这么一条思路：依据原有的学术优势，拓展新的知识视野，开发可能的学理空间。

当然西方的叙事学著作对我启发甚多，尤其是它提出命题的方式。不过，因为我是带着三千种中国从古至今的叙事文献的阅读经验来读西方叙事学，所以每次遭遇西方理论所提出的命题，就能调动百十种中国文献与之对话，或得到默契，或发生质疑，或感到迷惑，或产生超越。令人印象深刻的是，一旦感觉到西方叙事学的某些论说，涵盖不了中国文学智慧的精华时，就形成了一种对话诘问的状态，逐渐觉悟到西方理论所谓“世界性”，可能是一种“有缺陷的世界性”，必须要把中国智慧加进去，形成一种“合金形态”，才能使其世界性变得完整起来。“有缺陷的世界性”，是我比较东西方叙事经验和理论的过程中，得到的一种思想启悟、思想收获。

于是，就使我不能不考察中西方文化“非同心圆”的存在形态，它们最初的出发点是千差万别的，由于近代以来的科技的发展、信息的流通、交往的频繁，甚至出现“地球村”的说法，两个圆的重叠部分越来越多，互相借鉴、引进、融合的成分越来越拓展，但是不同心的状态尚不能说已从根本上改变。因此，用西方叙事理论来套东方古老文明中无比丰富多彩的叙事事例，往往感到头大帽小，那些套不住的地方，反而可能是我们文化最有特色或者最精华之所在。“不可涵盖性”的研究，应该是我们研究中的关键所在。这就使我提出了这样四句话的研究思路：回到中国文化的原点，参照西方现代理论，贯通古今文史，融合创造新学理。中国文化的原点和西方现代理论之间存在一个大的距离，这个距离就是我们的原创性空间所在。这四句话可以简化为八个字：还原—参照—贯通—融合。第一要务，是回到中国的原点。

二、“叙事”二字在中国如何得以建立

回到中国文化的原点看叙事，那么，作为人类智慧形式之一的叙事，展示给我们的又是何种别开生面的发生学视境？“叙事”二字出现在先秦时代，那时，“叙”字是顺序的“序”讲的是丧礼、婚礼过程中的各种礼仪程序、包括音乐弹奏次序、乐器摆放方位的安排。如《周礼·春官宗伯·乐师》所说“凡乐，掌其序事，治其乐政”，就将这些程序、次序安排，称为“序事”，它最先是用在古代文化的核心部分的礼仪上。[①]《中庸》也说：“宗庙之礼，所以序昭穆也。序爵，所以辨

---

① [汉]郑玄注，[唐]贾公彦疏：《周礼注疏》卷二十二《春官宗伯下》、卷二十三，见《十三经注疏》，787、794页，北京，中华书局，1980影印本。

贵贱也。序事，所以辨贤也。”[①]就是排比事例，以别贤愚。“序”字的偏旁是“广”字，《说文解字》解释：“广，因厂（山石之崖岩）为屋也。”[②]古代的墙壁，厅堂下面的叫作“壁”，厅堂上面的叫作“序”，“壁”和“序”的作用，是分隔空间。空间的分隔变成了时间的分隔，就是顺序。叙事的“叙”在古代，又和头绪的“绪”字相通。所以，从语义学的角度看，中国人讲叙事学，就是排比事物的次序，也是一种“顺序学”，一种“头绪学”，还是一种把空间的分隔和时间的分隔相互转换的学问。

到了魏晋南北朝，“叙事”多用来讲历史叙事，比如《三国志》称司马迁“善叙事，有良史之才”[③]。刘勰的《文心雕龙》两次使用“叙事”，形容一些文章体裁具有叙事的功能，但是“叙事”这个词还是“动词＋宾语”的结构，还没有形成一个完全独立的名词。叙事作为关键词被研究，是唐朝历史学家刘知几《史通》这本书的贡献。《史通》专门设立了《叙事》篇，讲的是历史叙事：“国史之美者，以叙事为工。”[④]叙事作为一种文类，是到了南宋，即公元 13 世纪的时候才出现。朱熹有一个再传弟子真德秀，编了一部《文章正宗》，把文章分为四类：一类叫作“辞命”，就是皇帝和大臣的官方文字；第二类叫作“议论”，属于理论文章，如先秦诸子之类；第三类叫作“叙事”，包括历史纪传体，也包括应用散文类的叙述体裁；最后一类就是“诗赋”，就是诗词歌赋。[⑤] 这种四分法在南宋形成，在元、明、清三代，大体还是遵照理

---

① ［汉］郑玄注，［唐］孔颖达疏：《礼记正义》卷五十二《中庸第三十一》，见《十三经注疏》，1629 页，北京，中华书局，1980 影印本。

② ［汉］许慎撰，［清］段玉裁注：《说文解字注》，444 页，上海，上海古籍出版社，1988 影印本。

③ 《三国志》卷十三《魏书十三》，418 页，北京，中华书局，1964 标点本。

④ ［唐］刘知几撰：《史通》卷六，四库全书本，十一页。

⑤ ［宋］真德秀：《文章正宗》，卷首“文章正宗纲目”，上海，上海古籍出版社，1987。

学家真德秀的这一分法。

只是明末清初的评点家，比如金圣叹、毛宗岗之流，把小说戏曲叙事提到首位，沟通了小说、戏曲和历史等不同的文体。金圣叹提出了“才子书系列”，他说有六大才子书，将《水浒传》《西厢记》和《庄子》《离骚》《史记》“杜诗”并列在一起。冯梦龙和李笠翁(渔)又提出了一个“奇书系统”，称《三国》《水浒》《西游记》《金瓶梅》为“四大奇书”。毛宗岗在《三国志读法》中说：“《三国(演义)》叙事之佳，直与《史记》仿佛；而其叙事之难，则有倍难于《史记》者。《史记》各国分书，各人分载，于是有本纪、世家、列传之别。今《三国》则不然，殆合本纪、世家、列传而总成一篇。分则文短而易工，合则文长而难好也。”①明清之际的评点家为中国早期的叙事学，贡献了许多有声有色的叙事学智慧，研究中国叙事学的人应该给他们写上浓重的一笔。

三、结构的动词性与结构的道与技之辨

既然要对叙事学进行还原研究，要建立中国叙事学现代体系，我们也不能关起门来自言自语。这就要看一看西方叙事学主要研究哪些问题、形成了哪些话题？如果要与西方现代理论构成对话和互动，就必须讲究十个字：“共同的话题，不同的声音。”这是我们进行文化对话的根本原则。如果没有共同的话题，各说各话，形不成对话；如果没有不同的声音，鹦鹉学舌，你怎么讲，我就怎么讲，只不过给西方理论提供几个例子，这种对话不可能深入。

怎样才能发出中国的“声音”呢？问题千千万万，方法五花八门，

---

① ［明］罗贯中：《三国志演义》，13页，北京，商务印书馆，1959标点本。

关键在于深刻把握中西文化在叙事学上不同的出发点和切入点。西方叙事学为何在20世纪60年代兴起？就是现代语言学发明了“共时性”与“历时性”，“所指”与“能指”这类理论框架，发明了结构主义这类理论。他们是从现代语言学和结构主义的角度，进入叙事学的脉络的。强势学科，为弱势学科提供理论工具，学科发展的奇迹往往由此而来。但是用现代语言学、结构主义的那套话语来讲叙事学，整天搬弄语法、语式、语态、时态一类概念，对于中国人难免洋腔洋调、怪声怪气。那么，中国的优势学科在哪里呢？从数千年的学术进程来看，在历史文化。叙事学很早就讲历史叙事。要扬长避短，把握学术制高点，有必要从历史文化角度进入叙事学研究，从而调动中华民族几千年来在世界上属于第一流的文化资源，从自身的文化经验、文化智慧中，生长出我们叙事学的理论。

既然要寻找与西方理论进行对话的共同话题，我觉得有几个问题值得格外注意，一是叙事结构，二是叙事时间，三是叙事视角。我们看清楚了西方是从结构主义切入叙事文本分析的，头一个问题就应该选取“叙事结构”。然而，怎样才能回到中国文化的原点？最根本的方法，一是对原始经典的梳理，就像上面考察“叙事”一词的形成和变化那样；再一个就是进行语义学的分析，因为语义的深处隐藏着一个民族的集体潜意识。

从语义学考察“结构”一词，“结”就是绳子打结，“构”是盖房子，中国房屋是砖木结构的，构木为屋。“结构”这个词，本来是动词，一直到六朝，陶渊明还讲“结庐在人境，而无车马喧”。“结庐”就是盖房子。到清朝初年，李渔的《闲情偶寄》评论戏剧，第一章就是“结构第一”。行文中说，要盖房子，地基平整之后，第一步要考虑结构，要有总体的布局，“何处建厅，何方开户，栋用何木，梁用何材，必俟成局了然，始可挥斤运斧”，然后才能使每一步顺顺当当，各得其所。如果贸然盖房架梁，不考虑结构，修修补补，未成先毁，房子就盖不成整体。① 既然结绳、构屋，是动宾词组，即便“结构”后来衍化为名词，但潜在意义指向中还带有动词性。

这就使得中国人对结构的理解，跟西方存在着根本的差异。原点上的差异，是影响全局的。西方结构主义，强调“作者死了”。中国人讲结构，其潜在的动词性规范着作者不能死，还有生命，还在运动中。我们研究文本的结构和功能，是将它置于动态的过程中的。首先，在中国人看来，结构是个过程。一个作家写文章，第一笔下来就是整个结构的开始，最后一笔收束起来，才是结构的结束。不明结构的整体性和动态性，是每一落笔，都不能恰到好处的。

其次，结构动词性的另外一个含义，就是强调结构是人与天地之道的一种契约。古戏曲曾借谢安之口说：“夫围棋者乃运天地之机，造化阴阳之像。此棋尧王所制，以为悦豫之戏。棋盘有四角，按四时春夏秋冬，上有方圆动静，方者为盘，圆者为子，动者为阳，静者为阴，棋有一十九路。”②其中意蕴，差可比拟之。通过结构组合所包含和生发出来的意义，绝对不是一些表面的文字所能代替、所能表达得了的。司马迁写《史记》分十二本纪、三十世家、七十列传等层次，形成结构的层次感。层次本身，是天造地设的，司马迁只不过“究天人之际，通古今之变”，偷得了一份天机。“本纪”本来写帝王的事，他却把项羽放在本纪里，把吕后也放在本纪里面；“世家”本来写诸侯国

① 李渔：《闲情偶记》卷一，见《李渔全集》第三卷，4页，杭州，浙江古籍出版社，1992。

② ［元］李文蔚：《破苻坚蒋神灵应》第二折，古本戏曲丛刊本。

的事，他却把只当过大夫的孔夫子放在世家里；飞将军李广与匈奴大小七十余战，却没有封侯，却为他单独立传，在许多只能在“合传”中出现的王侯将相之上。这种人物位置的设计，蕴含着对历史人物价值的独特评价及独特的生命体验，是司马迁与悠悠苍天的一种对话。其深刻性，是一般的文字很难表达出来的，只有结构才能产生这种宏观把握历史变动的效果。

中国人讲结构，是贯通“结构之道”和“结构之技”，讲究结构问题上的“道”和“技”之辨。西方结构主义所思考的大体是处在结构之技的层面，分析文本的技巧构成和语境功能。在中国，要结构一个作品，首先考虑人和天地之道要定个契约，这就是讲“结构之道”，然后再考虑如何通过“结构之技”完成对道的实现。比如《金瓶梅》，何为它的结构之道，何为它的结构之技？它的描写和结构，在中国文学史上第一次采用接近社会生活原生态的写法，用一种网状布局。作品的经营，费尽了调动结构功能的苦心。

有一种结构方式，叫作“重复中的反重复”。整个作品四次写狮子街，次次都有不同的景象、不同的气氛，富有时间刻度感地展示了主要人物的命运。在英雄传奇《水浒传》里，武松在狮子街酒楼打死西门庆，就算了事。到了《金瓶梅》，打死的是一个替身。狮子街的出现，第一次讲武松和假西门庆（李外传）在这里的打斗；第二次西门庆又在这个地方为李瓶儿祝寿，完了还另外安排房子包二奶；第三次在这个地方放烟火，“逞豪华门前放烟火，赏元宵楼上醉花灯”，达到他奢侈荒淫的高峰；第四次，依然是狮子街元宵花灯节，西门庆服了梵僧药酒，与情妇荒唐之后，从狮子街回到桥头，遇到旋风和鬼影，逃命回到家中，被潘金莲给灌了春药，油干灯灭，死在潘金莲的肚皮上。通过四次写狮子街，重复同一个地点，却对每次描写进行反重复性的处理，把西门庆的暴发和荒淫，他的家族的从兴盛到家破人亡，都层层着色地渲染出来了。“物是人非事事休”，是结构之道的精神脉络，而表现出来的结构之技，乃是“道之用”。

《金瓶梅》的结构之道，常常隐藏在空间结构之中。《金瓶梅》写了山东的清河县城，东面有道家的庙宇玉皇庙，南门有佛家的寺庙永福寺。《金瓶梅》故事中，凡是热闹的事情，多发生在玉皇庙或者和玉皇庙有关系；凡是悲凉阴森的、关乎死亡的事情多和永福寺有关系。这就是张竹坡评点所说：“玉皇庙热之源，永福寺冷之穴也。”①比如说，“西门庆热结十兄弟”，这种结拜方式，是对“桃园三结义”和“水浒聚义”的滑稽模仿，这个热闹的事情就发生在玉皇庙；他花钱买了一个千户官来当，又生了一个儿子，所谓“加官得子”，也是在玉皇庙设坛打醮、摆席演戏，大加庆祝；最后西门庆比较喜欢、比较有感情的女人李瓶儿，也就是代表《金瓶梅》中那个“瓶”字的李瓶儿之死，西门庆家族在玉皇庙大开道场，显示其家族兴盛。再看凡是阴森可怕的事情，多和永福寺有关系。使西门庆荒淫败亡的春药，是在永福寺得到的；西门庆的家族败落之后，代表《金瓶梅》中的那个“梅”字的庞春梅，嫁给了周守备，永福寺就成为周守备的香火院；庞春梅把《金瓶梅》里面最厚颜无耻的陈敬济以及潘金莲埋葬在永福寺；后来西门庆的大老婆吴月娥，带着孝哥儿逃难，在永福寺躲避金兵，在那里做道场，超度西门庆、潘金莲这些血迹淋漓的鬼魂；西门家的独根独苗孝哥儿剃度出家也是在永福寺，把仆人玳安过继来传香火，改名西门安。

凡是热闹的事情都跟玉皇庙有关系，这是俗世繁华；凡是冷清的

① ［明］兰陵笑笑生著，［清］张道深评：《金瓶梅》，726页，济南，齐鲁书社，1991。

事情，都跟永福寺有关系，这是对人生的命运的思考。一佛一道的两个寺庙，夹着西门庆的家族，就像一份“三明治”，宗教与人生在这里打了一个死结，分拆不开。借用这么一种空间存在的结构方式，来思考人生的“酒色财气”，思考人的“生存与死亡”，思考生存的处境、生存的意义和生存的各种可能性。二寺庙夹着一家族，多么独特的“2＋1”，它以结构之道，将宗教和哲学别开生面地深度介入一个家族命运的思考。

这种以地理方位和人文神思综合成的复式眼睛，谛视人间瞬息繁华的结构之道，对《红楼梦》影响极深。结构之道，往往以复眼观世，世相与世味一齐洞开。《红楼梦》的大观园和太虚幻境，也是以真真幻幻的空间，营造它的结构之道。大观园的环境，对应着贾宝玉和“金陵十二钗”的性情；太虚幻境薄命司的画册题词，映照着这般人物天真无邪又无可奈何的命运。林黛玉和她那处“未若锦囊收艳骨，一抔净土掩风流”的葬花塚，是一张永恒的面孔上的一滴清泪。西方灵河畔的绛珠仙子发誓要到人间偿还眼泪债，但到了大观园，她的眼泪债总也还不清，因为那里纠缠着“道不清，理还乱”的俗世牵扯。宝黛爱情只能是一个悲剧，如果跳出悲剧，就要大煞风景。“假作真时真亦假，无为有处有还无。”在此真真假假中，蕴含着几许人生真谛与宗教玄思？

中国人对结构动词性的认知，对结构之道和结构之技的思辨，在叙事学的意义上说，是以本体性来贯穿、约束、深化技巧性的。这就是中国文化的精深所在，它出入于形而上和形而下，兼顾着玄妙和真实。没有这种道性的点醒，作品的眼睛就不会发亮。这正如春秋战国乱世，如果没有孔、孟、老、庄，剩下的就是一群野兽；大唐盛世，如果没有李、杜、韩、柳，剩下的就是一群胖子。经过结构之道熏染和提升的结构之技，才不会成为雕虫小技、缺乏丰厚的文化意蕴。基于中国文化的这种认识，我们应该超越结构主义的某种机械性，还原叙事作品的生命感。

四、叙事时间的速度与模型

时间问题，是叙事学研究中关键的关键。叙事结构是不能只有一个空框架的，它需要人物和事件的延续性展开加以充实、推进、扩展和贯穿。人物事件的延续性，就是时间。不过，有必要提醒的是，时间一旦进入叙事作品，它就不再可能是纯客观的时间，而是作者以结构之道和结构之技处理过的带主观色彩的时间。

既然时间在叙事作品中已经过处理，是一种“人化”了的时间，那么我们遇到的第一个问题，就是叙事时间与历史时间之关系。历史时间在叙事的过程中，就像一根橡皮筋，是能够伸长缩短的。历史时间与叙事时间之比，拿历史时间当分子，叙事时间当分母，如此算出的就是叙事时间的速度。许多历史时间经过作者的操作，得到的叙事时间速度有缓急之别。《资治通鉴》写周显王四年(公元前 365 年)只用了三个字：“魏伐宋。”因为战国时期，战火乱烧，许多并不值得记述，如魏人作的《竹书纪年》，记：“梁惠成王五年(公元前 365 年)，公子景贾率师伐郑，韩明战于阳，我师败逋泽。”①《资治通鉴》就没有记述。但是描述唐初武德九年(公元 626 年)的“玄武门之变”，秦王李世民打听到他的哥哥太子建成和齐王元吉要谋害他，就在玄武门设下埋伏，发动兵变，消灭了他的哥哥和弟弟，软禁了他的父亲唐高祖李渊，自己当了太子，后来变成了唐太宗。《资治通鉴》用甲子标出日期，从丁巳日到庚申日，这场改写了唐朝历史的兵变只延续了四天，

① [北魏]郦道元著，陈桥驿校证：《水经注校证》卷八《济水》，204 页，北京，中华书局，2007 标点本，引《竹书纪年》，中华书局版。

四天的时间写了三千三百字。① 只要计算一下就可以知道，四天的时间写了三千三百字，和一年的时间写了三个字加以对比，叙事时间流动的速度，相差十万倍。

小说由于注重细节描写，对叙事时间速度的操纵，更是有过之而无不及。毛宗岗评点本《三国演义》，开头说“分久必合，合久必分”的天地运行之道之后，就从楚汉纷争，汉高祖刘邦斩白蛇起义，一直讲到东汉桓帝，这七十多字就交代了四百年。但是整部《三国演义》从公元 2 世纪 80 年代，讲到公元 3 世纪的 80 年代，晋朝统一中国，“三分归一统”，这么一百年的时段，其中的政治军事斗争，《三国演义》写了一百二十回，大体是一年一回。整部《三国演义》不到七十万字写一百年，开头的七十多字写四百年，二者的叙事时间速度相差将近四万倍。但是《三国演义》有时一回可能写了十几年，有时几回只写了一年内的事情。有两个年份写的特别长，叙事时间速度非常缓慢。建安五年(公元 200 年)官渡之战，曹操消灭了他在北方的最强劲的对手袁绍，统一了北方，把这一年的战争和“关云长千里走单骑”去寻找刘备加起来，这一年零三个月的时间，写了八回。建安十三年(公元 208 年)的赤壁之战，曹操袭破荆州江陵之后，与东吴孙权和刘备集团进行会战，“赤壁之战”加上“三顾茅庐”，总归也就一年多一点的时间，写了十七回。诸葛亮出山时，分析天下大势的“隆中对”，半天的时间写了半回；诸葛亮过江游说东吴联合抗曹，“舌战群儒”，两天的时间写了两回。如果按照半天写半回，两天写两回的时间速度，来写整个《三国演义》的一百年，就要写上三万六千余回，相当于现在的三百多

① [宋]司马光著，[元]胡三省音注：《资治通鉴》卷一百九十一《唐纪七》，6003～6013 页，北京，中华书局，1956 标点本。

倍，这就会摆满我们课室。所以说，小说的叙事时间速度是很不均衡的。

说书人有一句口头禅，叫作“有话则长，无话则短”。不光是世间有事，而且是心头有感。叙事时间流动速度的快慢缓急的调节，背后有“一只看不见的手”，就是作者的价值观和审美趣味。作者用他的价值观来操纵时间流动的速度，操纵对问题的关注点。作者用不着站出来说话，写“赤壁之战”用十七回，写“官渡之战”用八回，只要操纵着叙事时间流动速度，一切尽在不言之言中了。为什么战国的某一年只写三个字呢？因为战国战火频繁，在作者的价值观中没有特别的地位。而“玄武门之变”写了三千多字，是由于在作者的心目中，作为宋朝前面最重要的朝代的这场关键性政变，关系到李世民还是李建成继承皇位，对唐朝的生存形态和历史命运影响重大，其影响甚至延伸到五代、北宋。对此，司马光不能不特别重视，因而通过对时间的操纵，表达了他认识唐初历史的价值观。

既然叙事时间速度，对于一个叙事文本来说无处不在，而且又由此注入作者的价值观，那么中国人的时间认知又有哪些自身的特色呢？这就是我们要讲的第二个问题：中国时间观的模型。一个非常明显，而长期以来大家又很少深入思考的现象是：中国人讲时间是：年、月、日，西方的主要语种讲时间是：日、月、年（美国人改成：月、日、年）。难道东方人、西方人居住在地球不同的部分，他们脑袋里的思考习惯就颠倒过来了吗？文化是一种熟悉到不再经意，已经化为人的血肉灵魂的存在，并不是在一本偏僻的书里找出一个偏僻的故事加以诠释，才叫作文化，那只是有其“文”无其“化”。文化就在你的日常生活中，渗透到你的思想行为里，浑然不觉，习以为常，无所不在，这才是真正的文化。文化就是溶在水里的盐，看不见它，却能感觉到它的滋味。

文化是一种人间方式。中国人讲时间，是年、月、日；西方人讲时间，是日、月、年，这本身就是无所不在的文化方式，用不着去深山老林里，像找蘑菇一样找文化。问题又不在于我这里有年，你没有年；我这里有月，你没有月；我这里有日，你没有日。同样生活在地球上，抬头见日月，寒暑知年华，都会做出大致相同的时间刻度。但是感知时间的模型不同，表述时间的顺序不同。顺序不同，就是意义不同。这里起码包含着三个问题：

1. 第一关注点不同，是在具体的“日”，还是在漫长的“年”？

2. 第一关注之后，思维方向不同，是以大观小，还是以小观大？

3. 前后环节之间的衔接方式不同，是以大统率小，还是以小积累成大？

这就是“年月日”和“日月年”之间，包含着的文化密码的区别。人们会问：这个问题是怎么发生的呢？我们如果读过甲骨文，就会知道，甲骨文记录时间的方式，先是用甲子记日，再记月，然后再记“祀”，一年大祭祀一次，周而复始。这是按照“日月年”的顺序的记法，与西方的顺序一个模样。那时候也有“年”字，是一个人头上顶着一捆稻子(禾)，叫作“年成”，是一年收成的意思。每年大祭祀一次，祈求好年成。到了商周之际，有一段时间的青铜器的铭文出现变化，是先记月，再记日，后记年，顺序跟美国英语是一样的。这个问题到了《春秋左传》就发生了变化，就变成了“年月日”，甚至变成了“年、时、月、日”，“时”就是四时：春夏秋冬。在甲骨文中，春、夏、秋、冬四时是不完整的，只有到了《春秋左传》的记载，四时才是完整的。

《春秋左传》时日记载的转折，是怎么样发生的呢？细考《左传》，曾经记载过两次“日南至”，就是太阳到了最南的一个点，冬至点。这两次日南至，一次在鲁僖公五年（公元前 654 年）正月辛亥，一次在鲁昭公二十年（公元前 521 年）二月己丑，① 这两次日南至的记载相距 133 年，这 133 年中有 49 个闰月。如果我们把它约简，用七来除，就是“十九年有七个闰月”。“十九年七闰”，是中国人的阴历和阳历合历的一个定制。如果没有安排闰月，月亮围绕地球转一圈是一个月，12 个月就是一年，这样延续十几年，春夏秋冬四季，就会完全颠倒过来。因此必须按照太阳运行的轨迹，找到“日南至”，然后用这个冬至点来调整闰月，才能够阴阳合历。甲骨文中也有“十三月”的说法，但对于“年”的本质认识，尚有一个过程。

阴阳合历发生在何时？《春秋左传》已有记载，因而发生的时间应该更早。不妨推测，阴阳合历大概发生在公元前 841 年前后，因为《史记·十二诸侯年表》是从这一年记起的，这年以后，中国每年有什么大事都一清二楚地记录在案；这一年以前，中国对年的记载比较模糊，如太史公所云：“自殷以前诸侯不可得而谱，周以来乃颇可著。”②所以才有“夏商周断代工程”，用天文学和文献学相结合的方法，推断一些重大事件发生的年份。

《尚书》首篇为《尧典》，里面记载阴阳合历的故事。尧帝派了四个大臣：羲仲、和仲、羲叔、和叔，到东南西北四个点去定春分、夏

---

① 杨伯峻编注：《春秋左传注》，302、1046 页，北京，中华书局，1990 标点本。

② 《史记》卷十三《三代世表第一》，487 页，北京，中华书局，1959 标点本。

至、秋分、冬至，“历象日月星辰，敬授人时”，以 366 天为周期，“以闰月定四时成岁”①。羲和是神话中太阳神的御者，派他去定岁时，意味着以太阳运行轨迹来定岁时。实际上《尚书·尧典》不可能是尧的时代传下来，应是西周前中期的作品，它是用一种神圣化、半神圣化的方式来告诉人们，阴阳合历是尧帝定下来的，都要竭诚遵守。时间问题，在中国古代是非常重要的，周天子颁布的日历，各个诸侯国都要执行；改朝换代叫作“改正朔”，每年的第一个月是“正月”，每月的第一天是“朔日”，都要按照新王朝颁布的改过来，重新来一套日历。中国在 20 世纪接受西方公元纪年，是古老中国走向开放、和世界接轨的标志，对中国人的文化心理是一个很大的振荡。

西周前中期“阴阳合历”的明确化和正规化，推动了春秋战国时期形成中国自己的宇宙模式和时间模式。《春秋左传》在文献记载上落实了中国人对“年月日”表述顺序的共识。这就使得东西方的时间观念发生了很大分歧，中国的时间观念是以年来统率和限制月，用月来统率和限制日，是以大观小，综合性的时间观。西方是以日积累成月，月积累成年，是以小观大，是积累性、分析性的时间观念。这种时间观念的形成，制约着、影响着彼此之间全部的叙事文学的时间表述方式。

比如说，西方叙事文学总是从具体的时间开始，从一时一地一景开始的。荷马史诗《伊利亚特》，开篇就是战争中的英雄阿喀琉斯，因情人被主帅阿伽门农霸占，发怒退出了战场，导致整个战争发生了逆转。这就是从英雄、美人、战争、发怒这么一些具体的事情上开始了

① [汉]孔安国传，[唐]孔颖达疏：《尚书正义》卷二《尧典第一》，见《十三经注疏》，北京，中华书局，1980 影印本，118～119 页。

史诗的叙事。叙事的第一关注是具体的。

宏观综合性的时间观念，则使中国传统叙事总是从一个大时空开始。我们古代的神话小说、历史小说、英雄传奇小说，往往都从盘古开天辟地、女娲补天，从夏商周历朝这么一个大时空写起，然后再对具体的事件进行时间定位，叙事原始的时间操作与西方作品迥异其趣。《水浒传》的开头，就是用大时空包裹了小时空。开口就说："朱李石刘郭，梁唐晋汉周，都来十五帝，播乱五十秋。"五代有五个姓氏的十五个皇帝，延续了天下大乱五十七年。天帝看到天下太乱，老百姓水深火热，就派霹雳大神下凡，投生为赵匡胤，一条棍棒等身齐，打天下四百皇州都姓赵。从赵匡胤开国(公元 960 年)落笔，一跳就跳到宋仁宗时期发生瘟疫，派洪太尉到龙虎山禳灾，误走妖魔，把一百单八个魔君放走了。再一跳，跳到端王(宋徽宗)府(公元 1100 年)，高俅那一脚好球，几乎一脚就踢过半座江山。这种跳跃性的时间操作，使开头的一回半，写了一百四十年(若包括开场诗的五十七年，就是一百九十七年)。《水浒传》后面的九十八回，写到宋徽宗宣和五年(公元 1123 年)，写了二十四年。九十八回写了二十四年，相比一回半写了一百四十年(或一百九十七年)，时间在二者之间流动的速度相差近四百倍(或五百余倍)。以大包小的时空操作方式，指向结构之道，内在含义非常值得寻味。它隐喻着一百零八将下凡，事关宋朝的气数，所谓官逼民反、替天行道，是天地运行之道的一种表现。

长篇巨著如此，那么短篇小说如何？且看《杜十娘怒沉百宝箱》。这篇小说叙述了明朝万历年间的一个悲情故事。但它的开头，远远地从朱元璋开国写起，经过十几代的皇帝，战事连绵，国库空虚，所以要用钱来买太学生身份。捐纳之法，起源很早。秦始皇四年，因蝗灾大疫，准许百姓纳粟千石，拜爵一级，开了捐纳之例。历代多有沿袭，明朝景泰年间，因边饷不足，乃定纳监之制。即《明史·选举志》所云："其后有纳粟马捐监之例，则诸生又有援例而出学者矣。"①明冯梦龙所辑《醒世恒言》第二十卷《张廷秀逃生救父》也记载："廷秀虽然荒废多时，恰喜得昼夜勤学，埋头两个多月，做来文字，浑如锦绣一般，邵爷好不快活。那年正值乡试之期，即便援例入监。到秋间应试，中了第五名正魁，喜得邵爷眼花没缝。"②这才出现用钱买太学生的李甲和妓女杜十娘之间的恩恩怨怨，最后酿成"怒沉百宝箱"的悲剧。这种写法也是以大时空包裹小时空，从而进行王朝气数和人生命运的透视，把李甲和妓女杜十娘之间荒唐与深情不对称的搭配，看成是明代衰败过程中的一个反常现象，一个带命运感的"异数"。朝廷出问题，社会必然出现怪现象，如此写来，事关明朝的气数。开头的大时空，赋予正文中的具体事件以令人感慨不已的命运感。

结构作为人与天地之道的契约，有其自身的整体性，也有其自身互动互补的机制。开头的时空结构如此设置，就难免要牵一发而动全身了。西方的叙事从具体的时空开始，从一人、一事、一景开始；东方的叙事从大时空，从盘古开天辟地开始。叙事是一个过程，不是只讲个开头就完事，接下来就相应地出现了叙事的另外一种分道而驰。分道而驰的结果，西方的叙事，常用倒叙；中国的叙事，常用"预叙"。道理很明白，既然从具体的一人、一事开始，就有必要倒回去，交代这个事情的来龙去脉。荷马史诗《伊利亚特》既然写了阿喀琉斯发怒，整个战争逆转，就必须交代这场战争是怎么回事，什么原因引起的战争，

① 《明史》卷六十九《选举一》，1689页，北京，中华书局，1974标点本。

② [明]冯梦龙辑：《醒世恒言》卷二十《张廷秀逃生救父》，见《冯梦龙全集》第3册，427页，南京，凤凰出版社，2007。

于是一下子倒回去十年，交代那个“金苹果”和绝世佳丽海伦的故事。“第一叙事”出来之后，“第二叙事”就成了对“第一叙事”的交代和解释。因此在西方，“第二叙事”对于“第一叙事”，就构成了“倒叙”关系。

中国叙事则不然，由于它是从大时空开始，从天道、天意的大时空，俯视芸芸众生的具体事情，就对所有人物的命运成竹在胸。《封神榜》里姜子牙还没下山，就对各路神仙都要到封神台上报到，知晓得心照不宣。《红楼梦》才写了五回，既出现了女娲补天遗落的那块石头，又出现太虚幻境的十二钗册子，出现“红楼十二曲”，把这些人物的命运，都暗示得有板有眼。当然，如果不是红学家煞费苦心地考证，贾宝玉猜不透他的命运，读者诸君若是第一次读《红楼梦》，也是同贾宝玉一样混混沌沌，不知道薄命司册子讲的是谁，讲的是什么事。只是让读者带着一种命运感，惴惴不安地一边读书，一边体验着一种难以捉摸又无可奈何的“贵族中国”的败落和大厦坍塌。

阅读预言叙事，与阅读倒叙的期待心理截然不同。倒叙令人带有分析性的心理，看取事物的来龙去脉，评判其中的是是非非；预言叙事却要带着命运感来读，感悟到命运是如何成为现实，体验着顺从命运或反抗命运的纷纷扰扰。预言叙事因而也就是一种元叙事，令人在风云变幻、盛衰荣辱中领略天道、人道。读者跟贾宝玉、林黛玉们共同体验命运的可知性和不可知性，感受着如此人生的本质何在。也就是说，中国叙事的构成方式，是“元叙事＋本叙事”，有别于西方的“原叙事＋倒叙事”。

不要以为中国人不懂得倒叙，不是的。只是作为一种通常的状态，作为一种优势的思维方式，中国的叙事是多用预言叙事，或称“预叙”的。但是，中国人也懂得倒叙，懂得时空维度反反复复的折叠，在折叠的皱褶中蕴含哲理。在中国影响极大的文章选本《古文观止》的第一篇《郑伯克段于鄢》，就采用了倒叙。鲁隐公元年(公元前722年)，“夏五月，郑伯克段于鄢”。查《史记·十二诸侯年表》，郑武公十年(公元前761年)“娶申侯女武姜”，四年后“生庄公寤生”，郑庄公到鲁隐公元年已是36岁。① 但是文章开头用了一个“初”字，说“初，郑武公娶于申，曰武姜，生庄公及共叔段”，就将时间倒退回36年以前。父亲郑武公娶了姜姓夫人，生下郑庄公时难产。母亲就喜欢弟弟共叔段，不喜欢郑庄公，不断地为弟弟要土地，要城池，酿成“多行不义必自毙”的大祸。这就使倒叙及于本年，事件达到高潮，郑庄公消灭了共叔段，时为《左传》鲁隐公元年。郑庄公怨恨母亲，发誓不及黄泉，不见我母亲了。后来他有点后悔，有个大臣颍考叔拜见他，就款待饭食，不料颍考叔还要打包，要把好吃的肉带走。郑庄公问他：为什么要带走这些肉？他说母亲爱吃，所以他打包带回去。郑庄公很感慨，做臣子的还有这份孝心，我作为一国之君想孝顺一下，都不可能实现。颍考叔给他出了个主意，你不是说九泉之下吗？那就挖个地道，挖到看见泉水，从地道里接回母亲，不就是九泉相见吗？“公悔，思母不见，穿地相见”，《史记·十二诸侯年表》载于第二年，这就属于补叙了。

写得好的编年体史书，都善于折叠时间。编年体史书的主人公是时间，纪传体的主人公是人物，宋以后出现的纪事本末体的主人公是事件。任何一个重大历史事件，不可能是年初或月初发生，年底或月底就干脆利落地终止。时间不可能这么整齐划一，通常的可能是跨月、跨年。为了使时间这把刀子不至于把人物事件切割得太碎，就必

---

① 《史记》卷十四《十二诸侯年表第二》，536～550页，北京，中华书局，1959标点本。

须进行时间折叠，将事件系于高潮的年月，然后用起初如何如何，倒叙出事件的来龙去脉，再进入正面叙事。如果事件还有余波或后遗症，必须加以补叙。将历史事件写得比较完整、比较精彩的作者，都是折叠时间的好手。

但是作为一种优势的思维方式，中国的叙事作品，尤其是章回小说，是长于预叙的。西方文学也并非没有“预叙”，比如说莎士比亚的戏剧《麦克白》，写一个巫婆预言：森林移动，爱丁堡城就会陷落。后来敌军埋伏在城外，头上用树枝伪装，结果“森林”一移动，爱丁堡城就被攻陷了。这么一种“预言叙事”的写法，在西方是一种变体，作为优势常规的写法，是倒叙。

东西方叙事方法之间，不排除同中有异，异中有同，但是各有强势，各有特色，深刻地影响着相互间叙事形态的差异。研究是从“差异分析”开始的。差异分析方法最好的例证，在于翻译。文学翻译是中西文化直接碰头、直接对话、直接进行转换的一种形式，因而强迫翻译者进行不容回避的意义转换和话语形式转换。清末民初的大翻译家林琴南，翻译过180部长篇作品，影响了整整一代人。他翻译西方作品，往往在命题之时就作了时空模式和意义模式的转换，比如说苏格兰历史传奇小说家司各特的长篇小说《艾凡赫》，以人名为题。在清朝末年，如果直译“艾凡赫”书名，读者会莫名其妙。林琴南妙笔一挥，把题目改了，改成《撒克逊劫后英雄略》，撒克逊是个种族，大劫之后英雄们的传略。狄更斯自传体小说《大卫·科波菲尔》，书名是一个怪里怪气的外国人名，清末民初的读者没有人晓得大卫·科波菲尔是何方神圣。林琴南就把书名改成《块肉余生述》，从母体掉下来的一块肉，九死余生后的自述。《堂·吉诃德》的书名，如果直接翻译，也会使清末民初的读者很是莫名其妙。林琴南就翻译成了《魔侠传》，一个走火入魔的侠客的传记。西方世界习惯于小时空的第一关注点，往往用具体人名为书名；林琴南从自己的文化经验中，感觉到中西文化的时空观念的巨大差异，就以有伦理价值判断的大时空表述，加以置换了。

这种文化差异性的兑换，至今还在澳门、香港、台湾、大陆以各种方式延续着。比如由小说改编成的美国电影《飘》，题目就翻译成《乱世佳人》，把一种捉摸不透的身世漂泊感，转换成大时空的伦理框架的表达。如果电影名字翻译成《飘》，票房价值是不会“飘”到你的口袋里的。现在我们的译制片多是采取这种翻译方式，这种“兑换翻译法”，追根究底是由于东西文化时空观蕴含的意义和第一关注点的差异所致。所以时空观念的差异，实实在在地影响整个叙事体系的第一关注，以及关注以后的整个操作过程。只要我们留心对比观察，便可以发现“滔滔者天下皆是”。

五、叙事视角的中国式流动

叙事视角在叙事学中的重要性，也可以“牵一发而动全身”来形容。作者在叙事作品中，使用什么样的角度去看世界，牵涉到他与世界结合的方向、方式和介入的程度。如何“视其所以，观其所由”，在叙事文学中总是存在着一双兴致勃勃、无所不窥的眼睛。

我们先从比较常见的视角误区讲起。对于视角问题，西方有一种流行的说法：古代小说的视角，是全知全能的，现代文学开始出现“限知的视角”。这种说法在我国新潮的学术界，一经引入，也大为流行。应该看到，中西方的智慧是可以相通的，但是在什么时间、什么场合、以什么方式表达类似的智慧，却往往出现“君住长江头，我住长江尾”的情形，应该具体分析。虽然“同饮一江水”，但水质的清浊、味道的甘涩，并非一致。那种以为古代小说的视角有如上帝一样全知全能的说法，如果不加分析地拿来硬套在中国几千年的叙事作品上，很可能把作品中最值得关注、最值得体验的精彩之处，都套到爪哇国去了。因为传统中国没有全知全能的上帝耶和华，却有采集街谈巷议的稗官和登台说书的柳敬亭，他们的表达方式和智慧形态，怎么能够和上帝也者一模一样呢？

我们不妨将时间距离拉远一些。中国小说的起源非常久远，根据我的研究，“中国小说发端于战国”。我们在两千几百年前，就开始有小说的萌芽：《山海经》《穆天子传》可以列入这个范围；《汉书·艺文志》记录的“小说十五家”中开头的《伊尹说》《鬻子说》《周考》《青史子》之类，也难脱干系；就是编入“儒家者流”的《晏子春秋》，也需重新评议。到了魏晋时期，小说跟当时的社会动乱、宗教思想纠缠不清。同时，我觉得跟当时北方五胡进入中原，大批衣冠士族渡过长江到了原本百越、南蛮之地，与那里的神话、巫风接触，存在着深刻的关系。南方少数民族对原始文化的保存，贡献极巨。正如战国的《楚辞》，开发了楚国的神话和巫歌；汉魏六朝的志怪，开发了南方少数民族的神话和巫风传说。盘古神话的最早记录者，为何是三国吴人徐整、南朝梁人任昉呢？因为他们是到了南方的士人，对南方少数民族的神话产生惊奇感。至今南方的瑶族、畲族、壮族、苗族，还广泛流传着盘古（或盘瓠）开天辟地的创世神话和族源神话。人性好奇，原始巫风和神话的强烈刺激，使奇闻异事成了小说的热门题材。

志怪小说的发达，出现了一种值得注意的现象：凡是人和神之间的恋爱，如果男方是个天神、天象（彩虹之类）或野兽，女方是人间的女子，这样的作品就带有神话性；如果男方是人间的男子，女方是个仙女、狐狸精或女鬼之类，这样的作品就带有仙话性。角色位置一变，就注入神话或仙话的不同的文化内涵。野兽和人间的女儿结婚，这是人间伦理难以承担的，带有原始崇拜的强悍的力度。人间的男子跟仙女、女鬼或狐狸精相恋爱，则是文明社会中礼制压抑情欲，于是就寻求一种幻想状态的发泄和补偿。角色位置的变化，决定了文体类型的变化。

比如，晋朝干宝《搜神记》中，有一篇“蚕马”故事。[①] 这个故事不甚被人注意，我选编 50 万字的中国从古到今的小说集的时候，把这个故事放在第一篇。蚕马故事说：非常非常古老的时候，有一户人家，父亲到边疆打仗，留在家中的女儿很寂寞，很苦闷，很孤独，有一天就唠唠叨叨，在家里的一匹公马面前说，谁要把我父亲接回来，我就嫁给他。公马一听就发了性子，挣断缰绳，跑到战场，拼命折腾，父亲就想这匹马如此发疯，是不是家里发生了什么事情？就骑着马回家了。回来后，这匹公马就不吃不睡，等着成其好事。父亲感到奇怪，就问女儿，女儿就讲了事情原委。父亲一听，觉得此事非同小可，有辱家声，就埋伏弓箭手把这匹公马射死了，剥下马皮，晾在外面。这姑娘还在豆蔻年华，蹦蹦跳跳在院子里玩耍，用脚去踹那张马皮，还说你这个畜生，还想和人间女儿结婚，癞蛤蟆想吃天鹅肉，这不是自寻死路吗？正玩得高兴，这张马皮呼啦一声立起来，把姑娘包住，一股劲狂奔出几十里地，在一棵巨大的桑树上，化成一条奇大无比的蚕。这是我们古老的蚕神崇拜的故事。

也许我们的祖先，看到蚕的样子，像马的脑袋加上少女的身子，所以就想出这么一个故事。但是我们看，这里充满着原始的、野蛮的一种神奇力量。第一，承诺就是命运，你说了，就要用生命作为代价去偿还。第二，两种物种还可以组合成第三种物种，这是古老神话中

① ［晋］干宝：《搜神记》卷十四，172～173 页，北京，中华书局，1979 标点本。

的“基因工程”，人类创世时那种神秘的力量还存在。所以这是蚕神崇拜的神话，其中蕴含的伦理道德是人间社会难以承担的，必须超越人类社会的成规才可以想象。清代俞正燮《癸巳存稿》卷二（王藻刻本）如此勾勒“蚕马”的文献线索：“《周官·马质》：‘禁原蚕。’注云：‘蚕与马同气，再蚕伤马。’《吕氏春秋》《淮南子》则皆以为残桑。宋戴埴《鼠璞》云：‘俗以蚕神为马明菩萨，是同气之验。’《搜神记》言女足蹴马皮，被卷化蚕，疑亦古说。《荀子》赋篇云：‘身女好，头马首。’女好马头，故生马皮之说。然亦可知其同气矣。”①

另外一个故事，出自据说是陶渊明写的《搜神后记》。其中有一个田螺姑娘的故事：有农家子弟谢端，自小失去父母，靠邻居来抚养，独立生活后，每天下地干活，艰辛度日。有一天，他在田埂上捡到一只大白螺，拿回养在水缸里。后来下地回家，发现有人给他烧好水、做好饭。他想是邻居帮忙，就去感谢邻居，邻居说没有这么回事。他感到很疑惑，过了几天还是有人给他烧水、做饭。他又去感谢邻居，邻居说：你这个家伙，娶了媳妇关在家里，还不告诉我们，意思是不给我们喜糖吃。于是，谢端就来了一个鸡鸣下地，日出回来，从篱笆往里看，果然从水缸里出来一个漂亮女子下厨房。他急忙冲进去，挡住她的回路。这女子告诉谢端，我是天上银河中的仙女，上帝可怜你辛苦，派我下来帮忙，现在被你发现，我只好走了；我留下的螺壳，用它来舀米就吃不完。说完，一阵风就消失了。这完全是小农经济社会中的一个“白日梦”，想得多美，自己下地，不花钱就有一个漂亮姑娘给烧水做饭，粮食还吃不完。中国人向往安居乐业，“安”字是屋顶底下坐着一个女人，从甲骨文到现在，千古未变，只要屋里有个女人操持家务，就是一个安乐窝了。

---

① ［清］俞正燮：《癸巳存稿》卷二，57页，沈阳，辽宁教育出版社，2003标点本。

再深思一层，“田螺姑娘故事”的叙事视角，是全知全能的吗？从一开头，谢端是被挡住视角的，并不知道谁为他烧水做饭；寻根究底、打听窥视之后，视角敞开，故事也就终止。遮遮掩掩，挡住人们的眼光，“犹抱琵琶半遮面”，这就是限知视角的运用和退出。中国古代志怪小说凡是写得完整、写得精彩的，都非来一番视角的“限知”不可。妖怪初出来，岂能让你知道她是妖怪？只觉得是个仙女，或是个大家闺秀、风流荡妇之类。在遮挡视线的同时，一点一点地不断透露一些奇异的信息，让人疑疑惑惑，吊着胃口，瞪大眼睛，在挑逗着好奇心的同时完成叙事的过程。当知道她是妖怪，真相大白，视角已经全部打开，故事也就收场大吉。

《聊斋志异》写牡丹精的《葛巾》，也是采用限知视角的写法。洛阳常大用在曹州花园借住，视角是被遮挡的，猜想园中游耍的女子，是“贵家宅眷”或“仙人”。在与之接近、共眠时，感到热香四流，无气不馥。接回洛阳成亲，再游曹州，才打听到其“曹国夫人之女”的身世，料想她是牡丹精。一经挑破，牡丹仙子就将婴儿摔在地上，化作一阵轻烟消失了，掷婴之处长出“洛下无双”的名贵牡丹。

此篇以传奇笔志怪，由于采用限知视角而精彩迭出，如清人但明论所评点：“此篇纯用迷离闪烁，夭矫变幻之笔，不惟笔笔转，直句句转，且字字转矣。”①实际上，中国古代小说形式多样，尤其是文人小说游戏笔墨，涉笔成趣，在自由心态中释放出来的智慧，丰富多彩，甚至出现许多匪夷所思的花招。要了解叙事视角方式的丰富性，就应该用现代意识好好地细读丰富多彩的笔记小说，里面包含的智慧

① ［清］蒲松龄著，张友鹤辑校：《聊斋志异（会校会注会评本）》，1436～1443页，上海，上海古籍出版社，2011标点本。

恐怕有西方叙事理论中渺然未见踪影者在。自从我说古代志怪小说存在限知视角后，包括海外看过我的文章的汉学家，也改变说法，不再简单地说“古代小说的视角是全知全能”了。

我还发现，纪晓岚的《阅微草堂笔记》存在着“元小说”（台湾翻译成“后设小说”），就是在虚构的外面谈虚构的一种小说方式。这种被西方视为时髦的小说形式，其实在中国清代甚至更早的宋代笔记小说中，已经存在一千年了。纪晓岚既然反对《聊斋志异》的虚构性，他又在自己的笔记中写狐狸精、写鬼怪故事，这就构成了“站在虚构之外谈虚构”的立场，一种不折不扣的“元小说”立场。他不是把小说幻想，看成一个完整的世界，而是把小说世界变成一个写作的过程。比如，他写了这么一个故事：有一个流浪乞丐，临死时将小女儿卖给纪晓岚的祖母当养女，取名“连贵”。连贵只记得家在山东，门口有个驿站，离这里有一个多月的路程。自称曾许配给对门的胡家，胡家也出外讨饭了。十几年后，连贵配给纪府的马夫刘登，刘登自称原姓胡，家在山东驿站之旁，离这里一个多月的路程，听说小时父母为他订过婚。这实在是一个破镜重圆的好素材，但作者没有把它编成传奇，反而让亲友发表一些反传奇的议论。作者的叔父说：“可惜连贵蠢得像一头猪，只知道吃饱了睡觉。不然，此事稍加点缀，就可以写入传奇。”作者又让朋友与叔父争辩说：“历史传记都免不了添枝加叶，何况是传奇呢？明朝有一部传奇，写一个佳人美如天仙。某某的祖父见过这个女子，矮胖矮胖的，寻常女子而已。连贵虽是粗人，假如有好事者为她填词作曲，将来在洞房花烛的红地毯上，她又何尝不是千娇百媚呢？”①作者完全站在虚构之外

① ［清］纪昀：《阅微草堂笔记》卷二十一，179～180页，上海，上海古籍出版社，1980标点本。

谈虚构，站在传奇之外谈传奇，这是元小说的典型写法。

如果用心分析《聊斋》，可能发现，还有一种“反元小说”，站在虚构的深处，反口调侃、嘲讽现实中人物的毛病和嗜好，作为朋友间饮酒谈笑的材料。从六朝志怪，到宋朝洪迈的《夷坚志》，到清代的《聊斋志异》《阅微草堂笔记》，写作态度五花八门，感受世界的方式千姿百态，千古文人游戏笔墨，叙事的角度往往花样翻新。游戏到了极致，游戏出一部《西游记》，孙悟空上天入地，一个筋斗十万八千里。这里面的智慧宝藏金光闪闪，只要用心发掘，所发现的叙事原理，并非西方现成的叙事理论能够囊括无余的。

就连第一人称的小说，在中国也是古已有之，并不是到近代才有。明代有一部叫作《痴婆子传》的小说，① 就是用第一人称的口吻写成的一个愚昧的老太婆的口述传记。她自述“性感受”的经历，从小给表哥弄破了童贞之后，跟一系列的男人发生千奇百怪的性关系，大胆吐露着微妙的生理和心理的感觉。这个作品是男人写的，还是女人写的？恐怕是男人写的，男人在体验女人的性心理。也有男人自述夫妻恩爱情感的作品，这就是清朝沈复于嘉庆十三年(1808 年)用第一人称写的《浮生六记》。② 今存四卷：《闺房记乐》《闲情记趣》《坎坷记愁》《浪游记快》。所谓“浮生”，典故来自李白的文章《春夜宴从弟桃李园序》：“夫天地者，万物之逆旅也；光阴者，百代之过客也。而浮生若梦，为欢几何?”作品以第一人称(“余”)的“内视角”和真挚亲切的语调，将夫妻间至诚至纯的爱怜和风雅有趣的闺房之乐娓娓道来，展示一种平等人格和文化人生的魅力，使礼教生活的呆板乏味，简直形同

① ［明］芙蓉主人辑：《痴婆子传》二卷，清乾隆甲申(1764)年版。

② ［清］沈复：《浮生六记》，北京，人民文学出版社，1980。

“土狗”。

在文人自传性作品寻味着内视角的时候，说书人则张扬着一种外向的流动视角。中国叙事作品的视角，不能简单地用外来理论硬套，就是由于它另有自己的发生学、审美学和接受学。说书人的视角是不能简单地用“全知全能”加以概括的，没有一个中国说书人会以上帝自居，他往往以博闻广记的朋友身份，跟听众交流着往事奇闻，拍案惊奇。

说书人的“流动视角”，可以称作“角色视角”。说书人引导着听众东看西看，他自己却在绘声绘色地充当被说的人物。“说者成为被说者”，人我合一，这就是他们追求的至高境界。明末清初著名的说书人柳敬亭的说书艺术即主张说书时忘掉自己，达到“我即成古，笑啼皆一”的境界，使说书人和被说的古人融为一体。张岱《陶庵梦忆》卷五有一篇《柳敬亭说书》：“余听其说‘景阳冈武松打虎’白文，与本传大异。其描写刻画，微入毫发，然又找截干净，并不唠叨。哱夬声如巨钟，说至筋节处，叱咤叫喊，汹汹崩屋。武松到店沽酒，店内无人，謈然一吼，店内空缸空甓，皆瓮瓮有声，闲中着色，细微至此。”说书人有这个本事，说宋江，他就是宋江，说武松，他就是武松，说李逵，他就是李逵。说书人带有表演的性质，往往口到、手到、眼到、神到，融合在角色之中，尽情地表述，在视角的分离和重构中来完成自己的视角的分分合合。角色视角在流动的过程中，完成着每个人物的叱咤风云、悲欢离合、升降浮沉等等人生轨迹，由此集合众多的角色视角和流动视角，从而完成整体性的全知视角。

不妨以大家熟悉的《水浒传》中“武松醉打蒋门神”的为例。[1] 武松杀嫂，被发配到孟州府之后，施恩帮他养好伤，试验了一下武松的神力已经恢复如初，就和他讲，蒋门神如何霸占他的快活林、如何打坏他的胳膊，要武松帮他报仇。武松定了一个口头协议，叫作“无三不过望”，每过一个酒家都要喝三碗酒才走。施恩答应了，派人挑着一担酒，就跟着武松，过一个酒望子，就喝三碗酒，待过了十几个酒望子，武松也喝四五十碗酒了。当然可能当时酒的发酵技术不够精良，酒精浓度有限。施恩看武松时，还不十分醉。金圣叹在这个地方加上了一个评点：不是武松的脸上无酒，而是施恩的心中有事。施恩怕武松醉了，不但搭上武松，连自己的另外一条胳膊也要搭上。

接下来的视角，完全是武松的视角。说书人采取和武松重叠的视角，带着我们进入快活林地界。远远看去，有一处林子，继续往前走，看到一棵大槐树下，躺着一个大胖汉，武松想，这可能就是蒋门神。然后继续走，看到一排绿栏杆，挑着一幅酒望子，写着四个字：“河阳风月”。孟州府在黄河北岸，因此叫作“河阳”。接着往前走，看见酒店门口一副对联：“醉里乾坤大，壶中日月长。”完全采用武松的视角，武松看不到的我们也看不到，武松猜不出的我们也猜不出。不像雨果写《巴黎圣母院》那样，跳离人物去说巴黎圣母院的建筑结构和历史沿革，写了一百页，王瑶先生说北京大学图书馆里的《巴黎圣母院》，后面都翻烂了，就前面这一百多页还像新的一样。中国人的阅读习惯和西方人不一样，由于没有故事，离开人物去讲凝固了的事物，引不起阅读兴趣。中国说书人的视角，是说书人安在人物身上

---

[1] ［明］施耐庵著，陈曦钟等校：《水浒传会评本》第二十八回，539～551页，北京，北京大学出版社，1987标点本。

的，让人物带着视角走。

武松看到对联之后，就进了酒店，看见一个白案和一个红案，白案卖馒头，红案卖肉。再进去之后有三个伙计、三个酒缸，还看见一个漂亮的女子，她可能就是蒋门神的妾。这就是武松的视角，而不是李逵的视角，视角被人物染上了色彩，并非透明的中性。试想一想，要是进来的是李逵，哪能看见这些东西？板斧一挥也就什么都完了。武松粗中有细，要看准情景之后才开始打斗。他上前疯疯癫癫地调戏老板娘，要她当“三陪小姐”，问她姓蒋，为何不姓张、不姓李，惹老板娘发怒了，然后开打。将武松进入快活林的过程如此一路写来，是全知全能的视角吗？说书人（作者）带着听众（读者）和武松一道，沿路看将去：看远处，隐藏着他心急；看近处，显示出他心细。武松看到的，我们也看到；武松忽略的，我们也忽略，这就是以角色为中心的流动视角。古代章回小说沿用说书人叙事角度和方式，带有勾栏瓦舍走向案头的特殊的叙述情境的规矩和趣味，这种创造恐怕不是西方对叙事视角的认知所能概括。中国的叙事学理论，应该尊重本土经验的原创性。

真正会读书的人，不愿被重重叠叠的外来概念迷住了眼睛，因为他直接面对生命，尊重自己阅读的第一印象。当年文学研究所所长何其芳先生说：“读书要重视自己的第一印象。”因为第一印象可能包含着许多直觉的原创性萌芽，至少是本色性的思维萌芽。

六、结构、时间、视角的综合

最后，综合地讲一讲叙事结构、时间和视角的相互渗透、相互融合的问题。叙事学追求理论抽象化和普遍性的跨越，这与中国古代的文体不分家，有其内在的契合之处。凭着一部《史记》，司马迁就既被指认为伟大的历史学家，又被指认为杰出的文学家。这部史书对小说的史笔和诗心，影响极深，证明历史、小说与诗，作为人类智慧共同体的各个分体，分中有合，可以相互融贯。

名列“二十四史”之首的《史记》，写得最精彩的是哪一篇？是《项羽本纪》。不妨把《项羽本纪》结构、时间、视角的叙事策略分析一下。全篇总共一万字左右，开头以两千字，叙述项羽的家世，及他早年和叔父项梁的一些经历，是项羽和项梁的合传。溯本求源，是中国人的基本思维方式，也是中国历史的基本写法。溯本求源的特点，就在叙事原始上敞开大时空。《离骚》的第一句：“帝高阳之苗裔兮，朕皇考曰伯庸。”就远远地从屈原自己的祖先讲起，探究着“我从何而来”。以往的历史传记要讲一个大人物的身世，往往攀援历史上的名人，比如说曹操是西汉相国曹参的后代，孙权是军事家孙武的后代，刘备是中山靖王刘胜之后。

《项羽本纪》溯本求源之余，竟然追溯到项羽的心灵源头，其中有两个故事给人留下难忘的印象：项羽学书不成，去学剑，学剑又不成，项梁说真没出息，项羽说学剑只是一人敌，他要学“万人敌”，就去学兵法。第二个故事，项羽跟项梁避难于浙江，看到秦始皇的仪仗队，浩浩荡荡过钱塘江，他说：“彼可取而代之也。”吐露了他的“霸王之气”。中国文章讲究以气为主，以气贯通，整篇《项羽本纪》就是用“霸王之气”加以贯通。“霸王之气”对中国人的心理结构或民族性格影响之深，不可忽视。这是一种天不怕地不怕，不怕鬼不怕神，敢做、敢为、敢造反的气势，同时携带着某种破坏性，尤其是对文明和文化的破坏性。

项羽打进关中后，要回家乡彭城当霸王，就洗劫和火烧咸阳。中国现存的文物，经过历次改朝换代的洗劫和火烧，洛阳、长安的地上古建筑几乎荡然无存。但是在山西，元以前的地上文物却在全国保存最多，在一个易守难攻之地，土霸王留着供自己受用。山西在中国的政治史上作用独特，它离长安、洛阳、北京相当近，但是在过去的冷兵器时代，很难攻打进去。这种进则直逼要害，退则恃险自保，成为中国历代王朝的心头疙瘩。再说西楚霸王在进军咸阳的途中，一个晚上竟然“楚军夜击阬秦卒二十余万人新安城南”。当然，这个事情有点令人怀疑，现在有了机关枪，要一个晚上杀掉二十万人都很难，两千年前要一个晚上埋掉二十万人，好像太过夸张。但是这种杀红了眼的破坏性，这种横冲直撞的霸王气，实际上对文明的摧毁破坏，令人惊心动魄。本纪开头就是如此以两千字写了霸王的家世和精神的源头。

接下来是全篇的主体，以极强的跳跃性和弹性，操纵着叙事时间的速度。用六千字写了项羽的三个故事：第一个故事是“巨鹿之战”，项羽率师北上，在河北的巨鹿与秦军的主力对垒。各路诸侯胆怯不敢向前，项羽却破釜沉舟，带着军队强攻进去，把秦军的主力打垮，从而奠定了他的霸王地位。这是项羽一生最辉煌的战功。第二个故事是“鸿门宴”，刘邦先进关中，项羽后到，恃强凌弱，范增计划要除掉刘邦。鸿门宴上刀光剑影，最后项羽犹豫不决使刘邦借机逃回自己的军营，成了项羽命运的转折点。第三个故事就是“垓下之围”和“乌江自刎”，刘邦、韩信会师于安徽省北部的垓下，把项羽围困起来，四面楚歌，项羽后来突围到长江边上的乌江(在今安徽和县)自杀。

如此“霸王三事”，花去占全篇大半的六千多字。我们可不能给京剧里的大胡子脸谱蒙住了，项羽从 24 岁起兵到 31 岁霸王别姬后自刎，其实还是一个小伙子。在这八年的中间，三个故事所占的时间，加起来也就一个多月。巨鹿之战十几天，鸿门宴一天，垓下突围到乌江，也就十几天，加起来一个多月。就是说八年当中，用六千字聚焦在一个多月的关键事件，可见叙事时间速度的操作在司马迁那里运用得何等匠心独具、得心应手。

《史记》是一部“信史”，真实性不容怀疑，垓下之围和乌江自刎是历史存在。但是细读却发现，这里存在一个千古之谜：“垓下之围”，项羽听闻四面楚歌，感到唱楚歌的人这么多，楚地可能都给刘邦占领了，于是精神崩溃，悲观至极。不过英雄的精神崩溃，也崩溃得有声有色。项羽、虞姬在中军帐里喝酒歌舞，唱《垓下歌》：“力拔山兮气盖世，时不利兮骓不逝。”一曲悲歌，在历史长空中千古震荡。① 问题是，谁听到和记录下来这首《垓下歌》？凡是在项羽中军帐的人，项羽自杀了，虞姬自杀了，江东八百弟子全部阵亡了。难道是刘邦派探子潜伏在帐中偷听来的？难道是安了窃听器吗？

也许是太史公好奇，采访垓下古战场的时候，当地的父老讲了这么一个故事，唱了这么一首歌。太史公就把这个口传故事写进了历史。历史中带有口头传说的成分，带有民间文学的特征，而且民间口头传说成了历史的亮点。两千年来，中国人就相信了从茫茫原野传来的这一声夹杂着呐喊音符的历史呻吟。没有霸王别姬这一幕，好像项羽英雄悲剧这个圆，就没有画圆。大家想一想，最好一部史书的最好一篇的最好章节，一种神来之笔，竟然是带有民间传说的成分。这样讲，似乎对我们伟大的历史学家有点不敬，但是要强调的是，这里的历史大框架是真实的，只是具体的细节或有点染缘饰。这种点染缘饰并非官方伪造，而是来自民间，氤氲着沉郁的民气。

虽然一再强调叙事学的一项本事是跨越文体，但各种文体依然有其特殊之处，不能贸然轻易跨越。上面讲的垓下悲歌从何而来，实际

① 《史记》卷七《项羽本纪第七》，333 页，北京，中华书局，1959 标点本。

上就涉及历史实录的视角和小说虚构的视角，在历史见证缺失之处，民间想象就会有声有色地进行补充，只不过文体的轻易跨越，也会令人陡生疑窦，令人想起老子的感慨："信言不美，美言不信。"[①]美与信是应该互补互济的。《国语·晋语一》记载晋献公消灭了骊戎，把骊姬也纳为妻子，生了儿子叫奚齐。骊姬想把奚齐立为太子，就向晋献公告"枕头状"，夜里睡觉的时候，在枕头旁边告状。骊姬夜半而泣，对晋献公说太子申生"好仁而强，宽惠慈民"，如何收买人心、搅乱国政，撒娇要献公杀掉自己，"无以一妾乱百姓"。不然就派申生伐狄，考察他是否有不轨之心。[②] 这个"枕头状"的关节，在《国语》用了六百余字，在校注本占了五页之多。叙事时间速度在这里不是一闪而过，而是打了一个回旋。

据西汉初年的《孔丛子》的记载，秦末起义者陈胜读到《国语》这个"枕头状"事件，产生了怀疑，认为"骊姬夜泣"谁听见的？此为好事者所为，民间夫妇夜里"处幽室之中"说了什么，人们都不得而知，一国之君夜里说什么，怎么知道的呢？儒家博士官就跟他解释，过去史官有国史和女史，国史记录朝廷中的事，女史记录国君夫妇的"床笫之私，房中之事"。[③] 这可能吗？如果一国之君两口子在屋里睡觉，有个史官拿着一个本子、拿着一支笔站在你的床头，你说一句，他就记录一句，当这样的国君毫无隐私，也当得太累、太没味道了。一个隐

---

① ［汉］王弼：《老子》，见《诸子集成》(三)，47页，北京，中华书局，2006影印本。

② 上海师范大学古籍整理组校点：《国语》卷一《周语上》，274～276页，上海，上海古籍出版社，1978标点本。

③ 傅亚庶编：《孔丛子校释》卷六，433页，北京，中华书局，2011标点本。

秘的需要遮蔽的视角，在这里变成人皆可窥的公众视角，因此这种描述乃是所谓推测之辞。

这就是说，小说文体与历史文体的叙事角度，既相通，又相别。正如金圣叹所说，小说因文生情，历史因情生文。在虚实关系上，小说以虚化实，历史以实制虚。我们读书，须用自己的眼光，要读出自己，要读出文化，要读出历史。其中带根本性的是“读出自己”，把文本的智慧化成你的血肉。中国作家写作的时候，常常是对外国的智慧借鉴得较多，在如今全球化的过程中，这是不可避免的。陌生的智慧，最能刺激思想的活性。但是不能邯郸学步，那样是永远学不过邯郸人的。必须要把东方文明在世界上属于第一流的文化经验、文化智慧，加以现代性的体验、解释和消化，把它转变和点化成现代智慧的一个部分，进而以我们的优势融合西方的新鲜，这样才可能使我们的文化，出现一种不是看着人家的脸色和人家的风潮来走路的大国气象和盛世景象。请记住：以本身优势，融合异质的新鲜。

杨义主要代表著作

著作：

1.《鲁迅小说综论》，西安：陕西人民出版社，1984.

2.《中国现代小说史》(3卷)，北京：人民文学出版社，1986年第1卷；1988年第2卷；1991年第3卷.[此书为国家教委定为高校文科教材，也为欧美、日本、南洋诸国的一些著名大学用为教学参考书或研究生必读书。荣获中国社会科学院首届(1977—1991年)优秀科研成果奖、首届国家图书奖(1978—1992年)提名奖、中国社会科学院文学研究所首届科研成果一等奖。2005年1月收入“中国文库”，2007年1月收入“中国社会科学院文库”]

3.《二十世纪中国小说与文化》，台北：业强出版社，1993；上海：上海三联书店，2007.

4.《中国历朝小说与文化》，台北：业强出版社，1993.(此书获中国社会科学院文学所第二届优秀科研成果奖)

5.《京派与海派比较研究》，西安：太白文艺出版社，1994；后改名《京派文学与海派文学》，上海：上海三联书店，2007.

6.《二十世纪中国文学图志》(上、下册)，[主持人及主要著述者(撰述量70%以上)]台北：业强出版社，1995. 大陆版《中国新文学图志》，北京：人民文学出版社，1996；后修改扩充为《中国现代文学图志》，北京：生活·读书·新知三联书店，2009.

7.《中国古典小说史论》，北京：中国社会科学院出版社，1995.（此书为中华社科基金项目、“庆祝中华人民共和国成立五十周年献礼图书”，已出三版）

8.《杨义文存》（1—7 卷，共 10 册），北京：人民出版社，1997—1998.

9.《中国叙事学》，台湾南华出版社，1998.［此书为中国社会科学院重点科研项目，获文学研究所优秀科研成果一等奖、中国文学研究奖、中国社会科学院第三届（1997—1998 年）优秀科研成果奖］；后修改扩充为《中国叙事学（图文版）》，北京：人民出版社，2009. 日译本《二十世纪中国文学图志》，东京学术出版会，2009.

10.《中国比较文学批评史纲》（主笔），台北：业强出版社，1998；福州：福建海峡文艺出版社，2002.

11.《李杜诗学》，北京：北京出版社，2001.（此书获第 13 届中国图书奖）

12.《重绘中国文学地图》，北京：中国社会科学出版社，2003.

13.《插图本中国诗词经典》（八种，与郭晓鸿、邵宁宁共同选评），香港：三联书店（香港）有限公司，2003.

14.《中国古典文学图志——宋、辽、西夏、金、回鹘、吐蕃、大理国、元代卷》，北京：生活·读书·新知三联书店，2006.

15.《通向大文学观》，合肥：安徽教育出版社，2006.

16.《中国古典小说十二讲》，香港：三联书店（香港）有限公司，2006；上海：上海三联书店，2007.

17.《重绘中国文学地图通释》，北京：当代中国出版社，2007.

18.《读书的启示——杨义学术讲演集》，北京：生活·读书·新知三联书店，2007.

19.《感悟通论》，北京：人民出版社，2008.

20.《现代中国学术方法通论》，济南：山东教育出版社，2009.

21.《文学地图与文化还原》，北京：北京师范大学出版社，2011.

22.《老子还原》，北京：中华书局，2011.

23.《庄子还原》，北京：中华书局，2011.

24.《墨子还原》，北京：中华书局，2011.

25.《韩非子还原》，北京：中华书局，2011.

26.《文学地理学会通》，北京：中国社会科学出版社，2013.

27.《鲁迅文化血脉还原》，合肥：安徽教育出版社，2013.

主编图书：

1.《世界短篇小说精品文库·中国卷》，福州：海峡文艺出版社，1996.（此书作为其中一卷获第三届国家图书奖提名奖）

2.《唐弢书话》，北京：北京出版社，1996.

3.《张恨水名作欣赏》，北京：中国和平出版社，1996.

4.《鲁迅作品精华》(1—3 卷)，香港：三联书店(香港)有限公司，1998.

5.《不怕鬼的故事》(修订本)，北京：人民文学出版社，1999.

6.《不信神的故事》，北京：人民文学出版社，1999.

7.《台湾爱国文鉴》，北京：北京出版社，2000.

8.《台湾爱国诗鉴》，北京：北京出版社，2000.

9.《顾毓琇全集》(16 卷)，沈阳：辽宁教育出版社，2001.（此书获第五届国家图书奖荣誉奖）

10.《古今文学名篇》(上、下册)，北京：人民出版社，2002.

11.《唐宋名篇》(1—4 卷)，济南：山东教育出版社，2003.

12.《文学研究所学术文选(1953—2003)》(1—5 卷)，北京：中国社会科学出版社，2003.

13.《中国文史经典讲堂》(先秦散文、老子、论语、庄子、孙子兵法、史记、唐宋散文、宋词、资治通鉴、元曲、三言、二拍、明清小品、聊斋志异之选评，共 14 本)，香港：三联书店(香港)有限公司，2006.

14.《新世纪全球文化格局与中国人文建设丛书》(共 8 种)，济南：山东教育出版社，2009.

15.《二十世纪中国文学翻译史》(6 卷)，天津：百花文艺出版社，2009.